普通高等院校财务管理、会计学专业精品系列教材

高级财务管理

主　编　刘　阳

副主编　李战奇

参　编　林月雯　徐晓方　许晓璐

U0432985

北京理工大学出版社
BEIJING INSTITUTE OF TECHNOLOGY PRESS

内 容 简 介

本书从具体介绍高级财务管理的基本知识出发，阐述高级财务管理的本质，深入剖析高级财务管理人员如何运用所掌握的专业知识发现、判断与创造企业价值；并在此过程中审时度势，熟悉企业内外部复杂多变的环境，有效地识别与分散企业所面临的潜在风险，在充分考虑到资产安全性的前提下提升资产的效率。本书基于业财融合的理念讲解高级财务管理知识，本书所涉及的知识都是作者长期致力于教学范式改革的研究成果。高级财务管理课程不仅仅局限于对财经类专业人才的培养，而且为企业甚至国家储备高端国际化财务管理人才，使这些人才实时掌握高级财务管理学科的前沿理论与实务操作动态。

本书既可作为高等院校财务管理、会计学、资产评估等财会专业学生的本科教材，也可作为对高级财务管理感兴趣的读者的学习参考用书，更可作为进入社会工作后考取各类会计资格证书者的参考用书，本书的知识拓展运用可以让学生在学习了高级财务管理的知识后，职业发展规划更加具有可塑性，为日后成为复合型应用专业人才打下坚实的基础。

版权专有　侵权必究

图书在版编目（CIP）数据

高级财务管理／刘阳主编．—北京：北京理工大学出版社，2021.4（2021.5 重印）
ISBN 978-7-5682-9661-8

Ⅰ.①高…　Ⅱ.①刘…　Ⅲ.①财务管理-高等学校-教材　Ⅳ.①F275

中国版本图书馆 CIP 数据核字（2021）第 053332 号

出版发行 /	北京理工大学出版社有限责任公司
社　　址 /	北京市海淀区中关村南大街 5 号
邮　　编 /	100081
电　　话 /	（010）68914775（总编室）
	（010）82562903（教材售后服务热线）
	（010）68948351（其他图书服务热线）
网　　址 /	http://www.bitpress.com.cn
经　　销 /	全国各地新华书店
印　　刷 /	三河市天利华印刷装订有限公司
开　　本 /	787 毫米×1092 毫米　1/16
印　　张 /	19.25
字　　数 /	452 千字
版　　次 /	2021 年 4 月第 1 版　2021 年 5 月第 2 次印刷
定　　价 /	49.80 元

责任编辑 /	王俊洁
文案编辑 /	王俊洁
责任校对 /	刘亚男
责任印制 /	李志强

图书出现印装质量问题，请拨打售后服务热线，本社负责调换

前 言

凡事预则立，不预则废。随着内外部环境与世界格局的变化，我国经济逐渐形成以国内大循环为主体、国内国际双循环相互促进的新发展格局，创新、协同等经营方式被世界各国所认同，中国由制造大国向智造强国转变，人才强国、人才兴国的理念逐渐深入人心。2020年10月26日，习近平总书记在十九届五中全会上又再次提出建成文化强国、教育强国、人才强国的教育方针。随着我国经济深度融入世界经济体当中，各行各业对于高端人才的需要更加迫切，经济越发展，就越需要企业的支撑；企业越发展，就越需要高级财务管理人员不断优化配置资源，创新经营理念，不断发现判断创造价值，为全面建设社会主义现代化国家贡献一份力量。

在2020年突发疫情期间，众多企业面临短时间内资金流枯竭、订单业务急剧下降、原材料短缺等不利情况，这就需要企业高管从价值管理的理念出发，从高级财务管理的内容本质出发，通过对财务报表的分析与预测，在企业并购、资本经营、预算控制、破产重组、集团财务与国际财务管理的过程中恪守职业道德和法律法规，实现资源的有效配置，在确保资产安全性的前提下提升资产使用效率，达到为企业创造价值的目的。在此过程中，价值管理和合规经营的理念尤为重要，2018年，东阿阿胶在不增加产品功效的前提下通过不断提升价格和赊销比例来获取高额收益，使得经营现金流和利润不匹配，最终导致在2019年"暴雷"，在连续上市24年来首次亏损4.44亿多元，持续采用本身就存在缺陷的商业模式，甚至边涨价边打折，导致顾客对于东阿阿胶的商品认知度降低，促使企业库存逐年递增，使得企业自身不具备可持续的现金流利润的"造血"能力，最终使资本市场的投资者信心大大降低，这不利于企业的可持续发展。

本教材引导读者紧跟国内外宏观经济政策，运用财务管理的知识，借助互联网、大数据等工具，帮助企业经营管理者掌握市场经济发展的规律，获得企业利益相关者的数据，在实现企业价值最大化的目标下推动我国经济和谐、健康、有序地快速发展。

"高级财务管理"作为高校财经类专业理论与实践运用相结合的核心课程，随着世界经济增长动能逐渐减弱，全球产业竞争格局面临调整，企业所面临的环境复杂多变，对于在教学内容当中如何引入实践操作指导提出了新的挑战。不管是教师传授知识，还是学生汲取知识，大家都深深感到缺少一本既具有实务操作理论指导，又兼顾企业实务操作实践技能的配套教材，本教材正是为了满足此需求而编写的。

本教材在编撰时融入了业财融合的理念，在内容上吸收了国内外学者的先进经验，引入了典型案例，在充分考虑到教学要求的基础上，革新学生的思维方式，激发学生的学习兴趣，从而达到学以致用的目的。具体来说，本教材具有以下特点：

一、案例内容突出典型，汇编最新的代表性财务案例

本教材引入五粮液、东阿阿胶、平安银行、长航油、万宝之争、蒙牛集团、神华集团、风华集团、庞大集团、中铝公司 10 个具有代表性的典型案例，深入剖析高级财务管理人员在企业开展经营决策时，需要依靠所拥有的基本知识，作出有效的决策与判断，这也是本教材追求的目标。在现实中，不论是企业经理人还是利益相关者，他们都需要掌握高级财务管理的知识，那么，对于学生来说，在未来的职业生涯规划中，若要从事高级财务管理工作，不但要掌握高级财务管理的基本知识，还要运用价值管理的理念来重新整合企业资源，解决企业在经营过程中所面临的问题。

二、理论阐述形象贴切，有利于拓宽财会人才的视野

本教材以高级财务管理人员所必须掌握的基本核心原理知识出发，结合案例习题进行阐述，具体讲解了财务报表分析与预测、企业并购、资本经营等基础知识。而更为重要的是，本书中还引入了华为、东阿阿胶、蒂芙尼、乐普医疗、达芙妮、利福利中国等典型案例，深入阐述了企业在开展经营决策时需要依靠高级财务管理人员所拥有的基本知识与技能做出正确的判断，找到发现创造企业价值的有效途径，这也是本书追求的实现教学目标的初衷。在现实中，不论是职业经理人还是投资者，他们都需要了解高级财务管理的基础知识，那么，对于学生来说，在学完高级财务管理课程后，今后不管他们从事什么工作，拥有高级财务管理的基础知识都是最基本的标配，同时他们还要学会运用业财融合的理念来分析、发现和解决企业在经营过程中所面临的每一个实际问题。

总而言之，本教材不仅要让学生掌握高级财务管理的基本知识，而且要让学生形成为什么学、如何学、学什么的逻辑思维方式，拓宽学生的视野，使学生对风险、市场、财务报表分析、资本运营等高级财务管理的基本知识理解和运用游刃有余，这也有助于学生提升职业技能，为社会经济发展作出贡献。

本教材由河南财经政法大学刘阳担任主编，郑州工商学院的李战奇担任副主编，并负责全教材的大纲制定、初稿审阅、修改和总纂工作。本教材各章节的编者分别是郑州工商学院李战奇（第一章、第二章）、河南财经政法大学刘阳（第二章、第三章）、郑州工商学院徐晓方（第五章、第六章）、郑州工商学院林月雯（第七章、第八章）、郑州工商学院许晓璐（第九章、第十章）。

本教材属于河南省教育厅"2019 年度河南省高等学校青年骨干教师培养计划项目（2019GGJS117）"资助的阶段成果，首先，感谢教育主管部门的立项，正是这个项目，让我们认真思考高级财务管理的教学模式存在诸多问题，急需引入实践教学范式改革进行革新；其次，感谢出版社精心策划这套应用型教改系列规划教材，并为本书组织召开启动会和审稿会。因编者水平有限，书中不足之处，敬请读者批评指正，意见可直接发至编者邮箱 1332169916@qq.com。

编　者

2020 年 12 月于郑州

目 录

第一章 高级财务管理概论 ……………………………………………………（ 1 ）
    第一节 企业组织形式和财务管理内容 ………………………………………（ 2 ）
    第二节 财务管理的目标与利益相关者的要求 ………………………………（ 6 ）
    第三节 财务管理的核心概念和基本理论 ……………………………………（ 10 ）
    第四节 金融工具与金融市场 …………………………………………………（ 12 ）

第二章 财务报表分析与财务预测 ……………………………………………（ 23 ）
    第一节 财务报表分析的目的和方法 …………………………………………（ 24 ）
    第二节 财务比率分析 …………………………………………………………（ 30 ）
    第三节 财务预测的步骤和方法 ………………………………………………（ 56 ）
    第四节 增长率与资本需求的预测 ……………………………………………（ 61 ）

第三章 基于价值的管理 ………………………………………………………（ 73 ）
    第一节 股东价值与基于价值的管理 …………………………………………（ 74 ）
    第二节 基于价值的经营 ………………………………………………………（ 78 ）
    第三节 基于价值的管理控制 …………………………………………………（ 81 ）
    第四节 价值创造计量与评估 …………………………………………………（ 84 ）
    第五节 价值评估方法 …………………………………………………………（ 95 ）

第四章 企业财务治理与财务战略 ……………………………………………（111）
    第一节 财务治理与财务战略概述 ……………………………………………（112）
    第二节 股权治理 ………………………………………………………………（117）
    第三节 债权治理 ………………………………………………………………（124）
    第四节 财务战略规划与控制 …………………………………………………（129）

第五章 企业并购的财务管理 …………………………………………………（139）
    第一节 企业并购的概念与发展历程 …………………………………………（141）

第二节　管理层收购 …………………………………………………… (145)
　　第三节　杠杆收购 ……………………………………………………… (148)
　　第四节　并购整合 ……………………………………………………… (152)
　　第五节　并购的风险管理与防御 ……………………………………… (158)

第六章　资本经营 …………………………………………………………… (168)
　　第一节　资本经营方式与价值创造 …………………………………… (169)
　　第二节　资本存量经营 ………………………………………………… (174)
　　第三节　资本增量经营 ………………………………………………… (178)
　　第四节　资本配置经营 ………………………………………………… (183)
　　第五节　资本收益经营 ………………………………………………… (185)

第七章　预算控制与财务预算 ……………………………………………… (191)
　　第一节　预算控制系统概述 …………………………………………… (192)
　　第二节　全面预算与财务预算 ………………………………………… (197)
　　第三节　预算控制程序与方法 ………………………………………… (202)
　　第四节　财务预算的编制 ……………………………………………… (211)

第八章　企业破产、重整与清算 …………………………………………… (220)
　　第一节　企业破产概述 ………………………………………………… (221)
　　第二节　财务预警管理 ………………………………………………… (225)
　　第三节　重整与和解财务管理 ………………………………………… (232)
　　第四节　破产清算财务管理 …………………………………………… (235)

第九章　企业集团财务管理 ………………………………………………… (244)
　　第一节　企业集团概述 ………………………………………………… (245)
　　第二节　企业集团财务管理的特点与职能 …………………………… (252)
　　第三节　企业集团财务管理体制 ……………………………………… (255)
　　第四节　企业集团财务控制 …………………………………………… (260)
　　第五节　企业集团资本经营 …………………………………………… (266)

第十章　国际财务管理 ……………………………………………………… (274)
　　第一节　国际财务管理概述 …………………………………………… (275)
　　第二节　外汇风险管理 ………………………………………………… (278)
　　第三节　跨国公司内部资本转移机制 ………………………………… (283)
　　第四节　国际直接投资管理 …………………………………………… (289)
　　第五节　国际筹资管理 ………………………………………………… (293)

参考文献 ……………………………………………………………………… (300)

第一章

高级财务管理概论

学习目标

1. 了解企业的组织形式;
2. 了解财务管理的外部金融环境;
3. 理解财务管理的概念及财务管理的内容;
4. 理解财务管理的核心概念和主要理论;
5. 掌握财务管理目标的主要观点。

导入案例

华为公司的战略财务管理目标

2019年2月28日,华为消费者业务CEO余承东在致华为消费者业务全体员工2020新年信中表示:"过去几年,华为消费者业务连续超额完成年度经营目标,整体比原计划提前了1~2年,未来即使在业务增速放缓的情况下,我们仍有信心按时完成之前制定的5年战略目标。"2019年4月,在华为发布的《关于消费者BG(军团作战模式)变革试点管理相关文件发布的通知》中提出,华为消费者BG将在公司董事会确定的业务边界及业务目标内,在公司中央集权监管下,3年收入达到1 000亿美元,5年达到1 500亿美元。为此,华为当时还特意举行了消费者BG誓师大会,任正非、郭平、徐直军、余承东等华为公司高管亲自上阵,带领全员宣誓华为消费者业务未来3年收入达到1 000亿美元,未来5年达到1 500亿美元。

2019年4月2日,余承东通过微博表示:"华为消费者业务已经发展到一个全新的历史阶段,今年华为与荣耀很可能成为全球第一手机厂商。我们必须坚定方向,撸起袖子,埋头苦干。第一,华为单品牌未来要做到全球第一。第二,荣耀品牌做到中国前二,全球前四。第三,全力支持荣耀发展,将会给荣耀极具竞争力的产品在渠道、零售上加大投入,荣耀一定要超越并甩开对手。第四，不管华为还是荣耀，都要敢于创新，做智慧全场景产业的王者！"然而，从2019年5月15日开始，华为遭美国政府禁令，包括谷歌在内的一系列美国科技公司的断供，让华为尤其是华为终端业务进入了前所未有的"特殊时刻"，华为手机业务面临着巨大挑战。

"在极端的外部环境与压力下，2019年消费者业务保持高速增长且超额完成年初制定的经营目标！预计华为智能手机全年发货量超2.4亿台，稳居全球第二。"余承东在致华为消费者业务全体员工2020新年信中表示，"华为智能手机全球发货量已上升至第二，如果没有外部施压，我们可能很快走到世界第一，但长期的竞争力未必做到最强。现在极端的环境倒逼我们构筑更强大的核心能力，我们看到巨大的成长机会。过去几年，华为消费者业务连续超额完成年度经营目标，整体比原计划提前了1~2年，未来即使在业务增速放缓的情况下，我们仍有信心按时完成之前制定的5年战略目标！"

面向未来，余承东表示："2020是5G大规模发展元年，且AI（人工智能）时代已然来临，要想赢得未来，就要在5G与AI中实现领跑！未来5~10年，智慧全场景将是我们坚定不移的长期战略，以智能手机为核心，构筑平板电脑、PC（个人计算机）、VR（现实虚拟技术）、智能穿戴、智慧屏、智慧音频、智能音箱、车机、IoT（物联网）等一体化生态，打造消费者衣食住行无缝智慧生活体验。其中在IoT、穿戴、配件等领域加大加快出海，支撑海外过渡期生存发展；中国市场要抓住5G机会，充分发挥华为和荣耀的双品牌优势，进一步提升华为高端品牌形象，在行业洗牌中筑起领先壁垒。零售是全场景战略最重要的体验阵地，未来我们将通过华为高端零售体系建设，为消费者带来更愉悦的智慧体验。"

（案例来源：http：//www.c114.com.cn/news/126/a1113126.html 整理而成）

第一节 企业组织形式和财务管理内容

一、企业组织形式

企业组织形式有很多，按照不同标准可以有不同的分类。常见的主要有三种企业组织形式：个人独资企业、合伙企业和公司制企业。

（一）个人独资企业

1. 个人独资企业的含义

个人独资企业，是指由一个自然人投资，财产为投资人个人所有，投资人以其个人财产对企业债务承担无限责任的企业。

2. 个人独资企业的优点

（1）企业开办、转让、关闭的手续简便；

（2）企业自主盈亏，企业主对企业的债务承担无限责任，因而企业主会竭力把企业经营好；

（3）企业税负较轻，只需要缴纳个人所得税；

（4）企业在经营管理上的制约因素较少，经营方式灵活，决策效率高；

（5）没有信息披露的限制，企业的技术和财务信息容易保密。

3. 个人独资企业的缺点

（1）风险巨大。企业主对企业承担无限责任，在硬化企业预算约束的同时，也带来了企业主承担风险过大的问题，从而限制了企业主向风险较大的部分或领域进行投资，这对新兴产业的形成和发展极为不利。

（2）筹资困难。因为个人资金有限，在借款时往往会因信用不足而遭到拒绝，限制了企业的发展和大规模经营。

（3）企业寿命有限。企业的所有权和经营权高度统一的产权结构意味着企业主的死亡、破产、犯罪都有可能导致企业不复存在。

多数个人独资企业的规模都比较小，抵御经济衰退和承担经营损失的能力不强，其平均存续年限较短，有一部分个人独资企业发展壮大起来、规模扩大后，会发现其固有的缺点会被放大，于是转变为合伙企业或公司制企业。

（二）合伙企业

1. 合伙企业的含义

合伙企业是指由两个以上的自然人订立合伙协议，共同出资、合伙经营、共享收益、共担风险，并对合伙企业的债务承担无限连带责任的企业。

为了避免经济纠纷，在合伙企业成立时，合伙企业须订立合伙协议，明确每个合伙人的权利和义务。与个人独资企业相比，合伙企业资信条件好，容易筹措资金和扩大规模，经营管理能力也比较强。

2. 合伙企业的优点

合伙企业具有设立程序简单、设立费用低等优点。

3. 合伙企业的缺点

合伙企业存在责任无限、权力分散、产权转让困难等缺点。

4. 合伙企业的分类

根据合伙人责任的不同，合伙企业可分为普通合伙企业和有限合伙企业。

（1）普通合伙企业的合伙人均为普通合伙人，对合伙企业的债务承担无限连带责任。

（2）有限合伙企业由普通合伙人和有限合伙人组成，有限合伙人以其出资额为限对债务承担有限责任。但是有限合伙企业要求至少有一名普通合伙人，而且有限合伙人不直接参与企业经营管理活动。

（三）公司制企业

1. 公司制企业的含义

公司制企业是指依照国家相关法律集资创建的，实行自主经营、自负盈亏、由法定出资人（股东）组成的，具有法人资格的独立经济组织。

2. 公司制企业的优点

（1）独立的法人实体。公司一经宣告成立，法律即赋予其独立的法人地位，具有法人资格，能够以公司的名义从事经营活动，享受权利，承担义务，从而使公司在市场上成为竞争主体。

（2）具有无限的存续期。股东投入的资本长期归公司支配，股东无权从公司财产中抽回投资，只能通过转让其拥有的股份收回投资。这种资本的长期稳定性决定了公司只要不解散、不破产，就能够独立于股东而持续、无限期地存在下去，这种情况有利于企业实行战略管理。

（3）股东承担有限责任。这是指公司一旦出现债务，这种债务仅是公司的债务，股东仅以其出资额为限对公司债务承担有限责任，这就为股东分散了投资风险，从而有利于吸引社会游资，扩大企业规模。

（4）所有权和经营权分离。公司的所有权属于全体股东，经营权委托专业的经营者负责管理，管理的专门化有利于提高公司的经营能力。

（5）筹资渠道多元化。股份公司可以通过资本市场发行股票或发行债券募集资金，有利于企业的资本扩张和规模扩大。

3. 公司制企业的缺点

（1）双重课税。公司作为独立的法人，其利润需要缴纳企业所得税，企业利润分配给股东后，股东还需要缴纳个人所得税。

（2）组建成本高。《公司法》对于公司制企业建立的要求比个人独资企业或合伙企业要求高，并且需要提交一系列法律文件，通常花费的时间较长。公司成立后，政府对其监管比较严格，需要定期报备和公开各种报告。

（3）存在代理问题。在经营者和所有者分开的情况下，经营者成为代理人，所有者成为委托人，代理人可能为了自身利益而伤害委托人利益。

4. 公司制企业的分类

一般说来，公司制企业分为有限责任公司和股份有限公司。有限责任公司与股份有限公司的不同点在于以下几个方面：

（1）股东的数量不同。有限责任公司的股东人数有最高和最低的要求，而股份有限公司的股东人数只有最低要求，没有最高的限制。

（2）成立的条件和募集资金的方式不同。有限责任公司的成立条件相对来说比较宽松，股份有限公司的成立条件比较严格；有限责任公司只能由发起人集资，不能向社会公开募集资金，股份有限公司可以向社会公开募集资金。

（3）股权转让的条件限制不同。有限责任公司的股东转让自己的投资要经股东大会讨论通过；股份有限公司的股票可以自由转让，具有充分的流动性。

在上述三种企业组织形式中，公司制企业是大企业普遍采用的组织形式，因此，现代财务管理的分析与研究都以公司制企业这种组织形式为基本研究对象。本书所讲的财务管理也主要是指公司制企业的财务管理。

二、财务管理的内容

财务管理对资金的管理主要包括投资和筹资两大领域。投资可以分为长期投资和短期投资，筹资也可以分为长期筹资和短期筹资。这样，财务管理的内容可分为四部分：长期投资、短期投资、长期筹资、短期筹资。短期投资和短期筹资通常合在一起讨论，称为营运资本管理。（下面只介绍长期投资和长期筹资）

(一) 长期投资

这里的长期投资是指公司对经营性长期资产的直接投资,具有以下特征:

1. 投资的主体是公司

公司的投资不同于个人或专业投资机构的投资。公司投资是直接投资,即把现金直接投资于经营性(又称生产性)资产,用于开展经营活动。个人或专业投资机构是把现金投资于企业,由企业用这些现金再投资于经营性资产,属于间接投资。公司的直接投资在投资以后,其投资人继续控制实物资产,因此可以直接控制投资回报。间接投资的投资人(公司的债权人和股东)在投资以后不能直接控制经营性资产,因此只能通过契约或更换代理人的方式间接控制投资回报。

2. 投资的对象是经营性长期资产

经营性资产投资的对象包括长期资产和短期资产两类。

(1) 长期资产:投资的现金流出至现金流入的时间超过1年,属于长期投资。

(2) 短期资产:投资的现金流出至现金流入的时间不超过一年,属于短期投资。

公司的经营性长期资产,包括厂房、建筑物、机器设备、运输设备等。

3. 长期投资的直接目的是获取经营活动所需的实物资源

长期投资的直接目的是获取经营活动所需的固定资产等劳动手段,以便运用这些资产赚取营业利润。长期投资的直接目的不是获取固定资产再出售收益,而是要使用这些固定资产。有的企业也会直接投资于其他公司,主要目的是控制其经营和资产,以增加本企业的价值,而不是为了获利。

(二) 长期筹资

长期筹资是指公司筹集生产经营所需要的长期资本。具有以下特点:

1. 筹资的主体是公司

公司是法律形式上独立于股东的法人,它可以在资本市场上筹集资本,同时承诺提供回报。公司可以在资本市场上向潜在的投资人直接筹资,例如发行股票、债券等,也可以通过金融机构间接融资,例如银行借款等。

2. 筹资的对象是长期资本

长期资本是指企业可以长期使用的资本,包括权益资本和长期债务。权益资本不需要归还,企业可以长期使用,属于长期资本。长期债券(长期借款)虽然需要归还,但是可以持续使用较长时间,也属于长期资本。通常把期限在1年以上的债务称为长期债务。

长期筹资还涉及股利分配,股利分配决策同时也是内部筹资决策。净利润属于股东,企业留存的部分利润不是将其分给股东,而是向股东筹集权益资本,即利润转变为资本。

3. 筹资的目的是满足公司的长期资本需要

长期资本筹集多少,应根据长期资本的需要量确定,两者应当匹配。按照投资时间结构去安排筹资时间结构,有利于降低利率风险和偿债风险,如果使用短期债务支持固定资产购置,短期债务到期时,公司不仅要承担出售固定资产偿债的风险,而且要承担短期利率变化的风险。使用长期债务支持长期资产,可以锁定债务时间和利息支出,避免上述风险。

第二节 财务管理的目标与利益相关者的要求

一、财务管理的目标

财务管理的目标是企业理财活动希望实现的结果,是评价企业理财活动是否合理的基本标准。为了完善财务管理理论,有效指导财务管理实践,必须对财务管理的目标进行认真研究,因为财务管理的目标直接反映理财环境的变化,并根据理财环境的变化做适当调整,它是财务管理理论体系中的基本要素和行为导向,是在财务管理实践中进行财务决策的出发点和归宿。

明确财务管理的目标是搞好财务工作的前提,企业财务管理是企业管理的一个组成部分,企业财务管理的整体目标应该和企业的总体目标保持一致,从根本上来讲,企业的目标是通过生产经营活动创造更多的财富,不断增加企业价值,但是不同国家的企业面临的财务管理环境不同,同一个国家的企业治理结构不同,发展战略不同,财务管理的目标在体现上述根本目标的同时,也有其不同的表现形式,主要有利润最大化目标、每股收益最大化目标和股东财富最大化目标 3 种。

(一) 利润最大化目标

利润最大化是西方微观经济学的理论基础,西方经济学家以往都是以利润最大化这一标准来分析和评价企业的行为和业绩的,坚持利润最大化观点的学者认为,利润代表了企业新创造的财富,利润越多,则企业的财富增加得越多,越接近企业的目标。

其观点可表述为:利润额是企业在一定期间经营收入和经营费用的差额,是按照收入费用配比原则加以计算的,反映了当期正常经营活动中投入与产出对比的结果。股东权益是股东对企业净资产的所有权,包括股本、资本公积、盈余公积和未分配利润四个方面,其中股本是投资人已经投入企业的资本,如果不增发,它不可能再增大;资本公积则来自股本溢价、资本重估增值等,一般来说,它的数额再大,也不是由企业当期自身的经营业绩所致的,只有盈余公积和未分配利润的增加才是当期企业经营效益的体现,而这两部分又来源于利润最大化的实现,是企业从净利润中扣除股利分配后的剩余,因此从会计的角度来讲,利润是股东价值的来源,也是企业财富增长的来源。

(二) 每股收益最大化目标

每股收益最大化的观点认为,应当把公司的利润和股东投入的资本联系起来考察,用每股收益(或权益净利率)最大化来概括公司财务管理的目标,以克服利润最大化目标的局限性。

每股收益最大化观点也存在以下局限性:
(1) 没有考虑每股收益取得的时间。
(2) 没有考虑每股收益的风险。

如果每股收益的时间、风险相同,则每股收益最大化也是一个可以接受的观点。事实上,许多投资人都把每股收益作为评价公司业绩的关键指标。

（三）股东财富最大化目标

股东财富最大化是指通过财务上的合理运营，为股东创造最多的财富，在股份公司中，股东财富由其所拥有的股票数量和股票市场价格两方面来决定，如果股票数量一定，当股票价格达到最高时，股东财富也达到最大。所以，股东财富最大化又演变为股票价格最大化。尽管理论界存在"股东财富最大化能否转为股票价格最大化"的争论，但是，当我们做出资本市场有效假设以后，可以认为股票价格是衡量股东财富的最佳指标。

资本市场有效假设最早是由法玛（Fama）提出的，他根据历史信息、全部公开信息和内幕信息对股票价格的不同影响，将市场效率分为弱式有效市场、半强式有效市场和强式有效市场。在有效资本市场上，证券价格能迅速、全面地反映所有有关价格的信息，证券价格就是其价值的最好反映，此时股东财富最大化目标可以用股票价格最大化来代替。虽然对资本市场有效性还存在争论，但从严格意义上来说，不能否定效率市场的存在，而且随着市场逐渐成熟和监管措施的加强，市场也在逐渐趋向有效。

因此，与利润最大化目标相比，股东财富最大化目标体现了以下优点：

（1）股东财富最大化目标考虑了现金流量的时间、价值和风险因素，因为现金流量获得时间的早晚和风险的高低会对股票价格产生重要的影响。

（2）股东财富最大化目标在一定程度上能够克服企业在追求利润方面的短期行为，因为股票的价格在很大程度上取决于企业未来获取现金流量的能力。

（3）股东财富最大化目标反映了资本和报酬之间的关系，因为股票价格是对每一股股份的一个标价，反映的是单位投入资本的市场价格。

二、利益相关者的要求

虽然股东财富最大化的观点已得到人们的普遍认可，但是随着债权人、雇员、供应商等利益相关者在企业运营中的作用越来越重要，有人提出了相关者利益最大化的观点。持相关者利益最大化观点的学者认为，企业不能单纯地以实现股东利益为目标，而应该把股东利益放在与利益相关者（如借款人、政府、管理者、员工、供应商等）相同的位置上，即要实现包括股东在内的所有利益相关者的利益。

实际上，主张股东财富最大化并非不考虑其他利益相关者的利益。各国公司法都规定，股东权益是剩余权益，只有满足了其他方面的利益之后才会有股东的利益。公司必须交税、给职工发工资、给顾客提供满意的产品和服务，然后才能获得税后收益。公司的其他利益相关者有其特定的要求，这些要求先于股东，且必须是契约化的。如果对其他利益相关者的要求不加限制，股东就不会有"剩余"了。除非股东确信投资会带来满意的回报，否则股东不会出资，其他利益相关者的要求也无法实现。股东为公司提供了财务资源，但是，他们处在公司之外，而经营者，即管理当局在公司里直接从事管理工作。公司是所有者的公司，即股东的公司，公司财务管理的目标实质上也就是股东的目标。

（一）经营者的利益要求与协调

1. 经营者的利益要求

股东的目标是使自己的财富最大化，因此，股东千方百计要求公司经营者以最大的努力去实现这个目标。公司经营者是利益最大化的追求者，其具体目标与股东不尽一致。

公司经营者的要求主要有以下几点：

（1）增加报酬。包括物质和非物质的报酬，如工资、奖金、荣誉和社会地位等。

（2）增加闲暇时间。包括较少的工作时间、工作时间里较多的空闲和有效工作时间中较小的劳动强度等。

（3）避免风险。经营者努力工作可能得不到应有的报酬，他们的行为和结果之间有不确定性，经营者总是力图避免这种风险，要求付出一份劳动，便得到一份报酬。

2. 经营者利益与股东利益的协调

公司经营者利益和股东利益（或目标）并不完全一致，经营者有可能为了自身利益而背离股东利益。这种背离表现在两个方面：

（1）道德风险。经营者为了自己的目标，不是尽最大努力去实现企业的目标。他们没有必要为提高股价而冒险，股价上涨的好处将归于股东，但若失败，他们的身价将下跌。他们不做什么错事，只是不十分卖力，以增加自己的闲暇时间。这样做只是道德问题，不构成法律和行政责任问题，股东很难追究他们的责任。

（2）逆向选择。经营者为了自己的目标而背离股东的目标。例如，装修豪华的办公室、购置高档汽车等、借口工作需要乱花公司的钱；或者蓄意压低股票价格买入股票，导致股东财富受损。

3. 股东为了防止经营者背离其目标，通常采用的措施

（1）监督。经营者背离股东目标的条件是双方信息不对称，经营者了解的公司信息比股东多。避免道德风险和逆向选择的办法是完善公司治理结构，股东获取更多的信息，对经营者进行制度性的监督，在经营者背离股东目标时，减少其各种形式的报酬，甚至解雇他们。股东往往是分散的或者远离经营的，得不到充分的信息；经营者比股东有更大的信息优势，比股东更清楚什么是对公司更有利的行动方案；全面监督经营者管理行为的代价是高昂的，很可能超过它所带来的收益。因此，股东支付审计费聘请注册会计师，往往限于审计财务报表，而不是全面审查所有管理行为。股东对情况的了解和对经营者的监督总是必要的，但受到监督成本的限制，不可能事事都监督。监督可以减少经营者违背股东意愿的行为，但不能解决全部问题。

（2）激励。防止经营者背离股东利益的另一种制度性措施是采用激励方式，使经营者分享企业增加的财富，鼓励他们采取符合股东利益最大化的行动。例如，企业盈利率或股票价格提高后，给经营者以现金、股票期权奖励。支付报酬的方式和数量大小，有多种选择。报酬过低，不足以激励经营者，股东不能获得最大利益；报酬过高，股东付出的激励成本过大，也不能实现自己的最大利益。因此，激励可以减少经营者违背股东意愿的行为，但也不能解决全部问题。

（二）债权人的利益要求与协调

当公司向债权人借入资金后，两者也形成一种委托代理关系。债权人把资金借给公司，要求到期时收回本金，并获得约定的利息收入；公司借款的目的是用于经营；两者的利益并不完全一致。

债权人事先知晓借出资金是有风险的，并把这种风险的相应报酬嵌入利率。通常要考虑的因素包括预计公司新增资产的风险、公司未来的资本结构等。但是，借款合同一旦成为事实，债权人把资金提供给公司，就失去了控制权。

股东为了自身利益可以通过经营者伤害债权人的利益，可能采取的方式是：股东不经债权人的同意，投资于比债权人预期风险更高的新项目。如果高风险的计划侥幸成功，超额收益归股东独享；如果计划不幸失败，公司无力偿债，债权人与股东将共同承担由此造成的损失。尽管按法律规定，债权人先于股东分配破产财产，但多数情况下，破产财产不足以偿债。所以，对债权人来说，超额收益肯定拿不到，发生损失却有可能要分担。

债权人为了防止其利益被损害，除了寻求立法保护，如破产时先行接管、先于股东分配剩余财产等外，通常会采取以下制度性措施：

（1）在借款合同中加入限制性条款，如规定贷款的用途、规定不得发行新债或限制发行新债的额度等。

（2）发现公司有损害其债权利益意图时，拒绝进一步合作，不再提供新的贷款或提前收回贷款。

（三）其他利益相关者的利益要求与协调

狭义的利益相关者是指除股东、债权人和经营者之外的、对公司现金流量有潜在索偿权的人。广义的利益相关者包括一切与公司决策有利益关系的人，包括资本市场利益相关者（股东和债权人）、产品市场利益相关者（客户、供应商、所在社区和工会组织）和公司内部利益相关者（经营者和其他员工）。

公司的利益相关者可以分为两类：一类是合同利益相关者，包括客户、供应商和员工，他们和企业之间存在法律关系，受到合同的约束；另一类是非合同利益相关者，包括社区居民以及其他与公司有间接利益关系的群体。

股东和合同利益相关者之间既有共同利益，也有利益冲突。股东可能损害合同利益相关者的利益，合同利益相关者也可能损害股东利益。因此，要通过立法调节他们之间的关系，保障双方的合法权益。一般说来，公司只要遵守合同，就可以基本满足合同利益相关者的要求，在此基础上，股东追求自身利益最大化也会有利于合同利益相关者。当然，仅有法律是不够的，还需要道德规范的约束，以缓和双方的矛盾。

对于非合同利益相关者，法律关注较少，其享受的法律保护低于合同利益相关者。公司的社会责任政策，对非合同利益相关者影响很大。

拓展案例

让你的钱动起来

1626年，美洲新尼德兰省总督Peter Minuit（彼得·米努伊特）花了大约24美元从印第安人手中买下了曼哈顿岛。而到2000年1月1日，曼哈顿岛的价值已经达到了约2.5万亿美元，以24美元买下曼哈顿，Peter Minuit无疑占了一个天大的便宜。

但是，如果转换一下思路，Peter Minuit也许并没有占到便宜。如果当时的印第安人拿着这24美元去投资，按照11%（美国近70年股市的平均投资收益率）的投资收益计算，到2000年，这24美元将变成2 380 000亿美元，远远高于曼哈顿岛的价值2.5万亿，几乎是其现在价值的 10 万倍。

是什么神奇的力量让资产实现了如此巨大的倍增？

(案例来源：https://xueqiu.com/1697559028/87381789 整理而成)

第三节 财务管理的核心概念和基本理论

一、财务管理的核心概念

财务管理以一系列核心概念为基础，认识这些核心概念及其相互关系，有助于理解并运用财务管理的理论与方法。下面简要介绍财务管理的两大核心概念：货币的时间价值、风险与报酬。

(一) 货币的时间价值

财务管理中最基本的概念是货币具有时间价值，即今天的 1 元钱比未来的 1 元钱更值钱。今天的 1 元钱可以为我们带来利息，越早获得收益越好。在经济学中，这一概念是以机会成本来表示的。

货币的时间价值（即资本的时间价值），是指货币在经过一定时间的投资和再投资后所增加的价值。货币具有时间价值的依据是货币投入市场后其数额会随着时间的延续而不断增加。这是一种普遍的客观经济现象。

货币的时间价值原则首要应用的是现值概念。由于现在的 1 元钱比将来的 1 元钱经济价值大，不同时间的货币价值不能直接加减运算，需要进行折算。通常，要把不同时间的货币价值折算到"现在"这个时点或"零"时点，然后对现值进行运算或比较。财务估值中，广泛使用现值进行价值评估。

货币的时间价值的另一个重要应用是早收晚付观念。对于不附带利息的货币收支，与其晚收不如早收，与其早付不如晚付。货币在自己手上，可以立即用于消费，而不必等待将来消费，可以投资获利，而无损于原来的价值，可以有效应对未预料到的支付，因此早收晚付在经济上是有利的。如果不考虑货币的时间价值，就无法合理地决策和评价财富的创造。

(二) 风险与报酬

为了把未来的收入和成本折现，必须确定货币的机会成本或利率。利率是基于对风险和报酬的权衡关系确定的。投资者必须对风险与报酬作出权衡，为追求较高报酬而承担较大风险，或者为减少风险而接受较低的报酬。通常，风险与报酬的权衡关系，是指高收益的投资机会往往伴随着巨大风险，风险小的投资机会则往往带来的收益也较低。

人们都倾向于高报酬和低风险，竞争则带来风险和报酬之间的平衡。不可能在低风险的同时获取高报酬。即使你最先发现了这样的机会并率先行动，别人也会迅速跟进，竞争会使报酬率降至与风险相当的水平。因此，市场中必然是高风险同时高报酬、低风险同时低报酬的投资机会。

二、财务管理的基本理论

在财务管理的发展过程中，随着人们认识的不断深化，财务管理领域形成了一系列基本理论。这些理论对财务管理起着指导作用，是理解财务管理的逻辑基础。现简要介绍现金流量理论、价值评估理论、风险评估理论、投资组合理论、资本结构理论。

（一）现金流量理论

现金流量理论是关于现金、现金流量和自由现金流量的理论，是财务管理最基础的理论。

现金是公司流动性最强的资产，是公司生存的"血液"。"现金为王"已被广泛认知。持有现金的多少体现着公司流动性的强弱，进而在一定程度上影响公司的风险和价值。现金也是计量现金流量和自由现金流量的基础要素。在实务中，公司重视现金和现金管理。

现金流量包括现金流入量、现金流出量和现金净流量。对于公司而言，其经营活动、投资活动和筹资活动都需计量现金流量，进行现金流量分析、现金预算和现金控制。现在，依据现金流量建成的现金流量折现模型，取代了过去使用的收益折现模型，以用于证券投资、项目投资等的价值评估。随着研究的深化，现金流量又发展为自由现金流量。

所谓自由现金流量，是指真正剩余的、可自由支配的现金流量。自由现金流量是由美国西北大学拉巴波特、哈佛大学詹森等学者于1986年提出的，经历30多年的发展，特别在以美国安然、世通等为代表的所谓绩优公司纷纷破产后，以自由现金流量为基础的现金流量折现模型，已成为价值评估领域理论最健全、使用最广泛的评估模型。

需要指出的是，财务管理中的现金流量与会计学中的现金流量表所讲的现金流量并不完全等同，主要差别在于是否包含现金等价物，后者包含现金等价物，而前者不含现金等价物。

（二）价值评估理论

价值评估理论是关于内在价值、净增加值和价值评估模型的理论，是财务管理的一个核心理论。

从财务管理的角度看，价值主要是指内在价值、净增加值。譬如，股票的价值实质上是指股票的内在价值即现值，项目的价值实质上是指项目的净增现值即净现值。内在价值、净现值是以现金流量为基础的折现估计值，而非精确值。现金流量折现模型是对特定证券现值和特定项目净现值的评估模型。从投资决策的角度看，证券投资者需要评估特定证券的现值，与其市场价格相比较，作出相应的决策；项目投资者需要评估特定项目的净现值，据以取得和比较净增加值，作出相应的决策。

价值评估除了研究现金流量外，还需要确定折现率。资本资产定价模型就是用于估计折现率的一种模型。资本资产定价模型由财务学家威廉·夏普在20世纪60年代创建。按照该模型，金融资产投资的风险分为两类：一种是可以通过分散投资来化解的可分散风险（非系统风险）；另一种是不可以通过分散投资化解的不可分散风险（系统风险）。在有效市场中，可分散风险得不到市场的补偿，只有不可分散风险能够得到补偿。证券的不可分散风险可用 β 系数来表示，β 系数是计量该证券报酬率对市场组合报酬率的敏感程度。市场组合是指包含市场上全部证券的投资组合，据此，形成了资本资产定价模型。资本资产定价模型解决了股权资本成本的估价问题，为确定加权平均资本成本扫清了障碍，进而使得计算现值和净现值成为可能。

(三) 风险评估理论

风险导致财务收益的不确定性，在理论上，风险与收益成正比，因此，激进型的投资者偏向于高风险，就是为了获得更高的利润，而稳健型的投资者则看重安全性，偏向于低风险。

(四) 投资组合理论

投资组合是投资于若干种证券构成的组合，其收益等于这些证券收益的加权平均值，但其风险并不等于这些证券风险的加权平均数。投资组合能降低非系统性风险。

投资组合理论的奠基人是经济学家马科维兹，他在1952年首次提出投资组合理论，并进行了系统深入和卓有成效的研究，从资本市场的历史中认识到风险和报酬存在某种关系。一是承担风险会得到报酬，这种报酬称为风险溢价；二是风险越高，风险溢价越大。但是人们长期没有找到两者的函数关系，马科维兹把投资组合的价格变化视为随机变量，以它的均值来衡量收益，以它的方差来衡量风险，揭示了证券投资组合风险和报酬的函数关系，因此马科维兹的理论又称为均值—方差分析理论。他是首位对投资分散化理念进行定量分析的经济学家，他认为，通过投资的分散化，可以在不改变投资组合预期收益的情况下降低风险，也可以在不改变投资组合风险的情况下增加预期收益。

(五) 资本结构理论

权益资本和长期债务资本的组合，形成一定的资本结构。资本结构理论是关于资本结构与财务风险、资本成本以及公司价值之间关系的理论。资本结构理论主要有 MM 理论、权衡理论、代理理论和优序融资理论等。

第四节　金融工具与金融市场

金融市场是财务管理环境的重要因素。公司的财务管理环境，是指对公司财务活动产生影响的公司外部条件。理财环境是公司决策难以改变的外部约束条件，公司财务决策更多的是适应理财环境的要求和变化，而不是设法改变环境。财务管理环境涉及的范围很广，包括宏观环境、行业环境、经营环境和国际环境等。这里仅讨论理财环境中的金融市场。

一、金融工具的类型

金融工具是指形成一方的金融资产并形成其他方的金融负债或权益工具的合同。金融工具包括债券、股票、外汇、保单等，公司可以借助金融工具进行筹资和投资。

(一) 金融工具的基本特征

1. 期限性
金融工具通常有规定的偿还期限。

2. 流动性
金融工具具有在必要时转变为现金而不致遭受损失的能力。

3. 风险性
购买金融工具的本金和预定收益存在损失的可能性。

4. 收益性

金融工具有能够带来价值增值的特性。

不同的金融工具，具体的表现特征不尽相同，譬如，与债券相比，股票没有规定的偿还期限，风险更大。

(二) 金融工具的类型

金融工具按其收益性特征可分为以下三类：

1. 固定收益证券

固定收益证券是指能够提供固定或根据固定公式计算出来的现金流的证券。例如，公司债券的发行人承诺每年向债券持有人支付固定的利息。有些债券的利率是浮动的，但也规定有明确的计算方法。例如，某公司债券规定按国库券利率上浮两个百分点计算并支付利息。固定收益证券是公司筹资的重要形式。固定收益证券的收益与发行人的财务状况相关程度低，除非发行人破产或违约，证券持有人将按规定数额取得收益。

2. 权益证券

权益证券代表特定公司所有权的份额。发行人事先不对持有者作出支付承诺，收益的多少不确定，要看公司经营的业绩和公司净资产的价值，因此其风险高于固定收益证券。权益证券是公司筹资的最基本形式，任何公司都必须有股权资本。权益证券的收益与发行人的经营成果相关程度高，其持有人非常关心公司的经营状况。

3. 衍生证券

衍生证券的种类繁多，并不断创新，包括各种形式的金融期权、期货、远期和利率互换合约。由于衍生品的价值依赖于其他证券，因此它既可以用来套期保值，也可以用来投资。公司可利用衍生证券进行套期保值或者转移风险，但不应依靠其投资获利。衍生证券投资失败导致公司巨大损失甚至破产的案件时有发生。

二、金融市场的类型

金融市场种类繁多，每个金融市场服务于不同的交易者，有不同的交易对象。金融市场可能是一个有形的交易场所，如在某一个建筑物中进行交易；也可能是无形的交易场所，如通过通信网络进行交易。

按照不同的标准，金融市场有不同的分类。下面仅介绍与公司投资和筹资关系密切的金融市场类型。

(一) 货币市场和资本市场

金融市场按照所交易的金融工具的期限是否超过 1 年，分为货币市场和资本市场。这两类金融市场的功能不同，所交易的证券期限、利率和风险也不同。

1. 货币市场

货币市场是指短期金融工具交易的市场，交易的证券期限不超过 1 年。通常情况下，短期债务利率低于长期债务利率，短期利率的波动大于长期利率。

货币市场的主要功能是保持金融资产的流动性，以便随时转换为货币。它满足了借款者的短期资金需求，同时为暂时性闲置资金找到了出路。货币市场工具包括短期国债（英、美称为国库券）、可转让存单、商业票据和银行承兑汇票等。

2. 资本市场

资本市场是指期限在 1 年以上的金融工具交易市场。资本市场包括银行中长期存贷市场和有价证券市场。由于长期融资证券化成为一种趋势，因此资本市场也称为证券市场。与货币市场相比，资本市场所交易的证券期限较长（超过 1 年），风险较大，利率或要求的报酬率较高。

资本市场的主要功能是进行长期资本的融通，资本市场的工具包括股票、公司债券、长期政府债券和银行长期贷款等。

（二）债务市场和股权市场

金融市场按照证券的不同属性，分为债务市场和股权市场。

1. 债务市场

债务市场交易的对象是债务凭证，例如公司债券、抵押票据等。债务凭证是一种契约，借款者承诺按期支付利息和偿还本金。债务凭证的期限在 1 年以下的是短期债务凭证，期限在 1 年以上的是长期债务凭证。有时也把 1～10 年的债务凭证称为中期债务凭证。

2. 股权市场

股权市场交易的对象是股票。股票是分享一个公司净利润和净资产权益的凭证。持有人的权益按照公司总权益的一定份额表示，没有确定的金额。股票的持有者可以不定期地收取股利，且股票没有到期期限。

股票持有人与债务凭证持有人的索偿权不同。股票持有人是排在最后的权益要求人，公司必须先支付债权人，然后才可以向股票持有人支付。股票持有人可以分享公司盈利和净资产价值增长，但股票的收益不固定，而债权人却能按照约定的利率得到固定收益，因此股票风险高于债务凭证。

（三）一级市场和二级市场

金融市场按照所交易证券是否初次发行，分为一级市场和二级市场。

1. 一级市场

一级市场，也称发行市场或初级市场，是资本需求者将证券首次出售给公众时形成的市场。它是新证券和票据等金融工具的买卖市场。该市场的主要经营者是投资银行、经纪人和证券自营商（在我国这三种业务统一于证券公司）。它们承担政府、公司新发行证券的承购或分销。投资银行通常采用承购包销的方式承销证券，承销期结束后剩余证券由承销人全部自行购入，发行人可以获得预定的全部资金。

2. 二级市场

二级市场是各种证券发行后在不同投资者之间买卖流通所形成的市场，也称流通市场或次级市场。该市场的主要经营者是证券商和经纪人，若证券持有者在需要资金时，可以在二级市场将证券变现。想要投资的人，也可以进入二级市场购买已经上市的证券，出售证券的人将获得资金，但该证券的发行公司不会得到新的现金。

一级市场和二级市场有密切关系，一级市场是二级市场的基础，没有一级市场，就不会有二级市场。二级市场是一级市场存在和发展的重要条件之一，二级市场使证券更具流动性，正是这种流动性使证券受到欢迎，投资者才更愿意在一级市场购买。某公司证券在二级市场上的价格，决定了该公司在一级市场上新发行证券的价格。在一级市场上的购买者，只愿意向发行公司支付其认为二级市场可接受的价格。二级市场上的证券价格越高，公司在一级市场出售的证券价格越高，发行公司筹措的资金越多。因此，与企业理财关系更为密切的是二级市场，而非一级市场。本教材所述及的证券价格，除特别指明外，均指二级市场价格。

（四）场内交易市场和场外交易市场

金融市场按照交易程序，分为场内交易市场和场外交易市场。

1. 场内交易市场

场内交易市场是指各种证券交易所。证券交易所有固定的场所、固定的交易时间和规范的交易规则。证券交易所按拍卖市场的程序进行交易，证券持有人拟出售证券时，可以通过电话或网络终端下达指令，将该信息输入交易所，证券交易所按价格从低到高排序，低价者优先；拟购买证券的投资人，用同样方法下达指令，证券交易所按价格由高到低排序，高价优先。出价最高的购买人和出价最低的出售者取得一致时成交。证券交易所通过网络形成全国性的证券市场，甚至形成国际化市场。

2. 场外交易市场

场外交易市场没有固定场所，由持有证券的交易商分别进行。任何人都可以在交易高的柜台上买卖证券，价格由双方协商形成。这些交易商互相用计算机网络联系，掌握各自开出的价格，竞价充分，与有组织的交易所并无多大差别。场外交易市场的交易对象包括股票、债券、可转让存单和银行承兑汇票等。

三、金融市场的参与者

金融市场的参与者主要是资金提供者和需求者，主要包括居民、公司和政府。

（一）居民

居民，包括自然人和家庭，他们是金融市场最众多的资金提供者。资金提供者也称为资金所有者或投资人。居民基于节俭、预防意外的支付或者延迟消费等目的，其支出小于储蓄，成为社会的储蓄者。他们有时也会成为住宅和汽车等消费贷款的借款人，但从总体上看，居民总是净储蓄者，是金融市场上最多的资金提供者。

（二）公司

公司是金融市场上最大的资金需求者。资金需求者也称筹资人、金融工具发行人。公司通过发行股票、债券等形式筹集资金，并且在货币市场中筹集短期资金。公司在经营中有时也会形成闲置资金，故会以资金提供者的身份出现，将这部分资金投入货币市场或资本市场。

（三）政府

政府经常是资金需求者。政府发行国库券或地方政府债券来筹资，用于公共基础设施建设、弥补财政赤字，或者进行宏观经济调控。政府有时也会成为资金提供者，在税收集中入库而支付滞后时，会投资于金融市场。

上述资金提供者和需求者，是不以金融交易为主业的主体，参与交易的目的是调节自身的资金余缺。它们之间的金融交易称为直接金融交易，也就是公司或政府在金融市场上直接融通货币资金，其主要方式是发行股票或债券。

此外，还有一类是专门从事金融活动的主体，包括银行、证券公司等金融机构，它们充当金融交易的媒介。资金提供者和需求者通过金融中介机构实现资金转移的交易称为间接金融交易。

四、金融中介机构

金融中介机构分为银行和非银行金融机构两类。银行是指从事存贷款业务的金融机构，包括商业银行、信用社等。非银行金融机构是指非从事存贷款业务的金融机构，包括保险公司、投资基金、证券市场机构等。

（一）商业银行

商业银行是指依照《商业银行法》和《公司法》设立的公司法人。它是以吸收存款方式取得资金，以发放贷款或投资证券等方式获得收益的金融机构。

商业银行的业务包括以下几类：

（1）吸收公众存款；

（2）发放短期、中期和长期贷款；

（3）办理国内外结算；

（4）办理票据承兑与贴现；

（5）发行金融债券；

（6）代理发行、代理兑付、承销政府债券；

（7）买卖政府债券、金融债券；

（8）同业拆借；买卖、代理买卖外汇等。

（二）保险公司

保险公司是指依《保险法》和《公司法》设立的公司法人。保险公司收取保费，将保费所得资本投资于债券、股票等资产，运用这些资产所得收入支付保单所确定的保险赔偿。保险公司通过上述业务，能够在投资中获得较高的回报，并以较低的保费向客户提供适当的保险服务，从而盈利。

保险公司的业务分为两类：

（1）人身保险业务，包括人寿保险、健康保险、意外伤害保险等保险业务；

（2）财产保险业务，包括财产损失保险、责任保险、信用保险、保证保险等保险业务。

我国的保险公司一般不得兼营人身保险业务和财产保险业务。

（三）投资基金

投资基金，也称为互助基金或共同基金，是通过公开发售基金份额募集资本，然后投资于证券的机构。投资基金由基金管理者管理，由基金托管人托管，以资产组合方式进行证券投资活动，为基金份额持有人的利益服务。

投资基金的运作方式可以采用封闭式或开放式。

（1）封闭式投资基金，是指经核准的基金份额总额在基金合同期限内固定不变，基金份额可以在依法设立的证券交易所交易，但基金份额持有人不得申请赎回的基金。

（2）开放式投资基金，是指基金份额总额不固定，基金份额可以在基金合同约定的时间和场所申购或者赎回的基金。

投资基金把许多人的闲散资金集中起来，形成一定规模，有助于降低交易成本并构建投资组合。每份基金的价格波动，与基金所持有的证券投资组合的构成相关。如果组合中债券的比例大，那么基金风险较小；如果组合中股票的比例大，那么基金风险较大。

（四）证券市场机构

1. 证券交易所

证券交易所是依据国家有关法律，经政府证券主管机关批准设立的，集中进行证券交易的有形场所，是组织和监督证券交易、实行自律管理的非营利机构。实行会员制的证券交易所的财产积累归会员所有，其利益由会员共同享有，在存续期间，不得将其财产积累分配给会员。

进入证券交易所参与集中交易的，必须是证券交易所的会员。投资者应当与证券公司签订证券交易委托协议，并在证券公司开立证券交易账户，以书面、电话或网络等方式，委托该证券公司代其买卖证券。

证券交易所的职责如下：

（1）证券交易所应当为组织公平地集中交易提供保障，公布证券交易即时行情，并按交易日制作证券市场行情表，予以公布。

（2）证券交易所有权依照法律、行政法规以及国务院证券监督管理机构的规定，办理股票、公司债券的暂停上市、恢复上市或者终止上市等事务。

（3）因突发性事件而影响证券交易的正常进行时，证券交易所可以采取技术性停牌的措施；因不可抗力的突发性事件或者为维护证券交易的正常秩序，证券交易所可以决定临时停市。证券交易所采取技术性停牌或者决定临时停市，必须及时报告国务院证券监督管理机构。

（4）证券交易所对证券交易实行实时监控，并按照证券监督管理机构的要求，对异常交易的情况提出报告。证券交易所应当对上市公司及相关信息披露义务人披露信息进行监督，督促其依法及时、准确地披露信息。

（5）证券交易所应当从其收取的交易费用和会员费、席位费中提取一定比例的金额设立风险基金。

（6）证券交易所依照证券法律、行政法规制定上市规则、交易规则、会员管理规则和其他有关规则，并报国务院证券监督管理机构批准。

2. 证券公司

证券公司是指依照《公司法》和《证券法》规定设立的、专门经营证券业务的、具有法人身份的有限责任公司或者股份有限公司。设立证券公司，必须经国务院证券监督管理机构审查批准。

证券公司的业务范围包括以下几项：

(1) 证券经纪；
(2) 证券投资咨询；
(3) 与证券交易、证券投资活动有关的财务顾问；
(4) 证券承销与保荐；
(5) 证券自营；
(6) 证券资产管理；
(7) 其他证券业务。

此外，证券市场机构还有证券服务机构，包括专业的投资咨询机构、财务顾问机构、资信评级机构、资产评估机构、会计师事务所等。

五、金融市场的功能

（一）金融市场的基本功能

1. 资金融通功能

金融市场的基本功能之一是融通资金。它提供一个场所，将资金提供者手中的资金转移到资金需求者手中。通过这种转移，发挥市场对资源的调配作用，提高经济效率，增进社会福利。

2. 风险分配功能

金融市场在转移资金的同时，将实际资产预期现金流的风险重新分配给资金提供者和资金需求者，这是金融市场的另一项基本功能。

例如，某人需要投资 100 万元建立企业，但是他自己只有 20 万元，还需要筹资 80 万元。所需的这 80 万元，可以进行债务筹资和权益筹资，两者的比例决定了他自己和其他出资人的利益分享与风险分摊比例。例如，向其他人筹集权益资本 40 万元，债务筹资 40 万元。如果经营成功，债权人只收取固定利息，净利润他自己分享 1/3，其他权益投资人分享 2/3。如果亏损，债权人不承担损失，仍然收取固定利息，他自己承担 1/3 的损失，其他权益投资人承担 2/3 的损失。如果改变了筹资结构，风险分摊的比例就会改变。因此，在筹资的过程中同时也实现了企业风险的重新分配。

集聚了大量资金的金融机构可以通过多元化分散风险，因此有能力向高风险的公司提供资金。金融机构创造出风险不同的金融工具，可以满足风险偏好不同的资金提供者。因此，金融市场在实现风险分配功能时，金融机构是必不可少的。

（二）金融市场的附带功能

金融市场除了以上两项基本功能外，还有以下三个附带功能：

1. 价格发现功能

金融市场上的买方和卖方的相互作用决定了证券的价格，也就是金融资产要求的报酬率。公司的筹资能力取决于它是否能够达到金融资产要求的报酬率。如果企业的盈利能力达不到要求的报酬率，就筹集不到资金。这个竞争形成的价格，引导着资金流向效率高的部门和企业，使其得到发展，而效率差的部门和企业得不到资金，会逐步萎缩甚至退出。竞争的结果，促进了社会稀缺资源的合理配置和有效利用。

金融市场被形容为经济的"气象台"和"晴雨表",金融市场的活跃程度可以反映经济的繁荣和衰退。每一种证券的价格可以反映发行公司的经营状况和发展前景。金融市场上的交易规模、价格及其变化的信息可以反映政府货币政策和财政政策的效应;金融市场生成并传播的大量经济和金融信息可以反映一个经济体甚至全球经济的发展和变化。

2. 调节经济功能

金融市场为政府实施宏观经济的间接调控提供了条件,政府可以通过中央银行(以下简称央行)实施货币政策对各经济主体的行为加以引导和调节。

政府的货币政策工具主要有三个:公开市场操作、调整贴现率和改变存款准备金率。例如,经济过热时,中央银行可以在公开市场出售证券,缩小基础货币,减少货币供应;还可以提高商业银行从央行贷款的贴现率,减少贴现贷款数量,减少货币供应;也可以提高商业银行缴存央行的存款准备金率,商业银行为补足准备金,就需减少放款,导致货币供应缩减。减少货币供应的结果是利率会提高,投资需求会下降,从而达到抑制经济过热的目的。

但是央行货币政策的基本目的不止一项,通常包括扩大就业、促进经济增长,保持物价稳定、利率稳定、金融市场稳定和外汇市场稳定等。有时这些目的相互冲突,操作时就会进退维谷。例如,经济上升、失业下降时,往往伴随通货膨胀和利率上升。如果为了防止利率上升,央行购入债券会增加货币供应,促使利率下跌,而增大货币供应,又会使通货膨胀进一步提升。如果为了防止通货膨胀,放慢货币供应增长,在短期内利率和失业率就可能上升。因此,这种操控是十分复杂的,需要综合考虑其后果,并逐步试探和修正。

3. 节约信息成本

如果没有金融市场,每一个资金提供者寻找适宜的资金需求者,每一个资金需求者寻找适宜的资金提供者,其信息成本是非常高的。完善的金融市场提供了充分的信息,可以节约寻找投资对象和评估投资价值的成本。

本章小结

本章主要内容是财务管理的基本理论和基础知识。财务管理就是组织作出的以创造财富为目标的各种投资和筹资决策。本书讨论的组织主要是营利性组织中的公司制企业。财务管理的基本目标包括利润最大化目标、每股收益最大化目标和股东财富最大化目标,而股东财富最大化目标考虑了利润的取得时间和风险。财务管理的两大核心概念是货币的时间价值、风险和报酬,在财务管理的基本理论中,现金流量理论是现金、现金流量和自由现金流量的理论,是财务管理最为基础的理论。金融工具是指形成一方的金融资产并形成其他方的金融负债或权益工具的合同,包括股票、债券、外汇、保单等,公司可以借助金融工具进行筹资和投资。

精选案例分析

案例:

宏伟公司的财务管理目标
——财务管理目标与利益冲突案例

宏伟公司是一家从事IT产品开发的企业,由三位志同道合的朋友共同出资120万元,三人平分股权比例，共同创业。企业发展初期，创始股东都以企业的长期发展为目标，关注企业的持续增长能力，所以他们注重加大研发投入，不断开发新产品，这些措施有力地提高了企业的竞争力，使企业实现了营业收入的高速增长。在开始的几年间，销售业绩以平均60%的速度提升，然而，随着利润的不断快速增长，三位创始股东对利润在收益分配上产生了分歧。股东王力、张伟倾向于分红，而股东赵勇则认为，应将企业取得的利益用于扩大再生产，以提高企业的持续发展能力，实现长远利益的最大化。矛盾不断升级，最终导致坚持企业长期发展的赵勇被迫出让其持有的三分之一股份而离开企业。

但是，此结果引起了与企业有密切联系的广大供应商和分销商的不满，因为他们的业务发展壮大都与宏伟公司密切相关，他们深信宏伟公司的持续增长会给他们带来更多的机会。于是他们声称，如果赵勇离开企业，将断绝与企业的业务往来。面对这种情况，其他两位股东提出他们可以离开，条件是赵勇必须收购他们的股份。赵勇的长期发展战略需要较多的投资，这样做会导致企业陷入没有资金维持生产的困境。这时，众多供应商和分销商伸出了援助之手，他们或者主动延长应收账款的期限，或者预付货款，最终使赵勇重新回到公司，成为公司的掌门人。

经历了股权变动的风波后，宏伟公司在赵勇的领导下，不断地加大投入，实现了企业规模化发展，在同行业中处于领先地位，企业的竞争力和价值不断提升。

（案例来源：https://www.doc88.com/p-3887471453441.html 整理而成）

讨论：

1. 赵勇坚持企业长远发展，而其他股东要求更多分红，你认为赵勇的目标是否与股东财富最大化的目标相矛盾？
2. 拥有控制权的大股东与供应商和客户等利益相关者之间的利益是否矛盾？如何协调？
3. 像宏伟公司这样的公司，其所有权和经营权是合二为一的，这对企业的发展有什么利弊？
4. 重要利益相关者能否对企业的控制权产生影响？

实务演练

一、思考与回答

1. 论述股东财富最大化是财务管理的最优目标。
2. 金融市场环境对企业的财务管理会产生怎样的影响？

二、搜集与整理

假设你毕业于财务专业，在一家咨询公司上班，张玲是你的一个客户，她正打算创办一家生产健身器材的公司。这几年这一行业的前景看好，已有多位出资者表示愿意对张玲的新公司出资。鉴于采用发行股票方式设立公司手续复杂，张玲打算采用有限责任公司的组织形式。她想通过你来了解有关公司理财方面的问题。你的老板设计了下面这些问题，让你通过对这些问题的询问和回答来帮助张玲了解相关知识。

1. 公司内部的组织机构可以如何设置？
2. 作为公司的财务人员，财务管理的目标是什么？在实施这一目标的过程中，可能会遇到哪些问题？应如何解决？

3. 企业的财务活动有哪些？财务人员在进行这些活动时，需要注意的问题是什么？

4. 企业财务人员可以通过金融市场实现什么理财目标？金融机构有哪些？

自测与练习

一、单项选择题

1. 在股东投资资本不变的情况下，下列各项中能够体现股东财富最大化这一财务管理目标的是（　　）。

　　A. 利润最大化　　　　　　　　　　B. 每股收益最大化

　　C. 每股股价最大化　　　　　　　　D. 公司价值最大化

2. 股东财富的增加与公司价值最大化具有相同意义的假设前提是（　　）。

　　A. 股东投资资本不变　　　　　　　B. 债务价值不变

　　C. 股东投资资本和债务价值不变　　D. 股东权益账面价值不变

3. 公司的下列财务活动中，不符合债权人目标的是（　　）。

　　A. 提高利润留存比率　　　　　　　B. 降低财务杠杆比率

　　C. 发行公司债券　　　　　　　　　D. 非公开增发新股

4. 下列证券中，其收益与发行人的经营成果相关度高，持有人非常关心公司经营状况的是（　　）。

　　A. 浮动利率公司债券　　　　　　　B. 固定利率公司债券

　　C. 可转换债券　　　　　　　　　　D. 普通股

5. 如果投资基金经理根据公开信息选择股票，投资基金的平均业绩与市场整体收益大体一致，说明该资本市场至少是（　　）。

　　A. 弱式有效　　　　　　　　　　　B. 半强式有效

　　C. 完全无效　　　　　　　　　　　D. 强式有效

二、多项选择题

1. 与个人独资企业相比，下列不属于公司制企业特点的有（　　）。

　　A. 容易在资本市场上筹集到资本　　B. 容易转让所有权

　　C. 容易创立　　　　　　　　　　　D. 不需要缴纳企业所得税

2. 下列关于财务管理内容的相关表述中，正确的是（　　）。

　　A. 公司对子公司和非子公司的长期股权投资属于经营性投资

　　B. 公司投资是直接投资，个人和专业投资机构投资属于间接投资

　　C. 公司进行经营性资产投资决策时应采用投资组合原理

　　D. 提高存货储备以应对通货膨胀，追加投资属于长期投资

3. 为防止经营者背离股东目标，股东可采取的措施有（　　）。

　　A. 对经营者实行固定年薪制

　　B. 要求经营者定期披露信息

　　C. 给予经营者股票期权奖励

　　D. 聘请注册会计师审计财务报告

4. 金融市场的基本功能包括(　　)。
A. 资金融通　　　　　　　　　B. 价格发现
C. 风险分配　　　　　　　　　D. 调节经济
5. 下列各项中,属于资本市场工具的有(　　)。
A. 优先股　　　　　　　　　　B. 可转换债券
C. 商业票据　　　　　　　　　D. 银行承兑汇票

第二章

财务报表分析与财务预测

学习目标

1. 了解企业财务报表分析的作用、目的和方法；
2. 能够正确运用比率分析法对企业偿债能力、营运能力、盈利能力和发展能力进行分析；
3. 理解财务预测的步骤；
4. 掌握筹资预测的方法。

导入案例

东阿阿胶首次亏损，"药中茅台"百年老店怎么了？

东阿阿胶1996年7月上市，至今已上市24个年头。自上市以来，从未出现过亏损，公司营收和利润总体持续保持增长。具体来看，在净利润方面，在2019年以前，公司除了2002年、2005年业绩同比下滑外，其他年份均实现正增长。正因如此，东阿阿胶成为A股市场业绩连续增长的典范，长期被视为市场的"白马"公司之一，如今不仅业绩下滑，还首次出现年度亏损。

从1993年至2018年，东阿阿胶仅在2002年与2005年净利润出现同比下滑的情况，但仍保持盈利。2005年之后，东阿阿胶净利润长期保持高速增长。其净利润从2006年的1.54亿元增长到2018年的20.87亿元，连续12年保持正增长，持续创造着净利润新高，且净利润年复合增长率在20%以上。业绩增长伴随着东阿阿胶的提价，据不完全统计，自2006年至2018年，东阿阿胶提价共计十余次，涨价接近数十倍。但是在2018年，东阿阿胶净利润增速却突然骤减至1.98%。实际上，在2015年到2017年，其净利润同比增速都在10%以上。2020年4月6日，东阿阿胶发布了2019年业绩年报。财报显示，东阿阿胶2019年实现营收29.59亿元，同比下降59.68%；净利润亏损4.44亿元，上年同期盈利20.8亿元，同比下降121.29%。这是自1996年上市24年以来，东阿阿胶交出的最差成绩单。

秦玉峰担任东阿阿胶总经理后，公司开始实施"价值回升"长期战略。2019年4月，招商证券在研究报告中表示，东阿阿胶的阿胶块自2005年起至今已经累计提价18次，价格增长20倍。从80元/斤涨到3 000元/斤，几块N年不变的小小阿胶方块显然已经从保健品升级为轻奢侈品。虽然东阿阿胶单方面表示阿胶涨至每斤3 000元的价格，依旧是被低估的状态，甚至还可以翻一番，但现实的数据却是另一番景象。根据招商证券的估算来看，东阿阿胶每提价30%，就会导致其流失10%的客户。东阿阿胶早在2012年就占据了80%的市场份额，但到了2016年反而下滑至32%。中金公司紧急组织东阿阿胶管理层召开战略解读电话会，并于2019年7月16日发布了《东阿阿胶全年推进渠道梳理短期业绩承压》研究报告。该报告称，考虑到短期业绩承压，中金公司将东阿阿胶评级下调至"中性"，将东阿阿胶2019年和2020年盈利预测分别调整至每股1.5元和1.69元，下调目标价32.4元至33.8元。同比分别下降53%和增长12.9%。2019年7月18日，摩根士丹利下调东阿阿胶评级至低配，目标价由60元降至30元。

东阿阿胶绝大多数产品采用经销商的销售方式，东阿阿胶连年提价，导致经销商囤货意愿强，每年大量地采购，除了销售收入还能获得不菲的囤货差价。但这种经营策略有严重的后遗症，东阿阿胶不是茅台，没有绝对的刚需性和不可替代性。当产品价格与消费者的接受度冲突达到一个临界点时，就触及了销售的天花板。同时引发大量仿制品和替代产品，导致东阿阿胶高端产品销售失速、低价市场被竞争对手分割，最终削弱的还是东阿阿胶的营收和盈利能力。东阿阿胶销售量和利润这种断崖式双重下滑，使其倍感压力，再加上公司披露了由于年龄问题东阿阿胶的灵魂人物秦玉峰的离任公告，这对于东阿阿胶更是雪上加霜。东阿阿胶的产品并非刚需，尽管以前可以依靠老字号的品牌拉动消费，但是随着新生代消费群体的更迭，性价比高和理性消费更是未来消费者的思维观念。因此，我们通过财务报表分析发现，东阿阿胶的持续涨价不能维持公司利润的高速增长。

（案例来源：https：//news.china.com/socialgd/10000169/20200120/37723117.html整理而成）

第一节 财务报表分析的目的和方法

一、财务报表分析的目的

（一）财务报表分析概述

企业在生产经营过程中，应依据会计准则等会计规范进行会计核算，并编制财务报告。财务报告是企业向会计信息使用者提供信息的主要文件，它反映了企业财务状况、经营成果和现金流量等方面的会计信息，为会计信息使用者进行经济决策提供依据。企业在进行会计核算和编制财务报告时，必须遵循会计准则，以保证会计信息客观、公允地反映企业的财务状况和经营成果。企业在财务报告中提供的会计信息应当符合会计准则所要求的质量特征，如可靠性、相关性等。

一般来说，为了保证会计信息的公允性，企业提供给外部会计信息使用者的财务报告应当经过注册会计师的审计。注册会计师对财务报告进行独立审计后出具审计报告,以说明审计报告的编制是否符合会计准则的要求,所提供的会计信息是否公允地反映了企业的财务状况、经营成果和现金流量状况。

财务报表分析(以下简称财务分析)是以企业的财务报告中的财务报表等会计信息资料为基础,对企业的财务状况、经营成果和现金流量进行分析和评价的一种方法。财务分析就是财务管理的重要方法之一,是对财务报告所提供的会计信息做进一步加工和处理,为股东、债权人和管理层等会计信息使用者进行财务预测和财务决策提供依据。

(二) 财务报表分析的目的

财务报表分析的目的取决于人们使用会计信息的目的。虽然财务报表分析所依据的资料是客观的,但是不同的人所关心的问题不同,因此他们进行财务报表分析的目的也各不相同。会计信息使用者主要包括债权人、股东、投资者、企业管理层、政府部门等。下面分别介绍不同的会计信息使用者进行财务分析的目的。

1. 债权人进行财务分析的目的

债权人按照借款给企业的方式不同,可以分为贸易债权人和非贸易债权人。贸易债权人在向企业出售商品或者提供服务的同时,也为企业提供商业信用。按照商业惯例,这种商业信用都是短期的,通常在30~60天,在信用期限内企业应当向债权人付款,有时为了鼓励客户尽早付款,贸易债权人也会提供一定的现金折扣,如果客户在折扣期限内付款,可以享受现金折扣。大多数的商业信用都不需要支付利息,因此,对于企业来说,这是一种成本极低的筹资方式。非贸易债权人向企业提供筹资服务,可以是直接与企业签订借款合同将资金贷给企业,也可以是通过购买企业发行的债券将资金借给企业。非贸易债权人与企业之间的债务契约,明确约定了还本付息的时间与方式,这种筹资方式可以是短暂的,也可以是长期的。

债权人为企业提供资金,所能获得的报酬是固定的,贸易债权人的报酬直接来自商业销售的毛利,非贸易债权人的报酬来自债务合同约定的利息。无论企业的业绩多么优秀,这些人的报酬只能限定为固定的利息或者商业销售的毛利,但是如果企业发生亏损或者经营困难,没有足够的偿付能力,这群人就可能无法收回全部或部分本金。债权人风险与报酬的这种不对称性特征决定了他们非常关注贷款的安全性,这也是债权人进行财务分析的主要目的。

2. 股权投资者进行财务分析的目的

股权投资者将资金投入企业后,成为企业的所有者,对于股份公司来说就是普通股股东。股权投资者拥有对企业的剩余权益,剩余权益意味着只有在企业的债权人和优先股股东等优先权享有者的求偿权得到满足之后,股权投资者才有享受剩余财产的分配权。在企业持续经营的情况下,企业只有在支付完债务利息和优先股股利后才能给股权投资者分配利润。在企业清算时,企业在偿付债权人和优先股股东后才能将剩余财产偿付给股权投资者。在企业繁荣时期,股权投资者可以比优先权享有者获得更多的利益,而在企业衰退时期,股权投资者要首先承担损失。因此股权投资者要承担更大的风险。这种风险特征决定了他们会对会计信息的要求更多,对企业的财务分析也更全面。

股权投资者进行财务分析的主要目的是分析企业的盈利能力和风险状况,以便据此评估企业价值和股票价值,进行有效的投资决策。企业价值是企业未来的预期收益以适当的折现率进行折现的现值。

3. 企业管理层进行财务分析的目的

企业管理层主要指企业的经理，他们受托于企业所有者，对企业进行有效的经营管理。企业的管理层对企业现有的财务状况、盈利能力和未来持续发展能力非常关注，他们进行财务分析的主要目的在于通过财务分析所提供的信息来监控企业的经营活动和财务状况的变化，以便尽早发现问题，采取改进措施，由于他们能够经常地、不受限制地获取会计信息，因此能够更加全面和系统地进行财务分析。企业的管理层往往不是孤立地看待某一件事，而是系统地分析产生这件事的原因和结果之间的联系，通过财务分析提供有价值的信息，比如企业的经济环境、经营状况和财务状况可能发生的重大变化，以便提前采取应对措施。

4. 政府部门进行财务分析的目的

许多政府部门都需要使用企业的会计信息，如财政部门、税务部门、统计部门以及监管机构等。政府部门进行财务分析的主要目的是更好地了解宏观经济的运行情况和企业的经营活动是否遵守法律法规，以便为其制定相关政策提供决策依据。如通过财务分析，可以了解一个行业是否存在超额利润，从而为制定税法提供合理的依据。

二、财务报表分析的方法

财务报表分析的方法有很多，如比较分析法、因素分析法等。不同的财务分析者由于分析的目的有别，采用的财务分析方法也不同。

（一）比较分析法

财务报表分析的比较分析法，是对两个或者两个以上有关可比数据进行对比，从而揭示其趋势或差异。

1. 比较分析法按比较对象分类

（1）与本企业历史的比较分析。

即把不同时期（3~10 年）的指标相比，这也称为趋势分析。

（2）本企业与同类企业的比较分析。

即与行业平均数或与标准的企业比较，这也称为横向分析。

（3）本企业实际与计划预算的比较分析。

即实际执行结果与计划预算指标比较，这也称为预算差异分析。

2. 比较分析法按比较内容分类

（1）会计要素的总量比较分析。总量是指财务报表项目的总金额，例如，总资产、净资产、净利润等。总量比较分析主要采用时间序列分析，如研究利润的逐年变化趋势，看其增长潜力。有时也用于同业对比，分析企业相对规模和竞争地位的变化。

（2）结构百分比比较分析。就是把资产负债表、利润表、现金流量表转换成结构百分比报表进行分析。例如，以收入为 100%，分析利润表各项目的比重。结构百分比报表用于发现占比不合理的项目，揭示进一步分析的方向。

（3）财务比率比较分析。财务比率是各财务指标之间的数量关系，反映它们的内在联系。财务比率是相对数，排除了规模的影响，具有较好的可比性，常用于比较分析。财务比率的计算相对简单，但对其加以说明和解释却比较复杂和困难。

（二）因素分析法

1. 因素分析法的概念

因素分析法是依据财务指标与其驱动因素之间的关系，从数量上确定各因素对指标影响程度的一种方法。该方法将财务指标分解为各个可以量化的因素，并根据各个因素之间的依存关系，顺次用各因素的比较值（通常为实际值）替代基准值（通常为历史值、标准值或计划值），据以测定各因素对财务指标的影响。由于分析时要逐次进行各因素的有序替代，因此又称为连环替代法。

2. 因素分析法的实施步骤

（1）确定分析对象。即确定需要分析的财务指标，比较其实际数额和标准数额（如上年实际数额）并计算两者的差额。

（2）确定该财务指标的驱动因素，即根据该财务指标的内在逻辑关系，建立财务指标与各驱动因素之间的函数关系模型。

（3）确定驱动因素的替代顺序。

（4）按顺序计算各驱动因素脱离标准的差异对财务指标的影响。

3. 因素分析法的应用

【例 2-1】

某企业 2019 年 3 月生产产品所耗某种材料费用的实际数是 6 720 元，而其计划数是 5 400 元。实际数比计划数增加 1 320 元。由于材料费用是由产品产量、材料单耗和材料单价三个因素的乘积构成的，因此，可以把材料费用这一总指标分解为三个因素，然后逐个分析它们对材料费用总额的影响程度。现假设这三个因素的数值如表 2-1 所示。

表 2-1 材料费用资料

项目	单位	计划数	实际数	差异
产品产量	件	120	140	20
材料单耗	千克/件	9	8	-1
材料单价	元/千克	5	6	1
材料费用	元	5 400	6 720	1 320

根据表 2-1 中的资料，材料费用总额实际数较计划数增加 1 320 元，这是分析对象。运用连环替代法，可以计算各因素变动对材料费用总额的影响程度，具体如下：

计划指标：120×9×5＝5 400（元）　　　　　　　①
第一次替代：140×9×5＝6 300（元）　　　　　　②
第二次替代：140×8×5＝5 600（元）　　　　　　③
第三次替代：140×8×6＝6 720（元）（实际数）　④

各因素变动的影响程度分析：

产量增加的影响：②-①＝6 300-5 400＝900（元）
材料节约的影响：③-②＝5 600-6 300＝-700（元）
价格提高的影响：④-③＝6 720-5 600＝1 120（元）

全部因素的影响：900-700+1 120=1 320（元）

企业是一个有机整体，每个财务指标的高低都受其他因素的影响。从数量上测定各因素的影响程度，有助于抓住主要矛盾，或更有说服力地评价经营状况。财务分析的核心是追溯产生差异的原因，因素分析法提供了定量解释差异成因的工具。

三、财务报表分析的局限性

财务报表分析以财务报表数据为主要分析依据，而财务报表本身存在一定的局限性。

（一）财务报表信息的披露问题

财务报表是企业会计系统的产物，每个企业的会计系统，都会受企业会计环境和会计战略的影响。

1. 会计环境

会计环境包括会计规范和会计管理、税务与会计的关系、外部审计、会计争端处理的法律系统、资本市场结构、公司治理结构等。这些因素是决定企业会计系统质量的外部因素。会计环境的缺陷会导致会计系统的缺陷，使财务数据不能完全反映企业的实际状况。会计环境的重要变化会导致会计系统的变化，影响财务数据的可比性。例如，会计规范要求以历史成本报告资产，使财务数据不代表其现行成本或变现价值；会计规范要求假设币值不变，使财务数据不按通货膨胀率或物价水平调整；会计规范要求遵循谨慎原则，使会计预计损失而不预计收益，有可能少计收益和资产；会计规范要求按年度分期报告，使财务报表只报告短期信息，不能提供反映长期潜力的信息等。

2. 会计战略

会计战略是企业根据环境和经营目标作出的主观选择，不同的企业会有不同的会计战略。企业会计战略包括会计政策、会计估计、补充披露及具体报告格式的选择，不同的会计战略会导致企业财务报告的差异，并影响其可比性。例如，对同一会计事项的会计处理，会计准则允许公司选择不同的会计政策，如存货计价方法、固定资产折旧方法等。虽然财务报表附注对会计政策选择有一定的表述，但报表使用者未必能完成可比性的调整工作。

由于上述两方面的原因，财务报表信息披露存在如下局限性：

（1）财务报表没有披露企业的全部信息，管理层拥有更多的信息，披露的只是其中的一部分。

（2）已经披露的财务信息存在会计估计误差，不可能是真实情况的全面准确计量。

（3）管理层的各项会计政策选择，有可能导致降低信息可比性。

（二）财务报表信息的可靠性问题

只有依据规范的、可靠的财务报表，才能得出正确的分析结论。所谓规范的、可靠的，是指除了上述局限性以外，没有虚假陈述。当然，外部分析人员很难认定是否存在虚假陈述，财务报表的可靠性有赖于注册会计师的鉴证。当然，注册会计师也不能保证财务报表没有任何错报和漏报。因此，分析人员必须自己关注财务报表的可靠性，对可能存在的问题保持足够的警觉。

外部分析人员虽然不能认定是否存在虚假陈述，但可以发现一些"危险信号"。对于存有"危险信号"的报表，分析人员要通过更细致的考察或获取其他有关信息，对财务报表信息的可靠性作出自己的判断。常见的危险信号如下：

1. 财务报告有失规范

不规范的财务报告，其可靠性也应受到怀疑。分析人员要关注财务报告是否存在重大遗漏，有的重大遗漏可能是因不想讲真话引起；要注意是否及时提供财务报告，不能及时提供财务报告，暗示企业可能与注册会计师存在分歧。

2. 数据出现异常

异常数据如无合理解释，应考虑该数据的真实性和一贯性是否存在问题。例如，原因不明的会计调整，可能是利用会计政策的灵活性粉饰报表数据；与销售相比应收账款异常增加，可能存在提前确认收入问题；净利润与经营活动现金流量净额之间的缺口加大，利润总额与应纳税所得额之间的缺口加大，可能存在盈余管理；第4季度的大额资产冲销和大额调整，可能是中期报告存在问题，但年度报告根据注册会计师的意见进行了调整。

3. 关联方交易异常

关联方交易的定价不公允，存在转移利润的可能。

4. 资本利得金额大

在经营业绩不佳时，公司可能通过出售长期资产、债务重组等交易实现资本利得。

5. 审计报告异常

无正当理由更换注册会计师，或出具非标准审计报告，有待做进一步分析判断。

(三) 财务报表信息的比较基础问题

在比较分析时，需要选择比较的参照标准，如同业标准、本企业历史数据或计划预算数据。

1. 横向比较时，需要使用同业标准

同业平均数只有一般性的参考价值，未必具有代表性，或未必是合理的基准。选同行业一组有代表性的企业求平均数，作为同业标准，可能比整个行业的平均数更有可比价值。近年来，分析人员以一流企业作为标杆，进行对标分析。也有不少企业实行多种经营，没有明确的行业归属，同业比较更加困难。

2. 趋势分析应以本企业历史数据为比较基础

历史数据代表过去，并不代表合理性。经营环境变化后，本年比上年利润提高了，未必说明已经达到应该达到的水平，甚至未必说明管理有了改进。

3. 实际与预算比较分析应以预算为比较基础

实际与预算发生差异，可能是执行中有问题，也可能是预算不合理，两者的区分并非易事。

总之，对比较基础问题本身要准确理解，并且要有限定地使用分析结论，避免简单化和绝对化。

拓展案例

片仔癀又涨价了！15年涨幅近4倍，未来还能走多远

2020年1月21日，漳州片仔癀药业股份有限公司（以下简称片仔癀）发布公告称，片

仔癀锭剂国内市场零售价格上调至590元/粒。根据公告，此次涨价，主要是因为原料及人工成本上涨，与片仔癀此前涨价的原因基本一致。据《国际金融报》记者统计，这是片仔癀自2005年以来第15次上调零售价，价格从125元/粒涨到590元/粒，涨幅将近4倍。

在公告中，片仔癀公开了2018年及2019年前三季度片仔癀系列产品的销售情况。记者注意到，尽管片仔癀声称因成本上涨而涨价，但其片仔癀系列产品的净利润却未因成本上涨出现较大波动。据公告，2018年，片仔癀系列产品实现销售收入18.2亿元，实现净利润11.13亿元，净利率超61%；2019年前三季度，该系列产品实现销售收入17.73亿元，实现净利润10.26亿元，净利率超57%。片仔癀历年财务数据显示，肝病用药产品的毛利率一直维持在80%以上的较高水平，且未曾有过较大波动。那么，该公司以成本上涨为由而涨价是否合理？

南京地区某中医院一名中医对《国际金融报》记者表示："中成药成本主要取决于厂家是否有自己的药材基地，如果有，那么成本是可控的。目前，片仔癀已经有了两块人工养麝基地，三七也来自他们自己的种植基地，所以成本应该是很好控制的。尽管2019年牛黄价格略微上涨，但由于片仔癀锭剂价格本身就很高，利润空间也不小，原材料涨价不足以成为其涨价合理的理由。"

在片仔癀年报中显示，该公司业务包括医药商业和医药工业两块，其中，医药商业主要是药品的批发销售。记者注意到，长期以来，该公司医药商业板块收入占比最高，但是贡献利润最低，仅占到利润的10%左右。而医药工业中肝病药占营收的37%左右，利润贡献却达到70%以上。也就是说，肝病药是其核心利润来源。

事实上，市面上治疗肝炎的药物包括西药和中成药多种药物。公开数据显示，2018年我国肝病用药市场规模约700亿元，主要由西药主导，2016年西药在肝病用药市场占比约85%，中成药占比约14%，生化制品占比仅约1%。按照片仔癀2018年肝病用药销售收入计算，其市场占有率不到3%。

依靠肝病药"走天下"的片仔癀能走多远？某医药行业分析师在接受《国际金融报》记者采访时表示："片仔癀系列药物只是治疗肝炎药物中的一种，市场占有率较低，目前还在推广中。同时，肝病用药市场由西药主导，片仔癀锭剂作为中成药，在这个市场上并不会成为主流用药，其作为公司核心利润来源的药品会显得有点单一。而且，中药企业最致命的伤害就是主打产品疗效被证伪，片仔癀转型是其必定要走的路。"

近年来，片仔癀已经开始布局转型。在颜值经济的带动下，片仔癀踏进了"快消圈"，先后推出了多款护肤品、牙膏等洗护用品。然而，这一系列产品并未给片仔癀带来很大的利润增长空间，只贡献了10%左右的营业收入。

在片仔癀锭剂价格不断上涨的情况下，其销量是否会受到影响？过于依靠肝病药的片仔癀，未来在转型上是否会加大投入？这些问题都值得我们深入思考。

（案例来源：http://finance.eastmoney.com/a/202001221365178038.html 整理而成）

第二节　财务比率分析

财务报表中有大量数据，可以用于计算与公司有关的财务比率。为便于说明财务比率的计算和分析方法,下面以华威股份有限公司(以下简称华威公司)的财务报表数据为例。该公司 2019 年的资产负债表、利润表和现金流量表如表 2-2~表 2-4 所示。为简化计算,列举的数据都是假设的。

表 2-2 资产负债表

编制单位:华威公司　　　　　　　　2019 年 12 月 31 日　　　　　　　　　　　　单位:万元

资产	年末金额	年初金额	负债和股东权益	年末金额	年初金额
流动资产:			流动负债		
货币资金	44	25	短期借款	60	45
交易性金融资产	0	0	交易性金融负债	0	0
应收票据	20	23	应付票据	33	14
应收账款	398	199	应付账款	100	109
预付账款	22	4	预收款项	10	4
其他应收款	12	22	应付职工薪酬	2	1
存货	119	326	应交税费	5	4
一年内到期的非流动资产	77	11	其他应付款	37	38
其他流动资产	8	0	一年内到期的非流动负债	0	0
流动资产合计	700	610	其他流动负债	53	5
非流动资产:			流动负债合计	300	220
债权投资	0	0	非流动负债		
其他债权投资	0	0	长期借款	450	245
长期应收款	0	0	应付债券	240	260
长期股权投资	30	0	长期应付款	50	60
其他权益性工具投资	0	0	预计负债	0	0
投资性房地产	0	0	递延所得税负债	0	0
固定资产	1 238	1 012	其他非流动负债	0	0
在建工程	18	35	非流动负债合计	740	580
无形资产	6	8	负债合计	1 040	800
开发支出	0	0	股东权益:		
商誉	0	0	股本	100	100
长期待摊费用	5	15	资本公积	10	10
递延所得税资产	0	0	其他综合收益	0	0
其他非流动资产	3	0	盈余公积	60	40
			未分配利润	790	730
非流动资产合计	1 300	1 070	股东权益合计	960	880
资产总计	2 000	1 680	负债及股东权益总计	2 000	1 680

注:其他应收款中,应收利息年初、年末金额均为 0;应收股利年初、年末金额均为 0。其他应付款中,应付利息年初、年末金额分别为 16 万元、12 万元;应付股利年初、年末金额均为 0。

表 2-3　利润表

编制单位：华威公司　　　　　　　　　　　　　2019 年　　　　　　　　　　　　　　　　单位：万元

项目	本年金额	上年金额
一、营业收入	3 000	2 850
减：营业成本	2 644	2 503
税金及附加	28	28
销售费用	22	20
管理费用	46	40
财务费用	110	96
资产减值损失	0	0
加：其他收益	0	0
投资收益	6	0
公允价值变动损益	0	0
资产处置收益	0	0
二、营业利润	156	163
加：营业外收入	45	72
减：营业外支出	1	0
三、利润总额	200	235
减：所得税费用	64	75
四、净利润	136	160
（一）持续经营净利润	120	140
（二）终止经营净利润	16	20
五、其他综合收益的税后净额	0	0
（一）不能重分类进损益的其他综合收益	0	0
（二）将重分类进损益的其他综合收益	0	0
六、综合收益总额	136	160
七、每股收益：		
（一）基本每股收益（元/股）	—	—
（二）稀释每股收益（元/股）	—	—

表 2-4　现金流量表

编制单位：华威公司　　　　　　　　　　　　　2019 年　　　　　　　　　　　　　　　　单位：万元

项目	本年金额	上年金额（略）
一、经营活动产生的现金流量：		
销售商品、提供劳务收到的现金	2 810	
收到的税费返还	0	
收到的其他与经营活动有关的现金	10	
经营活动现金流入小计	2 820	

续表

项目	本年金额	上年金额（略）
购买商品、接受劳务支付的现金	2 445	
支付给职工以及为职工支付的现金	24	
支付的各项税费	91	
支付其他与经营活动有关的现金	14	
经营活动现金流出小计	2 574	
经营活动产生的现金流量净额	246	
二、投资活动产生的现金流量		
收回投资收到的现金	0	
取得投资收益收到的现金	6	
处置固定资产、无形资产和其他长期资产收回的现金净额	82	
处置子公司及其他营业单位收到的现金净额	0	
收到其他与投资活动有关的现金	0	
投资活动现金流入小计	88	
购建固定资产、无形资产和其他长期资产支付的现金	300	
投资支付的现金	30	
取得子公司及其他营业单位支付的现金净额	0	
支付其他与投资活动有关的现金	0	
投资活动现金流出小计	330	
投资活动现金流量净额	−242	
三、筹资活动产生的现金流量		
吸收投资收到的现金	0	
取得借款收到的现金	220	
收到其他与筹资活动有关的现金	0	
筹资活动现金流入小计	220	
偿还债务支付的现金	20	
分配股利、利润或偿付利息支付的现金	170	
支付其他与筹资活动有关的现金	15	
筹资活动现金流出小计	205	
筹资活动产生的现金流量净额	15	
四、汇率变动对现金及现金等价物的影响	0	
五、现金及现金等价物净增加额	19	
加：期初现金及现金等价物余额	25	
六、期末现金及现金等价物余额	44	

债务一般按到期时间分为短期债务和长期债务，偿债能力分析由此分为短期偿债能力分析和长期偿债能力分析两部分。

一、短期偿债能力比率

偿债能力的衡量方法有两种：一种是比较可供偿债资产与债务的存量，资产存量超过债务存量较多，则认为偿债能力较强；另一种是比较经营活动现金流量和偿债所需现金，如果产生的现金超过需要的现金较多，则认为偿债能力较强。

（一）可偿债资产与短期债务的存量比较

可偿债资产的存量，是指资产负债表中列示的流动资产年末余额。短期债务的存量，是指资产负债表中列示的流动负债年末余额。流动资产将在 1 年或 1 个营业周期内消耗或转变为现金，流动负债将在 1 年或 1 个营业周期内偿还，因此两者的比较可以反映短期偿债能力。

流动资产与流动负债的存量有两种比较方法：一种是差额比较，两者相减的差额称为营运资本；另一种是比率比较，两者相除的比率称为短期债务的存量比率。

1. 营运资本

营运资本是指流动资产超过流动负债的部分。其计算公式如下：

$$营运资本 = 流动资产 - 流动负债$$

根据华威公司的财务报表数据：

$$本年营运资本 = 700 - 300 = 400（万元）$$
$$上年营运资本 = 610 - 220 = 390（万元）$$

计算营运资本使用的流动资产和流动负债，其数据通常可以直接取自资产负债表。资产负债表的资产和负债分为流动项目和非流动项目，并按流动性强弱排序，为计算营运资本和分析流动性提供了便利。

如果流动资产与流动负债相等，并不足以保证短期偿债能力没有问题，因为债务的到期与流动资产的现金生成，不可能同步同量；而且，为了维持经营，企业不可能清算全部流动资产来偿还流动负债，而是必须维持最低水平的现金、存货、应收账款等。

因此，企业必须保持流动资产大于流动负债，即保有一定数额的营运资本作为安全边际，以防止流动负债"穿透"流动资产。华威公司现存 300 万元流动负债的具体到期时间不易判断，现存 700 万元流动资产生成现金的金额和时间也不好预测。营运资本 400 万元是流动负债"穿透"流动资产的"缓冲垫"。因此，营运资本越多，流动负债的偿还越有保障，短期偿债能力则越强。

营运资本之所以能够成为流动负债的"缓冲垫"，是因为它是长期资本用于流动资产的部分，不需要在 1 年或 1 个营业周期内偿还。

$$\begin{aligned}营运资本 &= 流动资产 - 流动负债\\ &= (总资产 - 非流动资产) - (总资产 - 股东权益 - 非流动负债)\\ &= (股东权益 + 非流动负债) - 非流动资产\\ &= 长期资本 - 长期资产\end{aligned}$$

根据华威公司的财务报表数据：

$$本年营运资本 = (960 + 740) - 1\,300 = 1\,700 - 1\,300 = 400（万元）$$
$$上年营运资本 = (880 + 580) - 1\,070 = 1\,460 - 1\,070 = 390（万元）$$

当流动资产大于流动负债时，营运资本为正数，表明长期资本的数额大于长期资产，超出部分被用于流动资产。营运资本的数额越大，财务状况越稳定。当全部流动资产未由任何流动负债提供资金来源，而全部由长期资本提供时，企业没有任何短期偿债压力。

当流动资产小于流动负债时，营运资本为负数，表明长期资本小于长期资产，有部分长期资产由流动负债提供资金来源。由于流动负债在1年或1个营业周期内需要偿还，而长期资产在1年或1个营业周期内不能变现，偿债所需现金不足，必须设法另外筹资，这意味着财务状况不稳定。

营运资本的比较分析，主要是与本企业上年数据比较。华威公司本年和上年营运资本的比较如表2-5所示。

表2-5 华威公司营运资本的比较

项目	本年		上年		变动		
	金额/万元	结构/%	金额/万元	结构/%	金额/万元	变动/%	结构/%
流动资产	700	100	610	100	90	15	100
流动负债	300	43	220	36	80	36	89
营运资本	400	57	390	64	10	2.6	11
长期资产	1 300		1 070		230		
长期资本	1 700		1 460		240		

由表2-5的数据可知：

（1）上年流动资产610万元，流动负债220万元，营运资本390万元。从相对数看，营运资本配置比率（营运资本÷流动资产）为64%，流动负债提供流动资产所需资本的36%，即1元流动资产需要偿还0.36元的流动负债。

（2）本年流动资产700万元，流动负债300万元，营运资本400万元。从相对数看，营运资本配置比率为57%，流动负债提供流动资产所需资本的43%，即1元流动资产需要偿还0.43元的流动负债。偿债能力比上年下降了。

（3）本年与上年相比，流动资产增加90万元（增长15%），流动负债增加80万元（增长36%），营运资本增加10万元（增长2.6%）。营运资本的绝对数增加，似乎"缓冲垫"增厚了，但由于流动负债的增长速度超过流动资产的增长速度，使得债务的"穿透力"增加了，即偿债能力降低了。可见，由于营运资本政策的改变使本年的短期偿债能力下降了。

营运资本是绝对数，不便于不同历史时期及不同企业之间的比较。例如，A公司的营运资本为200万元（流动资产300万元，流动负债100万元），B公司的营运资本与A相同，也是200万元（流动资产1 200万元，流动负债1 000万元）。但是，它们的偿债能力显然不同。因此，在实务中很少直接使用营运资本作为分析偿债能力的指标。营运资本的合理性主要通过短期债务的存量比率评价。

2. 短期债务的存量比率

短期债务的存量比率包括流动比率、速动比率和现金比率。

（1）流动比率。

流动比率是流动资产与流动负债的比值，其计算公式如下：

$$流动比率=流动资产÷流动负债$$

根据华威公司的财务报表数据：

$$本年流动比率=700÷300=2.33$$
$$上年流动比率=610÷220=2.77$$

流动比率假设全部流动资产都可用于偿还流动负债，表明每1元流动负债有多少流动资产作为偿债保障。华威公司的流动比率降低了0.44（2.77-2.33），即为每1元流动负债提供的流动资产保障减少了0.44元。

流动比率和营运资本配置比率反映的偿债能力相同，它们可以互相换算：

$$流动比率=1÷(1-营运资本配置比率)=1÷(1-营运资本÷流动资产)$$

根据华威公司的财务报表数据：

$$本年流动比率=1÷(1-57\%)=2.33$$
$$上年流动比率=1÷(1-64\%)=2.78$$

流动比率是相对数，排除了企业规模的影响，更适合同业比较以及本企业不同历史时期的比较。此外，由于流动比率计算简单，因而被广泛应用。

但是，需要注意的是，不存在统一、标准的流动比率数值。不同行业的流动比率通常有明显差别，营业周期越短的行业，流动比率越低。在过去很长一段时间里，人们认为生产型企业合理的最低流动比率是2。这是因为流动资产中变现能力最差的存货金额约占流动资产总额的一半，剩下的流动性较好的流动资产至少要等于流动负债，才能保证企业最低的短期偿债能力。这种认识一直未能从理论上证明。最近几十年，企业的经营方式和金融环境发生了很大变化，流动比率有下降的趋势，许多成功企业的流动比率都低于2。

如果流动比率相对上年发生较大变动，或与行业平均值出现重大偏离，就应对构成流动比率的流动资产和流动负债的各项目逐一分析，寻找形成差异的原因。为了考察流动资产的变现能力，有时还需要分析其周转率。

流动比率有其局限性，在使用时应注意，流动比率假设全部流动资产都可以变为现金并用于偿债，全部流动负债都需要还清。实际上，有些流动资产的账面金额与变现金额有较大差异，如产成品等；经营性流动资产是企业持续经营所必需的，不能全部用于偿债；经营性应付项目可以滚动存续，无须动用现金全部结清。因此，流动比率是对短期偿债能力的粗略估计。

（2）速动比率。

构成流动资产的各项目，流动性差别很大。其中，货币资金、交易性金融资产和各种应收款项等，可以在较短时间内变现，称为速动资产；另外的流动资产，包括存货、预付款项、一年内到期的非流动资产及其他流动资产等，称为非速动资产。

非速动资产的变现金额和时间具有较大的不确定性，一是存货的变现速度比应收款项要慢得多，部分存货可能已毁损报废、尚未处理，存货估价有多种方法，可能与变现金额相距甚远；二是一年内到期的非流动资产和其他流动资产的金额有偶然性，不代表正常的变现能力。因此，将可偿债资产定义为速动资产，计算企业短期债务的存量比率更可信。

速动资产与流动负债的比值，称为速动比率，又称为酸性测试比率，其计算公式如下：

$$速动比率=速动资产÷流动负债$$

根据华威公司的财务报表数据：

$$本年速动比率=(44+20+398+12)\div300=1.58$$
$$上年速动比率=(25+23+199+22)\div220=1.22$$

速动比率假设速动资产是可偿债资产，表明每1元流动负债有多少速动资产作为偿债保障。华威公司的速动比率比上年提高了0.36，说明为每1元流动负债提供的速动资产保障增加了0.36元。

与流动比率一样，不同行业的速动比率差别很大。例如，大量现销的商店几乎没有应收款项，速动比率低于1也属正常。相反，一些应收款项较多的企业，速动比率可能要大于1。

影响速动比率可信性的重要因素是应收款项的变现能力。账面上的应收款项未必都能收回变现，实际坏账准备可能比计提的要多；季节性的变化，可能使报表上的应收款项金额不能反映平均水平。这些情况，外部分析人员不易了解，而内部人员则可能作出合理的估计。

(3) 现金比率。

速动资产中流动性最强、可直接用于偿债的资产是现金。与其他速动资产不同，现金本身可以直接偿债，而其他速动资产需要等待不确定的时间，才能转换为不确定金额的现金。

现金与流动负债的比值称为现金比率，其计算公式如下：

$$现金比率=货币资金\div流动负债$$

根据华威公司的财务报表数据：

$$本年现金比率=44\div300=0.147$$
$$上年现金比率=25\div220=0.114$$

现金比率表明1元流动负债有多少现金作为偿债保障。华威公司的现金比率比上年提高了0.033，说明企业为每1元流动负债提供的现金保障增加了0.033元。

(二) 现金流量比率

经营活动现金流量净额与流动负债的比值，称为现金流量比率。其计算公式如下：

$$现金流量比率=经营活动现金流量净额\div流动负债$$

根据华威公司的财务报表数据：

$$现金流量比率=246\div300=0.82$$

上列公式中的经营活动现金流量净额，通常使用现金流量表中的经营活动产生的现金流量净额。它代表企业创造现金的能力，且已经扣除了经营活动自身所需的现金流出，是可以用来偿债的现金流量。

一般而言，该比率中的流动负债采用期末数而非平均数，因为实际需要偿还的是期末金额，而非平均金额。

现金流量比率表明每1元流动负债的经营活动现金流量保障程度。该比率越高，偿债能力越强。

用经营活动现金流量净额代替可偿债资产存量，与流动负债进行比较以反映偿债能力，更具说服力。因为，一方面，它克服了可偿债资产未考虑未来变化及变现能力等问题；另一方面，实际用以支付债务的通常是现金，而不是其他可偿债资产。

(三) 影响短期偿债能力的其他因素

上述短期偿债能力比率,都是根据财务报表数据计算而得到的,还有一些表外因素也会影响企业的短期偿债能力,甚至影响相当大。财务报表使用人应尽可能了解这方面的信息,以作出正确判断。

1. 增强短期偿债能力的表外因素

(1) 可动用的银行授信额度。

企业尚未动用的银行授信额度,可以随时借款,增加企业现金,提高支付能力。这一数据不在财务报表中反映,但有的公司以董事会决议公告披露。

(2) 可快速变现的非流动资产。

企业可能有一些非经营性长期资产可随时出售变现,这未必列示在"一年内到期的非流动资产"项目中。例如,储备的土地、未开采的采矿权、目前出租的房产等,在企业发生周转困难时,将其出售并不影响企业的持续经营。

(3) 偿债能力的声誉。

如果企业的信用记录优秀,在短期偿债方面出现暂时困难,比较容易筹集到短缺资金。

2. 降低短期偿债能力的表外因素

例如,与担保有关的或有负债事项,如果该金额较大且很可能发生,应在评价偿债能力时予以关注。

二、长期偿债能力比率

衡量长期偿债能力的财务比率,也分为存量比率和流量比率两类。

(一) 总债务存量比率

从长期来看,所有债务都要偿还。因此,反映长期偿债能力的存量比率是总资产、总债务和股东权益之间的比例关系。常用比率包括资产负债率、产权比率、权益乘数和长期资本负债率。

1. 资产负债率

资产负债率是总负债与总资产的百分比,其计算公式如下:

$$资产负债率 = (总负债 \div 总资产) \times 100\%$$

根据华威公司的财务报表数据:

$$本年资产负债率 = (1\,040 \div 2\,000) \times 100\% = 52\%$$

$$上年资产负债率 = (800 \div 1\,680) \times 100\% = 48\%$$

资产负债率反映总资产中有多大比例是通过负债取得的。它可用于衡量企业清算时对债权人利益的保障程度。资产负债率越低,企业偿债越有保证,负债越安全。资产负债率还代表企业的举债能力。一个企业的资产负债率越低,举债越容易。如果资产负债率高到一定程度,财务风险很高,就无人愿意提供贷款了。这表明企业的举债能力已经用尽。

通常,资产在破产拍卖时的售价不到账面价值的50%,因此如果资产负债率高于50%,则债权人的利益就缺乏保障。各类资产的变现能力有显著区别,房地产的变现价值损失小,专用设备则难以变现。由此可见，不同企业的资产负债率不同，这与其持有的资产类别相关。

2. 产权比率和权益乘数

产权比率和权益乘数是资产负债率的另外两种表现形式，它和资产负债率的性质一样，计算公式分别如下：

$$产权比率=总负债÷股东权益$$

$$权益乘数=总资产÷股东权益$$

产权比率表明每1元股东权益配套的总负债的金额。权益乘数表明每1元股东权益启动的总资产的金额。它们是两种常用的财务杠杆比率，财务杠杆比率表示负债的比例，与偿债能力相关。财务杠杆影响总资产净利率和权益净利率之间的关系，还表明权益净利率风险的高低，与盈利能力相关。

3. 长期资本负债率

长期资本负债率是指非流动负债占长期资本的百分比。其计算公式如下：

$$长期资本负债率=[非流动负债÷(非流动负债+股东权益)]×100\%$$

根据华威公司的财务报表数据：

$$本年长期资本负债率=[740÷(740+960)]×100\%=44\%$$

$$上年长期资本负债率=[580÷(580+880)]×100\%=40\%$$

长期资本负债率是反映公司资本结构的一种形式。由于流动负债的金额经常变化，非流动负债较为稳定，资本结构通常使用长期资本结构衡量。

(二) 总债务流量比率

1. 利息保障倍数

利息保障倍数是指息税前利润对利息费用的倍数。其计算公式如下：

$$利息保障倍数=息税前利润÷利息费用$$

$$=(净利润+利息费用+所得税费用)÷利息费用$$

分子的"利息费用"是指计入本期利润表中财务费用的利息费用；分母的"利息费用"是指本期的全部应付利息，不仅包括计入利润表中财务费用的利息费用，还包括计入资产负债表中固定资产等成本的资本化利息。

根据华威公司的财务报表数据：

$$本年利息保障倍数=(136+110+64)÷110=2.82$$

$$上年利息保障倍数=(160+96+75)÷96=3.45$$

长期债务通常不需要每年还本，但往往需要每年付息。利息保障倍数表明每1元利息费用有多少倍的息税前利润作为偿付保障，它可以反映债务风险的大小。如果公司一直保持按时付息的信誉，则长期负债可以延续，举借新债也比较容易。利息保障倍数越大，利息支付越有保障。如果利息支付尚且缺乏保障，那么归还本金就更难指望。因此，利息保障倍数可以反映长期偿债能力。

如果利息保障倍数小于1，表明自身产生的经营收益不能支持现有规模的债务。如果利息保障倍数等于1，也很危险，因为息税前利润受经营风险的影响，很不稳定，但支付利息却是固定的。利息保障倍数越大，表明公司拥有的偿还利息的缓冲效果越好。

2. 现金流量利息保障倍数

现金流量利息保障倍数是指经营活动现金流量净额对利息费用的倍数。其计算公式如下：

$$现金流量利息保障倍数 = 经营活动现金流量净额 \div 利息费用$$

分母的"利息费用"同利息保障倍数的分母。

根据华威公司的财务报表数据：

$$本年现金流量利息保障倍数 = 246 \div 110 = 2.24$$

现金流量利息保障倍数是现金基础的利息保障倍数，表明每1元利息费用有多少倍的经营活动现金流量净额作为支付保障。它比利润基础的利息保障倍数更为可靠，因为实际用以支付利息的是现金，而不是利润。

3. 现金流量与负债比率

现金流量与负债比率，是指经营活动现金流量净额与负债总额的比率。其计算公式如下：

$$现金流量与负债比率 = (经营活动现金流量净额 \div 负债总额) \times 100\%$$

根据华威公司的财务报表数据：

$$本年现金流量与负债比率 = (246 \div 1\,040) \times 100\% = 24\%$$

一般来讲，该比率中的负债总额采用期末数而非平均数，因为实际需要偿还的是期末金额，而非平均金额。

该比率表明企业用经营活动现金流量净额偿付全部债务的能力。比率越高，偿还负债总额的能力越强。

(三) 影响长期偿债能力的其他因素

上述长期偿债能力比率，都是根据财务报表内的数据计算的。此外，一些表外其他因素也可能影响企业长期偿债能力，运用偿债能力比率分析时必须对此加以关注。

1. 债务担保

担保项目的时间长短不一，有的影响公司的长期偿债能力，有的影响公司的短期偿债能力。在分析公司长期偿债能力时，应根据有关资料判断担保责任可能带来的影响。

2. 未决诉讼

未决诉讼一旦判决败诉，可能会影响公司的偿债能力，因此在评价公司长期偿债能力时要考虑其潜在影响。

三、营运能力比率

营运能力比率是衡量公司资产管理效率的财务比率。这方面常用的财务比率有应收账款周转率、存货周转率、流动资产周转率、营运资本周转率、非流动资产周转率和总资产周转率等。

(一) 应收账款周转率

1. 计算方法

应收账款周转率是营业收入与应收账款的比率。它有应收账款周转次数、应收账款周转天数和应收账款与收入比三种表示形式，计算公式分别如下：

$$应收账款周转次数 = 营业收入 \div 应收账款$$

$$应收账款周转天数 = 365 \div (营业收入 \div 应收账款)$$

$$应收账款与营业收入比 = 应收账款 \div 营业收入$$

根据华威公司的财务报表数据：

$$本年应收账款周转次数 = 3\,000 \div (398+20) = 7.2（次/年）$$

$$本年应收账款周转天数 = 365 \div [3\,000 \div (398+20)] = 50.69（天/次）$$

$$本年应收账款与营业收入比 = (398+20) \div 3\,000 = 13.9\%$$

应收账款周转次数，表明1年中应收账款周转的次数，或者说每1元应收账款投资支持的营业收入。应收账款周转天数，也称为应收账款收现期，表明从销售开始到收回现金所需要的平均天数。应收账款与营业收入比，则表明每1元营业收入所需要的应收账款投资。

2. 在计算和使用应收账款周转率时应注意的问题

(1) 营业收入的赊销比例问题。

从理论上讲，应收账款是赊销引起的，其对应的是营业收入中的赊销部分，而非全部。因此，计算时应使用赊销额而非营业收入。但是，外部分析人员无法从财务报表内取得公司的赊销数据，只好直接使用营业收入作为替代进行计算。实际上相当于假设现销是收现时间等于零的应收账款。只要现销与赊销的比例保持稳定，不妨碍与上期数据的可比性，只是一向高估了周转次数。但问题是与其他公司比较时，如不了解可比公司的赊销比例，将无从判断应收账款周转率是否具有良好的可比性。

(2) 应收账款年末余额的可靠性问题。

应收账款是特定时点的存量，容易受季节性、偶然性和人为因素影响。在用应收账款周转率进行业绩评价时，可以使用年初和年末的平均数，或者使用多个时点的平均数，以减少这些因素的影响。

(3) 应收账款的坏账准备问题。

财务报表上列示的应收账款是已经计提坏账准备后的净额，而营业收入并未相应减少。其结果是，计提的坏账准备越多，计算的应收账款周转次数越多、天数越少，这种应收账款周转次数增加、天数减少的情况不是业绩改善的结果，反而说明应收账款管理欠佳。如果坏账准备的金额较大，就应进行调整，或者使用未计提坏账准备的应收账款进行计算。报表附注中披露的应收账款坏账准备信息，可作为调整的依据。

(4) 应收账款周转天数是否越少越好。

应收账款是赊销引起的，如果赊销有可能比现销更有利，周转天数就不是越少越好。此外，收现时间的长短与公司的信用政策有关。例如，甲公司的应收账款周转天数是18天，信用期是20天；乙公司的应收账款周转天数是15天，信用期是10天。前者的收款业绩优于后者，尽管其周转天数较多。改变信用政策，通常会引起公司应收账款周转天数的变化。信用政策的评价涉及多种因素，不能仅仅考虑应收账款周转天数的缩短。

(5) 应收账款分析应与赊销分析、现金分析相联系。

应收账款的起点是赊销，终点是现金。正常情况是赊销增加，引起应收账款增加，现金存量和经营活动现金流量净额也会随之增加。如果公司应收账款日益增加，而现金日益减少，则可能是赊销产生了比较严重的问题。譬如，大为放宽信用政策，甚至随意发货，未能收回现金。

总之，应当深入地对应收账款内部进行分析，并且要注意应收账款与其他指标的联系，才能正确使用应收账款周转率进行有关评价。

（二）存货周转率

1. 计算方法

存货周转率是营业收入与存货的比率。它有三种计算方法，计算公式分别如下：

$$存货周转次数 = 营业收入 \div 存货$$

$$存货周转天数 = 365 \div (营业收入 \div 存货)$$

$$存货与营业收入比 = 存货 \div 营业收入$$

根据华威公司的财务报表数据：

$$本年存货周转次数 = 3\,000 \div 119 = 25.2（次/年）$$

$$存货周转天数 = 365 \div (3\,000 \div 119) = 14.5（天/次）$$

$$本年存货与营业收入比 = 119 \div 3\,000 = 4\%$$

存货周转次数，表明1年中存货周转的次数，或者说每1元存货投资支持的营业收入。存货周转天数表明存货周转一次需要的时间，也就是存货转换成现金平均需要的时间。存货与营业收入比，表明每1元营业收入需要的存货投资。

2. 在计算和使用存货周转率时应注意的问题

（1）计算存货周转率时，使用营业收入还是营业成本作为周转额，要看分析的目的。

在短期偿债能力分析中，为了评估资产的变现能力，需要计算存货转换为现金的金额和时间，应采用营业收入。在分解总资产周转率时，为系统分析各项资产的周转情况并识别主要的影响因素，应统一使用营业收入计算周转率。如果是为了评估存货管理的业绩，应当使用营业成本计算存货周转率，使其分子和分母保持口径一致。实际上，两种周转率的差额是毛利引起的，用哪一个计算方法都能达到分析目的。

根据华威公司的财务报表数据，两种计算方法可以进行如下转换：

$$本年存货（成本）周转次数 = 营业成本 \div 存货 = 2\,644 \div 119 = 22.2（次）$$

$$本年存货（收入）周转次数 \times 成本率 = (营业收入 \div 存货) \times (营业成本 \div 营业收入)$$

$$= (3\,000 \div 119) \times (2\,644 \div 3\,000) = 22.2（次）$$

（2）存货周转天数不是越少越好。

存货过多，会浪费资金；存货过少，又不能满足流转需要，在特定的生产经营条件下存在一个最佳的存货水平，所以存货不是越少越好。

（3）应注意应付账款、存货和应收账款（或营业收入）之间的关系。

一般来说，销售增加会拉动应收账款、存货、应付账款增加，不会引起存货周转率的明显变化。但是，当企业接受一个大订单时，通常要先增加存货，然后推动应付账款增加，最后才引起应收账款（营业收入）增加。因此，在该订单没有实现销售以前，先表现为存货周转天数增加，这种存货周转天数增加，没有什么不好。与此相反，当预见到销售会萎缩时，通常会先减少存货，进而引起存货周转天数下降。这种存货周转天数下降，不是什么好事,并非资产管理改善。因此,任何财务分析都要以认识经营活动本质为目的,不可根据数据高低作简单结论。

(4) 应关注构成存货的原材料、在产品、半成品、产成品和低值易耗品之间的比例关系。

各类存货的明细资料以及存货重大变动的解释,应在报表附注中披露。正常情况下,它们之间存在某种比例关系。如果产成品大量增加,其他项目减少,很可能是销售不畅,放慢了生产节奏,此时,总的存货金额可能并没有显著变动,甚至尚未引起存货周转率的显著变化。因此,在财务分析时既要重点关注变化大的项目,也要关注变化不大的项目,其内部可能隐藏着重要问题。

(三) 流动资产周转率

流动资产周转率是营业收入与流动资产的比率。它有三种计算方法,计算公式分别如下:

$$流动资产周转次数 = 营业收入 \div 流动资产$$

$$流动资产周转天数 = 365 \div (营业收入 \div 流动资产)$$

$$流动资产与营业收入比 = 流动资产 \div 营业收入$$

根据华威公司的财务报表数据:

$$本年流动资产周转次数 = 3\,000 \div 700 = 4.3 (次/年)$$

$$本年流动资产周转天数 = 365 \div (3\,000 \div 700) = 85.2 (天/次)$$

$$上年流动资产与营业收入比 = 700 \div 3\,000 = 23.3\%$$

流动资产周转次数,表明1年中流动资产周转的次数,或者说每1元流动资产投资支持的营业收入。流动资产周转天数表明流动资产周转一次需要的时间,也就是流动资产转换成现金平均需要的时间。流动资产与营业收入比,表明每1元营业收入需要的流动资产投资。

(四) 营运资本周转率

营运资本周转率是营业收入与营运资本的比率。它有三种计算方法,计算公式分别如下:

$$营运资本周转次数 = 营业收入 \div 营运资本$$

$$营运资本周转天数 = 365 \div (营业收入 \div 营运资本)$$

$$营运资本与营业收入比 = 营运资本 \div 营业收入$$

根据华威公司的财务报表数据:

$$本年营运资本周转次数 = 3\,000 \div 400 = 7.5 (次/年)$$

$$本年营运资本周转天数 = 365 \div (3\,000 \div 400) = 48.7 (天/次)$$

$$本年营运资本与营业收入比 = 400 \div 3\,000 = 13.3\%$$

营运资本周转次数,表明1年中营运资本周转的次数,或者说每1元营运资本投资支持的营业收入。营运资本周转天数表明营运资本周转一次需要的时间,也就是营运资本转换成现金平均需要的时间。营运资本与营业收入比,表明每1元营业收入需要的营运资本投资。

营运资本周转率是一个综合性的比率,从严格意义上,应仅有经营性资产和负债被用于计算这一指标,即短期借款、交易性金融资产和超额现金等因为不是经营活动必需的而应被排除在外。

(五) 非流动资产周转率

非流动资产周转率是营业收入与非流动资产的比率。它有三种计算方法,计算公式分别如下:

$$非流动资产周转次数 = 营业收入 \div 非流动资产$$

$$非流动资产周转天数 = 365 \div (营业收入 \div 非流动资产)$$

$$非流动资产与营业收入比 = 非流动资产 \div 营业收入$$

根据华威公司的财务报表数据:

本年非流动资产周转次数 = 3 000 ÷ 1 300 = 2.3(次/年)

本年非流动资产周转天数 = 365 ÷ (3 000 ÷ 1 300) = 158.7(天/次)

本年非流动资产与营业收入比 = 1 300 ÷ 3 000 = 43.3%

非流动资产周转次数表明1年中非流动资产周转的次数,或者说每1元非流动资产投资支持的营业收入。非流动资产周转天数表明非流动资产周转一次需要的时间,也就是非流动资产转换成现金平均需要的时间。非流动资产与营业收入比,表明每1元营业收入需要的非流动资产投资。

非流动资产周转率反映非流动资产的管理效率,主要用于投资预算和项目管理,以确定投资与竞争战略是否一致、收购和剥离政策是否合理等。

(六) 总资产周转率(略)

四、盈利能力比率

(一) 营业净利率

1. 计算方法

营业净利率是指净利润与营业收入的比率,通常用百分数表示。其计算公式如下:

$$营业净利率 = (净利润 \div 营业收入) \times 100\%$$

根据华威公司的财务报表数据:

本年营业净利率 = (136 ÷ 3 000) × 100% = 4.53%

上年营业净利率 = (160 ÷ 2 850) × 100% = 5.61%

变动 = 4.53% - 5.61% = -1.08%

净利润与营业收入两者相除可以概括公司的全部经营成果。该比率越大,公司的盈利能力越强。

2. 驱动因素

营业净利率的变动是由利润表各个项目变动引起的。表2-6列示了华威公司利润表各项目的金额变动和结构变动数据,其中"本年结构"和"上年结构",是指各项目除以当年营业收入得出的百分比,"百分比变动"是指"本年结构"百分比与"上年结构"百分比的差额。该表为利润表的同型报表(又称百分比报表),它排除了规模的影响,提高了数据的可比性。

表 2-6　利润表结构百分比变动

项目	本年金额/万元	上年金额/万元	变动金额/万元	本年结构/%	上年结构/%	百分比变动/%
一、营业收入	3 000	2 850	150	100.00	100.00	0.00
减：营业成本	2 644	2 503	141	88.13	87.82	0.31
税金及附加	28	28	0	0.93	0.98	−0.05
销售费用	22	20	2	0.73	0.70	0.03
管理费用	46	40	6	1.53	1.40	0.13
财务费用	110	96	14	3.67	3.37	0.30
加：投资收益	6	0	6	0.20	0.00	0.20
二、营业利润	156	163	−7	5.20	5.72	−0.52
加：营业外收入	45	72	−27	1.50	2.53	−1.03
减：营业外支出	1	0	1	0.03	0.00	0.03
三、利润总额	200	235	−35	6.67	8.25	−1.58
减：所得税费用	64	75	−11	2.13	2.63	−0.50
四、净利润	136	160	−24	4.53	5.61	−1.08

（1）金额变动分析。

本年净利润减少 24 万元，影响较大的不利因素是营业成本增加 141 万元和营业外收入减少 27 万元，影响较大的有利因素是营业收入增加 150 万元。

（2）结构变动分析。

营业净利率减少 1.08%，影响较大的不利因素是营业成本率增加 0.31%，财务费用比率增加 0.30% 和营业外收入比率减少 1.03%。

进一步分析应重点关注金额变动和结构变动较大的项目，如华威公司的营业成本、财务费用和营业外收入。

3. 利润表各项目分析

确定分析的重点项目后，需要深入各项目内部进一步分析。此时，需要依靠报表附注提供的资料以及其他可以收集到的信息。

毛利率变动原因可以分部门、分产品、分顾客群、分销售区域和分营销人员几个方面进行分析，具体应根据分析目的以及可取得的资料而定。

华威公司报表附注显示的部分产品的毛利资料如表 2-7 所示。

表 2-7　华威公司部分产品毛利资料

产品类别	营业收入/万元		营业成本/万元		营业毛利/万元		毛利率/%	
	本期数	上期数	本期数	上期数	本期数	上期数	本期数	上期数
音响类产品	1 589	1 881	1 882	1 964	−293	−83	−18.44	−4.41
软件类产品	508	475	312	295	196	180	38.58 58	37.89
数码类产品	903	494	450	244	453	250	50.17 17	50.61
合计	3 000	2 850	2 644	2 503	356	347	11.87	12.18

通过表 2-7 及其他背景资料可知，音响类产品是该公司的传统产品，目前仍占营业收

入的较大部分,其毛利率是负值,已失去继续产销的价值;软件类产品毛利率基本持平,营业收入略有增长,其毛利约占公司的一半;数码类产品销售迅速增长,毛利率很高,其毛利占公司的大部分。因此,应结合市场竞争和公司资源情况,分析数码类产品和软件类产品是否可以扩大产销规模,另外,分析音响类产品能否更新换代。如果均无可能,音响类产品的亏损可能继续增加,而数码类产品和软件类产品的高毛利可能引来竞争者,预期盈利能力还可能进一步下降。

在华威公司的年报中,销售费用和管理费用的公开披露信息十分有限,外部分析人员很难对其进行深入分析。财务费用、公允价值变动收益、资产减值损失、投资收益和营业外收支的明细资料,在报表附注中均有较详细的披露,为进一步分析提供了可能。

(二) 总资产净利率

1. 计算方法

总资产净利率是指净利润与总资产的比率,它表明每1元总资产创造的净利润。其计算公式如下:

$$总资产净利率 = (净利润 \div 总资产) \times 100\%$$

根据华威公司的财务报表数据:

$$本年总资产净利率 = (136 \div 2\,000) \times 100\% = 6.8\%$$

$$上年总资产净利率 = (160 \div 1\,680) \times 100\% = 9.52\%$$

$$变动 = 6.8\% - 9.52\% = -2.72\%$$

总资产净利率是公司盈利能力的关键,虽然股东报酬由总资产净利率和财务杠杆共同决定,但提高财务杠杆会增加公司风险,往往并不增加公司价值。此外,财务杠杆的提高有诸多限制,公司经常处于财务杠杆不可能再提高的临界状态。因此,提高权益净利率的基本动力是总资产净利率。

2. 驱动因素

经分析,总资产净利率的驱动因素是营业净利率和总资产周转次数。

$$总资产净利率 = \frac{净利润}{总资产} = \frac{净利润}{营业收入} \times \frac{营业收入}{总资产}$$

$$= 营业净利率 \times 总资产周转次数$$

总资产周转次数是每1元总资产投资支持的营业收入,营业净利率是每1元营业收入创造的净利润,两者共同决定了总资产净利率,即每1元总资产创造的净利润。

有关总资产净利率的因素分解如表2-8所示。

表2-8 总资产净利率的因素分解

指标	本年	上年	变动
营业收入/万元	3 000	2 850	150
净利润/万元	136	160	-24
总资产/万元	2 000	1 680	320
总资产净利率/%	6.80	9.52	-2.72
营业净利率/%	4.53	5.61	-1.08
总资产周转次数/次	1.50	1.70	-0.20

华威公司的总资产净利率比上年降低了 2.72%，原因是营业净利率和总资产周转次数都降低了。哪一个原因更重要呢？可以使用差额分析法进行定量分析。

$$营业净利率变动影响=营业净利率变动 \times 上年总资产周转次数$$
$$=(-1.08\%) \times 1.70 = -1.84\%$$
$$总资产周转次数变动影响=本年营业净利率 \times 总资产周转次数变动$$
$$=4.53\% \times (-0.20) = -0.91\%$$
$$合计 = -1.84\% - 0.91\% = -2.75\%$$

由于营业净利率下降，使总资产净利率下降 1.84%；由于总资产周转次数下降，使总资产净利率下降 0.91%。两者共同作用使总资产净利率下降 2.75%，其中营业净利率下降是主要原因。

(三) 权益净利率

权益净利率，也称净资产净利率，是净利润与股东权益的比率，它反映每 1 元股东权益赚取的净利润，可以衡量企业的总体盈利能力。

$$权益净利率 = (净利润 \div 股东权益) \times 100\%$$

根据华威公司的财务报表数据：

$$本年权益净利率 = (136 \div 960) \times 100\% = 14.17\%$$
$$上年权益净利率 = (160 \div 880) \times 100\% = 18.18\%$$

权益净利率的分母是股东的投入，分子是股东的所得。权益净利率具有很强的综合性，概括了公司的全部经营业绩和财务业绩。华威公司本年股东的权益净利率比上年降低了。

五、市价比率

(一) 市盈率

1. 计算方法

市盈率是指普通股每股市价与每股收益的比率。它反映普通股股东愿意为每 1 元净利润支付的价格，其中，每股收益是指可分配给普通股股东的净利润与流通在外普通股加权平均股数的比率，它反映每只普通股当年创造的净利润水平。其计算公式如下：

$$市盈率 = 每股市价 \div 每股收益$$
$$每股收益 = 普通股股东的净利润 \div 流通在外普通股加权平均股数$$

假设华威公司无优先股，2019 年 12 月 31 日普通股每股市价 36 元，2019 年流通在外普通股加权平均股数 100 万股。

根据华威公司的财务报表数据：

$$本年市盈率 = 36 \div 1.36 = 26.47（倍）$$
$$本年每股收益 = 136 \div 100 = 1.36（元/股）$$

2. 在计算和使用市盈率和每股收益时应注意的问题

(1) 每股市价实际上反映了投资者对未来收益的预期。然而，市盈率是基于过去年度的收益，因此，如果投资者预期收益将从当前水平大幅增长，市盈率将会相当高，也许是 20 倍、30 倍或更多。但是，如果投资者预期收益将由当前水平大幅下降，市盈率将会相当低，如10倍或更少。成熟市场上的成熟公司有非常稳定的收益，通常其每股市价为每股收益的10~12倍。因此，市盈率反映了投资者对公司未来前景的预期，相当于每股收益的资本化。

（2）对仅有普通股的公司而言，每股收益的计算相对简单。如果公司还有优先股，则计算公式如下：

$$每股收益=（净利润-优先股股息）\div 流通在外普通股加权平均股数$$

每股收益仅适用于普通股，即普通股的每股收益。优先股股东除规定的优先股股息外，对剩余的净利润不再具有索取权。在有优先股股息的情况下，计算每股收益的分子应该是可分配给普通股股东的净利润，即从净利润中扣除当年宣告或累积的优先股股息。

（二）市净率

市净率是指普通股每股市价与每股净资产的比率。它反映普通股股东愿意为每1元净资产支付的价格，说明市场对公司净资产质量的评价。其中，每股净资产也称为每股账面价值，是指普通股股东权益与流通在外普通股股数的比率。它表示每股普通股享有的净资产，是理论上的每股最低价值。其计算公式如下：

$$市净率=每股市价\div 每股净资产$$

$$每股净资产=普通股股东权益\div 流通在外普通股股数$$

对于既有优先股又有普通股的公司，通常只为普通股计算每股净资产。在这种情况下，普通股每股净资产的计算需要分两步完成：首先，从股东权益总额中减去优先股权益，包括优先股的清算价值及全部拖欠的股息，得出普通股权益；其次，用普通股权益除以流通在外普通股股数，确定普通股每股净资产。

假设华威公司有优先股10万股，清算价值为每股15元，累积拖欠股息为每股5元；2019年12月31日普通股每股市价36元，流通在外普通股股数100万股。根据华威公司的财务报表数据：

$$本年市净率=36\div 7.6=4.74$$

$$本年每股净资产=[960-(15+5)\times 10]\div 100=7.6（元/股）$$

在计算市净率和每股净资产时，应注意所使用的流通在外普通股股数是资产负债表日流通在外普通股股数，而不是当期流通在外普通股加权平均股数。这是因为每股净资产的分子为时点数，分母也应选取同一时点数。

（三）市销率

市销率是指普通股每股市价与每股营业收入的比率。它表示普通股股东愿意为每1元营业收入支付的价格。其中，每股营业收入是指营业收入与流通在外普通股加权平均股数的比率，它表示每只普通股创造的营业收入。计算公式分别如下：

$$市销率=每股市价\div 每股营业收入$$

$$每股营业收入=营业收入\div 流通在外普通股加权平均股数$$

假设华威公司2019年12月31日普通股每股市价36元，2019年流通在外普通股加权平均股数100万股。根据华威公司的财务报表数据：

$$本年市销率=36\div 30=1.2$$

本年每股营业收入＝3 000÷100＝30（元/股）

市盈率、市净率和市销率主要用于公司整体的价值评估，具体应用方法在企业价值评估的有关章节中讨论。

六、杜邦分析体系

杜邦分析体系，又称杜邦财务分析体系，简称杜邦体系，是指利用各主要财务比率之间的内在联系，对公司财务状况和经营成果进行综合评价的系统方法。该体系是以权益净利率为核心，以总资产净利率和权益乘数为分解因素，重点揭示公司获利能力及杠杆水平对权益净利率的影响，以及各相关指标间的相互关系。杜邦体系最初因美国杜邦公司成功应用而得名。

（一）杜邦分析体系的核心比率

权益净利率是杜邦分析体系的核心比率，具有很好的可比性，可用于不同公司之间的比较。由于资本具有逐利性，总是流向投资报酬率高的行业和公司，因此各公司的权益净利率会比较接近。如果一个企业的权益净利率经常高于其他公司，就会引来竞争者，迫使该公司的权益净利率回到平均水平。如果一个公司的权益净利率经常低于其他公司，就难以增获资本，会被市场驱逐，从而使幸存公司的权益净利率平均水平回归正常。

权益净利率不仅有很强的可比性，而且有很强的综合性。公司为了提高权益净利率，可从如下三个分解指标入手：

$$权益净利率 = \frac{净利润}{营业收入} \times \frac{营业收入}{总资产} \times \frac{总资产}{股东权益}$$

$$= 营业净利率 \times 总资产周转次数 \times 权益乘数$$

无论提高其中的哪个比率，权益净利率都会提高。其中，营业净利率是利润表的一种概括表示，净利润和营业收入两者相除可以概括企业的经营成果；权益乘数是资产负债表的一种概括表示，表明资产、负债和股东权益的比例关系，可以反映企业最基本的财务状况；总资产周转次数把利润表和资产负债表联系起来，使权益净利率可以综合分析评价整个企业的经营成果和财务状况。

（二）杜邦分析体系的基本框架

杜邦分析体系的基本框架如图2-1所示。

由图2-1可知，该体系是一个多层次的财务比率分解体系。各项财务比率，可在每个层次上与本公司历史或同业财务比率比较，然后向下一级继续分解。逐级向下分解，逐步覆盖公司经营活动的每个环节，以实现系统、全面评价公司经营成果和财务状况的目的。

第一层次的分解，是把权益净利率分解为营业净利率、总资产周转次数和权益乘数。这三个比率在各企业之间可能存在显著差异，通过对差异的比较，可以观察本公司与其他公司的经营战略和财务政策有什么不同。

分解出来的营业净利率和总资产周转次数（总资产周转率），可以反映公司的经营战略。一些公司的营业净利率较高，而总资产周转次数较低；另一些公司与之相反，总资产周转次数较高，而营业净利率较低，两者经常呈反方向变化，这种现象并不偶然。为了提高营

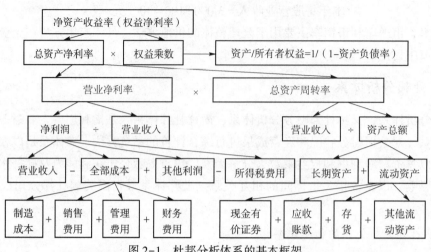

图 2-1 杜邦分析体系的基本框架

业净利率,就要增加产品附加值,往往需要增加投资,引起总资产周转次数的下降。与此相反,为了加快总资产周转次数,就要降低价格,引起营业净利率的下降。通常,营业净利率较高的制造业,其总资产周转次数都较低;总资产周转次数很高的零售业,营业净利率很低。采取"高盈利、低周转"还是"低盈利、高周转"的方针,是企业根据外部环境和自身资源作出的战略选择。正因如此,仅从营业净利率的高低并不能看出业绩好坏,应把它与总资产周转次数联系起来考察企业经营战略,真正重要的是两者共同作用得到的总资产净利率。总资产净利率可以反映管理者运用企业资产赚取利润的业绩,是最重要的盈利能力。

分解出来的财务杠杆(以权益乘数表示)可以反映企业的财务政策。在总资产净利率不变的情况下,提高财务杠杆可以提高权益净利率,但同时也会增加财务风险。所以,如何配置财务杠杆是公司最重要的财务政策。一般而言,总资产净利率较高的公司,财务杠杆较低,反之亦然,这种现象也不是偶然的。可以设想,为了提高权益净利率,公司倾向于尽可能提高财务杠杆。但是,债权人不一定会同意这种做法,债权人不分享超过利息的收益,更倾向于为预期未来经营活动现金流量净额比较稳定的企业提供贷款。为了稳定现金流量,公司的一种选择是降低价格以减少竞争;另一种选择是增加营运资本以防止现金流中断,这都会导致总资产净利率下降,也就是说,为了提高流动性,只能降低盈利性。因此,经营风险低的公司可以得到较多的贷款,其财务杠杆较高;经营风险高的公司,只能得到较少的贷款,其财务杠杆较低。总资产净利率与财务杠杆负相关,共同决定了公司的权益净利率。因此,公司必须使其经营战略和财务政策相匹配。

(三)权益净利率的驱动因素分解

该分析体系要求,在每一个层次上进行财务比率分解和比较。通过与上年比较,可以识别变动的趋势,通过与同业比较,可以识别存在的差距。分解的目的是识别引起变动(或产生差距)的原因,并衡量其重要性,为后续分析指明方向。

下面以华威公司权益净利率的分解和比较为例,说明其一般方法。

权益净利率的比较对象,可以是其他公司的同期数据,也可以是本公司的历史数据,这里仅以本公司本年与上年的比较为例。

权益净利率＝营业净利率×总资产周转次数×权益乘数
华威公司本年权益净利率＝4.533%×1.5×2.083 3＝14.17%
上年权益净利率＝5.614%×1.696 4×1.909 1＝18.18%
华威公司本年与上年权益净利率变动＝－4.01%

与上年相比，权益净利率下降了，公司整体业绩不如上年。影响权益净利率变动的不利因素是营业净利率和总资产周转次数的下降，有利因素是财务杠杆的提高。

利用连环替代法可以定量分析相关因素对权益净利率变动的影响程度，如下所示：

1. 营业净利率变动的影响

按本年营业净利率计算的上年权益净利率＝4.533%×1.696 4×1.909 1
＝14.68%

营业净利率变动的影响＝14.68%－18.18%＝－3.5%

2. 总资产周转次数变动的影响

按本年营业净利率、总资产周转次数计算的上年权益净利率＝4.533%×1.5×1.909 1＝12.98%

总资产周转次数变动的影响＝12.98%－14.68%＝－1.7%

3. 财务杠杆变动的影响

财务杠杆变动的影响＝14.17%－12.98%＝1.19%

通过分析可知，最重要的不利因素是营业净利率降低，使权益净利率减少3.5%；其次是总资产周转次数降低，使权益净利率减少1.7%。有利的因素是权益乘数提高，使权益净利率增加1.19%。不利因素超过有利因素，所以权益净利率减少4.01%，因此应重点关注营业净利率降低的原因。

在分解之后进入下一层次的分析，分别考察营业净利率、总资产周转次数和财务杠杆变动的原因。

（四）杜邦分析体系的局限性

杜邦分析体系虽然被广泛使用，但也存在某些局限性。

1. 计算总资产净利率的"总资产"与"净利润"不匹配

总资产为全部资产提供者享有，而净利润则专属于股东，两者不匹配。由于总资产净利率的"投入与产出"不匹配，该指标不能反映实际的报酬率。为了改善该比率，要重新调整分子和分母。

公司资金的提供者包括无息负债的债权人、有息负债的债权人和股东，无息负债的债权人不要求分享收益，要求分享收益的是股东和有息负债的债权人。因此，需要计量股东和有息负债的债权人投入的资本，并且计量这些资本产生的收益，两者相除才是合乎逻辑的报酬率，才能准确反映企业的基本盈利能力。

2. 没有区分金融活动损益与经营活动损益

传统的杜邦分析体系不区分经营活动和金融活动。对于大多数公司来说，金融活动是净筹资，它们在金融市场上主要是筹资，而不是投资。筹资活动不产生净利润，而是支出净费用。这种筹资费用是否属于经营活动费用，在会计准则制定过程中始终存在很大争议，各国的会计准则对此的处理不尽相同。

3. 没有区分金融资产与经营资产

从财务管理的角度看，公司的金融资产是尚未投入实际经营活动的资产，应将其与经营资产相区别。由此，金融资产和金融损益匹配，经营资产和经营损益匹配，可以据此正确计量经营活动和金融活动的基本盈利能力。

4. 没有区分金融负债与经营负债

既然要把金融活动分离出来单独考察，就需要单独计量筹资活动成本。负债的成本（利息支出）仅仅是金融负债的成本，经营负债是无息负债，因此，必须区分金融负债与经营负债，利息与金融负债相除，才是真正的平均利息率。此外，区分金融负债与经营负债后，金融负债与股东权益相除，可以得到更符合实际的财务杠杆。经营负债没有固定成本，本来就没有杠杆作用，将其计入财务杠杆，会歪曲杠杆的实际效应。

七、管理用财务报表体系

针对上述问题，人们对传统的财务报表进行了反思，并尝试和探索了新的管理用财务报表体系，该体系的基本思想是将公司活动分为经营活动和金融活动两种：经营活动是指销售商品或提供劳务等营业活动，以及与此有关的生产性资产投资活动；金融活动是指筹资活动以及多余资本的利用。

（一）管理用资产负债表

经营资产是指销售商品或提供劳务所涉及的资产；金融资产是指利用经营活动多余资金进行投资所涉及的资产。与此相应，经营负债是指销售商品或提供劳务所涉及的负债；金融负债是指筹资活动所涉及的负债。由此形成了下列关系表达式：

资产＝经营资产+金融资产

＝（经营性流动资产+经营性长期资产）+（短期金融资产+长期金融资产）

负债＝经营负债+金融负债

＝（经营性流动负债+经营性长期负债）+（短期金融负债+长期金融负债）

净经营资产＝经营资产－经营负债

＝（经营性流动资产+经营性长期资产）－（经营性流动负债+经营性长期负债）

＝（经营性流动资产－经营性流动负债）+（经营性长期资产－经营性长期负债）

＝经营性营运资产+净经营性长期资产

净金融负债＝金融负债－金融资产＝净负债

净经营资产＝净负债+股东权益＝净投资资本

以华威公司的财务报表为例，调整后的管理用资产负债表如表 2-9 所示。

表 2-9 管理用资产负债表

编制单位：华威公司　　　　　　2019 年 12 月 31 日　　　　　　单位：万元

净经营资产	年末余额	年初余额	净负债及股东权益	年末余额	年初余额
经营性流动资产：			金融负债：		
货币资金	44	25	短期借款	60	45
应收票据	20	23	交易性金融负债	0	0

续表

净经营资产	年末余额	年初余额	净负债及股东权益	年末余额	年初余额
应收账款	398	199	其他应付款（应付利息）	12	16
预付款项	22	4	其他应付款（应付股利）	0	0
其他应收款（应收股利）	0	0	一年内到期的非流动负债	0	0
其他应收款（扣除应收利息、应收股利）	12	22	长期借款	450	245
存货	119	326	应付债券	240	260
一年内到期的非流动资产	77	11	金融负债合计	762	566
其他流动资产	8	0	金融资产：		
经营性流动资产合计	700	610	交易性金融资产	0	0
经营性流动负债：			其他应收款（应收利息）	0	0
应付票据	33	14	其他债权投资	0	0
应付账款	100	109	其他权益工具投资	0	0
预收款项	10	4	投资性房地产	0	0
应付职工薪酬	2	1	金融资产合计	0	0
应交税费	5	4	净负债	762	566
其他应付款（扣除应付利息、应付股利）	25	22			
其他流动负债	53	5			
经营性流动负债合计	228	159			
经营营运资本	472	451			
经营性长期资产：					
长期应收款	0	0			
长期股权投资	30	0			
固定资产	1 238	1 012			
在建工程	18	35			
无形资产	6	8			
开发支出	0	0			
商誉	0	0			
长期待摊费用	5	15			
递延所得税资产	0	0			
其他非流动资产	3	0			
经营性长期资产合计	1 300	1 070			
经营性长期负债：			股东权益：		
长期应付款	50	60	股本	100	100
预计负债	0	0	资本公积	10	10
递延所得税负债	0	0	其他综合权益	0	0
其他非流动负债	0	15	盈余公积	60	40
经营性长期负债合计	50	75	未分配利润	790	730
净经营长期资产	1 250	995	股东权益合计	960	880
净经营资产合计	1 722	1 446	净负债及股东权益合计	1 722	1 446

（二）管理用利润表

金融损益是指金融利息与金融资产收益的差额，即扣除利息收入、金融资产公允价值变动收益等以后的利息费用。由于存在所得税，应计算该利息费用的税后结果，即税后利息费用（也称净金融损益）。经营损益是指除金融损益以外的当期损益。由此形成的关系表达式如下：

$$净利润 = 经营损益 + 金融损益$$
$$= 税后经营净利润 - 税后利息费用$$
$$= 税前经营利润 \times (1-所得税税率) - 利息费用 \times (1-所得税税率)$$

以华威公司的财务报表为例，调整后的管理用利润表如表 2-10 所示。

表 2-10 管理用利润表

编制单位：华威公司　　　　　　　　　2019 年　　　　　　　　　　　　　　　单位：万元

项目	本年金额	上年金额
经营损益		
一、营业收入	3 000	2 850
减：营业成本	2 644	2 503
二、毛利	356	347
减：税金及附加	28	28
销售费用	22	20
管理费用	46	40
资产减值损失	0	0
加：其他收益	0	0
三、税前营业利润	260	259
加：营业外收入	45	72
减：营业外支出	1	0
四、税前经营利润	304	331
减：经营利润所得税	97.28	105.62
五、税收经营净利润	206.72	225.38
金融损益：		
六、利息费用	104	96
减：利息费用抵税	33.28	30.63
七、税收利息费用	70.22	65.37
八、净利润	136	160
附注：平均所得税税率	32%	31.91%

（三）管理用现金流量表

经营现金流量是指企业因销售商品或提供劳务等营业活动以及与此有关的生产性资产投资活动产生的现金流量；金融现金流量是指企业因筹资活动和金融市场投资活动而产生的现金流量。

经营现金流量代表了企业经营活动的全部成果，是"企业生产的现金"，因此又称为实体经营现金流量，简称实体现金流量。企业的价值取决于未来预期的实体现金流量。管理者要使企业更有价值，就应当增加企业的实体现金流量。实体现金流量的关系表达式如下：

$$营业现金毛流量=税后经营净利润+折旧与摊销$$

营业现金毛流量，也经常称为营业现金流量。

$$营业现金净流量=营业现金毛流量-经营营运资本增加$$

$$实体现金流量=营运现金净流量-资本支出$$

其中：

$$资本支出=净经营长期资产增加+折旧与摊销$$

企业实体现金流量的用途（或去向）可以分为两部分：

1. 债务现金流量

债务现金流量是与债权人之间的交易形成的现金流，包括支付利息、偿还或借入债务以及购入和出售金融资产（金融资产是超过实际生产经营需要的投资，可以抵消金融负债，被看成"负的金融负债"）。

2. 股权现金流量

股权现金流量是与股东之间的交易形成的现金流，包括股利分配、股份发行和回购等。

综上，从实体现金流量的来源分析，它是营业现金毛流量超出经营营运资本增加和资本支出的部分，即来自经营活动；从实体现金流量的去向分析，它被用于债务融资活动和权益融资活动，即被用于金融活动。因此，管理用现金流量表的基本等式可以归纳如下：

$$营业现金毛流量-经营营运资本增加-资本支出=债务现金流量+股权现金流量$$

$$营业现金流量=实体现金流量=融资现金流量=金融现金流量$$

以华威公司的财务报表为例，调整后的管理用现金流量表如表2-11所示。

表2-11　管理用现金流量表

编制单位：华威公司　　　　　　　　　　2019年　　　　　　　　　　　　单位：万元

项目	本年金额	上年金额（略）
经营现金流量：		
税后经营净利润	206.72	
加：折旧与摊销	45.00	
=营业现金毛流量	251.72	
减：经营营运资本增加	21.00	
=营业现金净流量	230.72	
减：资本支出	300	
=实体现金流量	-69.28	
金融现金流量：		
税后利息费用	70.72	
减：净负债增加	196.00	
=债务现金流量	-125.28	

项目	本年金额	上年金额（略）
股利分配	56.00	
减：股权资本净增加	0	
=股权现金流量	56.00	
融资现金流量	-69.28	

（四）管理用财务分析体系

鉴于传统杜邦分析体系存在的总资产与净利润不匹配、未区分经营损益和金融损益、未区分有息负债和无息负债等诸多局限，故应基于改进的管理用财务报表重新设计财务分析体系。改进的管理用财务分析体系的核心公式如下：

$$权益净利率 = \frac{税后经营净利润}{股东权益} - \frac{税后利息费用}{股东权益}$$

$$= \frac{税后经营净利润}{净经营资产} \times \frac{净经营资产}{股东权益} - \frac{税后利息费用}{净负债} \times \frac{净负债}{股东权益}$$

$$= \frac{税后经营净利润}{净经营资产} \times \left(1 + \frac{净负债}{股东权益}\right) - \frac{税后利息费用}{净负债} \times \frac{净负债}{股东权益}$$

$$= 净经营资产净利率 + （净经营资产净利率 - 税后利息率） \times 净财务杠杆$$

根据该公式，权益净利率的高低取决于三个驱动因素：净经营资产净利率（可进一步分解为销售税后经营净利率和净经营资产周转次数）、税后利息率和净财务杠杆。

以华威公司的财务报表为例，改进的管理用财务分析体系的主要财务比率及其变动如表2-12所示。

表2-12 主要财务比率及其变动

主要财务比率	本年	上年	变动
1. 税后经营净利率（税后经营净利润/营业收入）	6.891%	7.908%	-1.017%
2. 净经营资产周转次数（营业收入/净经营资产）	1.742 2	1.971 0	-0.228 8
3. 净经营资产净利率（税后经营净利润/净经营资产）=（1×2）	12.005%	15.586%	-3.581%
4. 税后利息率（税后利息费用/净负债）	9.281%	11.549%	-2.268%
5. 经营差异率（净经营资产净利率-税后利息率）=（3-4）	2.724%	4.037%	-1.313%
6. 净财务杠杆（净负债/股东权益）	0.793 8	0.643 2	0.150 6
7. 杠杆贡献率（经营差异率×净财务杠杆）=（5×6）	2.162%	2.597%	-0.435%
8. 权益净利率（净经营资产净利率+杠杆贡献率）=（3+7）	14.167%	18.182%	-4.015%

第三节 财务预测的步骤和方法

一、财务预测的意义

狭义的财务预测仅指估计企业未来的融资需求。广义的融资预测包括编制全部预计财务报表。

（一）财务预测是融资计划的前提

公司要对外提供产品和服务，必须有一定的资产。销售增加时，要相应地增加流动资产，甚至还需要增加固定资产。为取得扩大销售所需增加的资产，公司需要筹措资金，而筹措资金，一部分来自留存收益，另一部分来自外部融资。通常，销售增长率较高时，留存收益不能满足公司的资本需求，即使获利良好的公司也需要外部融资。对外融资，需要寻找资金提供者，向其作出还本付息的承诺或提供盈利前景，使之相信其投资安全并且可以获利，这个过程往往需要较长的时间。因此，公司需要预先知道自己的财务需求，提前安排融资计划，否则就可能产生资金周转问题。

（二）财务预测有助于改善投资决策

根据销售前景估计出的预测融资需求不一定总能满足，因此，就需要根据可能筹措到的资金来安排销售增长以及有关投资项目，使投资决策建立在可行的基础上。

（三）预测有助于应变

财务预测和其他预测一样，都不可能很准确。从表面上看，不准确的预测只能导致不准确的计划，从而使预测和计划失去意义。事实并非如此，预测给人们展现了未来的各种可能前景，促使人们制订出相应的应急计划。预测和计划是超前思考的过程，其结果并非仅仅是一个融资需求额，还包括对未来各种可能前景的认识和思考。预测可以提高公司对不确定事件的反应能力，从而减少不利事件带来的损失，增加有利机会带来的收益。

二、财务预测的步骤

（一）销售预测

财务预测的起点是销售预测。一般情况下，财务预测把销售数据视为已知数，作为财务预测的起点，销售预测本身不是财务管理的职能，但它是财务预测的基础，销售预测完成后才能开始财务预测。

（二）估计经营资产和经营负债

通常，经营资产是营业收入的函数，根据历史数据可以分析出该函数。根据预计营业收入以及经营资产与营业收入的函数，可以预测所需经营资产的金额。大部分经营负债也是营业收入的函数，并据此预测经营负债随营业收入的自发增长，这种增长可以减少企业外部融资额。

（三）估计各项费用和留存收益

假设各项费用也是营业收入的函数，就可以据此估计费用和损失，并在此基础上确定净利润。净利润和利润留存率共同决定所能提供的利润留存额。

（四）估计所需外部融资需求

根据预计经营资产总量，减去已有的经营资产、自发增长的经营负债、可动用的金融资产和内部提供的利润留存，便可得出外部融资需求。

三、财务预测的办法

(一) 销售百分比法

销售百分比法是指根据资产负债表和利润表中有关项目与营业收入之间的依存关系,预测融资需求的一种方法,即假设相关资产、负债、营业收入存在稳定的百分比关系,然后根据预计营业收入和相应的百分比预计相关资产、负债,最后确定融资需求。

运用销售百分比法预测的步骤如下:

1. 确定经营资产和经营负债项目的销售百分比

经营资产和经营负债项目的销售百分比,可以根据传统财务报表预计数据确定,也可以根据经过调整的管理用财务报表数据确定,后者更方便,也更合理。经营资产和经营负债项目占营业收入的百分比,可以根据基期的数据确定,也可以根据以前若干年度的平均数确定。

【例 2-2】

假设华威公司2019年实际营业收入为3 000万元,2019年的各项销售百分比在2020年可以持续,2020年预计营业收入为4 000万元。以2019年为基数,采用销售百分比法预测外部融资需求。

各项目销售百分比 = 基期经营资产(或负债) ÷ 基期营业收入

根据2019年营业收入(3 000万元)计算的各项经营资产和经营负债的百分比如表2-13中的"销售百分比"栏。

表2-13 净经营资产的预计

项目	2019年实际/万元	销售百分比/%	2020年预测/万元
营业收入	3 000		4 000
货币资金	44	1.47	59
应收票据	20	0.67	27
应收账款	395	13.27	531
预付款项	22	0.73	29
其他应收款(扣除应收利息、应收股利)	12	0.40	16
存货	119	3.97	159
一年内到期的非流动资产	77	2.57	103
其他流动资产	8	0.27	11
长期股权投资	30	1.00	40
固定资产	1 238	41.27	1 651
在建工程	18	0.60	24
无形资产	6	0.20	8
长期待摊费用	5	0.17	7
其他非流动资产	3	0.10	4
经营资产合计	2 000	66.67	2 667

续表

项目	2019年实际/万元	销售百分比/%	2020年预测/万元
应付票据	33	1.1	44
应付账款	100	3.33	133
预收账款	10	0.33	13
应付职工薪酬	2	0.07	3
应交税费	5	0.17	7
其他应付款（扣除应付利息、应付股利）	25	0.83	33
其他流动负债	53	1.77	71
长期应付款	50	1.67	67
经营负债合计	278	9.27	371
净经营资产合计	1 722	57.4	2 296

2. 预计各项经营资产和经营负债

各项经营资产（或负债）=预计营业收入×各项目销售百分比

根据2020年预计营业收入（4 000万元）和各项目销售百分比计算的各项经营资产和经营负债，如表2-13中的"2020年预测"栏。

融资总需求=(预计经营资产合计-基期经营资产合计)-(预计经营负债合计-基期经营负债合计)

=预计净经营资产总计-基期净经营资产总计

=2 296-1 722

=574（万元）

该公司2020年需要融资574万元，如何筹集该资金，取决于它的融资政策。通常，融资的优先顺序如下：

（1）动用现存的金融资产；

（2）增加留存收益；

（3）增加金融负债；

（4）增发股票。

3. 预计可动用的金融资产

如有可动用的金融资产，应扣除该金融资产，形成新的融资需求。由于本例中无可用的金融资产，故融资需求仍为574万元。

4. 预计增加的留存收益

留存收益是企业内部的融资来源，只要企业有盈利，并且不全部支付股利，留存收益就会使股东权益增长，从而全部或部分满足企业的融资需求。这部分资金的多少取决于净利润多少和股利支付率的高低。假设当年盈利并分配股利，则：

留存收益增加=预计营业收入×预计营业净利率×(1-预计股利支付率)

假设华威公司2020年预计营业净利率为4.5%。由于需要的融资额较大，2020年华威公司不支付股利。

增加留存收益=4 000×4.5%=180（万元）

$$外部融资额 = 574 - 180 = 394（万元）$$

这里需要注意一个问题，该留存收益增加额的计算隐含了一个假设，即预计营业净利率可以涵盖增加的利息，提出这个简单的目的是为了摆脱融资预测的数据循环。再融资预测是需要先确定留存收益的增加额，然后确定需要增加的借款，但是借款的改变，反过来又会影响留存收益。其数据关系如下：股利支付率确定后，留存收益受净利润的影响，净利润受利息费用的影响，利息费用受借款数量的影响，借款增加额要视留存收益增加额而定。为了解决数据循环问题，一个办法是使用多次迭代法。逐步逼近可以使用数据平衡的留存收益和借款增加额；另一个简单的办法是假设预计营业净利率不变，即其他利润表项目可以吸收或涵盖新增借款增加的利息，故先确定留存收益，然后确定借款增加额。此处使用的是后一种处理方法。

5. 预计增加的借款

需要的外部融资，可以通过增加借款或增加股票筹集，这涉及资本结构管理的问题，通常，在目标资本结构允许的情况下，企业会优先使用借款融资。如不宜再增加借款，需要增发股票。

假设华威公司可以通过借款筹资到394万元，则：

$$融资总需求 = 动用金融资产 + 增加留存收益 + 增加借款$$
$$= 0 + 180 + 394$$
$$= 574（万元）$$

销售百分比法是一种比较简单、粗略的预测方法。首先，该方法假设各项经营资产和经营负债与营业收入保持稳定的百分比，这可能与事实不符。其次，该方法假设预计营业净利率可以涵盖利息的增加，这也未必合理。

（二）回归分析法

财务预测的回归分析法是指利用一系列历史资料求得各资产负债表项目和销售收入的函数关系，然后基于预计营业收入预测资产、负债数量，最后预测融资需求的一种方法。

通常假设营业收入与资产、负债等存在线性关系，例如，假设存货与营业收入之间存在线性关系，即直线方程为：

$$存货 = a + b \times 营业收入$$

根据历史资料和回归分析的最小二乘法，可以求出直线方程的系数 a 和 b，然后根据预计营业收入和直线方程预计存货的金额。

完成资产、负债项目的预计后，其他计算步骤与销售百分比法相同。

（三）运用信息技术预测

运用信息技术进行财务预测的最简单方式，是使用电子表格软件，如 Excel 等。在使用电子表格软件进行财务预测时，计算过程与手工操作几乎没有差别，但不同的是，前者所构建的财务模型是动态的。一方面，可以通过改变输入变量，反映不同假设条件或策略对公司未来业绩的影响；另一方面，可以针对希望达到的结果，进行反向求解。例如，不但可以根据既定的销售水平预测融资需求，还可根据既定的资金限额预测可达到的销售收入。

第四节　增长率与资本需求的预测

一、公司实现增长的方式

公司要以发展求生存,销售增长是任何公司都要追求的目标,而公司销售增长往往需要资本增加。在销售增长时公司往往需要补充资本,这主要是因为销售增加通常会引起存货和应收账款等资产的增加。销售增长得越多,需要的资本越多。从资本来源看,公司实现增长有三种方式:

(一) 完全依靠内部资本增长

有些小公司无法取得借款,有些大公司不愿意借款,它们主要是靠内部积累实现增长。内部有限的财务资源往往会限制公司的发展,使其无法充分利用扩大公司财富的机会。

(二) 主要依靠外部资本增长

从外部筹资,包括增加债务和股东投资,也可以实现增长,但主要依靠外部资本实现增长是不能持久的;增加负债会使公司的财务风险增加,筹资能力下降,最终会使借款能力完全丧失;通过增发股票等方式增加股东投资,不仅会分散控制权,而且会稀释每股收益,除非追加投资有更高的报酬率,否则不能增加股东财富。

(三) 平衡增长

平衡增长,即保持目前的财务结构和与此有关的财务风险,按照股东权益的增长比例增加借款,以此支持销售增长。这种增长,一般不会消耗公司的财务资源,是一种可持续的增长。

二、内含增长率的测算

销售增长引起的资本需求增长可有三种途径满足:一是动用金融资产;二是增加留存收益;三是外部融资(包括借款和股权融资,但不包括经营负债的自然增长)。其中,只靠内部积累(即增加留存收益)实现的销售增长,其销售增长率被称为内含增长率。

既然销售增长会带来资本需求的增加,那么销售增长和融资需求之间就存在某种函数关系,根据这种关系,就可以直接计算特定销售增长下的融资需求。

假设它们之间成正比例关系,换言之,两者之间有稳定的百分比(代表每增加1元营业收入需要追加的外部融资额)。该百分比也称为外部融资额占销售增长的百分比,简称外部融资销售增长比。

假设可动用的金融资产为0,经营资产销售百分比、经营负债销售百分比保持不变,则计算公式如下:

外部融资额=经营资产销售百分比×营业收入增加-经营负债销售百分比×营业收入增加-预计营业收入×预计营业净利率×(1-预计股利支付率)

两边同时除以营业收入增加,则:

外部融资销售增长比=经营资产销售百分比-经营负债销售百分比-
[(1+增长率)÷增长率]×预计营业净利率×(1-预计股利支付率)

设外部融资额为0:

0=经营资产销售百分比-经营负债销售百分比-[(1+增长率)÷增长率]×
预计营业净利率×(1-预计股利支付率)

则:

$$内含增长率=\frac{\frac{预计净利润}{预计净经营资产}\times 预计利润留存率}{1-\frac{预计净利润}{预计净经营资产}\times 预计利润留存率}$$

【例2-3】

某公司上年营业收入为3 000万元,经营资产为2 000万元,经营资产销售百分比为66.67%,经营负债为185万元,经营负债销售百分比为6.17%,净利润为135万元。假设经营资产销售百分比和经营负债销售百分比保持不变,可动用的金融资产为0,营业净利率保持4.5%不变,预计股利支付率为30%。

$$0=0.666\ 7-0.061\ 7-[(1+增长率)÷增长率]\times 4.5\%\times(1-30\%)$$

增长率=5.49%

或:

$$内含增长率=\frac{\frac{135}{2\ 000-185}\times 70\%}{1-\frac{135}{2\ 000-185}\times 70\%}=5.49\%$$

三、可持续增长率的测算

(一)可持续增长率的概念

可持续增长率是指在不增发新股或回购股票,不改变经营效率(不改变营业净利率和资产周转率)和财务政策(不改变权益乘数和利润留存率)时,其销售所能达到的增长率。

可持续增长的假设条件如下:

(1)公司营业净利率将维持当前水平,并且可以涵盖新增债务增加的利息;
(2)公司总资产周转率将维持当前水平;
(3)公司目前的资本结构是目标资本结构,并且打算继续维持下去;
(4)公司目前的利润留存率是目标利润留存率,并且打算继续维持下去;
(5)公司不愿意或者不打算增发新股(包括股份回购,下同)。

在上述假设条件成立的情况下,销售增长率是可持续增长率。企业的这种增长状态,称为可持续增长或平衡增长。在这种状态下,其资产、负债和股东权益同比例增长,如表2-14所示。

表 2-14 可持续增长情况下的资产、负债和股东权益的匹配

资产	负债和股东权益
年初资产 100 万元	年初负债 40 万元
	年初股东权益 60 万元
新增资产 10 万元	新增负债 4 万元
	新增股东权益 6 万元

（二）可持续增长率的计算

1. 根据期初股东权益计算的可持续增长率

在不增发新股或回购股票的情况下，可持续增长率的计算公式可推导如下：

$$可持续增长率 = \frac{本期净利润 \times 本期利润留存率}{期初股东权益}$$

$$= 期初权益本期净利率 \times 本期利润留存率$$

$$= \frac{本期净利润}{本期营业收入} \times \frac{本期营业收入}{期末总资产} \times \frac{期末总资产}{期初股东权益} \times 本期利润留存率$$

$$= 营业净利率 \times 期末总资产周转次数 \times 期末总资产期初权益乘数 \times 利润留存率$$

注意：此处的"权益乘数"是用"期初股东权益"而非"期末股东权益"计算；其余比率均采用本期发生额或期末数计算。

【例 2-4】

H 公司（以下简称公司）在 2011—2015 年未增发新股或回购股票，其主要财务数据如表 2-15 所示。

表 2-15 根据期初股东权益计算的可持续增长率

年度	2010	2011	2012	2013	2014	2015
营业收入/万元	909.09	1 000	1 100	1 650	1 375	1 512.5
净利润/万元		50	55	82.5	68.75	75.63
现金股利/万元		20	22	33	27.5	30.25
利润留存（留存收益）/万元		30	33	49.5	41.25	45.38
股东权益/万元	300	330	363	412.5	453.75	499.13
负债/万元		60	66	231	82.5	90.75
总资产/万元		390	429	643.5	536.25	589.88
可持续增长率的计算：						
营业净利率/%		5	5	5	5	5
期末总资产周转次数/次		2.564 1	2.564 1	2.564 1	2.564 1	2.564 1
期末总资产/期初股东权益		1.3	1.3	1.77	1.3	1.3
利润留存率/%		0.6	0.6	0.6	0.6	0.6
可持续增长率/%		10	10	13.64	10	10
实际增长率/%		10	10	50	-16.67	10

根据可持续增长率公式（期初股东权益）计算如下：

可持续增长率＝营业净利率×期末总资产周转次数×
期末总资产期初权益乘数×利润留存率

则：

可持续增长率（2011年）＝5%×2.564 1×1.3×0.6
＝10%

实际增长率（2011年）＝（本年营业收入－上年营业收入）/上年营业收入
＝（1 000－909.09）÷909.09
＝10%

其他年份的计算方法与此相同。

2. 根据期末股东权益计算的可持续增长率

可持续增长率也可以全部用期末数和本期发生额计算，而不使用期初数。在不增发新股或回购股票的情况下，其推导过程如下：

$$可持续增长率=\frac{本期净利润×本期利润留存率}{期初股东权益}$$

$$=\frac{本期净利润×本期利润留存率}{期末股东权益-本期净利润×本期利润留存率}$$

将分子和分母同除以期末股东权益：

$$可持续增长率=\frac{本期净利润/期末股东权益×本期利润留存率}{1-本期净利润/期末股东权益×本期利润留存率}$$

$$=\frac{期末权益净利率×本期利润留存率}{1-期末权益净利率×本期利润留存率}$$

$$=\frac{营业净利率×期末总资产周转次数×期末总资产权益乘数×本期利润留存率}{1-营业净利率×期末总资产周转次数×期末总资产权益乘数×本期利润留存率}$$

使用[例2-4]的数据，根据上述公式计算的可持续增长率如表2-16所示。

表2-16 根据期末股东权益计算的可持续增长率

年度	2011	2012	2013	2014	2015
营业收入/万元	1 000	1 100	1 650	1 375	1 512.5
净利润/万元	50	55	82.5	68.75	75.63
现金股利/万元	20	22	33	27.5	30.25
利润留存（留存收益）/万元	30	33	49.5	41.25	45.38
股东权益/万元	330	363	412.5	453.75	499.13
负债/万元	60	66	231	82.5	90.75
总资产/万元	390	429	643.5	536.25	589.88
可持续增长率的计算：					
营业净利率/%	5	5	5	5	5
期末总资产周转次数/次	2.564 1	2.564 1	2.564 1	2.364 1	2.564 1
期末总资产/期末股东权益	1.181 8	1.181 8	1.56	1.181 8	1.181 8

续表

年度	2011	2012	2013	2014	2015
利润留存率/%	0.6	0.6	0.6	0.6	0.6
可持续增长率/%	10	10	13.64	10	10
实际增长率/%	10	10	50	-16.67	10

（三）可持续增长率与实际增长率

实际增长率和可持续增长率经常不一致。通过分析两者的差异，可以了解企业经营效率和财务政策有何变化。

基于［例 2-4］，说明 H 公司经营效率和财务政策的变化如下：

1. 2012 年的经营效率和财务政策保持了年初的状态（即 2011 年的状态）

2012 年的实际增长率和可持续增长率均为 10%，公司处于均衡增长状态。2012 年年初的股东权益为 330 万元（与 2011 年年末相同），当年创造了税后净利润 55 万元，公司留存了 33 万元，以 22 万元发放股利。因此股东权益增加到 363 万元，增加了 10%。由于资本结构不变，负债也增加 10%。由于负债和股东权益均增加 10%，使得总资产增加 10%。在资产周转率不变的情况下，资产增加 10%，可以支持销售额增加 10%。

2. 2013 年权益乘数提高，另外三个财务比率保持不变

可持续增长率上升为 13.64%，实际增长率上升为 50%。提高财务杠杆，提供了高速增长所需的资金。

3. 2014 年权益乘数降为高速增长前的水平，另外三个财务比率保持不变

本年可持续增长率恢复为 10%，实际增长率下降为 -16.67%。归还借款，使财务杠杆恢复到历史正常水平，同时使总资产减少。在资产周转率不变的情况下，资产减少使销售额下降。

4. 2015 年的经营效率和财务政策，保持了年初状态（2014 年状态）

销售增长率与可持续增长率均为 10%。

通过上述分析可知，可持续增长率是公司当前经营效率和财务政策决定的未来内在增长能力，它和本年实际增长率之间有如下关系：

（1）如果某一年的经营效率和财务政策与上年相同，在不增发新股或回购股票的情况下，则本年实际增长率、上年可持续增长率以及本年可持续增长率三者相等。这种增长状态，在资金上可以永远持续发展下去，可称之为平衡增长。当然，外部条件是公司不断增加的产品能为市场接受。

（2）如果某一年公式中的 4 个财务比率有一个或多个比率提高，在不增发新股或回购股票的情况下，则本年实际增长率就会超过上年可持续增长率，本年可持续增长率也会超过上年可持续增长率。由此可见，超常增长是改变财务比率的结果，而不是持续当前状态的结果。公司不可能每年提高这 4 个财务比率，也就不可能使超常增长继续下去。

（3）如果某一年公式中的 4 个财务比率有一个或多个比率下降，在不增发新股或回购股票的情况下，则本年实际增长率就会低于上年可持续增长率，本年可持续增长率也会低于上年可持续增长率。这是超常增长之后的必然结果，公司对此要事先有所准备。如果不愿意接受这种现实,继续勉强冲刺,现金周转的危机很快就会来临。

(4) 如果公式中的 4 个财务比率已经达到公司的极限,只有通过增发新股增加资金,才能提高销售增长率。

(四) 基于管理用财务报表的可持续增长率

以上是基于传统财务报表计算的可持续增长率。如果基于管理用财务报表,可持续增长需要满足的假设条件如下:

(1) 企业营业净利率将维持当前水平,并且可以涵盖新增债务的利息;

(2) 企业净经营资产周转率将维持当前水平;

(3) 企业目前的资本结构是目标资本结构(净财务杠杆不变),并且打算继续维持下去;

(4) 企业目前的利润留存率是目标利润留存率,并且打算继续维持下去;

(5) 企业不愿意或者不打算增发新股(包括股票回购)。

在这种假设前提下,可持续增长率的计算公式如下:

①根据期初股东权益计算的可持续增长率:

$$可持续增长率 = 营业净利率 \times 期末净经营资产周转次数 \\ \times 期末净经营资产期初权益乘数 \times 本期利润留存率$$

②根据期末股东权益计算的可持续增长率:

$$可持续增长率 = \frac{营业净利率 \times 期末净经营资产周转次数 \times 期末净经营资产权益乘数 \times 本期利润留存率}{1 - 营业净利率 \times 期末净经营资产周转次数 \times 期末净经营资产权益乘数 \times 本期利润留存率}$$

四、外部资本需求的测算

(一) 外部融资销售增长比

【例 2-5】沿用 [例 2-3],假设 H 公司本年计划营业收入为 4 000 万元,销售增长率为 33.33%。

$$外部融资销售增长比 = 0.666\ 7 - 0.061\ 8 - 1.333\ 3 \div 0.333\ 3 \times 4.5\% \times (1 - 30\%)$$
$$= 0.605 - 0.126$$
$$= 0.479$$

$$外部融资额 = 外部融资销售增长比 \times 销售增长额$$
$$= 0.479 \times 1\ 000$$
$$= 479(万元)$$

如果营业收入增长 500 万元(即销售增长率为 16.7%),则:

$$外部融资额 = 500 \times [0.666\ 7 - 0.061\ 8 - 1.167 \div 0.167 \times 4.5\% \times (1 - 30\%)]$$
$$= 500 \times 0.384\ 9$$
$$= 192.45(万元)$$

外部融资销售增长比不仅可以预测外部融资需求,而且可用于调整股利政策和预测通货膨胀对融资的影响。

例如,H 公司预测销售增长 5%,则:

外部融资销售增长比=0.666 7-0.061 8-1.05÷0.05×4.5%×(1-30%)
$$=0.605-0.661\ 5$$
$$=-5.65\%$$

这说明 H 公司不仅没有外部融资需求，还有剩余资金 8.475（即 3 000×5%×5.65%）万元可用于增加股利或进行短期投资。

又如，预测明年通货膨胀率为 10%，公司销量增长 5%，则含有通胀的销售增长率为15.5%，即

$$(1+10\%)\times(1+5\%)-1=15.5\%$$

则：

外部融资销售增长比=0.666 7-0.061 8-1.155÷0.155×4.5%×(1-30%)
$$=0.605-0.234\ 7$$
$$=37.03\%$$

H 公司要按销售名义增长额的 37.03% 补充资金，才能满足需要。

即使销售增长为零，也需要补充资金，以弥补通货膨胀造成的货币贬值损失，即因通货膨胀带来的名义销售增长 10%，则：

外部融资销售增长比=0.666 7-0.061 8-1.1÷0.1×4.5%×(1-30%)
$$=0.605-0.346\ 5$$
$$=25.85\%$$

外部融资额=3 000×10%×25.85%=77.55（万元）

（二）外部融资需求的敏感分析

外部融资需求的多少，不仅取决于销售增长，还要看营业净利率和股利支付率。在股利支付率小于 1 的情况下，营业净利率越大，外部融资需求越少；在营业净利率大于 0 的情况下，股利支付率越高，外部融资需求越大，如图 2-2 所示。

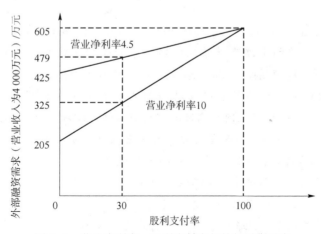

图 2-2 营业净利率、股利支付率与外部融资需求

在 [例 2-5] 中，H 公司的股利支付率是 30%，外部融资需求为 479 万元。假设预测营业收入仍为 4 000 万元，若股利支付率为 100%，则：

外部融资额 = 1 000× [0.666 7-0.061 8-1.333 34÷0.333 3×4.5%×(1-100%)]
= 605（万元）

若股利支付率为零，则：

外部融资额 = 1 000× [0.666 7-0.061 8-1.333 3÷0.333 3×4.5% ×(1-0)]
= 425（万元）

在［例 2-5］中，H 公司的营业净利率为 4.5%，外部融资需求为 479 万元。假设预测营业收入仍为 4 000 万元，营业净利率为 10%，则：

外部融资额 = 1 000× [0.666 7-0.061 8-1.333 3 ÷0.333 3×10%×(1-30%)]
= 325（万元）

本章小结

财务报表分析是以企业财务报告中的财务报表等会计信息资料为基础，对企业的财务状况、经营成果和现金流量进行分析和评价的一种方法。财务报表分析的目的取决于人们使用会计信息的目的。虽然财务报表分析所依据的资料是客观的，但是不同的人所关心的问题不同，因此他们进行财务报表分析的目的也各不相同。财务报表分析的方法有比较分析法和因素分析法。财务分析指标中反映偿债能力的主要比率有短期偿债能力比率和长期偿债能力比率；反映营运能力的指标主要有流动资产周转率、非流动资产周转率等；反映盈利能力的指标主要有营业净利率、总资产净利率和权益净利率等指标。狭义的财务预测仅指估计企业未来的融资需求，主要的方法有销售百分比法、回归分析法等。

精选案例分析

案例：

奢侈品行业最大并购案——LVMH 千亿收购蒂芙尼

总部位于巴黎的 LVMH（酩悦·轩尼诗—路易·威登集团）作为世界三大顶级奢侈品集团之一，目前市值达 2 150 亿美元。2019 年 6 月 18 日，LVMH 股价上涨 2.9%，至创纪录的 368.8 欧元。这一股价的上涨直接推动集团董事长兼首席执行官 Bernard Arnault（伯纳德·阿诺特）个人资产净值增至 1 004 亿美元，从此迈入了千亿美元俱乐部。

2019 年 11 月 25 日，在 LVMH 宣布以 162 亿美元收购蒂芙尼后，股价上涨了 2%，LVMH 集团下属的子公司 LV 老板阿尔诺及其家族财富随之增加 21 亿美元。据福布斯实时富豪榜显示，阿尔诺目前身价为 1 068 亿美元，与盖茨仅 2 亿美元之差，与贝索斯还差 37 亿美元。这起收购案，不仅是 LVMH 历史上收购规模最大的一笔交易，而且是奢侈品行业最大规模的并购，而此前的最高纪录是 LVMH 在 2017 年以 71 亿美元收购 Dior（迪奥）。此前据外媒消息，蒂芙尼认为这一报价并未体现其实际价值，不愿意"贱卖"的他们或将拒绝此次邀约。不过好消息是，受此影响，蒂芙尼的股票大涨 30%，抵近历史最高点。

LVMH 愿意不惜千亿豪掷巨资收购蒂芙尼，其实也是精打细算过的。一方面，尽管 LVMH 整体表现不错，但其旗下以宝格丽为主的六大珠宝品牌的业绩表现却差强人意，较竞争对手卡地亚、梵克雅宝等仍逊色不少；另一方面，往日风光无限的蒂芙尼正处在低谷期，此时收购或许是好时机。与此同时，珠宝腕表领域的增长态势一直不错，巨大的商机也促使

LVMH 下定决心提出收购蒂芙尼的申请。

LVMH 看中的蒂芙尼，有着 183 年的历史，并以其昂贵的钻石订婚戒指而闻名，在全球经营着 300 多家零售店。其中著名影星奥黛丽·赫本尤其钟爱蒂芙尼，其主演的电影——《蒂芙尼的早餐》风靡全球，至今仍是电影史上最为经典的爱情和时尚电影之一，也是赫本从影以来最卖座的电影。但自 2016 年以来，蒂芙尼的业绩就一直不太稳定。蒂芙尼的业绩困境背后，是社会潮流的变化。欧美日益下降的结婚率、年轻一代消费观念的变化以及人造钻石行业的兴起，让往日风光无限的蒂芙尼面临"逆风"环境，销售额也出现明显下滑的趋势。2019 年，蒂芙尼半年报显示，公司全球净销售额下降 3%，至 21 亿美元；公司净利润为 2.61 亿美元，较 2018 年的 2.87 亿美元下降了 9%，而且蒂芙尼在美洲大部分地区的销售额都出现了下降。不过唯一值得欣慰的是，蒂芙尼在中国大陆销售额增长，而想要寻求突围业绩困境的蒂芙尼还在持续加码中国市场，不过由于蒂芙尼上半年财报表现不佳，股价也随财报的发布而出现下跌，仅凭中国市场能否实现逆袭，仍是未知数。

（资料来源：https：//m.sohu.com/a/350592746_212351 整理而成）

要求：
1. 对于这起国际最大奢侈品并购来说，如何才能在并购后实现正效应？
2. 结合案例中的财务数据和非财务因素对此次并购的效果进行讨论和分析。

实务演练

一、思考与回答

1. 如果你是银行的信贷部门经理，在给企业发放贷款时应当考虑哪些因素？
2. 企业资产负债率的高低对债权人和股东会产生什么影响？
3. 企业的应收账款周转率偏低，可能是什么原因造成的？这会给企业带来什么影响？
4. 为什么说企业的营运能力可以反映其经营管理水平？企业应当如何提高营运能力？
5. 你认为在评价股份有限公司的盈利能力时，哪个财务指标应当作为核心指标？为什么？
6. 在应用杜邦分析体系进行企业财务状况的综合分析时，应当如何分析各项因素对企业股东权益报酬率的影响程度？

二、搜集与整理

1. 假设你是一名财务咨询师，为一家商品流通企业做财务咨询，你的任务是通过合理的存货规划使存货成本降低，在考察前期的销售情况和存货管理情况后，你提出了加强存货管理的建议。预计现有的存货周转率将从目前的 20 次提高到 25 次，节省下来的资金用于偿还银行短期借款，银行短期借款的利息率为 5%。假设预期销售收入为 2 亿元，预期销售成本为 1.6 亿元，请测算该方案预计节约的成本是多少？
2. 如果你是一家小公司的唯一股东，你的公司目前没有负债并且经营良好，最近一年的资产利润率为 10%，资产规模是 50 万元，企业所得税税率为 25%。现在你正在考虑通过借债来扩大经营规模，请分析决定是否举债扩大经营规模的标准是什么？

自测与练习

一、单项选择题

1. 下列关于营运资本的说法中，正确的是(　　)。

   A. 营运资本越多的企业，流动比率越大

   B. 营运资本越多，长期资本用于流动资产的金额越大

   C. 营运资本增加，说明企业短期偿债能力提高

   D. 营运资本越多，企业的短期偿债能力越强

2. 现金流量比率是反映企业短期偿债能力的一个财务指标。在计算年度现金流量比率时，通常使用流动负债的(　　)。

   A. 年初余额

   B. 年末余额

   C. 年初余额和年末余额的平均值

   D. 各月末余额的平均值

3. 甲公司2018年的营业净利率比2017年下降5%，总资产周转率提高10%，假定其他条件与2017年相同，那么甲公司2018年的净资产收益率比2017年提高了(　　)。

   A. 4.5%　　　　B. 5.5%　　　　C. 10%　　　　D. 10.5%

4. 假设其他因素不变，在经营资产净利率大于税收利息率的情况下，下列变动中不利于提高杠杆贡献率的是(　　)。

   A. 提高税后经营净利率

   B. 提高净经营资产周转次数

   C. 提高税后利息率

   D. 提高净财务杠杆

5. 销售百分比法是预测企业未来融资需求的一种方法。下列关于应用销售百分比法的说法中，错误的是(　　)。

   A. 根据预计存货/销售百分比和预计营业收入，可以预测存货的资金需求

   B. 根据预计应付账款/销售百分比和预计营业收入，可以预测应付账款的资金需求

   C. 根据预计金融资产/销售百分比和预计营业收入，可以预测可动用的金融资产

   D. 根据预计销售净利率和预计营业收入，可以预测净利润

二、多项选择题

1. 企业的下列经济活动中，影响经营现金流量的有(　　)。

   A. 经营活动　　　　　　　　B. 投资活动

   C. 分配活动　　　　　　　　D. 筹资活动

2. 甲公司2019年的税后经营净利润为250万元，折旧和摊销为55万元，经营营运资本净增加80万元，分配股利50万元，税后利息费用为65万元，净负债增加50万元，公司当年未发行权益证券。下列说法中，正确的有(　　)。

   A. 公司2019年的营业现金毛流量为225万元

   B. 公司2019年的债务现金流量为50万元

   C. 公司2019年的实体现金流量为65万元

   D. 公司2019年的资本支出为160万元

3. 甲公司是一家非金融企业,在编制管理用财务报表时,下列项目属于金融负债的有(　　)。

　　A. 应付利息　　　　　　　　　　B. 应付普通股股利
　　C. 应付优先股股利　　　　　　　D. 融资租赁形成的长期应付款

4. 下列各项中,影响应收账款周转率指标的有(　　)。

　　A. 应收账款　　　　　　　　　　B. 预付账款
　　C. 应收票据　　　　　　　　　　D. 预收账款

5. 假设其他因素不变,下列变动中有利于减少企业外部融资额的有(　　)。

　　A. 提高存货周转率　　　　　　　B. 提高产品毛利率
　　C. 提高权益乘数　　　　　　　　D. 提高股利支付率

三、计算题

1. 国强公司2019年有关资料如表2-17所示。

表2-17　国强公司2019年有关资料

项目	年初数	年末数	本年数或平均数
存货/万元	7 200	9 600	
流动负债/万元	6 000	8 000	
总资产/万元	15 000	17 000	
流动比率		1.5	
速动比率	0.8		
权益乘数			1.5
流动资产周转率/次			4
净利润/万元			2 880

要求:

(1) 计算国强公司2019年流动资产的年初余额、年末余额和平均余额(假定流动资产由速动资产与存货组成)。

(2) 计算国强公司2019年销售收入净额和总资产周转率。

(3) 计算国强公司2019年的销售净利率和净资产收益率。

2. 某公司的流动资产由速动资产和存货构成,年初存货为145万元,年初应收账款为125万元,年末流动比率为3,年末速动比率为1.5,存货周转率为4次,年末流动资产余额为270万元。一年按360天计算。

要求:

(1) 计算该公司流动负债年末余额。

(2) 计算该公司存货年末余额和年平均余额。

(3) 计算该公司本年销售成本。

(4) 假定本年赊销净额为960万元,应收账款以外的其他速动资产忽略不计,计算该公司应收账款平均收账期。

3. 已知某公司2019年会计报表的有关资料如表2-18所示。

表 2-18　某公司 2019 年会计报表的有关资料　　　　　　　　　　　　　　万元

资产负债表项目	年初数	年末数
资产	8 000	10 000
负债	4 500	6 000
所有者权益	3 500	4 000
利润表项目	上年数	本年数
营业收入净额	—	20 000
净利润	—	500

要求：

（1）计算杜邦财务分析体系中的下列指标：净资产收益率、资产净利率、销售净利率、总资产周转率、权益乘数。

（2）分析该公司可以采取哪些措施提高净资产收益率？

第三章

基于价值的管理

学习目标

1. 了解企业价值、股东价值、市场价值、账面价值的内涵;
2. 理解各种价值之间的关系以及其在财务管理中的作用;
3. 掌握基于价值管理的基本原理、基本内容与方法;
4. 明确基于价值管理的经营与传统经营方式的区别;
5. 明确基于价值管理的公司治理、管理控制的地位及相互关系。

导入案例

上市9年,乐普医疗如何通过36起并购成为行业龙头?

以冠状动脉介入医疗器械起家的乐普医疗(300003.SZ)成立于1999年,2009年登陆资本市场,成为创业板第三家上市公司。2019年4月27日,乐普医疗向投资者递交了一份亮眼的成绩单。数据显示,乐普医疗实现营业收入18.78亿元,同比增长30.81%;实现扣非净利润4.16亿元,同比增长39.71%。实际上,乐普医疗持续高速增长的业绩,与近年来的多笔并购息息相关。2014年至今,乐普医疗相继通过收购和新设立的方式获取超过30家公司的股权,总交易金额超过60亿元。

并购扩张之后,乐普医疗业绩迅速攀升,营业收入从2014年的16.69亿元增长至2018年的63.56亿元;扣非净利润从4.07亿元增长至10.50亿元。四年间乐普医疗的营收和净利润整体增幅分别达到3.81倍和2.58倍。

世上本无捷径,在并购的道路上亦是如此,多笔并购加身的乐普医疗,其商誉占总资产近一半,商誉减值风险随之而来。另外,大规模并购也使费用率居高不下,一定程度压缩了利润空间。长远来看,企业想通过并购做大做强非常困难,而2018年10月乐普医疗斥资4.2亿元收购宁波秉琨投资控股有限公司35%的股权,宣告乐普医疗将继续在并购之路上走下去。

一路并购扩张给乐普医疗带来了显著的业绩提升,但坏处也极为明显。

首先,乐普医疗疯狂并购带来了高负债和高商誉的风险。数据显示,乐普医疗的负债总额从2013年的2.34亿元增长至2018年的85.25亿元,涨幅高达3 643.16%。在此期间,商誉同样激增,从2013年的5.57亿元增长至2018年的21.62亿元。根据财务数据显示,2016—2018年,乐普医疗的商誉占总资产比例分别为21.78%、16.91%、16.90%;而竞争对手鱼跃医疗(002223.SZ)在此期间的商誉占总资产比例分别为1.38%、11.18%、11.10%。尽管数据在近几年有所下降,但与竞争对手比较,仍然偏高。更为重要的是,2017年乐普医疗的子公司凯迈特(ComedB.V)战略协同效果未达预期,乐普医疗承担了1 858.52万元的商誉减值损失。2018年年报显示,乐普医疗对收购标的明盛达、乐普药业、新东港三家公司计提商誉和长期股权投资减值损失1.29亿元。

其次,乐普医疗的三费也长期居高不下。数据显示,2013—2018年,乐普医疗三费合计从4.50亿元增长至26.24亿元,占同期营业收入比重也从34.54%增长至41.28%,销售费用的攀升尤为显著,从2.97亿元飙升至18.69亿元,远超营业收入的增速。2013—2018年,乐普医疗的销售毛利率由69.02%上涨至72.75%,但销售净利率却由28.13%下滑至19.74%,可见期间费用对乐普医疗的影响极深。

最后,乐普医疗四大业务领域中的新型医疗业态的营业收入出现下滑,2018年该业务实现营收5 303.2万元,同比下降13.08%。报告期内智慧医疗和AI业务共计亏损8 218.55万元;类金融业务实现营收2 042.75万元,同比下滑9.77%,净亏损2 185.42万元。

此外,乐普医疗疯狂的并购,也为公司的主营产品造成了负面影响。氯吡格雷和阿托伐他汀是乐普医疗收购标的乐普药业和新东港的主打产品,也是乐普医疗在医药领域的核心产品,均在2018年通过了一致性评价。而在2018年带量采购大行其道的环境下,乐普医疗自然不会放弃这个机会,然而事与愿违,乐普医疗参与竞标的这两大产品均未入选。在结果公布后,乐普医疗的股价连续三天跌停,市值蒸发了近160亿元。

面对疯狂并购后衍生的一系列后遗症,乐普医疗未来的路究竟还能走多远?

(案例来源:https://xueqiu.com/8919416229/111818262 整理而成)

第一节 股东价值与基于价值的管理

一、股东价值的内涵

股东价值是指股东在其投资入股企业所拥有的价值,是股东对企业未来收益的所有权。要明确股东价值的内涵,必须明确价值的不同表现形式及其关系。

(一)股东价值与企业价值

股东价值与企业价值是紧密相关的,股东价值是企业价值的重要组成部分。如果将企业价值看成是企业全部资产的价值,那么,股东价值就是指企业净资产价值。从会计等式看,由于"资产=负债+净资产",因此,企业价值是由股东价值和债权人价值组成的,即股东价值是企业价值与债权人价值之间的差额。

由于企业的所有者是股东，企业是股东的企业，因此有人将企业价值与股东价值画等号，认为企业价值最大化目标与股东价值最大化目标是相同的。如果企业没有债权人，企业价值与股东价值是相同的；如果把企业理解为股东的企业，企业价值理解为股东在企业中拥有的价值，那么企业价值与股东价值是相同的。然而，企业通常不可能没有债权人，企业股东不是企业唯一的利益相关者，因此，企业价值与股东价值往往是不同的，有时是不一致的，甚至是矛盾的。

（二）市场价值与账面价值

市场价值是企业流通在外的普通股的市场价格与企业债务市场价值的总和。市场价值是立足于交易下的计量信号，不但反映了企业资产的经济价值，而且反映了市场对企业管理者利用资产创造收益的能力的评价。在市场有效的情况下，市场价值是对企业内在价值的准确反映和估计。

账面价值反映会计账面上列出的投资者对企业的权益贡献，是所有过去投资、财务状况和经营决策的反映，是一种重视过去事件影响，而忽视未来前景因素的价值观点。账面价值是根据历史成本记录的，是特定时点会计核算反映的价值。账面价值不考虑现实市场价格的波动，也不考虑资产的收益状况，因此，账面价值很可能不等于市场价值。

（三）账面价值与票面价值

票面价值是指印在有价证券票面上的价值。发行有价证券是企业筹集资金的主要途径，各种证券一般都有票面价值，票面价值的总数为企业形式上的资本。当企业采用平价方式发行有价证券时，票面价值与账面价值相等。但是很少有企业采用平价方式发行有价证券，普遍采用溢价发行，有时也采用折价发行。在这两种发行方式下，有价证券的票面价值与账面价值并不相等。

（四）公允价值与市场价值

公允价值指在公平交易中，熟悉情况的交易双方自愿进行资产交换或债务清偿的金额。公允价值的确定原则是：如果该资产存在活跃市场，则该资产的市价作为其公允价值；如果该资产不存在活跃市场，但与该资产类似的资产存在活跃市场，则该资产的公允价值应比照相关类似资产的市价确定；如果该资产与类似的资产均不存在活跃市场，则该资产的公允价值可按其所能产生的未来现金流量以适当的折现率折现计算的现值评估确定。

公允价值是指市场参与者普遍认同的、非个别的和特殊的价值，代表一定时间内的市场价值。但是，公允价值并不完全等同于市场价值，其大部分由市场价值组成，以公允价值为计量目的的现值也是公允价值的一种。

（五）价值创造与价值实现

价值创造是指企业的内在价值，即企业将要为其权益所有者创造的系列期望的未来现金流的净现值，是预测期股权现金流的当前价值。

价值实现是指通过与股东和外部投资者进行有效沟通，提高价值创造与股票价格之间的相关性，避免管理期望价值与市场预期价值的差异，使经营绩效有效地反映资本市场的股东投资效益。

企业的价值包含价值创造和价值实现两个方面，价值创造过程通常是内部管理的范畴，价值实现过程则是通过对外沟通来完成的。价值创造是价值沟通的基础,如果公司内在的真实经济价值与外在的市场价值有落差,在市价高估时,对内要进行价值重建,以确保公司价值创造能力的提升;在市值低估时,对外要与股东和投资者做有效的价值沟通,以避免由于欠缺资讯的透明度及资讯的不对称造成预期落差,导致投资价值减损,阻碍实现价值的最终目标。

拓展案例 3-1

石头的价值

有一天,一位禅师为了启发他的徒弟,给他的徒弟一块石头,叫他去蔬菜市场试着卖掉这块石头。但是师父说:"不要卖掉它,只是试着卖掉它。注意观察,多问一些人,然后只要告诉我,在蔬菜市场它能卖多少钱。"他的徒弟去了。在菜市场,许多人看着石头想,它可以是很好的小摆件,我们的孩子可以玩,或者我们可以把它当作称菜用的秤砣。于是他们出了价,但只不过几个小硬币。徒弟回来。他说:"它最多只能卖几个硬币。"

师父说:"现在你去黄金市场,问问那儿的人。但是不要卖掉它,光问问价。"从黄金市场回来,这个徒弟很高兴,说:"这些人太棒了,他们乐意出到 1 000 元钱。"

师父说:"现在你去珠宝商那儿问问,但不要卖掉它。"徒弟去了珠宝商那儿。他简直不敢相信,他们竟然乐意出 5 万元钱,徒弟不愿卖,他们继续抬高价格——他们出到 10 万元钱。

石头的价值到底值多少?在不同的市场环境下所出售的价格会发生变化,但是每一次禅师都只是去让他的徒弟去咨询价格,而不是让他售出去,这是一个价值管理的过程,也是不断地发现、判断与创造价值的过程,体现了企业的经营管理者如何通过经营活动、财务活动等途径创造更大的价值。

(案例来源:http://www.doc88.com/p-3137481632833.html 整理而成)

二、基于价值的管理的内涵

基于价值的管理(Value Based Management,VBM),是 20 世纪 90 年代兴起的一种企业经营管理理念和管理方式。基于价值的管理的目标是为股东创造价值,使公司管理决策的核心与股东的利益协调一致,这样,公司的管理活动自然而然地就创造了股东价值。基于价值的管理的真正含义在于:它将组织内每个人的行动与价值创造和股东目标保持一致,因此,基于价值的管理是一个以价值创造和股东目标为中心,将所有人的行为联合起来的、综合的、完整的系统。在基于价值的管理中,影响股东价值的因素有许多,要为股东创造价值,就必须明确股东价值创造与各影响因素之间的关系。因此,基于价值的管理正是对影响或决定股东价值的关键因素进行管理,图 3-1 反映了基于价值的管理的三个重要方面。

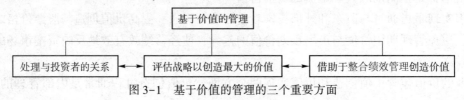

图 3-1 基于价值的管理的三个重要方面

（一）处理与投资者的关系

1. 管理外部潜在投资者的关系

股东的价值创造可以分为股利和股票价值增值两种形式。在基于价值的管理中，为了使投资者支持股票价格，公司需要与投资者保持有效的联系和进行良好的沟通。这就需要投资者对与其关系重大的公司财务业绩和非财务业绩有一个明确的理解。分析师们作出的未来业绩预测构成了资本市场对公司估价的一部分，基金经理的投资决策直接影响甚至决定了公司的股票价格。因此，公司的董事会和管理者必须正确处理与投资者的关系，尽可能使投资者得到相关、可靠的信息，包括财务信息和非财务信息。处理与投资者的关系是全面业绩管理的一个重要环节，它是在资本市场的层面上管理与外部投资者的关系。其目标一方面通过资本市场完成价值实现；另一方面通过成功地展示和推销，吸引潜在投资者，扩大公司的资本规模、优化资本结构。

2. 协调内部投资者的关系

在基于价值的管理中，公司的投资者通过契约关系和财务控制手段明确与管理层之间的权利义务关系，对公司的经营活动和过程实施有效的监督和控制，确保他们在公司中的利益不受侵犯，资本价值得以增值。

同时，价值创造又是股东与管理层互动和激励的一个过程。为股东创造价值意味着达到或超过股东们对价值创造的预期，管理者需要引导投资者的预期，使他们对公司的要求不超过公司实际所能达到的业绩。

可见，处理与投资者的关系这一价值管理技术贯穿于公司治理和公司管理两个不同层次的委托代理关系之中，连接着价值创造和价值实现两个重要的管理过程。

（二）评估战略以创造最大的价值

在基于价值的管理中，为了理解整个公司的业务，需要进行系统性的分析，包括清晰地了解公司所面对的市场、自身的优势与劣势，以及对竞争对手的正确评价。其目的就在于开发最优战略，以利于为股东创造价值。正确的战略选择必然提高公司的竞争能力，进而使公司在为股东创造价值方面有持久的、长足的增长。基于价值的管理的另一个重要方面，就是有助于评估战略的价值尺度的运用。

股东价值观念鼓励公司在战略计划中采用更多的价值计量尺度，这些计量尺度是评估价值时的通用语言。它们有助于比较企业价值与股票价格、估计不同的战略以及评估远景计划创造的价值。股东总收益（TSR）、经营总收益（TBR）、经济利润等计量工具应该被看作一个组合，是供不同的人为了特定的目的在适当的时间使用的一套工具。同时，有效地运用价值计量工具，能够赢得投资者的信任，对股票价格产生积极的影响。基于价值的管理的评估框架如图 3-2 所示。

（三）借助于整合绩效管理创造价值

基于价值的管理的内容包括两个方面：有效的战略形成和有效的战略执行。为达到创造最大价值的目的而选择公司战略后，接下来的管理程序就是战略的实施，这是基于价值的管理的关键一环。历史资料表明，有相当一部分公司就是在实施公司战略这个环节失败了。有效实施战略的关键之处在于贯彻实施整合绩效管理（IPM）。

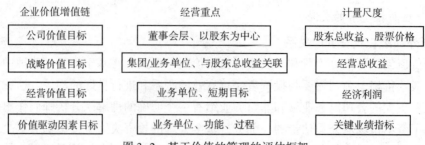

图 3-2 基于价值的管理的评估框架

整合绩效管理是一个有效的战略执行方法。它是由一系列相关的管理过程组成的、保证一个企业的目标及战略得以实现的一个衡量和信息框架。整合绩效管理包括五个关键的管理过程：战略目标分解、控制标准制定、管理控制报告、经营业绩评价、管理者报酬，它代表了一个有效的管理控制循环。在基于价值的管理中，公司治理的核心是财务治理，公司管理的中心是财务管理，财务管理的关键是资本经营与管理控制。

当价值管理理念根植于公司治理、公司经营和管理控制等管理工具和管理过程中时，一个有机结合的公司运行机制就在这种整合思想的指导下推动公司价值的实现。通过本章的学习，我们将图 3-1 扩展为一个完整的基于价值管理的框架图，如图 3-3 所示。

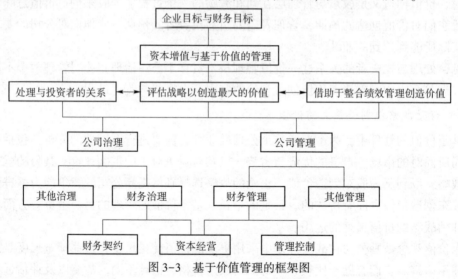

图 3-3 基于价值管理的框架图

第二节 基于价值的经营

基于价值的经营是经济体制和企业制度变革的必然结果。我国的经济体制改革和企业改革，使企业经营方式经历了由产品经营型向商品经营型的转变、由商品经营型向资产经营型的转变、再由资产经营型向资本经营型转变的过程。这种转变的结果，使企业发展目标、发展战略更加清晰，就是要在企业发展中重视价值创造和价值实现，将追求价值创造和价值实现作为企业发展的目标和企业战略的导向。

一、企业经营方式的演变

（一）产品经营阶段

产品经营是与单纯生产型的企业经营方式紧密相连的。从中华人民共和国成立至1978年，我国实行的是计划经济体制或行政命令经济体制，在这种体制下，有关生产、分配甚至消费的决策都是由政府计划权力机构作出的，生产什么、生产多少、怎样生产、从何处取得资源、产品销往何处等都由政府行政命令决定，即企业属于单纯生产型的经营方式。

单纯生产型企业管理的基本目标是完成生产任务，追求产量目标。企业在管理中主要重视实物管理，讲求实物生产率或技术效率，而不重视价值管理。企业只管生产，不管供应与销售，更不管筹资、投资、分配等财务活动，此时，企业财务管理在企业管理中处于非常低下的地位，甚至不存在现代意义上的财务管理。企业理财的目标是降低成本，成本管理也成为企业理财的唯一内容。

（二）商品经营阶段

商品经营是与生产经营型的企业经营方式紧密相连的。1978年中国改革开放至1991年年末，中国经济改革的目标是建立有计划的商品经济体制，试图通过计划经济与商品经济的结合，取长补短，解决计划经济体制下存在的诸多问题。

商品经营的基本特点是围绕产品生产进行经营管理，包括供应、生产和销售各环节的管理。商品经营方式下的企业管理目标是追求供产销的衔接及商品的盈利性。因此，商品经营的基本内涵是企业以市场为导向，组织供产销活动，以一定的人力、物力消耗，生产与销售尽可能多的社会需要的商品。

商品经营方式下的企业财务管理目标是利润最大化，财务管理内容从产品经营方式下的成本管理扩展到收入管理、利润管理、采购管理及一定程度的分配管理。财务管理在企业管理中的地位有所提高。

（三）资产经营阶段

资产经营是与资产经营型的企业经营方式紧密相连的。20世纪80年代后期，由于重视政企分开及所有权与经营权分离，企业经营者对企业资产的占用、使用、处置等权力增大，同时对资产的责任也加大。企业目标已不简单的是收入或利润，而是将利润等指标与资产的占用相联系。因此，资产经营取代商品经营成为必然趋势。但是，由于宏观上没能解决计划与市场的关系，企业资产经营只处于初级阶段，企业无法完全按市场规律有效配置与使用资产。同时，由于微观企业产权不清，资产经营缺乏与之相连的资本运作，经营范围与经营方式受到很大限制。

资产经营型企业的基本特点是把资产作为企业资源投入，并围绕资产的配置、重组、使用等进行管理。在资产经营的情况下，产品经营或商品经营要以资产经营为基础，即围绕资产经营进行商品经营和产品经营。

（四）资本经营阶段

资本经营是与资本经营型的企业经营方式紧密相连的。1992年年初以来，中国改革由政策调整转向制度创新，逐步进入建立社会主义市场经济体制的新阶段。企业改革方向是建立适应市场经济要求的产权清晰、权责明确、政企分开、管理科学的现代企业制度。企业经营方式在由商品经营型向资产经营型转变的基础上,逐步向资本经营型转变。

资本经营方式的特点是围绕资本保值增值进行经营管理,把资本收益作为管理的核心,资产经营、商品经营和产品经营都服从于资本经营目标。资本经营型企业的目标是资本增值或追求资本盈利能力最大化。因此,资本经营的内涵是指企业以资本为基础,通过优化配置来提高资本经营效益的经营活动,其活动领域包括资本流动、收购、重组、参股和控股等能实现资本增值的领域,从而使企业以一定的资本投入,取得尽可能多的资本收益。资本经营的直接目标虽然也是利润,但它是站在所有者的立场上,强调一定资本投入的利润最大化,达到资本增值这一根本目标。

二、资本经营与资产经营、商品经营的关系

现代企业目标决定了现代企业发展的动力在于资本增值,企业的资本增值目标使资本经营成为现代企业经营与发展的主导。由于企业发展的各个环节都需要资本,因此资本经营又与企业经营的各个环节紧密相关。

(一)资本经营与资产经营是既相互联系又相互区别的

1. 资本经营与资产经营的区别

(1)经营内容不同,资产经营主要强调资产的配置、重组及有效使用;资本经营主要强调资本流动、收购、重组、参股和控股等;

(2)经营出发点不同,资产经营从整个企业出发,强调全部资源的运营,而不考虑资源的产权问题;资本经营则在产权清晰的基础上从企业所有者出发,强调资本(主要指自有资本)的运营,把资产经营看作是资本经营的环节或组成部分。

2. 资本经营与资产经营的联系

(1)资本与资产的关系决定了二者之间是相互依存、相互作用的,资本经营要以资产经营为依托,资本经营不能离开资产经营而孤立存在;

(2)资本经营是企业经营的更高层次,资本经营是资产经营的进步,因此,资本经营的目标必然综合反映了资产经营的目标。

(二)资产经营与商品经营也是既相互联系又相互区别的

(1)资产经营不能离开商品经营而独立存在,没有有效的商品经营,是不能取得资产经营的效果的;

(2)资产经营是商品经营的进步发展,它不仅考虑商品本身的消耗与收益,而且将资产的投入与产出及周转速度作为经营的核心;

(3)资产经营的目标比商品经营的目标高,其是在商品经营的基础上,进一步搞好资产重组与有效使用,加快资产周转速度。

从上述分析可以看出,资本经营包含资产经营、商品经营和产品经营;资本经营是相对于资产经营的进步,资产经营是相对于商品经营的进步,而商品经营是相对于产品经营的进步。在基于价值的管理中,企业应该以资本经营为管理重心,财务管理的对象应是资本经营的各个环节及关键要素。

第三节 基于价值的管理控制

一、管理控制的内涵

管理控制是指控制者为保证经营活动的有效性目标所进行的控制过程的总和。如果将管理控制的控制者看作是以管理者为主的组织中的各类成员,把经营活动的有效性目标看作是组织的战略目标,则管理控制是指管理者影响组织中其他成员以实现组织战略的过程。管理控制的目的是使战略被执行,从而使组织的目标得以实现。

管理控制从控制主体看,是指管理者及组织中的其他成员对控制对象所进行的控制。管理者是管理控制的主力军,这是不容置疑的,但是,管理控制中的管理者不能离开组织中的其他成员而孤立地进行控制。管理控制的主体除管理者外,对上包括代表股东利益的董事会,对下包括代表职工利益的全体员工。

管理控制从控制对象或内容看是非常广泛的,企业等组织的各项活动都可通过管理控制进行。在基于价值的管理中,资本经营是管理控制的核心内容和主要对象,管理控制只有抓住资本经营这一企业经营的核心,才能保证企业目标的实现;资本经营也只有通过有效地进行管理控制,才能实现资本的增值。因此,资本经营与管理控制成为基于价值的管理的重要内容和手段,或者说是财务管理的两大支柱。

二、经营方式与管理控制

我国的经济体制改革和企业改革,使企业经营方式经历了由产品经营型向商品经营型的转变、由商品经营型向资产经营型的转变、再由资产经营型向资本经营型的转变的过程。企业经营方式的转变也引起了企业内部管理控制系统的转变。

在企业产品经营阶段,企业管理控制的目标是保证完成生产任务,追求产量目标。管理控制的内容主要是生产控制,重视实物管理,讲求实物生产率或技术效率,忽视价值管理。企业管理控制的方式主要是边界控制或制度控制,企业只能按照各种规章制度去经营,弱化了经营者及职工的权力。

在企业商品经营阶段,企业管理控制的目标不再只是强调生产及产量,而开始重视价值,重视供产销的衔接、追求收入与利润目标。管理控制的内容不再仅是生产过程控制,而采购过程控制和销售过程控制也成为管理控制的重点。企业管理控制的方式不再单一化,企业经营者和员工有了一定的控制权力。

在企业资产经营阶段,企业管理控制的目标已经不是简单的收入或利润,而是将利润等指标与资产的占用相联系,追求资产利润率目标。管理控制的内容从对供产销过程的控制扩展到对投资和资产使用的控制。企业管理控制的方式多样化,承包、计件工资、作业控制、经营控制等方式被广泛运用。

在企业资本经营阶段,企业管理控制的目标从追求单纯的利润,向资本金额投入不变下的利润最大化方向转变,即追求资本增值这一根本目标。管理控制的内容进一步扩展到资本投入的控制、资本结构的控制、资本成本、资本收益和资本分配的控制。企业管理控制的方式正从封闭系统向开放系统转变,授权时代的控制手段被广泛采用,不仅边界控制被采用,诊断控制、信任控制等方式也在一些企业中被推广。

三、管理控制程序

管理控制从程序上看主要有五个步骤:战略目标分解、控制标准制定、管理控制报告、经营业绩评价、管理者报酬。在基于价值的管理控制过程中,它们都有着新的内涵。

(一) 基于价值的战略目标分解

在基于价值的管理的情况下,公司的目标一定是股东价值最大化,公司的战略选择是以创造股东价值为导向的。为保证战略目标的实现,战略目标分解实际上是根据价值创造环节或价值链进行的。通过战略目标分解,保证短期价值目标与长期价值目标相协调、局部价值目标与整体价值目标相协调。

(二) 基于价值的控制标准制定

在基于价值的管理的情况下,控制变量与控制标准的确定必须体现价值创造环节与价值目标,如将资本增值、经济利润、净资产收益率、总资产报酬率、总资产周转率等价值量及效率指标作为控制的最重要和最关键的指标,将公司资本增值或股东价值创造作为控制的根本标准,在此基础上,以财务预算为中心和导向,制定全面预算体系。

(三) 基于价值的管理控制报告

在基于价值的管理的情况下,管理控制报告要体现价值管理的特点,即以会计报告系统为中心,包括财务会计报告和管理会计报告。经营业务报告作为管理控制报告系统的组成部分,一方面反映各业务的预算执行情况,另一方面是对会计报告的补充与说明。

(四) 基于价值的经营业绩评价

在基于价值的管理的情况下,公司的经营业绩应主要体现在股东价值创造上,以是否为股东和企业创造价值为评价的根本标准。评价指标主要以价值量指标为主,包括以价值量反映效率指标和效果指标。

(五) 基于价值的管理者报酬

在基于价值的管理的情况下,对管理者的激励要与价值创造或资本增值相联系,使管理者的收益与资本增值或经济效率挂钩,使股东价值增加与管理者报酬成正比。

四、管理控制原则与要求

管理控制的内涵、目标与地位的确定为进行有效管理控制奠定了基础、明确了方向。然而,内部控制相对于科学技术领域的控制而言,复杂程度高、涉及面广、不确定因素多。因此,进行管理控制必须遵守一定的原则和满足一定的要求。

(一) 管理控制原则

目前关于控制原则、内部控制原则、内部会计控制原则的表述有许多种。内部管理控制作为一种控制,或一种内部控制,控制的一般原则或内部控制原则都应对内部管理控制起作用。当然，管理控制由于与其他控制不同，在管理控制原则方面也应有其特殊性。另外，关于控制原则与控制要求，有时人们将其混用，通称为控制原则或原理，这里我们将控制原则与控制要求分开，控制原则更侧重于控制的内在性，而控制要求则侧重于控制的外在性。从这个思路出发，内部管理控制的主要原则有六项：

1. 计划性原则

计划性原则是指管理控制必须反映计划的要求，完成计划目标。管理的首要职能是计划。管理控制实质上也是要保证计划目标的实现。因此，计划性原则是管理控制的本质要求。计划的水平，包括计划的系统性、全面性、准确性等程度，决定了管理控制的质量与水平。

2. 适宜性原则

适宜性原则是指管理控制必须考虑组织的环境特征，因地制宜、因人制宜，因事制宜。内部管理控制系统的发展已从封闭型转向开放型，控制环境是管理控制的基本要素。脱离控制环境特点，照抄其他国家或组织的控制模式及方式方法是不会取得理想成效的。因此，在进行管理控制时，我们一定要结合中国环境特点、各个组织的环境特点，选择适宜的管理控制模式。

3. 重要性原则

重要性原则是指在管理控制中必须抓住关键的控制点进行控制，不能面面俱到。在管理控制中坚持重要性原则，主要是因为以下三点原因：

（1）有利于控制目标分解与落实；

（2）有利于规避财务活动与经营活动风险；

（3）有利于提高控制的效率，即以较少的控制投入，取得较大的控制成果。

4. 趋势控制原则

趋势控制原则是指在管理控制中要善于从历史资料和现状分析中发现规律和倾向，采取纠正措施，以防患于未然。任何事物的发展总有前因后果，任何问题的出现都可能事前有某种迹象。在管理控制中应根据控制对象的现状及变化趋势，及时发现潜在问题及风险，使经济运行按照战略目标和规划进行。

5. 例外控制原则

例外控制原则是指在管理控制中要注重对非正常、非常规情况进行控制，这是提高控制效率的基本要求。所谓非正常和非常规的界定，要根据组织特点和控制程度要求来进行，不同类型的组织、不同的业务，其正常与否的判断标准是不同的；不同的控制程度要求，其例外的判断标准也不同。如在紧控制下，2%以上的变动就属于例外，而在松控制下，4%以下的变动都属于正常。

6. 直接控制原则

直接控制原则是指在管理控制中应通过提高控制主体的素质进行事前预防控制。直接控制原则强调控制主体的重要性或对控制者的培养是控制的关键。因为合格的控制者能够观察到即将出现的问题，并能及时采取措施加以纠正。直接控制克服了间接控制事后纠偏所带来的问题。当然，在一些情况下，直接控制要与间接控制结合，间接控制可解决直接控制不到位所造成的偏差。

(二) 管理控制要求

1. 管理控制要以人为本

管理控制无论从主体还是从客体看,都是人(管理者)进行的控制和对人(组织中其他成员)进行的控制。管理控制要以人为本,就是说在管理控制理论与实务中,必须抓住人这一根本。在管理控制理论研究中,要强调管理艺术、行为科学、人力资源等;在管理控制实务中,也要从治理结构、组织结构、领导能力、职责分工等方面充分考虑人的主观能动性。

2. 管理控制要有客观标准

管理控制客观标准的确定是管理控制的重点与难点。管理控制中只有运用客观标准,才能既保证控制者的利益并实现目标,又规范被控制者的行为,调动被控制者的积极性和创造性。管理控制客观标准的制定要考虑历史水平、行业特点、组织目标等因素。

3. 管理控制要讲成本效益

管理控制要保证控制目标的实现,必须投入各种人力、物力和财力,这些投入的货币表现就成为管理控制的成本。管理控制不仅要追求组织的有效性,而且要讲究管理控制本身的有效性,即以尽可能少的投入(成本),取得尽可能多的产出(收益)。防止片面追求控制效益,盲目加大控制投入,使控制成本大于所得收益的情况发生。

4. 管理控制要具有灵活性

管理控制的灵活性,是指在管理控制过程中,要根据控制环境等的变化对控制目标、控制标准及方式等进行适当的调整,以便于抓住机遇,调动组织中各成员的积极性与创造性。应当指出,管理控制的灵活性强调的是一种积极的灵活,而不是消极的灵活。所谓积极的灵活,是指根据环境变化,放宽某种控制,使其能抓住机遇,从而提高组织目标。而消极的灵活是指当遇到环境变化或困难时,就降低控制目标和标准。

5. 管理控制要强调可控性

管理控制的可控性是指管理控制主体与管理控制客体或对象的协调一致,即控制主体有权力和义务对控制客体的行为与结果负责。在管理控制中强调可控性,要求一个组织在其机构设置、目标分解、职权划分等方面必须将可控性放在重要位置,以保证整体管理控制系统的有效运作。

6. 管理控制要提倡全局性

管理控制是一个全面综合的系统,管理控制系统的各个要素、各个环节、各项内容、各级组织之间都相互关联、相互作用。因此,无论在管理控制系统的设计上还是在管理控制系统运行的过程中,都必须有全局观念,不能因片面追求某个局部目标和利益而牺牲组织整体目标和利益。

第四节 价值创造计量与评估

一、价值创造及其表现

价值创造(即创造价值)是现代企业生存与发展的关键,是企业追求的最终目标。企业要实现价值创造,首先应明确价值创造的表现与计量。企业的价值创造通常主要体现在资产价值增加和资本增值、股票价格上涨和股利增加、现金流量增加等方面。

(一)价值创造与资产价值增加和资本增值

企业价值创造主要体现在资产价值增加和资本增值上,关键在于资本增值。现代企业财务管理的根本目标是资本增值,直接目标是会计利润,核心目标是经济效益。关于资本增值的内涵及其与利润和经济效益的关系,前面已有论述。实质上,资本增值最大化与企业股东价值最大化和企业价值最大化目标是一致的。因为:第一,从会计角度看,资本是企业股东的价值表现,资本增值实质上是股东价值的增加;第二,资本增值与资产增值是紧密相关的,股东价值与企业价值是紧密相关的,追求股东价值最大化与追求企业价值最大化从长远看是一致的。因此,准确计量资本增值是研究企业价值创造的关键。目前值得研究的不是资本增值是否体现价值创造,而是资本增值应如何计算与评价。因为无论在理论上还是在实践中,无论在经营业绩评价中还是在企业价值评估中,资本增值计算问题都是人们十分关注,但又没有很好解决的问题。正确计算与评价资本增值指标是现代企业理财的客观要求。

(二)价值创造与股票价格上涨和股利增加

由价值创造的内涵可以得知,股东持股所获得的收益有两个方面:一是特定时间内的股票价格增长;二是特定时间内所获得的股利。在任一时点上,股东价值=(当时股票价格+当期每股股利)×持有的股份数。因此,为了使股东价值最大化,企业必须努力保持每股股票价格与每股股利持续增长。

股东价值创造的绝大部分来自股票价格的增长,但它只有在股东出售股份的时候才能获得。企业股票的市场价值越大,表明企业的经营绩效越明显,企业的价值创造能力越强。企业的价值创造能力越强,股东投资收益增长的潜力越大,股东和资本市场投资者才会长期支持股票价格,促进公司的健康发展。

在股东价值中,股利所占的比例虽然较小,但在最严格的意义上,股东持有公司股份期间,从公司收到的唯一现金流就是股利,并且股利是一种相对稳定的、固定的收益。股利具有独特的信号作用。资本市场实证研究表明,一般来说,股利未预见到的增加会导致股价攀升,未预见到的减少会导致股价下跌。公司也把股利支付额作为其未来发展前景的指引信号,如果公司前景看好,则会增加股利支付额;如果公司前景暗淡,则会降低股利支付额。但是为了避免信号作用对股东价值的影响,一般公司不愿意变动股利支付额。

(三)价值创造与现金流量增加

在任何时点,公司的价值是其未来现金流量的现值。在企业价值创造的计量与评估中,我们关注的是企业的自由现金流量。自由现金流量是指企业经营活动产生的现金流量扣除资本性支出的差额。如果企业财务管理的目标是追求企业价值最大化,那么这种自由现金流量必须支付给企业的股东。自由现金流量越大,企业价值越大,股东财富也就越大。

自由现金流量是公司能否顺利支付股利的一个指标,并且,自由现金流量可以弥补股利的不足(黏性、税收影响等)。自由现金流量的使用,使价值创造的评估和计量从股东价值扩展到企业价值。从现金流量的角度来讲,股东与债权人没有性质上的差异,存在的只是索偿权支付顺序上的差异。

价值创造能力和产生自由现金流量的收益能力之间存在着必然联系。企业可能将自由现金流量以股利的形式派发给股东，或者将自由现金流量留在企业中产生更多的自由现金流量。由此推断，具有较高自由现金流量的企业在以后的资本经营中就可以产生更多的自由现金流量，从而使其市场价值逐步提高。

二、资本增值计量

（一）资本增值指标的一般计算与评价

计算资本增值的关键在于搞清楚什么是资本增值。资本增值的字面意思应当是资本价值增加，其一般计算公式是：

$$资本增值额 = 期末资本价值 - 期初资本价值 \quad (3-1)$$

$$资本增值率 = 资本增值额 \div 期初资本价值 \times 100\% \quad (3-2)$$

根据这两个指标的公式可知，如果指标值大于零，则反映资本增值；如果等于零，则反映资本保值；如果小于零，则反映资本减值或贬值。评价指标虽然简单，但资本价值内涵的确定却比较复杂。那么，什么是资本价值呢？对资本价值可有不同的理解：一是资本的票面价值；二是资本的账面价值；三是资本的市场价值。按不同资本价值计算的资本增值额和增值率的内涵是不同的。

（二）按资本票面价值计算与评价资本增值指标

资本的票面价值在股份制企业中可理解为股票的票面价值，即股本。以此推理，一般企业的资本票面价值可理解为企业实收资本。以资本票面价值内涵为基础，按公式（3-1）和（3-2）可计算实收资本增值额和增值率如下：

$$实收资本增值额 = 期末股本或实收资本 - 期初股本或实收资本 \quad (3-3)$$

$$实收资本增值率 = 实收资本增值额 \div 期初股本或实收资本 \times 100\% \quad (3-4)$$

要正确评价这两个指标，关键在于明确实收资本增值额产生的原因。

1. 股本或实收资本增减变动的原因

（1）企业外部投入资本增加，如企业本期增加新的投资者或原投资者追加投资；

（2）企业注册资本减少，如企业由于种种原因按法定程序报经批准减少注册资本；

（3）企业用资本公积转增资本。

2. 实收资本增值指标存在的问题

从实收资本变动的原因看，实收资本增值指标虽然可在一定程度上反映企业的筹资规模、筹资能力和财务状况，但是它存在明显的问题，主要的问题如下：

（1）它与企业当期经营绩效并不直接相关；

（2）它不能正确反映企业所有者的投资收益能力或资本增值能力。因此，运用这一指标，很难达到评价企业经营绩效的目的。

（三）按资本账面价值计算与评价资本增值指标

资本的账面价值在股份制企业中是指股票的账面价值，即股东权益。它也可理解为一般企业的所有者权益或企业净资产。以资本账面价值内涵为基础，按资本增值一般公式可计算账面资本增值额和增值率如下：

$$\text{账面资本增值额} = \text{期末所有者权} - \text{期初所有者权益} \quad (3-5)$$

$$\text{账面资本增值率} = \text{账面资本增值额} \div \text{期初所有者权益} \times 100\% \quad (3-6)$$

目前，实践中使用的资本保值增值率的实质与这种资本价值内涵相同，其计算公式是：

$$\text{资本保值增值率} = \text{期末所有者权益} \div \text{期初所有者权益} \times 100\% \quad (3-7)$$

该指标评价标准与前面的指标有所不同，即当资本保值增值率为100%时，意味着资本保值；超过100%，意味着资本增值；低于100%，意味着资本贬值。

要探讨账面资本增值指标对评价企业绩效的科学性，关键仍在搞清产生账面资本增值额的原因。影响账面资本变动的原因是复杂的，归纳起来主要有以下几个原因：

1. 投入资本变动

影响期末所有者权益和期初所有者权益之差额的因素之一是投入资本变动，如企业本期增加新的投资者或原投资者追加投资、接受有关部门或个人的捐赠等，都会使期末所有者权益增加。同理，在企业按法定程序报经批准减少注册资本时，会使期末所有者权益减少。

2. 企业当期净利润

影响期末所有者权益和期初所有者权益之差额的最重要因素应是企业当期净利润。根据会计学中资本保全理论，会计净利润应等于期末所有者权益与期初所有者权益之差。或者说在其他因素不变的情况下，期末所有者权益等于期初所有者权益加上当期净利润。

3. 企业利润分配时间

前面谈到净利润对资本增值额的影响，但是，如果当期净利润在期末已经以股利形式分给企业投资者，则期末所有者权益中只包括净利润中未分配给投资者的部分。因此，计算企业净利润的分配情况直接影响着资本增值额的水平。

4. 物价水平变动

资本增值额计算中是否考虑物价水平变动问题，关键在于对资本价值中资本的界定，即是财务资本还是实物资本，是名义财务资本还是一般购买力财务资本。实物资本是不足取的，目前会计学中采用的资本往往是名义财务资本，即账面资本，它的应用前提假设是币值稳定，以此为基础，资本增值额计算可不考虑物价变动问题。但是，这并不意味着物价变动不影响账面资本增值额。实际上，如果存在物价水平变动，它必然影响账面资本增值额水平。

上述分析说明，账面资本增值额既受企业内部因素变动的影响，又受企业外部因素变动的影响，既受企业主观经营绩效的影响，又受企业客观资本变动的影响。要准确评价企业经营绩效，首先要将资本投入变动额扣除掉，因为投入资本的增加与减少并不是企业经营业绩所致，扣除投入资本增减变动才能真正反映经营业绩。其次，应在期末所有者权益中包含当期已分给或应分给投资者的股利，如果已经分配股利，则应再加回来。排除这两个客观因素后，可得出两个新的计算公式：

$$\text{账面资本增值额} = \text{期初所有者权益} \times \text{当期净资产利润率} \quad (3-8)$$

$$\text{账面资本增值率} = \text{账面资本增值额} \div \text{期初所有者权益} \times 100\% \quad (3-9)$$

或
$$\text{账面资本增值率} = \text{当期净资产利润率}$$

如果再把币值不稳因素考虑进来，物价变动因素调整应在采用物价变动会计核算的基础上进行计算。对于没有采用物价变动会计核算的企业，可按一般物价指数或分行业的物价指数进行调整。此时账面资本增值额和增值率可采用下式计算：

$$账面资本增值额 = 期初所有者权益 \times 当期净资产利润率 \div 一般物价指数 \quad (3-10)$$

$$账面资本增值率 = 当期净资产利润率 \div 一般物价指数 \times 100\% \quad (3-11)$$

应当指出，公式（3-10）和（3-11）是对公式（3-3）、（3-4）、（3-5）、（3-6）、（3-8）、（3-9）的不断创新与完善。

（四）按资本市场价值计算与评价资本增值指标

资本的市场价值在股份制企业中是指股票的市场价值，即股票市值。一般企业的资本市场价值可理解为企业净资产的现行价值。以此资本市场价值内涵为基础，运用资本增值指标一般计算公式可得：

$$市场资本增值额 = 期末企业资本市场价值 - 期初企业资本市场价值 \quad (3-12)$$

$$市场资本增值率 = 市场资本增值额 \div 期初企业市场价值 \times 100\% \quad (3-13)$$

其中，资本市场价值的计算，根据不同情况可采用不同的计算方法。对于股份制企业，资本市场价值可根据股票价格计算，即：

$$资本市场价值 = 股份数量 \times 股票市场价格 \quad (3-14)$$

其中，

$$股票市场价格 = 每股收益 \times 市盈率$$

对于非股份制企业，资本市场价值可按资本收益现值法计算，即：

$$资本市场价值 = 实收资本 \times \sum_{t=1}^{\infty} \frac{1}{(1+折现率)^t} \quad (3-15)$$

其中，t 为实收资本收益率。

公式（3-15）后一部分实质上也是股票价格计算的一种方法。因此，公式（3-14）和公式（3-15）的实质是相同的。

为了准确评价按资本市场价值计算的资本增值额和增值率，搞清市场资本增值额产生的原因是十分必要的。根据上述公式及有关指标内涵，市场资本增值额主要受以下因素影响：

1. 投入资本变动

这里主要是指股本或实收资本的增减变动（它们增减变动的原因前面已谈过，不再赘述）。

2. 每股收益变动

每股收益（或实收资本收益率）是影响股票价格的重要因素，在市盈率或折现率一定的情况下，每股收益与股票市场价格往往成正比变动。

3. 市盈率变动

市盈率变动是影响股票价格变动的另一因素，市盈率水平往往受平均资本成本水平和企业发展潜力大小的影响，通常，资本成本水平与市盈率负相关，而企业发展潜力与市盈率正相关。

4. 宏观经济状况与政策变动

它包括资金流量、通货膨胀率、利率、汇率等的变动，这些都会给股票价格带来不同程度的影响。例如，如果股票市场资金供应量增加，则股票价格就要上涨；反之，资金供应量减少，则股票价格就要下跌。

5. 投机因素影响

股票市场的投机性是很大的，特别是在股票市场不规范和不完善的情况下，股票价格往往受一些投机行为的影响而背离其正常经济价值，这势必引起股票价格波动和资本市场价值变动。

从以上因素的含义与性质可看出，影响资本市场价值增减变动的主要是投入资本变动和股票价格变动两个因素，因为每股收益、市盈率、宏观经济政策及投机因素等都要通过股票价格影响资本市值。要从资本市值角度正确评价企业经营绩效，应该扣除投入资本变动因素和政策及投机因素，但后者难以从股价中扣除，因此只能在公式（3-12）的基础上扣除投入资本变动因素，得出新的市场资本增值额计算公式：

市场资本增值额＝期初股份数量×（期末股票价格－期初股票价格） （3-16）

或　　市场资本增值额＝期初实收资本×（期末单位资本现值－期初单位资本现值）

应当指出，由于股票市场价格不仅受每股收益的影响，而且受资金成本率或利率、通货膨胀率及企业发展潜力的影响，因此，通过股价变动计算的资本市值变动能比较客观、综合、全面地反映企业的经营绩效。但是，同时应看到，股票市场价格也受投机等非经营因素的影响，特别在股票市场不规范的情况下，这种影响不仅程度高，而且难以与经营因素影响相区别，这就使人们对按资本市场价值评价企业经营绩效的准确性产生了怀疑。

（五）资本增值指标计算与评价方法选择

1. 对不同资本增值指标的对比评价

以上分别用三种资本价值观对资本增值指标进行了计算与评价，从评价企业经营绩效这一资本增值指标设置目的看，按资本票面价值计算的资本增值指标，虽然在一定程度上可说明企业股本和实收资本的变动情况，但无法满足评价企业经营绩效的基本要求，而按资本账面价值和资本市场价值计算的资本增值指标，虽然比按资本票面价值计算的资本增值指标有很大进步和积极的评价作用，但也各有优点与不足。

（1）按资本账面价值计算的资本增值指标在评价企业绩效方面的优点主要表现在以下两点：

①突出了企业收益或净利润在企业绩效评价中的核心地位，在不考虑其他因素的情况下，净利润越大，企业资本增值越大；净利润越小，企业资本增值越小。

②按资本账面价值计算的资本增值指标计算比较客观，它主要依据财务报告数据，不仅资料容易取得，而且相对真实、可靠。但是，按资本账面价值计算的资本增值指标也存在明显的问题：第一，资本账面价值可能严重背离资本市场价值，从而使资本账面增值指标不能准确反映资本实际价值变动。第二，过分依赖企业净利润，把资本增值等同于净利润。其实，净利润指标有时可能受会计政策等因素影响而大幅度增加或减少。另外，净利润指标也难以准确反映企业的发展潜力。

（2）按资本市场价值计算的资本增值指标在企业绩效评价中的优点表现在以下三点：

①把企业绩效评价置于市场这一客观环境中，有利于从企业外部客观反映企业市场价值。

②通过资本市场价值评价，可揭示企业发展潜力与发展前景。

③资本市场价值内涵丰富，可综合反映各因素变动对企业资本价值的影响，包括物价变动、利率变动及资本成本水平变动等因素。然而，在资本市场价值诸多优点的背后，也隐含着许多问题。第一，资本市场价值内涵丰富，也说明资本市场价值受许多企业不可控因素的

影响，过分依赖用资本市场价值评价企业经营绩效，可能得出错误结论。第二，在资本市场价值客观性的背后，也隐含着股票价格瞬息万变的波动性，用某一时点的股价来评价企业一个时期的业绩，难免有失偏颇。另外，对非股份制企业，包括非上市公司，其资本市场价值按收益法计算时，实收资本收益率预测的准确性将直接影响资本市场价值计算的客观性，而实际上预测的准确性是值得怀疑的。

2. 资本增值评价的实质与计算方法

从对不同资本增值指标的对比评价中，我们不仅可得出它们各有优缺点的结论，而且从它们的优缺点对比中可得到启示，即按资本账面价值计算资本增值指标的优点与缺点基本上是按资本市场价值计算资本增值指标的缺点与优点，因此，将二者结合起来，取长补短或扬长避短，对评价企业经营绩效可能是更有益的。

要将两种方法结合，首先应找出结合点和切入点，在此基础上，抓住资本增值的实质进行计算与评价。从资本增值指标计算看，资本增值额的计算是关键，可将其计算作为二者的结合点。至于切入点是账面资本增值额还是市场资本增值额，本书认为可选择前者。因为：第一，账面资本增值额（企业净利润水平）是影响资本市场价值的核心因素；第二，企业净利润比较客观和容易取得。为了便于分析，我们先假定企业投入资本不变、物价水平不变。

按账面资本增值额＝当期企业净利润计算的资本增值额能否真正反映企业资本增值的实质呢？回答是否定的，因为它忽视了使用资本的机会成本。资本增值的实质应是：

$$资本增值额＝企业净利润-资本机会成本 \qquad (3-17)$$

资本机会成本是指在资本的选择应用中获得的价值，或者说是资本不按某种选择使用所失去的价值。只有企业净利润大于资本机会成本，才可称为资本增值；企业净利润等于资本机会成本，则意味着资本保值。由于资本机会成本的计算方法不同，因此就产生了资本增值额的不同计算方法：

（1）按资本时间价值计算资本机会成本。

资本时间价值实质上是指在无风险情况下的投资收益。因此，资本时间价值可按无风险投资报酬率计算（通常可按国库券报酬率计算），即：

$$资本时间价值＝资本×无风险投资报酬率$$

在此基础上可得出资本增值额的计算公式：

$$资本增值额＝企业净利润-资本时间价值 \qquad (3-18)$$

根据公式（3-18）计算的资本增值额指标，可作为评价企业经营绩效的最低要求。当该指标值为零时，说明资本所有者投入资本没有损失，即资本保值；该指标大于零，才说明资本增值。

（2）按正常利润计算资本机会成本。

正常利润是指可诱使资本所有者投资的最低资本回报。正常利润中除包含资本时间价值（即无风险投资报酬）之外，还包含资本的风险补偿，即：

$$正常利润＝资本时间价值+资本风险补偿$$

由于资本风险补偿计算起来比较困难，而且通常资本所有者投资至少希望得到社会平均利润率，因此，正常利润可按平均资本利润率计算，即：

$$正常利润＝资本×正常利润率＝资本×平均资本利润率$$

按此方法计算的资本增值额为:
$$资本增值额 = 企业净利润 - 正常利润 \quad (3-19)$$

根据公式 (3-19) 计算的资本增值额指标可作为评价企业经营绩效的正常要求。因为如果该指标为负值,说明企业经营没有达到社会平均利润率水平或正常利润水平;只有达到正值,才说明企业取得了良好的经营绩效。

(3) 按资本成本计算资本机会成本。

资本成本是与负债成本相类似的概念,包括普通股成本、优先股成本和留存收益成本等。资本成本有许多种计算方法,为便于资本成本与市价的紧密结合,本书按收益与市价比计算资本成本,其计算公式是:
$$资本成本 = 资本 \times 收益与市价比$$

其中,
$$收益与市价比 = \frac{每股收益}{每股市价} = \frac{1}{市盈率}$$

或
$$收益与市价比 = \frac{股利}{每股市价} \times \frac{每股收益}{每股股利} \times \frac{股利与市价比}{股利支付率}$$

由此可得出,资本增值额的计算公式为:
$$资本增值额 = 企业净利润 - 资本成本 \quad (3-20)$$

从公式 (3-20) 可见,由于资本成本是按每股收益和股票市价计算的企业实际资本成本,因此按此公式计算的资本增值额不仅能准确反映企业资本的实际增值额,而且将资本增值额与市盈率、股利与市价比等能准确体现市场价值的指标直接联系起来。一般地说,市盈率与资本增值额正相关,而股利与市价比与资本增值额负相关。

从按以上三种资本成本计算的资本增值额的对比可看出,它们都从一定角度或在一定程度上反映了资本增值的实质,且都将资本账面价值增值与市场价值进行了结合(虽然按资本时间价值和正常利润计算时没直接涉及股票市价,但资本时间价值和正常利润都在一定程度上反映了资本的市场价值),对评价企业经营绩效各有不同作用。但以资本成本为基础计算资本增值额更加直观、全面、真实、可行,有利于更准确地评价企业经营绩效。所谓直观,是指这种方法直接运用股票市场价格这一最能反映市值的指标来确定资本成本,与人们设想的将资本账面价值与市场价值结合的思想完全相符。所谓全面,是指这种方法全面考虑了影响资本增值的各因素,包括企业发展潜力、通货膨胀、资本时间价值等。所谓真实,是指按收益与市价比计算的资本成本,真实反映了企业的实际资本成本水平。所谓可行,是指便于计算、分析与评价,而按资本时间价值和正常利润计算资本机会成本,有的难以计算,有的难以分析评价。

三、股东总收益率计量

(一) 股东总收益率

从投资者的角度来看,最重要的计量公司价值创造的指标是股东总收益率 (TSR)。股东总收益率包括股东持有公司股票所获得的两个方面的收益率:第一,特定估价时间内的股票价格增长的百分比;第二,特定估价时间内所获得的股利,然后表达成股利率的形式

（即股利占股票价格的百分比）。

TSR 通常是大多数公司采纳基于价值的管理的第一步，之所以说它是第一步，因为公司的财务目标通常可以通过 TSR 指标表达出来。

TSR 衡量的收益不是从公司内部的角度，而是站在股东的角度，也就是衡量持有公司股票能获得多少收益。这是股东所能看到的实实在在的价值。

（二）股东总收益率计量

TSR 是股东获得的价值总和，包括股利和资本增长（都以占相应期间股票价格的百分比来表示）。

1. 1 年期的 TSR 计量

图 3-4 举例说明了如何计算 1 年期的 TSR。

股票价格数据	
公司股票开盘价格，2010年1月1日	100元
公司年末支付的股票股利	5元
公司股票收盘价格，2010年12月31日	120元
TSR 计算	
股利收益=股利除以年初股价=5÷100×100%	5%
股价增长百分比=年末收盘价÷年初开盘价-1=（120÷100-1）×100%	20%
TSR=股利收益加上股价增长百分比=5%+20%	25%

图 3-4　TSR 基本计算举例

对于投资者来说，TSR 可以用来在不同的股票和可选的投资品种之间进行比选，当人们在选择投资品种时，同样可以采用这种方法。由此说来，TSR 是一种非常简单的衡量方法。

可是，有许多人认为，TSR 并不是如此简单，原因之一是仅仅拿 1 年的数据比较并不合理。从本质上来说，权益投资易变动，且股票价格可能受到暂时的股票市场波动而不能真实地反映公司的价值。此外，经济环境会对所有的股票价格产生有利或不利的影响，这可能歪曲公司在这一期间的真实状况。

因此，人们对 TSR 的计量倾向于采用相对概念，与其他的权益投资在长于 1 年的期间内进行比较。尽管期限越长越容易得到正确而且合乎逻辑的结果，但却增加了计算 TSR 和解释 TSR 比较结果的难度。如果期限足够长，TSR 的计算就与公司进行新项目投资时所做的计算非常相似了。

2. 长期的 TSR 计量

图 3-5 表示的是期限长于 1 年的 TSR 的计算，在图 3-5 中，线上的箭头代表股东在不同时点收到的现金或价值量，也就是现金流入；线下的箭头代表股东过去购买股票时所付出的现金，也就是现金流出。

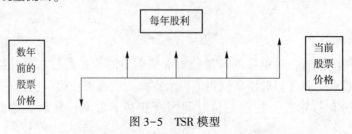

图 3-5　TSR 模型

如果我们将上述模型赋予一些简单的数字，就可以看出计算和表达 TSR 遇到的问题了。图 3-6 表示的就是用一些样本数据表达的 TSR 模型。

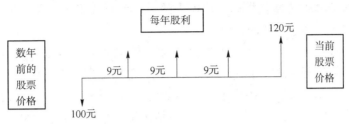

图 3-6　TSR 计算的难点

下一步就是计算出整个期间 TSR 的百分比，这样便于与其他股票进行比较，股东也会知道投资收益是否超出投资成本，即投资收益是否超过最初投入的 10 元，接下来可以计算出年收益率，以便于在不同证券投资之间进行比较，这一点非常重要。

在这里，假定资本成本为 10%，来分析一下该交易行为，就会发现好多问题。直观来看，有人认为获得了 20 元（卖价 120 元减去买价 100 元）的资本利得以及 27 元的股利，但是这种计算过于简单。

（1）为了计算出真实的股东价值，需要进一步考虑一些基本的问题：

①如何处理资本时间价值，特别是三个主要因素——买价、股利和卖价——均发生在不同的时点？

②若将该期间收到的股利进行再投资的话，应该做哪些假设？

③当计算某种收益百分比或者现值时，应该怎样表达？它与什么相关？

（2）股东可以借助于 TSR 的历史数据回答如下问题：

①在过去几年中，该公司的 TSR 达到什么水平？

②这些 TSR 数据如何与其他公司比较？

③与其他低风险（或者无风险）的证券相比，超过资本成本（本例中是 10%）的部分是否补偿了购买该股票所承担的特定风险？

人们不必将 TSR 仅仅局限于衡量历史业绩，TSR 可以用来辅助作出投资决策，但需要将该模型进行改造，以适应于衡量股票的未来业绩。虽然这说起来容易，但是由于涉及预测股票未来的增长情况，所以做起来就不那么容易了。通过回答类似于"如果以今天的价格购买股票，并获得预期的股利和资本增长，那么达到什么水平的 TSR"的问题，股东就可以借助于 TSR 进行投资决策了。

最重要的是，无论是对过去的还是对将来的业绩来说，TSR 都是比较一定期间内市场上所有证券的全面业绩的一种有效办法。其结果在很大程度上取决于计算的时点（尽管任何一种方法，只要用到变动的市场价值，都是一样的），所以要注意避开那些受短期市场波动影响严重的时间段，比较结果应落在比较长的期间内，这点也是非常重要的，3~5 年是典型的时间段。

确切地说，这就是一些专业人员运用 TSR 的技巧，他们利用过去的股利和股票价格作出比较 TSR 业绩的列表。

从哪方面来看，TSR 似乎都是股东显而易见的选择，对于那些为股东服务的高级管理层来说,也是如此。现在越来越多的享有盛誉的大公司已经开始采用 TSR 作为公司管理层主要的业绩衡量指标。

一旦公司采纳 TSR 作为衡量指标,接下来的一步就是要采用一套合适的内部业绩评价指标,以激励管理层达到这一新的目标。

尽管 TSR 有诸多优点,且作为关键的、以价值为基础的指标得以广泛推广运用,但是真正将 TSR 贯彻运用到公司经营中并不是那么容易的。部门经理及其下属职员可能会发现,以 TSR 指标作为主要目标并以此为激励目标是很困难的,因此大多数公司一直设法在其他指标中找到 TSR 指标的重要构成要素,以便于在公司灵活运用。在寻找 TSR 和内部业绩计量尺度之间最好的联络点过程中,产生了许多复杂程度和有效性不同的、其他以价值为基础的指标。

(三) TSR 与经营总收益率

经营总收益率(TBR)是一种内部业绩计量指标,它既与 TSR 保持一致,又能被运用于公司内部业绩计量。该指标将公司各级管理层的目标与公司总目标协调起来,改善了管理层的行为。

TBR 指标与 TSR 相比在形式上有一些变化,它们具有相似的模型,尽管名称各不相同,但原理却是一样的。采用此办法的公司令其各个业务单位将长期计划转变为现金流量,这就像它们在进行重要的项目投资时要编制现金流量预测表一样。接着,要将现金流量折成现值,并用前面 TSR 举例中相同的方法计算出经营总收益率。TBR 的适用期间需要根据公司的经营周期和经营业务的特征来加以判断。

从原理上讲,这很简单,但在实际运用中,却一点也不容易。若要将 TSR 有效地运用到各个业务单位,关键要明确各个业务单位的利润计划要用占 TBR 多少百分比来评价,且所有业务单位的认可目标合起来与公司的 TSR 指标匹配。TBR 模型如图 3-7 所示。

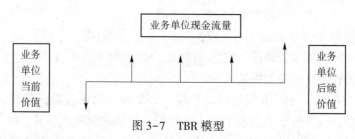

图 3-7　TBR 模型

这里要注意 TBR 模型和 TSR 模型的相似性,一个业务单位在相关期间所产生的现金流量相当于 TSR 模型中每年的现金股利,它是该业务单位在该期间为公司创造的现金净额。

然而,每个业务单位现值和终值的计算方法是有问题的,因为每个业务单位的现值和终值对应着 TSR 的期初和期末股票价格。这种计算不简单,现在有很多可行的计算方法,但没有一种是完美的,所有的方法都遭到过质疑。对业务单位进行估价的最简单的方法是用估计的盈余乘数,也有一些非常复杂的方法用到了数学公式,最终选择哪种方法,取决于主观判断。但计算的目的是一样的,即为了得到一个有意义的和实际的业务单位价值,如同某只股票在股票市场上市时要确定股票发行价一样。

业务单位现值和终值的计算方法存在着很多技术上的不完善,但这种不完善比人们通常认为的要显得无足轻重一些,究其原因可能有很多种,就像对汽车和房产估价一样,不存在唯一的结果，企业估价也是这样的。倘若计算业务单位现值和终值时运用相同的方法，那么过分地关注该方法的完善与否是不必要的，重要的事情在于关注引起价值变化的因素，而不是那些表示价值大小的绝对数字本身。

TBR 模型对于长期计划和分析来说都是非常有效的，就像所有的现金流量方法和模型一样，TBR 模型并不是一种简单的、特定年份的业绩评价方法。它的最有效之处在于，为长期计划设置了具有可操作性的业绩目标，这些业绩目标来自基于 TBR 的战略计划，且应该与价值创造的主要动因相关。

第五节 价值评估方法

一、以现金流量为基础的价值评估

（一）以现金流量为基础的价值评估的意义

一般财务理论认为，企业价值应该与企业未来资本收益的现值相等。企业未来资本收益可用股利、净利润、息税前利润和现金净流量等表示，不同的表示方法，反映的企业价值内涵是不同的。利用现金净流量作为资本收益进行折现，被认为是较理想的价值评估方法。因为现金净流量与以价值为基础计算的股利及利润指标相比，能更全面、精确地反映所有的价值因素。下面以表 3-1 和表 3-2 为例加以说明。

表 3-1 长寿公司与短寿公司预计净收益 万元

长寿公司	年度1	年度2	年度3	年度4	年度5	年度6
销售额	1 000	1 050	1 100	1 200	1 300	1 450
现金支出	(700)	(745)	(790)	(880)	(970)	(1 105)
折旧	(200)	(200)	(200)	(200)	(200)	(200)
净收益	100	105	110	120	130	145
短寿公司	年度1	年度2	年度3	年度4	年度5	年度6
销售额	1 000	1 050	1 100	1 200	1 300	1 450
现金支出	(700)	(745)	(790)	(880)	(970)	(1 105)
折旧	(200)	(200)	(200)	(200)	(200)	(200)
净收益	100	105	105	120	130	145

表 3-2 长寿公司与短寿公司预计现金净流量 万元

长寿公司	年度1	年度2	年度3	年度4	年度5	年度6	累计
净利润	100	105	110	120	130	145	710
折旧	200	200	200	200	200	200	1 200
资本支出	(600)	0	0	(600)	0	0	(1 200)
应收款增加	(250)	(13)	(13)	35	45	(23)	(219)
现金净流量	(550)	292	297	(245)	375	322	491

续表

短寿公司	年度1	年度2	年度3	年度4	年度5	年度6	累计
净利润	100	105	110	120	130	145	710
折旧	200	200	200	200	200	200	1 200
资本支出	(200)	(200)	(200)	(200)	(200)	(200)	(1 200)
应收款增加	(150)	(8)	(8)	(15)	(15)	(23)	(219)
现金净流量	(50)	102	102	105	115	122	491

从表 3-1 可以看出，两个公司各年度无论是销售额还是净利润都完全相等。如果以此资料为基础评估企业股东价值，可得出两个公司股东价值完全相同的结论。但从表 3-2 可以看出，虽然两个公司各年度利润和销售额完全相等，累计资本支出和应收款增加额也相同，但各年现金净流量及变动趋势却不同。因此，以现金净流量折现法评估的两个公司股东价值就可能不同。显然，以现金净流量为基础的评估方法更科学，它考虑了资本支出时间不同对资本收益的影响。

(二) 以现金流量为基础的价值评估方式

以现金流量为基础的价值评估的基本思路是现值规律，任何资产的价值等于其预期未来全部现金流量的现值总和。现金流量贴现法具体又分为两种：仅对公司股东资本价值进行估价、对公司全部资本价值进行估价。

如果将企业未来现金流量定义为企业所有者的现金流量，则现金流量现值实际上反映的是企业股东价值。将企业股东价值加上企业债务价值，可得到企业价值。如果将企业未来现金流量定义为企业所有资本提供者（包括所有者和债权者）的现金流量，则现金流量现值反映的是企业价值。因此，资本经营价值评估，既可评估企业价值，也可评估股东价值。由于资本经营的根本目标是股东资本增值，所以资本经营价值评估通常是评估股东价值。但是为了全面说明股东价值的来源或创造，通常是在评估企业价值的基础上，减去负债价值，得到股东价值。

企业价值、负债价值及股东价值的关系可通过图 3-8 体现。

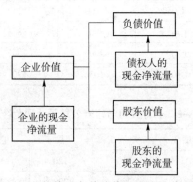

图 3-8　企业价值、负债价值及股东价值的关系

(三) 股东的现金净流量评估方法

以现金流量为基础的价值评估的基本程序和公式为：

企业经营价值=明确预测期现金净流量现值+明确预测期后现金净流量现值　（3-21）
企业价值=企业经营价值+企业非经营投资价值　（3-22）
股东价值=企业价值-负债价值　（3-23）

【例 3-1】 下面以 AAA 公司为例，通过表 3-3 来说明企业价值与股东价值评估方法。

表 3-3　企业价值评估表　　　　　　　　　　　　　　　　万元

年份	企业经营现金净流量	折现系数（10%）	企业经营现金净流量现值
20×0	160	0.909	145.44
20×1	190	0.826	156.94
20×2	220	0.751	165.22
20×3	250	0.683	170.75
20×4	280	0.621	173.88
20×5	310	0.565	175.15
20×6	340	0.513	174.42
20×7	370	0.467	172.79
20×8	400	0.426	169.60
20×9	430	0.386	165.98
企业连续价值	6 604	0.386	2 549.14
企业经营价值			4 219.31
企业非经营投资价值			200.00
企业价值			4 419.31
减：债务价值			(890.31)
股东价值			3 529.00

1. 明确预测期现金净流量现值

确定有明确预测期的现金净流量现值是企业价值评估的最重要内容，要正确预测其现金净流量现值，需要按以下步骤进行：

1）确定预测期

本部分研究的是有明确预测期现金净流量现值的确定问题。所谓有明确预测期，是指预测期是有限的，而不是无限的。从预测的准确性、必要性角度考虑，通常预测期为 5～10 年。

2）预测经营现金净流量

经营现金净流量是相对于非经营投资而言的，它是指可提供给企业所有者和债权人的经营现金流量总额。经营现金净流量的计算有两种基本方法：

第一种方法是：

现金净流量=息前税后利润-净投资　（3-24）

其中：

息前税后利润=净利润+利息

$$净投资 = 总投资 - 折旧$$

上式中的总投资是指企业新的资本投资总额,包括资本支出、流动资产及其他资产投资,折旧包括固定资产折旧和无形资产及递延资产摊销等。

第二种方法是:

$$现金净流量 = 毛现金流量 - 总投资 \tag{3-25}$$

其中:

$$毛现金流量 = 息前税后利润 + 折旧$$

进行现金净流量预测,首先应对企业绩效进行分析,将财务分析与产业结构分析结合在一起,并对公司实力和弱点进行质的评估。同时,从信贷角度了解公司的财务状况。在对企业历史绩效进行分析之后,便可预测企业未来绩效。预测企业未来绩效的关键是明确影响企业价值或现金净流量的因素,包括时间因素。在明确各种价值影响因素的基础上,可形成预测利润表、资产负债表以及需要的个别项目,然后将这些详细资料综合起来,用以预测现金净流量等价值驱动因素。

3) 确定折现率

企业经营现金净流量折现率的高低,主要取决于企业资本成本的水平高低。为了与现金流量定义相一致,用于现金净流量折现的折现率应反映所有资本提供者按照各自对企业总资本的相对贡献而加权的资本机会成本,即加权平均资本成本。由于个别资本成本的高低取决于投资者从其他同等风险投资中可望得到的报酬率,因此,折现率的高低必须能准确反映现金净流量的风险程度。只有折现率准确反映现金净流量的风险,价值评估结果才是准确的。否则,不正确的折现率将使价值评估结果偏高或偏低。加权平均资本成本的计算公式是:

$$加权平均资本成本 = 平均股权资本成本 \times \frac{股权资本}{总资本} + 平均负债资本成本 \times \frac{负债资本}{总资本} \tag{3-26}$$

可见,进行加权平均资本成本估算,一要确定资本结构或资本成本加权权数;二要估算股权资本成本;三要估算负债资本成本。

确定进行价值评估的公司的目标资本结构,建议综合采用三种方法:

(1) 尽量估算以现值为基础的公司资本结构;

(2) 考虑可比公司的资本结构;

(3) 考虑管理层的筹资方针及其对目标资本结构的影响。

关于平均股权资本成本和平均负债资本成本的估算方法可在个别股权资本成本和个别负债资本成本估算的基础上采用加权平均法进行。

4) 估算经营现金净流量现值

$$经营现金净流量现值 = \sum_{t=1}^{n} \frac{经营现金净流量}{(1 + 折现率)^t} \tag{3-27}$$

应当注意,使用现金流量折现法的关键是保持现金流量与贴现率的匹配,用加权平均资本成本贴现股权现金流量会导致股权价值偏高;如果使用股本成本贴现公司现金流量,又会低估公司价值。如果被估价的公司资产当前的现金流量为正,并且可以比较可靠地估计未来现金流量的发生时间,同时根据现金流量的风险特征又能够确定恰当的贴现率,那么就适合采用现金流量贴现法。但是在现实生活中，陷入财务拮据状态的公司、收益呈周期性的公司、拥有未被利用资产的公司、有专利权或产品选择权的公司等，其现金流量的预测和贴现率的确定存在一定困难。

2. 明确预测期后现金净流量现值

有明确预测期后公司预期现金流量现值估算亦称连续价值估算。使用连续价值公式便不再需要详细预测延长期公司的现金流量。用现金流量折现法进行连续价值估算，可供选择的方法有长期明确预测法、现金净流量恒值增长公式法和价值驱动因素公式法。第一种方法实际上与有明确预测期的现金流量现值估算方法相同，只是预测期加长（5年或更长）。这种方法不但麻烦，而且也无必要，人们通常选择后两种方法。

1）现金净流量恒值增长公式法的估算公式

$$连续价值 = \frac{明确预测期后第一年现金净流量正常水平}{加权平均资本成本 - 现金净流量预期增长率恒值} \quad (3-28)$$

使用这一公式应当注意以下几点：

（1）这一公式假定企业现金净流量在连续价值期间内的增长率不变；

（2）现金净流量预期增长率恒值应小于加权平均资本成本；

（3）必须正确估算预测期后第一年的现金净流量正常水平，使之与预测增长率相一致。

2）价值驱动因素公式法的估算公式

$$连续价值 = \frac{明确预测期后第一年息前税后利润正常水平 \times \left(1 - \frac{息前税后利润预期增长率恒值}{新投资净额的预期回报率}\right)}{加权平均资本成本 - 息前税后利润预期增长恒值} \quad (3-29)$$

在特定情况下，采用这两种方法计算的连续价值结果是相同的。例如，某企业有明确预测期后第一年现金净流量正常水平为30万元，息前税后利润正常水平为660万元，以后每年的增长率均为6%，新投资净额的预期回报率为12%，该企业加权平均资本成本为11%，则采用公式（3-28）计算的连续价值为：

$$连续价值 = 330 \div (11\% - 6\%) = 6\,600（万元）$$

采用公式（3-29）计算的连续价值为：

$$连续价值 = [660 \times (1 - 6\% \div 12\%)] \div (11\% - 6\%) = 6\,600（万元）$$

应当注意，此时的连续价值是指明确预测期后现金流量折现到明确预测期最后一年的现值。而构成企业经营价值的是明确预测期后现金流量现值，应在此基础上进一步折现为明确预测期初的现值。如果其他条件与表3-3的资料相同，则：

$$连续价值现值 = 6\,600 \times 0.386 = 2\,548（万元）$$

可见，无论采用何种方法，都涉及确定预测期、估计明确预测期后现金流量或利润水平及增长率、加权平均资本成本估算及折现三个问题。

预测期的选择取决于有明确预测期现金流量折现法时选择的期限，应当指出，虽然选择明确预测期十分重要，但它并不影响估算公司价值，只关系到明确的预测期与以后年份公司的价值如何分配。

息前税后利润、现金净流量、新投资净额的预期回报率、息前税后利润和现金净流量的增长率等,是设计企业价值评估的重要参数,应结合各自特点,采取相应方法进行预测。

3) 明确非经营投资价值和负债价值

企业价值是经营价值与非经营投资价值之和,前面两个问题研究了在现金流量折现法下经营价值的确定;非经营投资价值的确定,也可通过非经营现金流量折现进行。运用现金流量法进行企业价值评估,要注意以下两点:

(1) 要明确企业价值包括非经营投资价值;

(2) 要注意正确划分经营现金流量与非现金流量。

由于非经营投资的特殊性,也可不采用现金流量折现进行估价,而直接用非经营投资额代表非经营投资价值。

为了计算企业股东价值或股本价值,可在企业价值评估的基础上减去负债价值,负债价值等于对债权人现金净流量的折现。因此,要评估负债价值:一要确定债权人的现金净流量;二要确定债权人的资本成本或折现率。应当注意,只有在价值评估当日尚未偿还的公司负债才需要估算价值,对于未来借款,可以假设其净现值为零,因为这些借款得到的现金流入与未来偿付的现值完全相等。

二、以经济利润为基础的价值评估

(一) 以经济利润为基础的价值评估的特点与优点

以经济利润为基础的价值评估认为,公司价值等于投资资本加上相当于未来每年预计创造超额收益现值,即:

$$\text{企业价值}=\text{投资资本}+\text{预计创造超额收益现值} \tag{3-30}$$

而企业未来每年预计创造超额收益,实际上反映了企业未来的非正常收益或超额利润。在经济学中通常将这种非正常收益定义为经济利润,而后来人们在以价值为基础的管理中又将其定义为经济增加值(EVA)。

$$\text{经济利润或经济增加值}=\text{息前税后利润}-\text{资本成本} \tag{3-31}$$

以经济利润为基础的价值评估方法优于现金流量贴现法的地方在于,通过经济利润可以了解公司在单一时期内所创造的价值。经济利润等于投资资本回报率与资本成本之差乘以投资资本,因此经济利润将价值驱动因素、投资资本回报率和增长率转化为一个数字(增长率最终关系到投资资本数额或公司规模)。计算经济利润的另一途径是用息前税后利润减去资本成本,这里的资本成本是指全部资本成本,不仅仅是负债利息。以经济利润为基础的价值评估说明公司价值是投资资本和预计经济利润的现值之和,只有当公司的利润多于或少于加权平均资本成本时,公司价值才多于或少于其投资成本。它与现金流量贴现法的区别就是,折现的是预计的经济利润,而不是现金流量。

(二) 以经济利润为基础的价值评估方法

1) 经济利润预测

经济利润实质上是一种超额利润,根据其内涵,经济利润可用公式(3-32)计算:

$$\text{经济利润}=\text{息前税后利润}-\text{资本成本}$$

或

$$\text{经济利润}=\text{息前税后利润}-(\text{投资资本}\times\text{加权平均资本成本})$$

或 经济利润=投资资本×(投资资本回报率−加权平均资本成本)　　(3-32)

上述计算是站在企业角度，考虑全部投资资本所计算的经济利润。如果站在企业所有者的角度考虑，经济利润或超额利润是归属企业所有者的，则经济利润可用公式(3-33)计算：

$$经济利润=税后利润-股权资本成本$$

或 $$经济利润=税后利润-(所有者权益×股权资本成本)$$

或 经济利润=所有者权益×(净资产收益率−股权资本成本)　　(3-33)

以经济利润为基础的价值评估方法的关键在于经济利润预测，如果明确预测期较长，预测经济利润可直接运用公式(3-33)，逐年预测；如果考虑有明确预测期的经济利润和明确预测期后经济利润两个阶段，则前者可逐年采用公式(3-33)测算，后者可采用简化公式确定明确预测期后经济利润现值总额，确定方法可参照公式(3-28)，只不过将现金流量改为经济利润，即：

$$连续价值=\frac{明确预测期后第一年息前税后利润正常水平}{加权平均资本成本-经济利润预期增长恒值} \quad (3-34)$$

2) 经济利润折现

经济利润现值计算的一般公式是：

$$经济利润现值 = \sum_{t=1}^{n} \frac{经济利润}{(1+折现率)^t} \quad (3-35)$$

应当注意，由于经济利润是一种超额利润，是归企业所有者所有的，因此，经济利润现值应反映对股东价值的增值，从这点考虑，折现率应采用股权资本成本，而不应是加权平均资本成本。另外，这个公式主要用于有明确预测期的经济利润折现，对于明确预测期后经济利润折现，可直接用公式(3-36)：

$$明确预测期后经济利润现值=\frac{连续价值}{(1+折现率)^n} \quad (3-36)$$

其中，n 为有明确预测期的最后一年。

3) 投资资本确定

企业价值评估中的投资资本是指预测期初的投资资本，由于投资资本于预测期初发生，因此，投资资本的本身价值或账面价值与其现值相同，通常可用投资资本的账面价值直接作为以经济利润为基础的价值评估法中企业价值的组成部分。

4) 企业价值确定

在上述三个步骤的基础上，运用公式(3-37)可确定企业价值：

企业价值=投资资本+明确预测期经济利润现值+明确预测期后经济利润现值　(3-37)

三、以价格比为基础的价值评估

如果认为价值只能用DCF（自由现金流量折现法）模型来确定的话，那就大错特错了。长期以来，股东价值是由更多传统方法确定的，如今这些方法仍得到广泛应用。因此，对那些想弄清楚股票是如何估价的公司来说，这些传统方法是同样重要的。例如，以价格比为基础的价值评估就是被广泛采用的价值评估方法。

价格是价值的货币表现,企业价值或股东价值往往可通过企业股票价格来体现,而企业股票价格的高低与企业的收益、销售额和资产账面价值等都直接相关。因此,企业价值可表现为价格比与相关因素的乘积,用公式(3-38)表示如下:

$$企业价值 = 价格比 \times 相关价格比基数 \tag{3-38}$$

(一)价格比的形式

最常用的价格比有三个,即价格与收益比(市盈率)、价格与账面价值比、价格与销售额比。价格与收益比的计算公式是:

$$价格与收益比 = 每股市价/每股收益 \tag{3-39}$$

在此情况下,企业价值随预期收益的增长变化而呈正比例变化。

价格与账面价值比的计算公式是:

$$价格与账面价值比 = 每股市价/每股净资产 \tag{3-40}$$

价格与账面价值比因公司的未来产权收益率、账面价值的增长和风险(决定折现率的差别)不同而在公司之间有所不同。

价格与销售额比的计算公式是:

$$价格与销售额比 = 每股价格/每股销售额 \tag{3-41}$$

它可以看作价格与收益比和收益与销售额比的乘积。因此,除了解释价格与收益比变化的因素外,价格与销售额比随着预期利润率变化而呈正比例变化。

(二)相关价格比基数

相关价格比基数根据价格比的不同而有所不同,价格比的分母正是相关价格比基数。例如,价格与收益比的相关价格比基数就是企业的收益;而价格与账面价值比的相关价格比基数,则是企业的账面净资产;价格与销售额比的相关价格比基数是销售额。因此,在进行价值评估时,必须保证价格比和相关价格比基数的一致性。

(三)选择价格比

在明确价格比主要有价格与收益比、价格与账面价值比、价格与销售额比的基础上,要以此为基础进行价值评估,首先要选择适当的价格比。因为对于同一评估对象而言,选择不同的价格比所评估的结果可能是不同的。选择何种价格比,要与被评估企业的基本信息联系起来,这些基本信息主要指与股票价格相关的信息,特别是构成相关价格比基数的信息,如收益信息、账面价值信息、销售额信息等。选择时,第一要考虑相关性程度,通常应选择与股票价格相关程度最强的价格比;第二要考虑相关价格比基数信息的可靠性。例如,如果被评估企业的股票价格与其收益相关度最强,而该企业的收益预测也比较可靠,则选择价格与收益比进行评估将比较准确、可行。

(四)选择该价格比的可比或类似公司

在选择价格比的基础上,还应确定可用于评估的价格比的比值。由于价值评估在很大程度上取决于对未来几年的运作情况的预测,评估人员可能会对价格比的估算信心不足。一个可以替代的方法是根据类似公司的价格比评价公司,利用价格比的主要困难在于确定真正类似的公司。

所谓类似公司,是指那些具有最相似的经营和财务特征的公司。同一行业内部的公司是最佳的选择对象，但是，应当注意，并非同行业所有公司都是可比的。不同的公司有不同的特点。在选择类似公司时，常有两种选择方法：

（1）将同行业中所有企业的该价格比进行平均，这种做法是要通过平均数将各企业的非可比因素抵销掉，而被评估企业成为该行业最具代表性的企业；

（2）选择行业最相似的企业，但什么构成相似性，是根据运用的价格比的不同而不同的。

（五）确定价格比值

在选择可比公司的基础上，价格比的确定可以历史价格为标准，也可以预期未来价格为标准。当以历史价格比为标准时，前提是历史价格能准确反映未来价格比状况。

另外，价格比的确定或计算应保持分子与分母的一致性。例如，价格与收益比的分母应该是每股净收益；而价格与销售额比的分子，在存在负债的情况下，应做如下调整：

$$价格与销售额比 = \frac{股权市场价值 + 负债}{销售额} = \frac{股票价格 \times 股数 + 负债}{销售额} \quad (3-42)$$

（六）预测价格比基数

所谓价格比基数，是指与价格比相对应的相关价格比基数，即价格比的分母。要准确进行价值评估，在确定价格比的基础上，要准确预测价格比基数。例如，如果选择的价格比为价格与收益比，要评估企业股东价值，则要对企业的未来净收益进行准确预测；如果选择的价格比为价格与销售额比，要评估企业股东价值，则要对企业的未来销售额进行准确预测；如果选择的价格比为价格与账面价值比，要评估企业股东价值，则要对企业的账面净资产价值进行准确预测。

最后，将确定的价格比与预测的价格比基数代入公式（3-38），即可得到评估价值。

四、EV、EV+和 EBITDA

（一）EV（企业价值）

EV 是企业价值（Enterprise Value）的简称，是不考虑资本结构的一种表示企业全部市场价值的指标，它包括股票的现行市场价值加上公司负债的市场价值。一些 EV 指标的倡导者为了计算出经营业务的市场价值，会对非经营资产做各种各样的调整。

因为 EV 是以市场价值为基础的指标，所以它可直接用来进行公司间比较。因此，正如股票价格可以直接用来进行不同公司之间的比较一样，若一个公司的 EV 比另外一个公司的高，那就可以确切地说，该公司更值钱。其他以 EV 为基础的比率，如 EV/销售额，也经常出现在股票市场分析师的报告中，被用来进行不同规模企业间的比较。

（二）EV+（企业增加值）

EV+是企业增加值（Enterprise Value Added）的简称，从某些角度来说，它采用的是与经济利润相同的计算方法。可是，EV+在两个重要方面有所不同：

1. EV+只关注未来

EV+以分析师作出的利润预测和现金流量预测为基础，因为预期利润和现金流量是股价的主要决定因素和 DCF 股票估价模型中最重要的变量。

2. EV+采用日益被广泛接受的企业价值（EV）为资本费用的基础

EV 是负债和所有者权益资本的市场价值，因此，它代表了投资者眼中的公司价值。在计算 EV+时采用 EV，使得利用 EV+技术能够计算出在真实企业价值基础上的报酬，其他的经济利润计量尺度以资产负债表上的历史价值作为资本成本的计算基础，而资产负债上的历史价值信息并不总是与投资者决策相关，或者反映不出企业的真实价值，EV+实现了计量指标与投资者眼中的价值在实质上和内在的相互对应。

作为一种剩余收益技术，EV+计量的是在预测期内每一年度为股东创造的价值。从长期来看，如果结果为负，表明股价被高估了；如果结果为正，表明股价被低估了。由于 EV+技术能够识别出股价被错估的组成要素及被错估的时间，因此常被投资者和分析师所利用。

EV+技术能够计算出以 DCF 为基础的、公司的目标价值，并使之与 TSR（需要说明的是，TSR 包括公司的目标价值和股东收益预测）的预期值协调一致。因此，EV+技术使得投资者能够根据不同的投资项目可能创造的 TSR 值大小进行项目必选。这一点与经济利润指标不同，因为经济利润指标表示的是过去创造的价值，将来未必能够创造同样的经济利润。

因此，可以看出，EV+技术不是指一个单个的、以价值为基础的方法，它实际上是一个模型，由此能够衍生出许多不同的计量尺度。这些计量尺度衡量的是以真实的企业价值为基础的收益，因此符合现代估价原理。

（三）EBITDA

EBITDA 代表息、税、折旧、摊销前利润，它是衡量公司业绩的一种有用指标。因为该指标不但增加了公司之间的可比性，而且与其他以会计为基础的指标相比，该指标与现金流量之间有更紧密的联系。EBITDA 将许多降低不同公司间可比性的项目又加到利润中了，这些项目包括：

（1）利息——随着公司资本结构的不同而不同；

（2）税赋——随所在国税收体制的不同而不同；

（3）折旧和摊销——二者均是主观的、非现金流量的利润调整项目。

EBITDA 也可以用销售额的百分比来表示，通常称为边际 EBITDA，边际 EBTDA 更有利于不同公司之间的比较。

可将 EV 和 EBITDA 结合在一起使用的指标是 EVEBITDA 指标。无论是 EV 还是 EBITDA 指标，都代表了更多的含义，因为 EV 和 EBITDA 指标都可以衡量出公司价值与盈余（用 EBTTDA 表示）之间的关系。

EV 估价法通常表达成 EBITDA 的倍数，以便于同行业不同企业之间的价值比较，其他以 EV 为基础的比率，如 EV/销售额，也经常出现在股票市场分析师的报告中，用来进行不同规模企业间的比较。

本章小结

股东价值是指股东在其投资入股企业所拥有的价值，是股东对企业未来收益的所有权。要明确股东价值的内涵，必须明确企业价值、市场价值、账面价值、公允价值、价值创造、价值实现等价值的不同表现形式及相互之间的关系，以及在财务管理中的作用。基于价值的管理是 20 世纪 90 年代兴起的一种企业经营管理理念和管理方式。基于价值的管理的三个重要方面是处理与投资者的关系、评估战略以创造最大的价值、借助于整合绩效管理创造价值。

基于价值的经营是经济体制和企业制度变革的必然结果。我国的经济体制改革和企业改革，使企业经营方式经历了由产品经营型向商品经营型的转变、由商品经营型向资产经营型的转变、再由资产经营型向资本经营型转变的过程。这种转变的结果，使企业发展目标、发展战略更加清晰，就是要在企业发展中重视价值创造和价值实现，将追求价值创造和价值实现作为企业发展的目标和企业战略的导向。

管理控制是指控制者为保证经营活动的有效性目标所进行的控制过程的总和。基于价值的管理控制，主要是指从公司目标确定、公司战略选择到战略执行，都以创造股东价值，实现公司价值增值为目标和导向，从而在管理控制全过程实施价值管理。具体而言，管理控制程序所包括的五个主要步骤：战略目标分解、控制标准制定、管理控制报告、经营业绩评价、管理者报酬，在基于价值的管理控制过程中，都被赋予了新的内涵。

价值创造是现代企业生存与发展的关键，是企业追求的最终目标。企业要实现价值创造，首先应明确价值创造的表现与计量。企业的价值创造通常主要体现在资产价值增加和资本增值、股票价格上涨和股利增加、现金流量增加等方面。按不同资本价值计算的资本增值额和增值率的内涵是不同的。对资本价值有三种不同理解：一是资本的票面价值；二是资本的账面价值；三是资本的市场价值。价值评估法主要包括以现金流量为基础的价值评估和以经济利润为基础的价值评估，价值评估的其他方法包括以价格比为基础的价值评估和以EV、EV+和EBITDA为基础的价值评估。

企业价值或股东价值往往可通过企业股票价格来体现，而企业股票价格的高低与企业的收益、销售额和资产账面价值等都直接相关。因此，企业价值可表现为价格比与相关因素的乘积。最常用的价格比有三个，即价格与收益比、价格与账面价值比、价格与销售额比。

精选案例分析

案例：

比较 DDM 和 FCFF 模型：Coca-Cola 公司

全世界最有价值的品牌所有者——Coca-Cola 公司，根据 Interbrand 公司（一家咨询公司）预测，能够在 20 世纪 80—90 年代把它的市场价值增加 10 倍。在过去数年中，它的增长率已逐渐趋于平缓，但公司依然被预测能够在其他产品和其他市场方面进行扩充。

一、三阶段股利贴现模型（DDM）

Coca-Cola 公司三阶段股利贴现模型见表 3-4。

表 3-4　Coca-Cola 公司三阶段股利贴现模型　　　　　　　　　　%

阶段	股权资本成本	预期增长率	股利支付率
高速增长期	9.88	13.03	44.23
转换期		5.5	
稳定增长期	9.4	5	72.5

1. 背景信息

现行盈利/股利为:

$$2000 年的每股盈利 = 1.56 美元$$
$$2000 年的每股股利 = 0.69 美元$$
$$2000 年的股利支付率 = 23.37\%$$
$$股权资本报酬 = 23.37\%$$

2. 各种估计数

Coca-Cola 公司仍然处于高速增长之中,但它的规模和占主导性的市场使它的增长下滑到高速增长期的第二阶段。高速增长期预期会持续 5 年,而转换期预期会持续 5 年(见表 3-5)。

表 3-5 对价值的估计

年份	预期增长率/%	EPS	股利支付率/%	DPS	股权资本成本/%	现值
高速增长期						
1	13.03	1.76	44.23	0.78	9.88	0.71
2	13.03	1.99	44.23	0.88	9.88	0.73
3	13.03	2.25	44.23	1.00	9.88	0.75
4	13.03	2.55	44.23	1.13	9.88	0.77
5	13.03	2.88	44.23	1.27	9.88	0.79
转换期						
6	11.52	3.21	49.88	1.62	9.78	0.91
7	10.02	3.53	55.54	1.96	9.69	1.02
8	8.51	3.83	61.19	2.34	9.59	1.11
9	7.01	4.10	66.85	2.74	9.50	1.18
10	5.50	4.33	72.50	3.14	9.40	1.24

第 10 年的终端价格 = 84.83 美元

3. 价值的各要素

高速增长期的股利现值 3.76 美元。
转换期的股利现值 5.46 美元。
转换末期的终端价格现值 33.50 美元。
Coca-Cola 公司股权资本价值 42.47 美元。
Coca-Cola 公司在 2001 年 5 月 21 日的交易价格是每股 46.29 美元。

二、三阶段股权自由现金流模型(FCFE)

1. 背景信息

$$净收入 = 38.7977 亿美元$$
$$流通中的股份数目 = 24.8703 亿股$$
$$现行资本支出 = 9.92 亿美元$$
$$现行折旧 = 7.73 亿美元$$
$$最近年份中非现金性流动资本的增加 = 8.52 亿美元$$

同年发行（偿还）的净债务＝－5.85亿美元

2. 各种估计数

以这些信息为基础，我们可以估计最近年份的股权资本自由现金流入如表3-6和表3-7所示。

股权资本自由现金流＝净收入－（资本支出－折旧）－非现金性流动资本的变化＋净债务发行
$$= 38.80-(9.92-7.73)-8.52+(-5.85)$$
$$= 22.24（亿美元）$$

根据股利贴现模型，最近年份的股权资本报酬估计为23.37%。

经过调整的股权资本报酬＝（净收入－出自现金的税后利息收入）÷（股权资本的账面价值－现金和上市证券）×100%
$$=（21.77-0.91）÷（93.17-18.22）×100\%$$
$$=27.83\%$$

表3-6　各种估计数　　　　　　　　　　　　　　　　　　　　　　　　　%

阶段	股权资本成本	股权资本报酬	预期增长率	股权资本再投资率
高速增长期	9.99	27.83	10.94	39.3
稳定增长期	9.40	20	5.5	27.5

表3-7　对价值的估计

年份	预期增长率/%	净收入/亿美元	股权资本再投资率/%	FCFE/亿美元	股权资本成本/%	现值/亿美元
1	10.94	4 203.28	39.32	2 550.42	9.99	2 318.73
2	10.94	4 663.28	39.32	2 829.53	9.99	2 338.80
3	10.94	5 173.61	39.32	3 139.18	9.99	
4	10.94	5 739.79	39.32	3 482.72	9.99	
5	10.94	6 367.93	39.32	3 863.86	9.99	
6	9.85	6 995.48	36.96	4 410.06	9.87	
7	8.77	7 608.71	34.59	4 976.57	9.76	
8	7.68	8 192.87	32.23	5 552.37	9.64	
9	6.59	8 732.68	29.86	6 124.69	9.52	
10	5.50	9 212.97	27.50	6 679.40	9.40	
高速增长期的FCFE现值之和						

第11年的预期FCFE＝70.47亿美元

股权资本第10年的终端价值＝1 806.86亿美元

股权资本的现值＝高速增长期的FCFE现值＋终端价值的现值
$$=955.59亿美元$$

包括现金的股权资本价值＝974.50亿美元

每股的股权资本价值＝39.18美元

FCFE模型产生了略低于每股等于42.72美元的股利贴现模型的价值。

（案例来源：DAMODARAN 主编《投资股价——确定任何资产价值的工具和技术》书中案例，整理而成）

讨论：
1. 分析本案例中产生相异价值的原因？
2. 运用股利贴现模型与股权自由现金流模型进行价值评估，何时价值相似？
3. 运用股利贴现模型与股权自由现金流模型进行价值评估，何时价值相异？两个模型的价值相异说明了什么问题？在进行价值评估时，哪一个更为合适？

实务演练

一、思考与回答
1. 试评价分别用三种资本价值计算的资本增值指标各自的优缺点。
2. 以经济利润为基础的价值评估特点是什么？
3. 试述价值评估的非自由现金流量折现法及其应用。

二、搜集与整理
1. 搜集与整理海尔集团的价值管理理念。
2. 搜集与整理阿里巴巴公司的上市估值。
3. 搜集与整理宇通公司的股票价值评估。

自测与练习

一、单项选择题
1. 在最严格的意义上，股东持有公司股份期间，从公司收到的唯一现金流是(　　)
   A. 股票价格的增长　　　　　　　　B. 股利
   C. 股票的市场价值　　　　　　　　D. 自由现金流量
2. 影响并决定公司能否顺利支付股利的重要指标是(　　)。
   A. 经济利润　　　　　　　　　　　B. 企业价值
   C. 自由现金流量　　　　　　　　　D. 股东总收益率
3. 按(　　)计算的资本增值指标比较客观，它主要依据财务报告数据，不仅资料容易取得，而且相对真实、可靠。
   A. 账面价值　　B. 票面价值　　C. 市场价值　　D. 持续经营价值
4. 从投资者的角度来看，最重要的计量公司价值创造的方法是(　　)。
   A. 企业增加值　　　　　　　　　　B. 净利润
   C. 经营总收益率　　　　　　　　　D. 股东总收益率
5. 下列价值评估方法中，不属于折现法的是(　　)。
   A. 以会计收益为基础的价值评估　　B. 以现金流量为基础的价值评估
   C. 以经济利润为基础的价值评估　　D. 以价格比为基础的价值评估
6. 运用股东（企业所有者）现金流量评估股东价值应选择的折现率是(　　)。
   A. 企业加权平均资本成本　　　　　B. 平均股权资本成本
   C. 平均债权资本成本　　　　　　　D. 社会平均资本成本

7. EV 是不考虑资本结构的一种表示企业全部市场价值的指标，它包括股票的现行市场价值加上公司债务的市场价值。EV 是(　　)的简称。
   A. 市场价值　　　　　　　　　　　B. 企业增加值
   C. 企业价值　　　　　　　　　　　D. 经济增加值
8. 依据股票市场价格评估的企业价值是(　　)。
   A. 企业全部资产价值　　　　　　　B. 企业控股权价值
   C. 企业股东价值　　　　　　　　　D. 企业有形资产价值

二、多项选择题
1. 企业的价值创造通常主要体现在(　　)。
   A. 资产价值增加　　B. 资本增值　　C. 股票价格上涨　　D. 股利增加
   E. 现金净流量
2. 市场资本增值额主要受(　　)因素影响。
   A. 投入资本变动　　B. 每股收益变动　　C. 市盈率变动
   D. 宏观经济状况与政策变动　　　　E. 投机因素影响
3. 按不同资本价值计算的资本增值额和增值率的内涵是不同的，通常资本价值有(　　)。
   A. 票面价值　　　B. 账面价值　　　C. 公允价值　　　D. 市场价值
   E. 清算价值
4. 以价格比为基础的价值评估方法，通常可选择的价格比有(　　)。
   A. 每股价格与每股收益比　　　　　B. 每股价格与每股资产比
   C. 市场价格与账面价值比　　　　　D. 每股价格与每股销售额比
   E. 每股价格与每股成本比
5. 价值评估的非自由现金流量折现法主要有(　　)。
   A. 价格比　　　　B. EV　　　　C. EV+　　　　D. EBITDA
   E. 经济利润
6. 在正常情况下，股票市场价格反映的企业价值是(　　)。
   A. 企业全部资产价值　　B. 企业股东价值　　C. 企业控股权价值
   D. 少数股权价值　　　　E. 企业持续经营价值
7. 经济利润等于(　　)。
   A. 息税前利润-资本成本率　　　　B. 息前税后利润-资本成本
   C. 税后利润-资本成本　　　　　　D. 税后利润-股权资本成本
   E. 所有者权益（净资产收益率-股权资本成本）
8. 运用现金流量折现法进行企业价值评估，应考虑的因素有(　　)。
   A. 明确预测期长短　　B. 确定折现率　　C. 明确预测期后每年的现金流量
   D. 明确预测期现金净流量现值　　　E. 确定负债价值
9. 运用现金净流量恒值增长公式法估算企业连续价值的前提有(　　)。
   A. 明确预测期后每年现金流量相等
   B. 连续价值期间内现金流量增长率不变

C. 现金净流量预期增长率大于加权平均资本成本率

D. 现金净流量预期增长恒值小于加权资本成本率

E. 正确估算预测期后第1年的现金流量

10. 运用以经济利润为基础的价值评估方法进行评估,企业价值等于( )。

A. 明确预测期经济利润现值+明确预测期后经济利润现值

B. 投资资本+预计创造超额收益现值

C. 企业经营价值+企业非经营投资价值

D. 投资资本+明确预测期经济利润现值+连续价值

E. 投资资本+明确预测期经济利润现值+明确预测期后经济利润现值

三、判断题

1. 股东价值创造的绝大部分来自股票价格的增长,它只有在股东出售股份的时候才能获得。(   )

2. 具有较高自由现金流量的企业在以后的资本经营中就可以产生更多的自由现金流量,从而使其市场价值逐步提高。(   )

3. 影响资本市场价值增减变动的主要是投入资本变动和股票价格变动两个因素,因为每股收益、市盈率、宏观经济政策及投机等因素都要通过股票价格影响资本市场价值。(   )

4. 经营总收益率是一种外部业绩计量指标,它既与TSR保持一致,又能被运用于公司外部业绩计量。(   )

5. 以经济利润为基础的评估方法优于现金流量贴现法的地方在于,经济利润可以了解公司在多个连续时期内所创造的价值。(   )

6. 如果两个企业未来各年的现金净流量总额相同,那么这两个企业的价值一定相同。(   )

7. 以现金流量为基础的评估方法比以会计收益为基础的评估方法更科学,因为它考虑了资本支出时间的不同对资本收益的影响。(   )

8. 企业价值包括经营价值、非经营价值和债务价值之和。(   )

9. 要运用现金流量折现法评估企业价值,必须取得企业现金净流量的信息,而不是企业所有者现金流量的信息。(   )

10. 以现金流量为基础评估股东价值,首先必须获取股东现金净流量的资料。(   )

第四章

企业财务治理与财务战略

学习目标

1. 了解财务治理的内涵、主体、客体与目标；
2. 了解经营者与股东、大股东与小股东、股东与债权人之间的代理问题；
3. 掌握股权治理和债权治理的内容；
4. 掌握财务战略的概念、地位、内容和类型；
5. 明确财务战略与公司战略、经营战略的关系；
6. 了解财务战略管理的过程；
7. 掌握财务战略规划与控制的程序与方法。

导入案例

一代鞋王达芙妮的陨落

创立于1990年的达芙妮，前身是永恩国际，在看到女鞋市场的消费潜力后，张文仪、陈贤民等创立了女鞋品牌达芙妮，并将重心放在潜力巨大的内地市场，主要客户群体是年轻女士，达芙妮推出"D18""D28"两大系列。在明星营销还不是很常见的年代，达芙妮砸重金签下顶级流量天团S·H·E和刘若英，分别为两个系列代言。

达芙妮砸重金打造的"平价时尚"品牌定位，配合三个月内"包修、包换、包退"的三包政策，迅速打开市场。在门店扩张上，达芙妮聪明地避开了百丽这类女鞋品牌，战略性放弃百货购物商场，而是把加盟中心放在街边店，主打下沉市场。出色的产品、配合成功的营销和加盟策略，达芙妮很快迎来大爆发，巅峰时期，每年都有高达800家店开张，截至2012年，门店数量达到6 881家，占领全国各大步行街。在那个"得渠道者得天下"的年代，门店数量就是实力的象征，达芙妮一度占据国内女鞋市场近20%的份额，于是就有了"每卖出五双女鞋，就有一双达芙妮"的说法。

2012年，门店达到巅峰的达芙妮，销售收入高达105.29亿港元，不过存货也高达23.69亿港元，存货周期上升至188天。达芙妮将近7 000家门店，每年的租金都是一个天文数字。而且从2012年起，达芙妮的销售费用就高达营收的一半。面对门店扩张带来的存货积压问题，达芙妮采用降价促销来解决问题，它的产品价格一般是在300多元，从2012年起，直接降到最低99元，而且还买一送一，甚至买一送二，可谓是白菜价大甩卖！直到2014年，达芙妮才开始重视电商业务，但是，此时已经物是人非，竞争对手们早已占据有利位置，形成各自的势力范围。

2019年4月15日，达芙妮公司公布2018年业绩报告：年度亏损10.102亿港元，相较2017年亏损7.42亿港元，盈利状况进一步恶化。为了节约成本，达芙妮门店接连关闭。在2015年到2018年期间，达芙妮分别关店805家、1 030家、1 009家、1 016家，4年累计关店将近4 000家。截至2019年，达芙妮核心品牌门店只剩下可怜的2 684家。一代鞋王达芙妮的急剧扩张导致资金流缩水，成本费用没有得到有效控制，也没有紧跟互联网电商平台的发展步伐，以至发展遇到困难。

虽然达芙妮目前的转型没什么起色，但是也不必泄气，此前安踏、李宁、波司登也遇到过滑铁卢，经过一番调整之后，都重新走上正轨。面对新零售的环境，作为老牌巨头，达芙妮的众多门店仍然不失为手中的一张王牌。

（案例来源：https：//finance.sina.com.cn/stock/relnews/hk/2019-04-15/doc-ihvhiqax2703823.shtml整理而成）

第一节 财务治理与财务战略概述

一、财务治理概述

（一）财务治理的概念

财务治理是指以财务关系为逻辑线索，通过财权的合理配置，形成有效的财务激励和约束机制，协调股东、债权人和经营者之间的财务冲突和矛盾，建立合理的利益制衡机制，提高治理效率的一系列财务制度安排。

财务治理的概念可以从两个层面理解：

1. 财务治理是进行公司财务权力配置的一系列制度安排

（1）公司财务治理是一种契约安排。由于经济人的有限理性和对自身利益最大化的追求可能导致的机会主义倾向，契约的事先安排和事后监督执行都有成本，因而需要进行一系列制度安排以节约成本，确保在制度规定范围内准许各自利益最大化。

（2）财务治理问题的产生源于所有权和经营权的分离，涉及委托代理关系和代理成本等问题。在所有权和经营权相分离的条件下，股东作为出资人，为了保证其利益目标的实现，必然会参与公司管理与监督，在财务上形成第一层次的以出资者管理为主体的所有者财务行为。同样，经营者行使上市公司的法人权力和直接经营权，必须全面而直接地参与对公司重大财务事项的决策和管理，从而在实质上形成了以经营者为财务治理主体的经营者财务治理的层次。这两个层次的公司财务治理，说明所有者财务和经营者财务是不同的利益主体,其财务目标不同,权力与责任不同。

(3) 财务治理是责、权、利的配置。财务治理的这层含义说明财务治理中的控制权配置,控制权是财务治理的基础,财务治理是控制权的实现。

2. 财务治理是规范各权利主体之间财务关系的行为规范

财务治理致力于解决股东、债权人、经营者之间的财务冲突和矛盾,而这三者之间的冲突和矛盾在公司治理中又具体表现为公司财务目标的确立、公司控制权与索取权的配置以及对控股股东、小股东、债权人等公司财务关系的相机治理和解决经营者的财务激励与约束问题等。只有正确处理三者之间的关系,才能恰当协调财务委托人和财务代理人的利益矛盾,充分调动上市公司内部各权利主体的积极性,从制度上保证公司财务活动的正常进行,促进公司财务目标的实现。

(二) 财务治理与相关范畴的辨析

1. 财务治理与公司治理

要科学地界定和把握财务治理的内涵,首先要正确理解财务治理与公司治理之间的关系。

1) 财务治理与公司治理的联系

(1) 两权分离是二者产生的共同原因。没有财产终极所有权与法人财产所有权的分离、法人所有权与经营权的分离,就不会产生代理问题,也就不会产生公司治理与财务治理的问题。

(2) 财务治理是公司治理的核心。公司治理实质上是一种解决代理问题的企业所有权安排机制,而代理问题的出现在很大程度上源于公司利益相关者之间的利益冲突。从公司治理包含的内容来看,其内容包含财务治理、人事治理、生产治理、市场治理等几个方面,如图 4-1 所示。财务治理作为公司治理的一个重要组成部分,其目的就是解决利益相关者之间的利益冲突,而且,公司治理其他方面的治理效果最终要通过财务利益体现出来,因此,财务治理是公司治理的核心。

(3) 公司治理是财务治理的基础,财务治理是公司治理的发展和深化。财务治理作为一种控制的制度安排体系,在很多方面要根据公司治理的规则和程序来制定自己的制度安排体系,要根据公司治理的目标来确定财务治理的目标,要根据公司治理的权责划分来决定权责,它从财务的角度对公司的发展作出自己的规划。

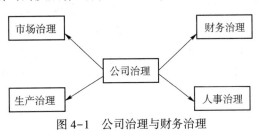

图 4-1 公司治理与财务治理

2) 财务治理与公司治理的区别

(1) 治理的重点不同。公司治理是以公司产权为核心和纽带的,治理的重点在于产权配置,侧重于公司内部组织制度及由此产生的经济利益、剩余索取权和监督权力的分配,经营管理运行机制的设计、构建与调整，以及由此产生的激励约束问题；而财务治理是以企业财权为核心和纽带的，治理的重点自然是财权配置的问题，即股东、经营者和债权人之间的财务分配问题和由此产生的融资问题。

（2）运行方式不同。公司治理的运行方式主要是通过确定董事会、监事会和经理的人选，规定各自的权责，形成制衡关系；财务治理的运行方式主要是通过财权在各利益相关者之间的合理配置，形成财务活动管理权限上的责权关系。

（3）激励的侧重点不同。公司治理的激励形式主要侧重对经营管理者的职位提升、预期收入增加、薪酬或期权、期股的确定，以及非薪酬方面的奖励，如带薪休假等；而财务治理侧重用货币形式实行薪酬、期权或期股激励。

（4）约束的侧重点不同。公司治理的约束制度侧重行政、人事、经济和法律等方面；财务治理的约束机制侧重于以财务方法和手段来进行。

拓展案例

富贵鸟"折翼"坠地

富贵鸟品牌成立于1991年，1995年开始生产男式皮鞋，1997年扩大产品线，从男鞋拓展至女鞋，品类还一度扩展至皮具、男装等。1998年至2012年，富贵鸟先后荣获"首届中国鞋王""中国真皮鞋王""中国驰名商标""福建省名牌产品""最具竞争力的品牌"等称号和奖项。在发展的巅峰时期，富贵鸟一度跻身国内第三大品牌商务休闲鞋产品制造商、第六大品牌鞋产品制造商，被誉为"县城男鞋扛把子"。2011年，富贵鸟品牌价值超过90.82亿元。2013年12月20日，富贵鸟在香港证券交易所上市，迎来了发展的高光时刻。上市第一天，其股价就曾一度冲到了8.9港元/股，市值达到百亿港元。

财务数据显示，未上市前，2010年至2012年，富贵鸟分别实现营业收入10.7亿元、16.52亿元、19.32亿元，净利润分别获得1.19亿元、2.54亿元、3.24亿元，整体呈稳步增长趋势。上市后，2014年富贵鸟实现营业收入23.32亿元，净利润4.51亿元。然而上市仅两年，富贵鸟开始由盛转衰，2015年成了富贵鸟的转折点。2015年，富贵鸟的净利润首次出现下滑，3.9亿元的净利润，相比2014年的4.51亿元，下滑了13.09%。与此同时，富贵鸟的股价也在2015年达到7.4港元/股的阶段性高位后，一路下跌。对此，富贵鸟表示，主要在于2015年前后鞋服行业本身受到发展周期影响，加上电子商务迅速发展，凭借安全、便捷、成本相对低廉的优势，线上销售对传统线下销售造成一定挤压。

面对"跌跌不休"的业绩，为挽回昔日风光，富贵鸟曾尝试跨界转型进行"自救"，但却"病急乱投医"，2015年年初，富贵鸟以1 000万美元战略投资P2P平台共赢社。2015年10月，富贵鸟再次入主理财平台叮咚钱包，成为其大股东。此外，富贵鸟还投资了一家小额贷款公司——石狮市富银小额贷款有限公司，然而都以失败告终。2017年4月，共赢社在发布最后一次还款公告后再无消息，而叮咚钱包也在2019年8月22日被厦门警方以涉嫌非法吸收公众存款立案侦查。这对于资金高度紧张的富贵鸟而言无疑是雪上加霜，为解决债务危机，2014年至2016年，富贵鸟共计发行21亿元的公司债券和私募债券。但在2018年2月，作为富贵鸟债权托管人的国泰君安曾发公告称，发行人存在资金拆借金额（含担保已被银行划扣履约的金额）合计至少 42.29 亿元，相关金额很可能无法收回；另有 1.65 亿元存款受限且很可能被银行划扣履约。

2018 年 3 月 22 日，富贵鸟公告，因公司涉嫌信息披露和债券募集资金使用违法违规，被中国证监会立案调查。2019 年 8 月 24 日，福建省泉州市中级人民法院裁定驳回富贵鸟股份有限公司管理人关于批准重整计划草案的申请并终止富贵鸟股份有限公司重整程序，宣告富贵鸟股份有限公司破产。根据 2019 年 8 月 26 日的公告，富贵鸟债务总额 30.82 亿元，债权人共 349 家。

富贵鸟没有在辉煌时转型，反而在主业遇到困难时急于突破困境盲目转型，先是进军童鞋童服市场无疾而终，后面更是追赶投资金融业的大潮，盲目进入自己并不了解的金融、房地产、矿业领域，这种转型以失败而告终，值得我们深思。

（案例来源：https://www.sohu.com/a/272820145_479565 整理而成）

2. 财务治理与财务管理

1）财务治理与财务管理的区别

财务治理与财务管理的区别主要体现在对象的差异性上。财务管理从财务的经济属性出发，重点从数量和技术层面研究企业资金运动，研究如何通过技术手段和有效的组织实施，确保企业资金的有序、持续、快速地流动和周转，属于价值管理范畴。而财务治理则从财务的社会属性出发，研究如何通过财权的合理配置，形成一套联合各利益相关者的制度安排体系，以维护利益相关者的权益，属于财权管理范畴。从企业财富创造性来看，财务管理是解决怎样产出较大的财富问题；财务治理是确保这种财富创造是合乎各方对利益要求的一种制度安排。

2）财务治理与财务管理的联系

财务治理与财务管理的联系主要表现在以下几个方面：

（1）体系的统一性。财务治理和财务管理同属于财务范畴，共同构成了完整的财务体系，二者共同作用于企业这一主体，统一协调，各司其职，缺一不可，共同保证了企业财务的有效和规范运作。

（2）作用的互补性。财务治理侧重于公司宏观支配与协调，而财务管理侧重于企业微观经营层面的操作与控制；财务治理规定了整个企业财务运作的基本网络框架，财务管理则是在这个既定的框架下驾驭企业奔向财务目标。

（3）目标一致性。从终极目标来看，财务治理和财务管理均是为了实现财富的有效创造，只是各自扮演不同层次的角色而已。财务治理模式主要考察的是构成财务利益主体之间的责、权、利关系，以及采取什么手段实现相互间的制衡，它是企业财富创造的基础和保障；财务管理则是在既定的治理模式下，财务管理者为实现财务目标而采取的行动，这是财富创造的源泉和动力。

3. 财务治理与财务战略

财务治理是财务战略实施的前提，财务战略的制定与执行是一项牵涉面甚广的工作，财务管理部门乃至财务总监往往是组织而非完全独立地承担企业的财务管理任务，这就需要财务治理从制度上保证企业最高决策层有效行使最终决策权，同时其他部门也能按制度积极配合，共同实现财务战略。若没有好的财务治理，在制定和实施财务战略的过程中时，投资能力、成本核算、融资体系、财务控制等问题很可能会逐步恶化,严重影响到企业的财务水平和决策水平。财务治理与财务战略的比较如表4-1所示。

表4-1 财务治理与财务战略的比较

项目比较	财务治理	财务战略
焦点	风险管理与利益分配	企业资本流动
目标	企业价值最大化,同时兼顾各方利益	谋求企业资本的均衡和有效的流动
环境	重视环境,但更注重人与人的关系	重视环境
内容	有关财务的一切活动	战略规划
时间	兼顾长期和短期	长期
研究对象	以资金为外在表现的企业内外关系	财务资源、财务能力

(三) 财务治理的主体

财务治理的主体,即谁参与财务治理,是指在企业中投入资本要素的具有独立财务权利、责任和利益的团体或个人。作为资本组织形式,企业是由股东、经营者和债权人分别投入资本要素形成的,因此,财务治理的主体是由股东、经营者和债权人构成的。

股东是向企业投入永久性资本或权益资本的团体或个人,正是因为股东的投资,才使公司与股东之间产生了相应的关系,股东拥有公司的决策权和监督权。因此,股东是财务治理的主体。

经营者是伴随着公司的发展,企业的所有权与经营权分离以及现代企业制度的产生而产生的财务治理参与者,经营者在企业中居于重要地位,有权参与企业的经营与财务决策,且凭借其在信息占有上的绝对优势,成为企业经营与财务决策的主要控制者。

债权人是向企业提供债务资本的团体或个人,作为企业资金的供给者,债权人承担了企业风险,由此介入企业的财务治理,成为财务治理的主体。

财务治理主体的需求各不相同:股东一般关注红利和资本利得,而且股东之间也存在着差别,大股东更关心控制权收益等长期收益,中小股东则偏向于短期收益;债权人主要关心公司的偿债能力,债权安全性良好的公司更容易获得债权人更多的支持;经营者则是财务激励的重点,激励效果事关经营者的积极性与创造性的发掘,对公司价值具有决定作用。因此,在财务主体之间产生了三类最基本的财务冲突:股东与经营者之间的财务冲突、大股东与小股东之间的财务冲突、股东与债权人之间的财务冲突,如图4-2所示。

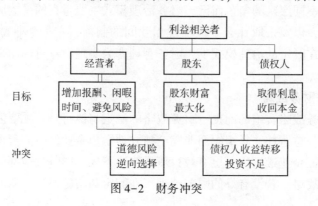

图4-2 财务冲突

（四）财务治理的客体

财务治理的客体是协调财务治理的主体为了追求自身利益最大化而产生的财务冲突，即在企业委托代理关系中更好地处理各财务主体所表现出的利益矛盾。原因有三点：

（1）财务冲突协调是公司财务治理的核心。依据财务二重性理论，财务治理主要是对财务关系的处理，即委托人和代理人、所有者与经营者、债权人与债务人、控股股东与非控股股东之间的互动与博弈，亦即他们之间的财务冲突和解决财务冲突途径的演进过程。因此，财务治理主体之间的财务冲突及协调是公司财务治理的核心问题。

（2）财务冲突影响企业资金的流动，而资金的流动影响企业的发展。

（3）财务冲突是现代企业必须解决的难题。在现代企业理论中，企业是一个讲求效率的组织，是各资本要素主体投入者联合起来组成的一种具有法人资格和地位的契约关系网络，企业的发展依赖于有效率的利益相关者支持这个网络，这个网络内部的财务冲突直接影响着企业的发展。

（五）财务治理目标

基于上述对财务治理主客体的分析，可以把财务治理的目标概括为5点：协调财务主体之间的财务冲突和矛盾、合理分配剩余索取权和控制权、提高财务治理效率、促使利益相关者利益最大化、为顺利实现企业目标提供基础。

第二节　股权治理

一、基于股权的代理问题

股权治理致力于解决公司中基于股权产生的代理问题。上市公司的两大主要代理问题包括股东和经营者之间的代理问题以及大股东和小股东之间的代理问题。

（一）股东和经营者的代理问题

根据委托代理理论，在经营权和所有权分离且经营者是有限理性经济人的前提下，由于所有者和经营者的目标不一致以及所有者和经营者之间信息的不对称，导致经营者利用自己的信息优势损害股东的利益，导致股东与经营者之间产生委托代理问题，委托代理问题主要包括道德风险和逆向选择。

1. 道德风险

道德风险是指经营者为了自己的目标，不尽最大努力去实现企业的目标，主要包括以下几个方面：

（1）经营者的努力不足行为。一般地，经营者的努力水平取决于两个方面：一方面是经营者为此多付出的成本，另一方面是经营者得到的收益。这样，最优的经营努力水平将取决于二者的均衡。但一般来说，经营者为达到企业财务业绩的提高而努力经营的成本是由经营者独自负担的，而经营者努力得到的收益是由股东享有或由股东和经营者共同享有的，这样在二者之间就存在不对称，这种不对称必然导致经营者努力不足。

(2) 经营者的在职消费行为。经营者的在职消费主要是指那些非生产性的消费,包括装修豪华办公室、乘坐高级轿车等。从经营者的角度来说,非生产性消费的成本是由股东负担的,而非生产性消费的收益则是归经营者所有的,因而这种收益和成本的不对称使得经营者容易产生在职消费的动机。

(3) 经营者的短视行为。从财务角度来讲,经营者的收益更多地取决于他们在职期间的财务绩效,所以经营者更多地关心其在职期间的财务绩效,而较少关心企业以后的发展,在这种情况下,经营者自然就有牺牲股东长期利益使其在职期间财务绩效增加的短视行为的动机。

2. 逆向选择

逆向选择是指经营者为了自己的目标而背离了股东的目标,主要是经营者的过度投资行为。一般来说,与股东相比,经营者更多地关心企业的经营问题,特别是企业的规模扩大和业绩增长问题。规模越大,业绩增长越快,经营管理者晋升的机会就越大,经营管理者的收益也就越大。在这种利益驱使下,经营管理者就会有较大动机将部分剩余现金流量投资到并非有利于股东利益的企业规模扩大的新项目上来,以满足获取企业规模扩大的各种经营者自身收益的欲望。

(二) 大股东和小股东的代理问题

大股东和小股东的代理问题主要表现为"掏空"现象。"掏空"是指大股东侵占小股东的利益,将财产和利润转移出去的行为。"掏空"大大侵害了小股东的利益,打击了小股东的积极性,同时也不利于金融市场的发展和降低会计盈余质量。约翰逊等研究证明了1997—1998年亚洲金融危机的主要原因是控股股东的"掏空"行为;控制性家族的"掏空"行为加剧了公司内部人与外部投资者之间的信息不对称,降低了会计盈余的可靠性和价值相关性。在我国资本市场上也出现了大量触目惊心的"掏空"事件,如济南轻骑的大股东轻骑集团巨额欠款,创下中国证券市场拖欠之最,三九医药大股东及关联方占用上市公司资金占公司净资产的96%。"掏空"的主要方式包括关联交易、担保、并购和股利政策等。"掏空"现象反映了大股东和小股东的冲突,"掏空"行为不仅对小股东和公司不利,而且会影响整个资本市场的正常运行。

二、股权结构的治理效应

股权治理体现于股权结构之中,股权结构是在股权融资过程中形成的各类股东持有公司股份的比例,是财务治理机制的基础。股权融资契约界定了股东与经营者之间的委托代理关系,股权结构直接影响着股东行使权利的方式和效果。在不同的股权结构下,委托人因代理人行为而承担的风险和获得的收益是不同的,因而委托人对代理人的监督能力和积极性也不同。

从财务治理的角度来看,股权结构主要是指两方面的内容:股权分布状况与股权属性,如图4-3所示。股权分布状况从量的规定性方面考察股东因持股比例不同而表现出来的股权是集中还是分散,从而决定了财务治理中各个股东权利分配状况和权利实现难易程度;股权属性从质的规定性方面考察股权所有者的经济属性,决定了股东权利的行使动机和实现程度。

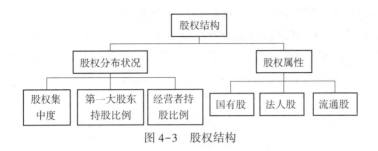

图 4-3 股权结构

股权结构安排要达到的财务治理目标比较明确,就是要通过股权结构调整保证股东权利的正常发挥,使股东可以充分利用投票机制确保自身权益。一方面,要防止大股东操纵公司,侵害小股东利益;另一方面,要防止董事会、经营层形成内部控制,侵害公司股东权益。在加强财务权力制衡的同时,提高公司财务决策效率,最终提高公司总体价值。

(一)股权分布状况与治理效应

股权分布状况实质上体现了股东之间的权利分布状态,首先,股权集中度能够很好地体现股权实际分布状况,特别是第一大股东持股比例对分析股权状况分布很有意义。其次,经营者持股治理又从另外的角度对股权分布状况进行了表述,对最终的治理效应影响很大。下面从股权集中度、第一大股东持股比例以及经营者持股比例治理三个方面阐述股权分布状况及治理效应。

1. 股权集中度及治理效应

股权集中度是指全部股东因持股比例不同而表现出来的股权是集中还是分散的数量化指标,也是衡量公司股权分布状况的主要指标。股权结构分为集中型、分散型和中间型三种类型。集中型股权结构是指公司大部分股权集中掌握在极少数股东手中,并存在有强力控制能力的控股股东的股权结构;分散型股权结构是指公司股东十分分散,各个股东对公司影响力有限,并不存在控股股东的股权结构;中间型股权结构则介于两者之间,是一种较为均衡的股权结构,一般存在几个相对控股股东。

股权结构不同的集中程度会产生不同的治理效应。股权过于集中时,大股东和小股东之间的代理成本较高,前者容易侵犯后者利益;股权过于分散时,公司股东与经营者之间的代理成本较高,后者容易形成"内部人控制"现象而侵害前者利益。因此,股权集中度不同,两类的代理成本也各不相同,此消彼长形成均衡状态,最终会带来不同的治理效应。具体而言,集中型股权治理结构的优势在于权责对应性强、决议效率高,劣势在于股东内部没有形成很好的制衡机制,大股东容易侵害小股东利益,即大股东与小股东之间的代理成本高;分散型股权治理结构的优势在于集体决策优点的发挥使公司决策更为科学合理,并加强了对大股东的制衡作用,劣势在于股东之间的利益难以协调,"搭便车"现象严重,容易形成"内部人控制"现象。

2. 第一大股东持股比例及治理效应

第一大股东持股比例不同,对公司控制权实际占有的状况也就不同,并会带来不同的治理效应。当第一大股东持股比例较低、处于相对控股地位时,其通常对公司没有绝对控制能力,在重大财务决策等方面,股东间的制衡作用体现得较为明显,理论上可以发挥其他股东的集体力量，但也可能因股东间协调成本高而造成决策效率低下。同时，由于第一大股东处于相对控股地位，并没有把握应付其他股东联合抵制。因此，其对小股东的侵害可能性相对要小。当然，第一大股东持股比例较低的股权结构也有其明显的治理弊端，如果第一大股东控制能力较弱，也容易造成经理层的"内部人控制"现象，这对于公司发展非常不利。

当第一大股东持股比例很高，处于绝对控股地位时，就会出现"一股独大"的状态，其通常对公司具有绝对控制能力，一般能够有效激励和监督经营者，减少股东与经营者之间的代理成本。同时，由于第一大股东持股比例很高，与公司利益高度相关，更关注公司经营状况，这对于提高治理效率和经营绩效具有重要意义。此外，第一大股东利用其控制能力，可以减少决策时股东之间的协调成本，提高决策效率。而且，因为股权高度集中，可能使并购机制难以发挥应有的治理作用，这对有效转移企业控制权、提高公司治理效率非常不利。当然，"一股独大"的股权结构也有其治理弊端，大股东非常容易利用其控制地位侵害小股东利益，小股东会因为监督成本过高而缺乏对大股东监督的积极性。

3. 经营者持股比例及治理效应

经营者持股是使经营者对其行为承担风险的一种重要制度安排。在股东与经营者的委托代理关系中，由于经营者不完全拥有公司的剩余索取权、信息的不对称性和契约的不完备性，会导致经营者的逆向选择和道德风险。要抑制这两种行为，就必须建立一套有效的制度，使经营者对其行为后果承担风险。关于经营者持股在治理中的作用，主要有两个方面：利益收敛和经营者固守职位。

（1）利益收敛是指当经营者股权比例足够大时，经营者的利益和外部股东的利益可能收敛于一点，从而使经营者与股东之间的冲突得以缓减。其一，经营者持股有助于缓减代理问题。这一方面表现在经营者持股可以促进经营者努力工作，抑制经营者的道德风险，减少股权融资的代理成本；另一方面表现为经营者持股有助于抑制经营者的逆向选择行为，便于投资者对企业的经营状况和投资项目质量作出正确判断。其二，经营者持股有助于鼓励经营者承担必要的风险，为企业的持续发展做长期投入。如果计划失败，就会导致企业业绩下滑，股价下跌，经营者蒙受损失；如果计划成功，经营者可以从中获益。经营者持股能够将经营者未来的报酬与企业未来的经营业绩相联系，有助于激励经营者为实现企业价值最大化而作长期投入。

（2）经营者固守职位是指经营者持股虽然在一定程度上可以对经营者产生正向激励，但当其达到一定的比例时，可能对经营者产生反向激励作用。换言之，经营者持股比例不能过大，否则，经营者可能通过操纵企业控制权，阻碍公司代理权和股东控制权的竞争，而导致企业价值下降。

可见，经营者持股比例也存在最优化问题。一方面，随着经营者的持股比例增大，企业价值和经营者股权价值增大；另一方面，如果经营者持股比例过高，企业价值和经营者股权价值会减少，经营者的最优持股比例是对以上两方面进行权衡的结果。

（二）股权性质及治理效应

1. 国有股股东的治理作用

关于国有股股东的治理作用，主要有两种观点：攫取之手和帮助之手。

（1）攫取之手认为，相对于私有企业，政府所有企业存在着复杂的委托代理关系，容易导致企业"内部人控制"现象，降低企业绩效。作为国有资本实际产权主体的各级政府、主管部门及代理各级政府及主管部门行使股东权利的国有资产管理部门（或公司）等机构，由于控制权与剩余索取权的不匹配，不能从公司治理的改善而使业绩提升中获取与努力水平相匹配的经济利益，因而缺乏足够的动机有效控制和监督公司经营者，从而使经营者利用政府在产权上的超弱控制，形成事实上的"内部人控制"。"内部人控制"将带来严重的代理问题，主要表现有过度在职消费、行为短期化、过度投资、工资奖金等收入增长过快、侵蚀利润等。另外，除了经济目标外，作为国有股东的政府还有政治目标，因而国有股权会带来严重的政府行政干预，进而影响资源利用的最优配置。私人所有者追求其经济收益最大化，然而，政府的效用目标函数是社会利益最大化，既包括经济诉求，也包括政治诉求。

（2）帮助之手则认为，国有股权可以帮助企业发展，即国有股权有积极作用。第一，混合所有制公司的政府作为税收征集者，发挥着大股东的作用，可以监督经营者，防止"内部人控制"现象。因此，国有股权带来的政府监督，是公司治理结构不完善、对经营者缺乏有效外部监管机制的次优选择。第二，国有股权的引入可以保护公司免遭他国政府的恶意制裁。转型经济中的法律法规不健全，公司的政府股东，特别是地方政府股东，会防止一些不合理的法律纠纷，甚至可以预防他国政府对公司的恶意掠夺。

2. 法人股股东的治理作用

相对而言，法人股股东对公司的治理作用较强，对促进公司持续发展有着一定的稳定作用。法人进行股权投资的动机在于获得投资收益、跨行业经营和实现规模经济等，倾向于长期投资而非投机。因此，与流通股股东在监督经营方面存在搭便车行为不同，法人股股东不仅有动机，而且有能力监督和控制公司经营者，他们更倾向于通过股东大会投票、在董事会中占有一席之地等方式，直接参与公司决策。在国有股东缺位严重，流通股股东又难以参与企业管理的情况下，法人股股东可能成为公司实际上的经营者和内部人。他们既有任命、选择公司经营者和控制股息分配股票的权力，又拥有公司的内部信息。因此，法人股股东持股比例越高，其利益与公司利益越趋一致，因而越有动力监督经营者，而且愿意为此付出较高监督成本和激励成本。但是，法人股股东持股比例过大，也存在失灵问题。法人股股东持股比例过大，可能会造成股东大会一言堂的局面；法人股股东相互持股所形成的合作关系，可能取代股东大会上各股东之间的正常争论；法人股股东可能凭借其优越地位谋取私利，而牺牲小股东的利益。

3. 流通股股东的治理效应

流通股股东对财务治理的影响主要表现在对上市公司经营者的监督和对外部接管市场的影响上。从监督股东的角度来看，流通股股东可以通过参加股东大会投票选举和更换董事会成员，对公司经营者实施监督。从外部接管市场来看，流通股股东卖出股票的威胁可以增强接管市场的有效性。

（三）我国企业股权结构症结及治理建议

1. 我国企业股权结构症结

长期以来，我国企业股权结构都比较复杂，主要有以下几个方面：

1）股权集中度过大

我国上市公司股权结构集中度较高，大股东侵害小股东利益的现象时有发生，股权高度集中，使得第一大股东利用控股地位几乎完全支配了公司董事会和监事会，从而导致公司治理结构的不平衡。在这种情况下，控股股东很容易为了自己的特殊利益而去损害小股东的利益。另外，由于小股东比重过小，证券市场对经营管理者的压力传导机制作用有限，因而丧失了督促上市公司经营者勤勉尽责的一个外在压力。

2）国有股比重大

我国上市公司股权结构呈现出国有股占绝对优势的情况。一开始，我国上市公司大部分都是国有企业改制而来的，为突出公有制的主导地位，国有股在上市公司股权结构中占主导地位。国有股比重过大的股权结构对上市公司造成了非常不良的治理效应，国有股的有效持有主体严重缺位，致使国有产权主体虚置，这种制度的缺陷很容易衍生经营者道德风险，产生"内部人控制"现象。在国有企业治理结构中，董事会成员、总经理的聘任都是由国有股东或原主管部门指定的，多数情况下董事长兼任总经理，这样身兼二职，不可能自我监督，而且总经理不由董事会任命，扭曲了董事会与总经理之间的雇佣关系，总经理不再对董事会负责，而直接对政府大股东负责。总经理并未受到股东大会和董事会的有效监督，权力日益膨胀，"内部人控制"现象日益突出。在相关法律法规还未健全的情形下，削弱上市公司股权集中度、优化股权结构、保护小股东的合法权益显得尤为重要。

3）管理层持股比例低

我国高管人员持股比例低，使得经营者持股没有起到激励经营者努力工作的作用。经营者持股的低水平不仅弱化了债务的激励效应，而且由于投资者无法通过经营者的持股水平判断公司质量，也削弱了股权结构的信息效应。

2. 优化股权结构的建议

1）积极推进国有股减持

我国上市公司国有股比重过高、股权过度集中，由此形成一股独大的股权结构，这不仅与现代股份公司产权主体多元化的基本原则相背离，而且也使产权多元化的股权制衡机制和完善的资本市场体系难以形成。因此，降低国有股比重，引入其他股权制衡，有利于提高上市公司的股权治理效率。

国有股减持是打破国有股东、社会法人股和流通股股东的对比关系以优化上市公司股权结构的核心和突破口。近几年来，我国通过实施股权分置改革以及混合所有制改革，来达到国有股减持的目的，从而提升国有企业财务治理的效率。

（1）股权分置改革。股权分置改革是转轨时期中国证券市场的一项特殊制度安排。在中国特定的历史条件下，由于证券市场建立初期改革不配套和制度设计上的局限性，占市场总股本三分之二左右的股票不能流通，使证券市场的流通性淡化。股权分置最大的消极影响是直接造成了不同类别股东之间的内在利益冲突，直接形成了控股非流通股大股东剥夺其他股东的内在动机，并为这种内在动机转化为实际行动创造了条件。因此，要从根本上解决上市公司国有股一股独大的现象，首先必须改变股权分置状态，实现股份全流通和真正意义上的同股同权。2004年1月31日，国务院发布了《国务院关于推进资本市场改革开放和稳定发展的若干意见》（以下简称《若干意见》），明确提出"积极稳妥解决股权分置问题"。股权分置可采用的方式包括非流通股股东向流通股股东补偿，非流通股股东定向转让给流通股股东，国有股回购，股权转让债权、权证等。股权分置改革的实质是非流通股股东最初让步或者牺牲直至与流通股股东利益趋同,有效缓解利益矛盾。其最终目的是实现上市公司股票全流通,最终使上市公司价值得到提升,保护所有性质股东的权益,提高财务治理效率。

(2) 混合所有制改革。我国国有企业上市公司一股独大的问题,导致企业经营效率低,经济缺乏活力。新一轮国企改革强调发展混合所有制经济,这将给国企注入新的动力。三中全会《决定》中表示,要允许更多国有经济和其他所有制经济发展成为混合所有制经济,国有资本投资项目允许非国有资本参股,鼓励非公有制企业参与国有企业改革,鼓励发展非公有制资本控股的混合所有制企业。对于那些处于非国民经济命脉行业的上市公司,国有股权应逐步退出,以此来降低国有股权的集中程度和增加非国有股权的比重,使上市公司投资主体多元化。第一大股东与其他股东的股权差距缩小,可以形成股东之间互相制约的局面,可以事先预防大股东侵权行为的发生。积极发展混合所有制经济,能使国有资本更好地流动起来,促使产权多元化,从而有效发挥股权的制衡作用,提升企业的财务治理效率。

2) 积极发展和激励机构投资者

机构投资者一般是指集中一定社会资本进行专业投资的法人机构,主要包括证券投资基金、证券公司、保险公司等。西方发达国家的公司在财务治理实践中越来越显示出机构投资者的重要性,国外的经验表明,机构投资者能够借助投票机制参与甚至主导公司的决策,以保证其利益不受侵害。一方面,机构投资者比小股东更有能力、更有动力关注所投资公司的治理结构等问题,对大股东的操纵行为可以起到一定的威慑和约束作用;另一方面,机构投资者一般具有一定的投资理念,重视对所投资公司经营管理和公司治理的积极参与,其规模优势和专业优势减少了参与上市公司财务治理的成本,有较强的能力对大股东进行有效制衡。

但应当看到,机构投资者对公司治理、财务治理的作用也存在一定的局限性:一方面,机构投资者毕竟不是大股东,在我国国有股一股独大的现状下,其对公司的影响力毕竟有限,而且在公司具体经营方面不一定很有经验;另一方面,机构投资者并不是天然的公司治理积极参与者,搭便车现象使单一外部股东缺乏对公司治理的积极性,他们自身也会进行参与治理的成本和效益分析,在流动变现——"用脚投票"和积极参与治理——"用手投票"之间存在机会主义选择。

目前,机构投资者在我国的力量还比较薄弱,结构过于单一,而且大多采用消极被动的投资策略,在对所投资的公司不满时,通过抛售股票行使"用脚投票"的权利。因此,当前应当大力发展开放式基金,积极培育中国的养老、保险基金,尽快提高机构投资者在我国证券市场中的比重,形成一种能与国有大股东相互制衡、相互竞争的多元股权结构,发挥机构投资者在财务治理中的积极作用。另一方面,要进一步规范机构投资者的行为,抑制其普遍存在的投机行为。

3) 完善经营者股权激励机制

提高上市公司经营者的持股水平,可以将经营者的利益与股东的利益密切联系起来,防范经营者的道德风险,激励经营者努力工作。完善经营者股权激励机制,只有从加强监督经营者的越轨行为和建立有效的业绩激励机制入手,才能从根本上提高上市公司的财务治理效率。经营者的私人利益和股东利益偏离是道德风险产生的重要原因,要扭转这种局面,可行的途径之一就是建立以股权激励为主的长期激励机制,鼓励经营者从公司长远利益出发,提高公司财务治理效率。经营者股权激励机制是指上市公司通过各种优惠措施向经营者出让部分股权的制度安排,以使经营者能够充分享受到企业价值成长的好处与利润分红,从而加强经营者个人目标与企业价值最大化目标的一致性。

第三节 债权治理

一、股东与债权人的代理问题

债权人与股东之间的代理问题主要是在债务契约签订之后,股东可能从事各种损害债权人利益的行为,主要表现在以下两点:

(一) 债权人收益的转移

股东转移债权人财富的手段主要有三种:股利政策的分配、现有债券价值的稀释以及资产替代。

1. 股利政策的分配

企业利用负债融资后,股东可以在不改变投资项目计划的前提下将负债筹到的资金用作股利分配的来源,直接分配给股东。在投资项目可以改变的前提下,股东和经营管理者有可能通过减少投资支出等方式来增加股东股利的分配,使股东的利益增加。在财务状况恶化时,股东有可能将负债资产采取鼓励的方式直接分配给股东。

2. 现有债券价值的稀释

在现有市场价值不变的情况下,企业可能通过发行与现有债券同等重要的优先权益的证券,使现有的债权人债券价值稀释,达到转移现有债权人权益的目的。

3. 资产替代

资产替代是指企业在负债融资后,股东在投资决策时,放弃低风险低收益的项目,而将负债资金转移到高风险高收益的项目。如果成功,债权人只是获得负债契约中固定的收益,超过低风险投资项目的超额部分全部归股东所有;如果失败,股东应该承担投资决策失误的全部损失,但是超出股东出资额的部分将由债权人承担。在这种机制下,债权人容易受到损失。

(二) 投资不足

企业利用负债融资还有可能使企业股东放弃对债权人而言有利的投资项目,这将导致投资不足。而这种投资不足大体上可以分为两类:一种是被动放弃投资项目,另一种是主动放弃投资项目。

1. 被动放弃投资项目

当企业拥有较多的负债余额而又缺乏偿债基金时,企业可能会因此而导致融资能力降低,从而被动地放弃预期收益较高的投资项目,因而出现投资不足的问题。

2. 主动放弃投资项目

当企业拥有净现值为正的投资项目时,尽管对于债权人来说,这是一个有力的投资项目，但是这时股东可能放弃该投资项目，因为股东认为此时实施该项目的收益将归债权人所有，股东自身得不到什么好处。

二、债务融资的治理效应

债务具有约束作用和激励作用，债务的约束作用主要表现在两个方面：一是债务要求定期支付一定的现金流量，从而减少了公司经营者可以随意支配的现金流量，在一定程度上阻止了经营者的在职消费和过度投资行为；二是债务的破产威胁给经营者带来了压力，在公司经营不善时，债权人可以强制公司破产。因此，债务作为一种担保机制，可以促使经营者作出更好的投资决策，缓和经营者和股东之间的利益冲突。债务的激励作用表现在：债务放大了经营者的持股比例，对经营者具有激励作用。

（一）债务融资的约束效应

在一套有效的债务约束机制下，债务具有积极的治理效应，其对经营者的约束功能表现在硬预算约束、担保机制、信号机制等方面，如图4-4所示。

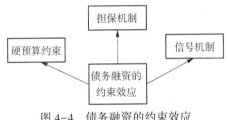

图4-4 债务融资的约束效应

1. 债务是一种硬预算约束

从理论上讲，企业所有权是一种"状态依存所有权"，即当企业有偿债能力时，股东拥有企业的剩余索取权和控制权，而债权人则是利益合同的要求者；当企业没有偿债能力时，由于破产机制的作用，债权人拥有企业的剩余索取权和控制权，债务能更好地约束经营者。债务对经营者的约束功能主要表现在到期债务的清偿对经营者支出自由现金流量具有硬约束。企业通过负债方式取得的现金是需要偿还的，企业经营者必须在债务到期时，以一定的现金偿还债务本息，否则将面临诉讼与破产。

2. 债务是一种担保机制

债务作为一种担保机制，可以促使经营者努力工作，并作出更好的投资决策。

经营者的效用依赖于其职位，从而依赖于企业的生存，一旦企业破产，经营者将失去任职的一切好处，对经营者而言，存在较高的私人收益与较高的因破产而丧失其所有任职好处的风险之间的权衡。如果公司没有负债，就不会有破产风险，经营者所受的约束就减少，因而提高绩效的积极性就降低，其结果是市场对公司的评价降低，公司的融资成本提高。因此，负债可以作为一种缓和股东与经营者冲突的激励机制。

3. 债务是一种信号机制

债务作为一种向市场传递企业经营业绩的信号机制，有助于外部投资者对企业的未来经营状况作出正确的判断，从而作出正确的投资决策。资本结构理论假设公司内部人和外部投资者之间存在信息不对称，即经营者或内部人拥有公司收益流和投资机会的私人信息，而外部投资者不知情。公司债务水平的高低成为向外部投资者传递有关公司价值的信号。在公司有负债的情况下,如果经营者不积极提高公司绩效,其自身也要以失去职位而丧失所有任职好处为代价,在此情况下,投资者意识到公司绩效会上升,公司价值将提高,投资者将高杠杆比率作为公司高质量的信号。

(二)债务融资的激励效应

经营者拥有公司股权或股票期权是激励经营者的重要方法。债权对经营者的持股比例有放大作用,因而相应增加了股权对经营者的激励效应。如果企业的融资总额不变而企业的资产收益大于债务利息率,则随着债务融资量的增加,经营者的持股份额所占比例增大,其股权收益也趋于增加。如果公司能够获得足够多的债务融资,以支持公司运作或项目开发经营,经营者则可以直接减少其他股东的股权投资金额,或者以举债融资回购股份的方式减少其他股东的股权投资份额,则债务比例的增加与其他股东所持份额减少的双重作用可以较大地增加经营者的股东权益。由此可见,随着公司负债水平的提高,经营者拥有的股权比例相应增加,其剩余索取权的比例将提高,那么经营者偷懒、从事在职消费和过度投资的可能性则降低,这有助于降低股权资本的代理成本。

三、债权结构的治理效应

(一)债权结构的含义与分类

1. 债权结构的含义

债权结构是指企业各种债权比例关系和具体构成。也有部分学者认为,债权结构是指企业长期债务资金的构成及相互之间的比例关系。

2. 债权结构的分类

债权按照不同标准有多种分类方式,同时也构成了复杂的债权结构。按照债权形式的不同,企业债权可分为银行贷款债权、企业债券债权和其他债权;按照期限结构的不同,企业债权可分为长期债权和短期债权等。不同的债权种类组合构成了不同的债权结构,同时也带来了不同的治理效应。作为企业最主要的融资方式,债权融资与股权融资相比,在权利要求、利益分配等方面具有明显差异,其取得的治理效应也大不相同。同时债权组成的内部结构不同,也会对公司治理产生重要影响,带来不同的治理效应。

(二)债权结构及其治理效应

债权融资内部不同的结构安排也会产生不同的治理效应。债权期限、限制条款等组成结构不同,取得的治理效应也不尽相同。

1. 在限制条款方面

西方财务学家认为,引入财务契约(限制条款)会改变企业总价值。通过财务契约来控制债权人和股东之间的冲突,能够提高企业的总价值。事实上,债权契约中的限制条款改变了股东与债权人之间的权利配置,能够缓和两者之间的矛盾,减少部分代理成本,即有积极的治理效应,能够相应提高企业总价值。财务契约是有成本的,企业在资本结构中引进风险债务必有利益可言,存在一个最优资本结构,风险债务可以通过财务契约进行控制,存在一个最优财务契约问题。限制条款有四类:限制生产或投资条款、限制股利支付条款、限制融资条款和约束条款。债权人可以通过限制条款控制债务风险，并通过引入该风险债务取得企业最优资本结构。因此，债权结构中限制条款的引入和合理设计，会优化企业融资结构，取得良好的财务治理效应。

2. 在债权期限结构方面

债权按期限不同可分为长期债权和短期债权，长短期债权不同的比例搭配所组成的债权期限结构会产生不同的治理效应。长期负债能够影响企业未来的融资能力，如果长期负债比例过低，企业经营者很容易为净现值为负的项目融资，产生过度投资现象；如果长期负债过高，企业经营者决定不为净现值为正的项目融资，会产生投资不足现象。知道项目可以盈利的企业家，将用短期负债来为项目融资，而知道项目不能盈利的企业家，将会利用长期负债来为项目融资。原因是，"高素质的"企业家准备承担这样的风险，即关于项目盈利情况的一些消息是不利的，因而不会对项目进行再融资；而低素质的企业家不准备承担这种风险。可见，债权期限结构的决定受到资产期限结构的影响，企业长期债权比例不当会产生投资过度或投资不足的治理效应。同时，基于对投资项目盈利性的预期，企业一般采用不同期限的债务进行融资，从而产生不同的治理效应。

短期负债占有绝大多数比例不一定是件好事，毕竟公司短期内要面对偿债压力，如果处理不当，便面临破产还债的风险，很容易促使企业采取短期行为，拆东墙补西墙，不利于企业长期稳定发展。长期债务作为企业长期资金来源，并没有短期债务那样的紧迫还款压力，这便使得公司财务安排更具灵活性，对公司发展非常有利。同时，长期债务也是企业信用的一种标志，对企业再融资及业务发展非常重要。特别是长期债务所有者通常与企业有比较长期稳定的关系，并面临着长期借贷风险，因此更有动机、更有时间积极参与公司治理。而短期借款由于期限短、参与成本高等因素影响，使短期债务所有者并不具备积极参与公司治理的动机和能力。因此，从治理角度来看，长期债权更有利于优化财务治理结构，提高财务治理效率。

（三）债权工具形式及治理效应

债权工具形式主要有银行借款、企业债券和商业信用等形式，债权工具形式不同，其持有主体参与公司治理的权利要求也不同，会给企业带来不同的治理效应。

1. 银行借款

理论上，银行是企业最重要的债权人，其不仅有监督控制企业的动力，也具备监督控制的条件，与其他债权工具形式相比较，银行借款形式的治理效应是最为重要、最为显著的。为保证借贷资金安全，银行一般积极参与公司治理，对企业行为进行监控。由于银行经常与贷款企业进行业务往来，能够较为全面地掌握企业经营情况、现金流量状况，并可利用其网络优势对企业资金运用状况进行跟踪监督，因而其更有信息优势监控企业行为，有效参与财务治理。

2. 企业债券

企业债券通常向社会公开发行，购买者主要为机构投资者或社会个人。企业债券具有明确的利率和还款日期，到期时企业必须偿债，否则将面临巨大信用风险乃至法律制裁。由于债券持有人为机构投资者和数目众多的社会个人，为维护市场秩序，到期偿还具有相当程度的强制性。同时，由于公开发行企业债券一般要通过有关部门对其资信状况进行审核，能够控制部分风险,因此企业债券持有人通常不会关注企业经营状况并过多参与公司治理,但在企业债券硬性的偿债约束条件下,企业要面临巨大的破产偿债风险,控制权转移的相机治理机制约束效应则更为显著。此外,由于可转换债券等特殊类型企业债券设计较为复杂,各种权利实现和转换具有相当的不确定性,因而对企业治理效应的最终影响也具有相当的不确定性。

3. 应付账款等商业信用

应付账款等商业信用一般被认为是一种较为灵活的负债方式,企业通过策略性推迟、延期偿付贷款等应付账款,可以得到事实上的短期债券融资效果。应付账款等债权由于偿付方式等因素影响,一般对企业强制偿还性约束相对较小,债权人参与公司治理的可能性也较小。但长期采用此种方式,特别是蓄意拖延付款,会对企业信用、形象产生非常不良的影响,这对企业长远发展非常不利。

四、提高债务治理效率的建议

为强化债务治理的治理效应,提高企业债务效率,应着重做好以下几个方面的工作:

(一)健全破产机制,强化债务约束功能

债务融资的破产效应是债务治理各项功能效应发挥的基本前提,而破产法能否有效保护债权人的利益,又取决于是否存在有效的破产机制或程序。完善的破产制度必须在以下两个方面有效:一是破产能给经营者一定的惩罚,实现债务的约束作用;二是破产能有效保护债权人的利益。通过破产机制实现控制权的转移,既能有效强化自动履约机制,又能在出现偿债危机时保护债权人的收益。2006年,中国最高立法机构高票表决通过《企业破产法》,该法重新界定了企业破产清偿顺序,平衡了劳动债权与担保债权的权益。该破产法的出台对债权人权益的保护与市场经济的健康有序发展起到巨大的推动作用。

(二)加快国有银行的商业化改革,发挥银行在债务治理中的作用

目前,我国上市公司债务比例中银行借款的比重很大,加强银行对企业的监督显得尤为重要。在当前企业内源融资和债券市场发展规模有限的情况下,银行贷款仍是企业债务融资方式的首选。银行作为企业最大的债权人,理应有监督贷款企业的动力,银行可以凭借自己在信息收集传递以及人才、资金、监督手段等方面的优势,承担对贷款企业的事前、事中和事后监督,以节约使用稀缺的监督资源,降低监督成本,并通过对企业进行监督以约束其经营和决策行为,真正发挥银行债务对企业的治理功能。强化银行对公司的约束功能,需要把银行的约束作用引入公司治理机制,深化国有银行的商业化改革,提高银行债权人的质量和参与公司治理的能力。在所有者不能有效监督企业经营者的情况下,银行以其严厉的债务条款、充分的信息优势和专业化的监督,可以比国家派出的委托人更有效地监督控制经营者。为了加强银行对企业的监督,可以逐渐将国有商业银行改变为股份制银行,允许国有银行通过吸收社会资本来充实资本金,实现出资主体多元化。只有国有银行的产权关系清晰后,银行和企业之间的债权债务关系才能正常化,使债权真正起到约束经营者的作用。

(三)大力发展债券市场,优化上市公司的债务结构

在中国资本市场上,上市公司偏好股权融资,导致债券市场发展滞后;而债券市场发展

滞后，又使得上市公司在债务融资中只能采用银行贷款方式。因此，发展公司债券市场，逐渐加大公司债务的融资比例，是强化上市公司融资约束、提高财务治理效率的一种理性选择。

1. 推进债务监管体制的市场化改革

（1）债券发行的市场化。即尽快改革现行的额度分配制，扩大企业债券市场准入范围，降低企业债券发行和上市标准，简化上市手续。

（2）债券利率的市场化。即企业债券发行利率的制定不再比照银行储蓄存款利率，而是以金融市场的平均收益率为基准，按信用级别的差异，扩大发行利率的浮动范围，发行人根据自己的信用级别以及偿债能力制定发行利率，充分体现债券定价的市场化和风险差别收益的补偿性。

2. 加快债券市场基础建设

中国债券市场的基础建设主要是建立统一的债券市场，目前中国的债券交易主要存在于银行间债券市场、银行柜台市场和证券交易所市场，但是这三个市场之间相互割裂，造成企业债券的流动性差、变现能力弱、持有风险增加。因此，要在建立统一、互联的托管、支付清算系统的基础上，将三大市场体系连接起来，以提高债券的流动性，吸引更多的投资者参与，使债券市场步入良性循环。

第四节　财务战略规划与控制

一、财务战略规划

（一）财务战略规划程序

公司在进行财务战略规划时首先需要明确公司组织目标（包括财务目标），进行公司的外部环境和内部环境分析，结合公司总体战略，在此基础上分析公司的战略性财务活动，对公司未来时期的筹资、投资和分配等财务活动作出战略性和系统性的规划，明确财务战略目标，设计战略保障措施，从而形成与公司内外部环境相协调的财务战略方案。

财务战略规划在财务战略管理过程中居于核心地位，如果没有形成财务战略，那么财务战略实施就无从谈起。财务战略规划的结果是形成了财务战略，为财务战略实施提供依据。财务战略规划的意义还在于它在相当长的时期内将与特定的财务资源相联系，指导对公司总体的长期的发展产生重大影响的财务活动，从而决定公司能否营造财务竞争长期优势，为公司目标和战略目标的实现提供支持。

（二）财务战略环境分析

环境分析是财务战略管理的起点，也是财务战略规划的起点。"求木之长者，必固其根本；欲流之远者，必浚其源泉。"在战略管理实践中，并不存在一成不变的、普遍适用的财务战略，也就是说，公司需要根据内部环境和外部环境制定与控制财务战略。

财务战略环境是指财务战略规划和实施时企业所处的环境，包括外部环境和内部环境。外部环境是指存在于企业外部的影响企业资金流动的客观条件和因素的总和，即影响企业财务活动的宏观环境，范围较广，主要包括政治法律环境、经济环境、社会文化环境、技术环境、自然物质环境、产业环境、竞争环境、金融环境等；内部环境是指存在于企业内部的影响资金流动的条件和因素的总和，即与公司财务活动密切相关的微观环境，范围较窄，主要包括组织架构、发展战略、人力资源、社会责任、企业文化等，具体如图4-5所示。

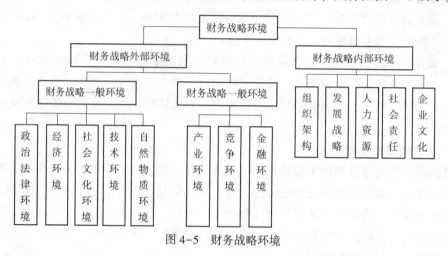

图4-5 财务战略环境

公司财务战略环境的内外部环境之间有着密切的联系。一方面，公司财务战略外部环境对公司内部条件起着制约作用；另一方面，改善公司内部财务条件，可以增强公司实力，又会反作用于公司财务战略外部环境。全面了解公司财务战略外部环境和内部环境是确立财务战略目标并保证财务战略顺利实施的前提。分析、预测这些因素对公司资金运动的长期影响，是进行财务战略规划的出发点和重要依据。

二、财务战略规划方法

用于财务战略规划的方法通常包括SWOT矩阵分析法、生命周期矩阵分析法和行业波士顿矩阵法，这三种方法共同的特点就是都需要进行战略环境分析，都需要考虑公司目标。当然，就原理而言，这三种方法也有相似的地方。

（一）SWOT矩阵分析法

SWOT矩阵分析法源自SWOT矩阵，SWOT矩阵是优势—弱点—机会—威胁矩阵（Strengths-Weaknesses-Opportunities-Threats matrix）的缩写，它是帮助公司制定财务战略的重要工具。

1. 利用SWOT矩阵可以形成SO战略、WO战略、ST战略和WT战略四种类型的战略

（1）优势—机会（SO）战略是一种充分发挥公司内部优势并利用公司外部机会的战略。所有公司都希望自己处于这样一种状况，即可以利用自己的内部优势去抓住和利用外部优势所提供的机会。

（2）弱点—机会（WO）战略的目标是通过利用外部机会来弥补内部弱点。

（3）优势—威胁（ST）战略是一种利用本公司的优势回避或减轻威胁影响的战略。

（4）弱点—威胁（WT）战略是一种旨在减少内部弱点同时回避外部环境威胁的防御性战略。

一个面对大量外部威胁和具有众多内部弱点的公司总是处于不安全和不确定的境地。实际上，这样的公司正面临着被兼并、收购、破产或清算的处境，因而不得不为自己的生存而奋斗。

利用 SWOT 矩阵分析法形成战略的过程如表 4-2 所示。

表 4-2　SWOT 矩阵分析法

优势——Strengths 弱点——Weaknesses 机会——Opportunities 威胁——Threats	优势——S 列出优势	弱点——W 列出弱点
机会——O 列出机会	SO 战略 发挥优势，利用机会	WO 战略 利用机会，克服弱点
威胁——T 列出威胁	ST 战略 利用优势，回避威胁	WT 战略 克服弱点，回避威胁

需要指出的是，运用 SWOT 矩阵分析法的目的在于产生可行的备选战略，而不是选择或确定最佳战略，公司需要根据自身的实际情况从备选战略中选择或确定适合于公司的某一战略类型。

2. 在 SWOT 矩阵分析的基础上可以形成公司特定的财务战略

（1）在存在良好外部机会和显著内部优势的情况下，公司可以通过增加投资实施横向并购，并实施激进型筹资战略；

（2）在存在巨大外部威胁和明显内部弱点的情况下，公司通过撤出资本、转让股权等方式实行防御收缩型战略是明智的选择；

（3）在存在显著内部优势但又面临巨大外部威胁的情况下，公司可以将已有的优势转移到其他相关行业中，即实施相关多元化投资战略，既发挥了公司优势，又规避了风险；

（4）在面临良好外部机会但又存在明显内部弱点的情况下，公司可以通过合作、合资或纵向一体化等方式增强优势，或实施无关多元化投资战略，从而寻找新的利润增长点。

（二）生命周期矩阵分析法

从企业生命周期角度划分，一个公司的财务战略可分为初创期财务战略、成长期财务战略、成熟期财务战略和衰退期财务战略。处于不同生命周期阶段的企业所面临的风险类型和风险水平不同，同时具有不同的财务特征和价值驱动因素，因此需要有所侧重。具体采取哪种类型的财务战略，要与公司不同阶段的不同环境特征相适应，从而尽可能地给公司创造价值以最合适的支持。不同生命周期阶段的公司财务战略如表 4-3 所示。

表 4-3　不同生命周期阶段的公司财务战略

表现特征	初创期财务战略	成长期财务战略	成熟期财务战略	衰退期财务战略
竞争对手	少数	增多	开始达到稳定	数量继续减少

续表

表现特征	初创期财务战略	成长期财务战略	成熟期财务战略	衰退期财务战略
风险特征	经营风险较大	经营风险程度降低，财务风险增大	经营风险和财务风险都较以前有所降低	经营风险和财务风险进一步降低
销售收入	较少	高增长	开始饱和	增长有限，甚至出现负增长
收益情况	负数	较低	增长	较高
投资回报	无	较低	增长	较高
资金需求	较小	较大	较小	很小
现金流量	有现金流入，但较少且不稳定，不足以提供足够的现金流量	销售导致的现金流入增加，但需要大量投资支出，现金净流量为负数	销售提供的现金流量大且稳定，投资支出减少，现金净流量为正数	现金进一步剩余，现金净流量为正数，现金较为充裕
财务战略	稳健型财务战略，采取权益资本型筹资战略，实施一体化投资战略，实行零分配政策	适中型财务战略，采取相对稳健的筹资战略，实施适度分权投资战略，实行低股利或股票股利政策	激进型财务战略，采取负债资本型筹资战略，实施尝试型投资战略，实行高股利、现金股利政策	调整型财务战略，采取高负债型筹资战略，建立进退结合的投资战略，实行现金股利分配政策

(三) 波士顿矩阵分析法

波士顿矩阵分析法（以下简称波士顿矩阵或矩阵）是美国波士顿咨询集团（BCG）提出的一种产品结构分析的方法，也是一种用于评估公司投资组合的有效模式。这种方法是把企业生产经营的全部产品或业务的组合作为一个整体进行分析，常常用来分析企业相关经营业务之间现金流量的平衡问题。

1. 公司业务的四种类型

波士顿矩阵如图 4-6 所示，也称为市场增长率——相对市场份额矩阵。

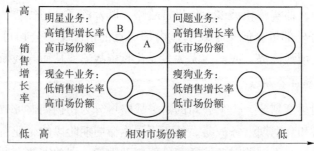

图 4-6 波士顿矩阵图

矩阵横轴表示企业在行业中的相对市场份额地位（与其最大竞争对手比较），纵轴表示市场增长率，是指企业所在的行业某项业务最近几年的销售增长率，即相对市场份额。由此，矩阵分为 4 个方格，每个方格代表不同类型的业务，也就是说，通过波士顿矩阵法可将一个公司的业务分成以下四种类型：

(1) 问题业务。问题业务是指高销售增长率、低市场份额的公司业务。大多数业务都是从问题业务开始的,即公司力图进入一个已有市场领先者占据的高速增长的市场。这类业务通常处于最差的现金流量状态,一方面,由于公司必须增加工厂、设备和人员,以跟上迅速发展的市场,因此需要大量地投资,支持其生产经营活动;另一方面,该业务市场份额较低,能够产生的现金较少。

(2) 明星业务。如果问题业务成功了,它就变成了一项明星业务。明星业务是高速增长市场中的市场领导者,但这并不意味着明星业务一定会给公司带来滚滚财源。为了保护或拓展明星业务在增长的市场中占主导地位,公司必须花费大量资金以跟上高速增长的市场,并击退竞争者。明星业务常常是有利可图的,并且是公司未来的现金牛业务。

(3) 现金牛业务。处在这个领域的业务产生大量的现金,但未来的增长前景是有限的,它是成熟市场中的领导者,是企业现金的来源。现金牛业务为公司带来了大量财源。由于市场增长率下降,公司不必大量投资扩展市场规模,同时也因为该业务是市场领先者,它还享有规模经济和高边际利润的优势。公司用现金牛业务支付所需要的资金支出,并支持明星类、问题类和瘦狗类业务,因为这些业务常常需要大量的资金支持。

(4) 瘦狗业务。瘦狗业务是指市场增长率低缓、市场份额也较低的公司业务。一般来说,这类业务处于饱和的市场当中,竞争激烈,可获利润极小,不能成为公司主要的资金来源。如果这类业务还能自我维持,则应缩小经营范围,加强内部管理;如果这类业务已彻底失败,公司应当及时采取措施,清理业务或退出经营领域。

2. 利用波士顿矩阵分析法,公司可以进行财务战略的选择

面对矩阵中不同类型的业务单位,公司可有以下选择:

(1) 发展。此目标是扩大战略业务单位的市场份额,甚至不惜放弃近期收入来达到这一目标。这一战略特别适用于问题业务,如果它要成为明星业务,其市场份额必须有较大增长。为此,公司应尽财力之可能扩大投资。财务部门应进一步分析,判断使其转移到明星业务所需要的投资资金量,分析其未来是否盈利,研究是否值得投资。

(2) 维持。此目标是要保持战略业务单位的市场份额,这一战略适用于强大的现金牛业务,如果公司需要它继续产生大量的现金流量,就需要维持此业务。

(3) 收获。此目标在于增加战略业务单位的短期现金收入,而不考虑长期影响。这一战略适用于处境不佳的现金牛业务,这种业务前景黯淡但又需要从它身上获得大量现金收入。收获战略也适用于问题业务和瘦狗业务。

(4) 放弃。此目标在于出售或清理业务,以便把资源转移到更有利的领域。这一战略适用于瘦狗业务和问题业务,这类业务常常拖公司盈利的后腿。对于瘦狗业务或问题业务,如果没有非常站得住脚的理由来维持,就必须坚决放弃。

需要指出的是,由于经营环境的变化,业务单位在矩阵中的位置随时间的变化而变化。即使非常成功的业务,也有一个生命周期,它们从问题业务开始,继而成为明星业务,然后成为现金牛业务,最后变成瘦狗业务,而至生命周期的终点。正因为如此,企业经营者不仅要考察其各项业务在矩阵中的现有位置,还要以运动的观点看问题,不断检查其动态位置。不但要立足每项业务过去的情况,还要观察其未来可能的发展趋势。如果发现某项业务的发展趋势不尽如人意,公司应要求管理人员提出新的战略选择。

二、财务战略控制

(一) 财务战略控制的内涵

有了明确的战略规划,并不一定等于能够取得良好的业绩,因为财务战略目标的实现还取决于战略的实施。在实务中,通常会出现公司财务战略实施的效果与预先设定的财务战略目标并不一致的情形,产生这种偏差的原因,既有可能是因为公司财务战略制定本身存在不合理性,也有可能是因为财务战略实施过程存在问题。对于后一个原因,应该更值得引起公司经营者和管理者的重视,因为无论财务战略本身的意图多么切实可行,只要不能变为现实,那么这种财务战略就是毫无意义的。因此,要使企业财务战略目标能够实现,就必须对财务战略实施的过程进行控制,这就是财务战略控制的重要性所在。

财务战略控制本质上就是一种管理控制。在完成财务战略规划之后,财务战略管理过程并未结束,强有力的财务战略执行能力是证明财务战略管理是否成功的重要保障。如果说财务战略规划主要是一种思考过程,需要有良好的分析和判断能力,那么财务战略实施则主要是一种行动过程,需要落实、检查、协调、评价和激励。由于现代企业具有经营多元化和组织层级制的特点,因此公司要实现其财务战略目标,首先需要将财务战略目标进行逐步细化和层层分解,将其落实到内部各个组织单元。这样,通过财务战略目标的分解和落实,企业的整体目标被转换为每一级单位的具体目标,即从公司整体目标到部门目标,再到个人目标。然后在公司财务战略实施过程中,需要检查内部各部门和员工为达到财务战略目标所进行的各项生产经营活动的进展情况,评价实施财务战略后所取得的效果,并把它与预定的财务战略目标进行比较,分析产生偏差的原因并采取措施纠正偏差,使企业财务战略的实施能够更好地与企业当前所处的内外环境协调一致,从而最终实现财务战略目标。以上所有程序就形成了财务战略管理控制的一个完整的循环。可见,财务战略控制的功能就在于引导和控制公司财务战略的实施,最终目的是使财务战略被执行,从而使财务战略目标得以实现,为公司股东价值创造提供支持。

(二) 财务战略控制程序

财务战略的形成并不意味着财务战略管理流程的终结,财务战略的最终完成还有赖于财务战略的实施、控制与调整。财务战略控制程序本质上就是管理控制的循环流程。一般而言,财务战略控制程序包括预算管理、内部报告、业绩评价和激励制度四个环节,如图4-7所示,这些环节相互支持、相互配合,共同控制财务战略的实施,共同促进财务战略的实现。

财务战略规划通常是对若干年而言的,而且目标太过于综合,因此需要通过转化为公司的一个具体年度经营活动才能得以实施。这样,公司需要以具体年度为对象,通过分析财务战略规划对于经营活动各方面的基本要求,明确影响财务战略目标实现的关键成功因素,这就形成了更为具体的财务战略计划。关键成功因素应该既包括财务方面的,也包括非财务方面的。就财务战略而言,需要转化成年度预算,需要站在财务的角度分析并细化财务方面的关键成功因素。换言之,财务战略目标进一步的分解和落实需要依赖预算工具来完成,也就是说,年度预算是对财务战略规划的具体化、系统化和定量化。

第四章 企业财务治理与财务战略

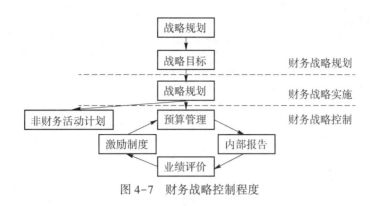

图 4-7 财务战略控制程度

对于管理者而言，没有信息就不可能作出决策，就不知道财务战略实施的效果效率与战略计划目标的差异程度，也就无法进行差异分析和采取纠正偏差的措施，财务战略实施也就难以控制。信息只有通过反馈和沟通才能取得。沟通包含着信息的有效传递和正确理解，在实践当中，很多企业既有财务战略目标和财务战略规划，也有财务战略计划，但是财务战略实施却缺乏效果效率，原因之一就是财务战略计划的执行流于形式，没有根据财务战略计划建立相应的信息反馈和沟通机制。信息反馈和沟通机制的设计包括对会计信息系统和业务统计信息系统的设计，它们分别可以提供财务信息和非财务信息，最终形成一套完整的内部报告系统。

（三）财务战略控制方法

财务战略控制方法是与财务战略控制程序相适应的，即预算管理、内部报告、业绩评价和激励制度四个环节分别具有各自的方法。

预算管理的方法主要是指预算编制的方法。预算编制可以采用多种不同的方法，根据预算编制所依据的业务量是否可以改变，可以分为固定预算和弹性预算编制方法；根据预算编制是否以零为基础，可以分为增量预算和零基预算编制方法；根据预算编制的时期是否固定，可以分为定期预算和滚动预算编制方法。每一种预算编制的方法都各有其利弊，有着各自的适用条件，具体的原理将在后面章节展开论述。

本章小结

财务治理是指以财务关系为逻辑线索，通过财权的合理配置，形成有效的财务激励和约束机制，协调股东、债权人和经营者之间的财务冲突和矛盾，建立合理的利益制衡机制，提高治理效率的一系列财务制度安排。要明确财务治理的内涵，必须明确财务治理与公司治理、财务管理以及财务战略之间的关系。财务治理的内容包括股权治理和债权治理两个方面。公司财务战略是实施管理控制的依据和前提，如果没有财务战略的制定，就无法形成财务战略规划，更谈不上财务战略计划的形成。公司在进行财务战略规划时首先需要明确公司组织目标，进行公司的内外部环境分析，结合公司总体战略，在此基础上分析公司的战略性财务活动，对公司未来时期的筹资、投资和分配等财务活动作出战略性和系统性规划，并对于财务战略实施的过程进行控制，实现公司预期的经营目标。

精选案例分析

案例：

汉斯公司的财务控制

汉斯公司是总部设在德国的大型包装品公司，它按照客户要求制作各种包装袋、包装盒等，其业务遍及西欧各国。欧洲经济一体化的进程使公司可以自由地从事跨国业务，出于降低运输成本、占领市场、适应各国不同税收政策的考虑，公司采用了在各国商业中心城市分别设厂，由一个执行部集中管理一国境内各工厂生产经营的组织和管理方式。由于各工厂资产和客户（即收益来源）的地区对应性良好，公司决定将每个工厂都作为一个利润中心，采用总部→执行部→工厂两层次、三级别的财务控制方式。具体做法如下：

各工厂作为利润中心，独立地进行生产、销售及相关活动。公司对它们的控制主要体现在预算审批、内部报告管理和协调会三个方面。

预算审批是指各工厂的各项预算由执行部审批，执行部汇总后的地区预算交由总部审批。审批意见依据历史数据及市场预测作出，在尊重工厂意见的基础上体现公司的战略意图。

内部报告管理是公司实施财务控制最主要的手段。内部报告包括损益表、费用报告、现金流量报告和顾客利润分析报告，前三者每月呈报一次，顾客利润分析报告每季度呈报一次；公司通过内部报告能够全面了解各工厂的业务情况，并且对照预算作出相应的例外管理。其中，费用按制造费用、管理费用、销售费用等项目进行核算。偏差分析及相应措施按偏差额的大小由不同层级决定，偏差额度较小的由工厂作出决定，执行部提出相应意见，偏差额度较大的由执行部作出决定，总部提出相应意见；偏差额度大小的标准依费用项目的不同而有所差别。

顾客利润分析报告列出了各工厂所拥有的最大10位客户的情况，其排列次序以工厂经营所获得的利润为准。在该报告中，产品类型和批量是为了解客户的主要需求，批量固定成本是指生产的准备成本和运输成本等，按时交货率和产品质量评级从客户处取得。针对每个客户，还要算出销售利润率。另外，该报告记载最大10位客户的营业利润占总营业利润的百分比。由此，公司可以掌握各工厂的成本发生与利润取得情况，以便有针对性地加以控制；同时也掌握了其主要客户的结构和需求情况，以便实时调整生产以适应市场变化。

根据以上内部报告，公司执行部每月召开一次工厂经理协调会，处理部分预算偏差，交换市场信息和成本降低的经验，发现并解决执行部存在的主要问题。公司每季度召开一次执行部总经理会议，处理重大预算偏差或作出相应的预算修改，对近期市场进行预测，考察重大投资项目的执行情况，调剂内部资源。同时，总部要对各执行部的业绩按营业利润的大小作出排序，并与其营业利润的预算值和上年同期值做比较，主要目的是考察各执行部的预算完成情况和其自身的市场地位变化。

汉斯公司的财务控制制度具有以下两个特点：

一、实现了集权与分权的巧妙结合，散而不乱，统而不死

各工厂直接面对客户，能够迅速地根据当地市场变化作出经营调整；作为利润中心，其决策权相对独立，避免了集权形式下信息在企业内部传递可能给企业带来的决策延误，分权经营具有反应的适时性和灵活性。公司通过预算审批、内部报告管理和协调会，使得各工厂的经营处于公司总部的控制之下，相互间可以共享资源、协调行动，以发挥企业整体的竞争

优势。其中，执行部起到承上启下的作用，它处理了一国境内各工厂的大部分相关事务，加快了问题的解决，减轻了公司总部的工作负担；同时，相对于公司总部来说，它对于各工厂的情况更了解，又只需掌握一国的市场情况与政策法规，因而决策更有针对性，实施更快捷。另外，协调会对防止预算的僵化、提高公司的反应灵活性也起到了关键作用。

二、内部报告的内容突破了传统财务会计数据的范围，将财务指标和业务指标有机地结合起来

在顾客利润分析报告中，引入了产品类型、按时交货率、产品质量评级等反映顾客需要及满意程度的非财务指标；在费用报告中也加入了偏差分析、改进措施及相应意见等内部程序和业务测评要素。这使得各工厂在追求利润目标的同时，要兼顾顾客需要（服务的时效、质量）和内部组织运行等业务目标；既防止了短期行为，又提高了企业的综合竞争力。财务指标离开了业务基础只是抽象的数字，并且可能对工厂行为产生误导；只有将两者有机地结合起来，才能真正发挥财务指标应有的作用。

实践证明，汉斯公司的财务控制制度是切实有效的。其下属工厂在各自所处的商业中心城市的包装品市场上均占有较大的份额，公司的销售收入和利润呈现稳定增长的态势。公司总部也从烦琐的日常管理中解脱出来，主要从事战略决策、公共关系、内部资源协调、重大筹资投资等工作，公司内部的资源在科学调配下发挥了最大的潜能。

（案例来源：https://ishare.iask.sina.com.cn/f/2ZJNF4XgCek.html 整理而成）

讨论：
1. 汉斯公司的财务战略控制给我们带来了什么启示？
2. 在财务战略控制制度的实施中，需要注意哪些问题？

实务演练

一、思考与回答
1. 为什么说国有股的减持有助于优化股权结构、提高企业的股权治理效率？
2. 分析财务治理与财务管理之间的关系？
3. 负债融资的约束效应和激励效应分别体现在哪些方面？
4. 目前存在哪些可用于财务战略规划的方法？各种方法与基本原理是否一样？

二、搜集与整理
1. 搜集与整理华为有限公司的财务战略。
2. 搜集与整理阿里巴巴公司的财务治理体制。
3. 搜集与整理格力公司的混合所有制改革的股权治理机制。

自测与练习

一、单项选择题
1. 财务治理的客体是(   )。
   A. 财务关系　　　　B. 财务冲突　　　　C. 财务活动　　　　D. 财务行为
2. 公司治理的核心是(   )。
   A. 财务管理　　　　B. 市场治理　　　　C. 财务治理　　　　D. 生产治理
3. 财务治理的目标是(   )。

A. 利润最大化 B. 股东权益最大化
C. 每股收益最大化 D. 利益相关者利益最大化

4. 经营者为了自己的目标而背离了股东的目标，主要表现为经营者的过度投资行为，这一现象叫作(　　)。

A. 逆向选择 B. 道德风险 C. 在职消费 D. 短视行为

5. 财务战略属于(　　)。

A. 公司整体战略 B. 公司经营战略 C. 职能战略 D. 市场战略

6. 高销售增长率、低市场份额的公司业务类型属于(　　)。

A. 瘦狗业务 B. 问题业务 C. 现金牛业务 D. 明星业务

7. 集中一定社会资本进行专业投资的法人机构是指(　　)。

A. 流通股股东 B. 结构投资者 C. 国有企业 D. 个人投资者

8. 治理效应最为重要、最为显著的债权治理工具形式是(　　)。

A. 银行借款 B. 企业债券 C. 商业信用 D. 应付职工薪酬

二、多项选择题

1. 财务治理的主体包括(　　)。

A. 股东 B. 经营者 C. 债权人 D. 政府

2. 关于国有股的治理作用，主要观点有(　　)。

A. 攫取之手 B. 帮助之手 C. 无形资产 D. 有形之手

3. 公司治理与财务治理的区别在于(　　)。

A. 治理的重点不同 B. 运行方式不同
C. 激励的侧重点不同 D. 约束的侧重点不同

4. 财务战略外部环境包括(　　)。

A. 产业环境 B. 政治法律环境 C. 金融环境 D. 社会文化环境

5. 面对波士顿矩阵中不同类型的业务单位，公司可有以下选择(　　)。

A. 发展 B. 收获 C. 转移 D. 放弃

三、判断题

1. 股权过于分散时，大股东和小股东之间的代理成本较高，前者容易侵犯后者利益。(　　)
2. 过度在职消费属于"内部人控制"带来的代理问题之一。(　　)
3. 国有股可以帮助企业发展，因此国有股权比例越大越好。(　　)
4. 机构投资者一般具有一定的投资理念，其规模优势和专业优势减少了参与上市公司财务治理的成本，有较强的能力对大股东进行有效制衡。(　　)
5. 建立以股权激励为主体的长期激励机制，能鼓励经营者从公司长远利益出发，提高公司财务治理效率。(　　)
6. 从治理角度看，短期债权更有利于优化财务治理结构，提高财务治理效率。(　　)
7. 在完成财务战略规划和战略执行之后，战略管理过程就结束了。(　　)
8. 财务战略目标的根本是通过资本配置与使用为企业创造价值并实现价值。(　　)
9. 环境分析是财务战略管理的起点，也是财务战略规划的起点。(　　)
10. 明星业务是指高销售增长率、低市场份额的公司业务。(　　)

第五章

企业并购的财务管理

学习目标

1. 了解企业并购的动因和目标；
2. 了解企业并购的相关概念；
3. 理解企业并购的相关理论；
4. 掌握并购的形式与类型；
5. 了解财务防御与反并购策略。

导入案例

万宝之争

自2015年1月起，宝能系疯狂举牌，通过二级市场连续增持万科A股股票；截至2015年8月26日，宝能系合计持有万科15.04%的股份，以0.15%的优势，取代华润成为万科第一大股东。9月4日，港交所披露，华润耗资4.97亿元，分别于8月31日和9月1日两次增持，重新夺回万科的大股东之位。截至11月20日，华润共持有万科A股15.29%股份。11月27日至12月4日，钜盛华买入万科5.49亿股，宝能系合计持有万科总股本的20.008%，取代华润成为万科第一大股东。截至12月24日，宝能系对万科的持股比例增至24.26%。12月17日，王石在北京万科内部谈话中表示，宝能系增持的股票是原万科的荣兴，"但是你想成为第一大股东，我是不欢迎的。"王石不欢迎宝能系的四大理由是因其"信用不足、能力不够、短债长投、风险巨大"。第二天，万科总裁郁亮也发声表明，表示和王石站在同一战线，并称敌意收购都是不成功的。此次内部讲话公开挑战宝能系，万科股权之争正式进入正面肉搏阶段。

紧接着万科开始正式反击。12月18日，万科A股发布临时停牌公告，称正在筹划股份发行，用于重大资产重组及收购资产。当时宝能系已通过连续增持，合计持有万科22.45%

股份。万科停牌时间历时六个月之久，直至停牌后的四个月，才首次公布了重组对象为深圳地铁。而宝能系在万科A股复牌后，再度增持，将持有万科的股份数提至25.04%，距离控股股东地位仅一步之遥。

万科拟以发行股份的方式购买深圳地铁持有的前海国际100%股权，初步交易价格为456.13亿元，万科将以发行股份的方式支付全部交易对价。若交易成功，深圳地铁将成为万科第一大股东，宝能系为第二大股东，华润为第三大股东。万科这一计划是为稀释宝能系的股份，但这同时也稀释了华润的股份，因而直接导致了华润的激烈反对。在6月17日的董事会上，华润的三位董事对重组预案直接投了反对票。最终方案未能实行。

2016年6月26日，万科公告，收到宝能系要求罢免包括王石、郁亮在内的万科10名董事、2名监事。宝能系要求罢免万科现有的管理层，激起了万科的强烈反对。2016年6月，万科工会委员会向深圳市罗湖区人民法院起诉宝能系损害股东利益。万科第一大自然人股东向证监会、银保监会等七个监管部门实名举报华润、宝能系，质疑二者之间的关联关系。万科独董华生也曾在微博上公开质疑华润和宝能系一致行动人的关系。2017年1月13日，据媒体报道，华润集团将出让在万科集团所持股份，其股权的接盘方为深圳地铁集团。3月，恒大将所持万科股份表决权、提案权及参加股东大会的权利，不可撤销地委托给深圳地铁集团行使，期限一年。

宝能系的资金来源主要是资管计划、银行信贷资金和保险资金。钜盛华2016年11月27日至12月4日期间收购万科股票，三分之二的资金来自优先级委托人，自有资金占比仅三分之一。而前海人寿于2015年9月至12月在全国银行间债券市场公开发行的10年期可赎回资本补充债券额为58亿，为宝能系收购万科补充资金。杠杆收购的有利因素是可以增强财务杠杆效应，带来很高的股权回报率，还可使企业获得税收优惠；不利因素是大量的债务筹资，给并购者带来极大的还款压力和极高的风险，容易出现财务危机。2016年12月，王石在北京万科内部谈话中表示不欢迎宝能系增持万科股票的理由正是因其"信用不足、能力不够、短债长投，风险巨大"。宝能系大量使用杠杆资金对万科攻城略地，显然是存在金融风险的，对于发展势头良好、踏实做实业的万科来说，宝能系无疑是缺乏水准的"野蛮人"，自然会遭到万科管理层的反感和反击。

2017年6月9日晚，中国恒大发布公告称，其持有15.53亿股万科股份，以292亿悉数转让给深圳地铁，每股转让价格18.80元。本次转让后，万科各方股东持股比例为：第一大股东深圳地铁29.38%、第二大股东宝能系25.4%、第三大股东安邦6.73%。至此，历时两年之久的万宝之争落下帷幕。

万科公司股权分散的治理结构给了宝能系以可乘之机。万科1988年股份制改造时，创始人王石和他的团队为了上市和公司更好地发展，放弃股权，只做职业经理人，这使得宝能系有可乘之机。

（案例来源：https://www.sohu.com/a/136007925_633622整理而成）

第一节　企业并购的概念与发展历程

一、企业并购的概念

（一）合并、兼并与收购

1. 合并

合并是指两个或两个以上的公司依契约及法令归并为一个公司的行为。公司合并包括吸收合并和创新合并，吸收合并是指两个或两个以上的公司在合并中，其中一家公司因吸收了其他公司而成为存续公司的合并形式；创新合并是指两个或两个以上的公司通过合并创建一个新的公司。

2. 兼并

兼并是指一个公司采取各种形式有偿接受其他公司的产权，使被兼并公司丧失法人资格或改变法人实体的经济活动。

3. 收购

收购是指一家公司（收购方）通过现金、股票等方式购买另一家公司（被收购公司或目标公司）部分或全部股票或资产，从而获得对该公司的控制权的经济活动。

与收购含义相近的另一个概念是接管，通常是指一家公司由一个股东集团控制转为由另一个股东集团控制的情形。接管可通过要约收购、委托投票权得以实现，因此接管比收购的范围更大。

（二）兼并和收购的关系

1. 兼并和收购的联系

公司兼并和收购，在本质上都是公司所有权或产权的有偿转让；在经营理念上都是通过外部扩张型战略谋求自身的发展；其目的都是加强公司的竞争能力，扩充经济实力，形成规模经济，实现资产一体化和经营一体化。因此通常将公司兼并和收购统称为并购。

2. 兼并和收购的区别

这二者之间又有一定的差别，主要有以下几点：

（1）在兼并（指承担债务式、购买式、吸收股份式）活动中，被兼并公司作为经济实体已不存在，被兼并方放弃法人资格并转让产权，兼并公司接受产权、义务和责任；在控股式收购活动中，被收购公司作为经济实体仍然存在，被收购方仍具有法人资格，收购方只是通过控股掌握了该公司的部分所有权和经营决策权。

（2）兼并是以现金、债务转移为主要交易条件的；而收购则是以所占有公司股份份额达到控股为依据来实现对被收购公司产权的占有。

（3）兼并范围较广，任何公司都可以自愿进入兼并交易市场；而收购一般只发生在股票市场中，被收购公司的目标一般是上市公司。

（4）兼并发生后，其资产一般需要重新组合、调整；而收购是以股票市场为中介的，收购后公司变化形式比较平和。

公司兼并与收购既是一种经济现象，又是一种法律制度。我国有关法律条文中的公司兼并是一种宽泛的解释，它不但包括吸收合并之意，而且包括收购的内容。但在我国实务操作中，特别是国有公司改革中大量出现的不经过资本市场的公司产权的有偿转让行为只能看作是公司兼并，而不是收购。也就是说，国有上市公司之间的产权转让，才有可能采用收购的形式。

二、企业并购的类型

（一）按行业相互关系划分

1. 横向并购

横向并购是指两个或两个以上生产和销售相同或相似产品的公司之间的并购行为。通过横向并购，使公司资本向同一生产、销售领域集中，可以扩大并购后的市场份额，增强垄断势力；可以扩大公司的生产经营规模，取得规模收益。

2. 纵向并购

纵向并购是指生产经营同一产品相继的不同生产阶段，在工艺上具有投入产出关系公司之间的并购行为。

纵向并购可分为以下三种：

（1）上游并购是对生产流程前一阶段公司的并购，即并购供应商；

（2）下游并购是生产原材料、零部件的公司并购加工、装配公司或生产商并购销售商，即并购使用商或客户；

（3）上下游并购则是把与公司生产和经营互为上下游关系的公司同时并购进来。

纵向并购主要集中在加工制造业及与此相关的原材料生产公司、运输公司、仓储公司以及贸易公司之间。

3. 混合并购

混合并购是指两个或两个以上相互没有直接投入产出关系的公司之间的并购行为，是跨行业、跨部门之间的并购。它的出现与现代公司广泛推行多元化战略有关，即通过生产经营范围广度的扩大以分散整体运行风险。

（二）按并购的实现方式划分

1. 购买式并购

购买式并购是指并购方出资购买目标公司的资产以获得其产权的一种方式。并购后，被并购公司的法人主体地位随之消失。这种并购形式主要是针对股份制公司的并购，亦适用于并购方需对目标公司实行绝对控制的情况。

2. 承担债务式并购

承担债务式并购是指并购方以承担目标公司的债务为条件接受其资产并取得产权的一种方式。这种并购形式在中国具有一定的现实意义。

3. 控股式并购

控股式并购是指一个公司通过购买目标公司一定比例的股票或股权达到控股以实现并购的方式，被并购方法人主体地位仍存在。并购公司作为被并购公司的新股东，对被并购公司的原有债务不负连带责任,其风险责任仅以控股出资的股金为限。被并购公司债务由其本身作为独立法人所有或所经营的财产为限清偿。并购后,被并购公司成为并购公司的控股子公司。

4. 吸收股份式并购

吸收股份式并购是指并购公司通过吸收目标公司的资产或股权入股,使目标公司原所有者或股东成为并购公司的新股东的一种并购手段。这种并购的特点是,不以现金转移为交易的必要条件,而以入股为条件,被并购公司原股东与并购方股东一起享有按股分红权利和承担债务与亏损的义务。

吸收股份式并购又可分为资产入股式并购和股票交换式并购两种。

(1) 资产入股式并购是指被并购公司将其清产核资后的净资产作为股本投入并购方,取得并购公司的一部分股权,成为并购公司的一个股东,被并购公司作为法人主体不复存在,亦称以资产换股票。这种方式特别适用于控股母公司通过已上市的子公司"借壳上市"(指非上市公司通过吸收已上市公司股份,从而获得对上市公司的控股权,实现间接上市)。

(2) 股票交换式并购是指并购方用本公司的股票来收购目标公司股东所持有的股票的一种并购手段。这种并购一般在上市公司之间进行,按双方确定换股比例实行并购。

5. 杠杆收购

杠杆收购是指收购方以目标公司的资产为抵押,通过举债筹资对目标公司进行收购的一种方式。杠杆收购与一般收购的区别在于,一般收购中的负债主要由收购方的资本或其他资产偿还,而杠杆收购中引起的负债主要依靠被收购公司今后内部产生的经营效益,并有选择地出售一些原有资产进行偿还,投资者的资本只在其中占很小的一部分,通常为10%~30%。杠杆收购作为一种高度负债的收购方式,其目的不在于获得目标公司的经营控制权,而在于通过收购控制被收购公司,将被收购公司的资产进行重新包装或剥离后,再将被收购公司卖出。

6. 管理层收购

管理层收购是指由公司的经营管理集团或阶层收购本公司的股份,从而达到一定数量、具有控制力的股份比例。管理层收购模式的主要步骤、核心内涵就是由公司的经营管理集团筹资或以其他可行的财务运作方法来收购本公司的股份,并取得一定程度的控股权。

(三) 按并购是否通过中介机构划分

1. 直接并购

直接并购是指并购公司直接向目标公司提出并购要求,双方通过一定程序进行磋商,共同商定完成并购的各项条件,进而在协议的条件下达到并购的目的。在中国资本市场上,绝大多数上市公司的并购行为都是并购双方谈判并达成一致意见的结果,双方之间的种种矛盾和意见在并购前的大量谈判和沟通中得到解决。协议并购案例占了总并购案例的95%左右。

2. 间接并购

间接并购是指并购公司并不直接向目标公司提出并购要求,而是在证券市场上以高于目标公司股票市价的价格大量收购其股票,从而达到控制该公司的目的。这种并购一般不是建立在自愿、协商(指对目标公司而言)的基础上,因而极有可能引起双方间的激烈对抗。在这种情形下,间接收购往往构成敌意并购。

三、企业并购的发展历程——百年来美国的五次并购浪潮

（一）工业时代的商业创新与美国第一次、第二次并购潮

人类社会经历了农业时代、工业时代、信息时代、智能时代四个时代，每个时代又会经历技术创新、商业创新、社会创新三个阶段，这就是所谓的创新周期理论。

工业时代的技术创新发生于18世纪末至19世纪中叶，主要特征是现代物理、化学等基础科学理论的发现，以及基于这些理论出现了蒸汽机、火车等发明创造。

正是这些技术创新，在19世纪末至20世纪初引发了工业时代的商业创新，重新确定商业活动组织方式。美国第一次、第二次并购浪潮，正是商业创新的具体表现。通过横向并购，在企业内部层面，产生了规模化的生产方式；通过纵向并购，在企业之间层面，重新划定了业务的边界。

商业创新大幅提高了社会生产效率，造成了劳动力的冗余，而供给侧的调整又不能及时跟上，所以引发了大量失业、需求不足，继而产能过剩，出现了1929—1931年的大萧条。此时，一边是失业者食不果腹，另一边却是把牛奶倒进海里。美国第二次并购浪潮也因大萧条而终止。

（二）工业时代的社会创新与美国第三次、第四次并购潮

尽管如此，商业创新却在不断深化，在20世纪中叶引发了生活习惯、文化政治等领域的变革，这也就是工业时代的社会创新阶段。美国第三次、第四次并购浪潮就是社会创新的产物，在此时期，企业商业模式、产品、市场趋于稳定，改善管理成为企业竞争的重点。因此，管理理论、管理大师集中涌现，美国第三次、第四次并购浪潮应时而生。

20世纪60年代，美国第三次并购浪潮呈现出混合并购的特点，其本质是企业家试图将一个行业的管理经验运用于另一个行业。在各个行业的商业模式、产业边界都已相对稳定的情况下，这种经验迁移在理论上是可行的。

20世纪80年代，美国第四次并购浪潮的特点是资产重组、资本运作，其本质是企业家试图从管理业务升级到管理资本，通过资产重组剥离资本回报率低的业务（即所谓的瘦狗业务），发展高回报率的业务（即所谓的明星业务）。

（三）信息时代的技术创新与美国第五次并购潮

在工业时代进入社会创新阶段的同时，信息时代的技术创新也悄然来临。20世纪50年代前后，信息论、控制论、图灵机等理论为信息时代的技术创新打下了理论基础（这就像18世纪的物理、化学理论），随后，80—90年代出现了PC、互联网，信息时代的技术创新阶段拉开大幕。

正是在这样的背景下，出现了美国第五次并购浪潮，新技术企业参与到并购当中。工业时代形成的巨头通过并购布局新兴产业，互联网时代涌现的新贵也通过并购快速成长，这正符合第五次并购浪潮的特点。

【拓展案例 5-1】

美团接连打赢三大战役

在移动互联网时代，王兴和他创立的美团无疑是幸运的。在过去十年内，正是凭借着三

次成功收购，才有了美团在O2O领域的翘楚地位。

2015年10月，美团与最大竞争对手大众点评网完成合并，从此美团点评横空出世。而大众点评创始人张涛与同事相拥而泣的画面成了本次合并最为经典的背景，正所谓从来只有新人笑、有谁听到旧人哭。

2016年9月，美团网对外宣布已完成了对第三方支付公司钱袋宝的全资收购。由于第三方支付牌照的紧俏性，致使美团这家互联网新秀对为数不多的第三方支付公司展开了激烈的角逐，最终拿下了这一张重要的第三方支付船票。

2018年4月，在共享经济遭遇寒冬之际，美团以27亿美元的实际作价（12亿美元现金及15亿美元股权）收购了摩拜单车，从而在出行领域抢下市场份额。

如今，再次回首这三大战役，我们不禁要赞叹王兴独到的战略眼光和收购能力。不知道如此庞大的美团，在未来十年内能焕发出多大的动力。

（案例来源：https://new.qq.com/omn/20200715/20200715A08JUM00.html 整理而成）

第二节 管理层收购

一、管理层收购的概念与意义

（一）管理层收购的概念

管理层收购，简称MBO（Management Buy-Outs），是指目标公司的管理层与经理层，通过利用融资活动获得的资本对公司的股份进行购买，以实现对公司所有权、实际控制权和资产三大结构的改变，从而获得产权期望收益的一种企业收购行为。

（二）管理层收购的意义

实施MBO的目的是要有效地整合企业的经营权与所有权，在提高企业价值的同时获取收益。

（1）MBO概念的提出使得众多管理者的创业意识被激发，为众多的管理者实现成为企业家的理想创造了全新的方式。

（2）MBO可以为管理层人员提供更多施展自身才能的机会和空间。实施MBO之后，管理层能够不受约束地对企业进行管理，在尽情施展自身才能的同时更能提高工作的效率。

（3）实施MBO还可以起到不错的防御敌意收购的作用。如果一个企业的市价被低估，就容易引起外部竞争企业的敌意收购，使得企业的结构和利益受到一定程度的损害。所以，MBO的实施在某些程度上实则是保护企业的一种有效方式。

二、管理层收购对企业各方的积极影响

（一）对出让方的影响

（1）企业在实行MBO之前，需要对企业本身的成本和效益进行权衡。企业通过整合自身的资源，思考企业在业务上是否还有重整的可能性。若企业还有较大潜力和回旋的余地，就不能轻易出售。

(2) 如果企业认为部分业务的经营绩效不理想，企业的潜力不明显或是已经不再适合调整经营方向，进行 MBO 则有助于企业剥离不良资产，从而减轻所负担的债务。

(3) 对出让方来说，进行 MBO 能让企业获得现金收入，从而使企业的现金能力大大增强，而这部分资金需要提前筹划以达到预期的效果，根据企业的需要用在最能发挥其作用的地方上去，比如核心项目的研发或者生产规模的扩大，等等。

（二）对受让方的影响

一方面，对于受让方来说，施行 MBO 使得公司的产权更加明晰。因为出让方资本结构的组成部分主要是管理层成员和外部的一些其他贷款，其结构已由原来的上市公司或独资企业变为民营性质的企业。这种由国有变为私有的结构变更使企业的产权更加明晰化，对公司的发展是十分有利的。另一方面，企业在高度利用财务杠杆实施 MBO 时，会使受让方产生较大的债务压力，因此，要注意对负债的管理，通过对企业的有效经营来安排好偿还负债的相关事项，控制好企业的财务风险。

（三）对贷款人的影响

贷款人作为出资方，为管理层提供了强大的资金支持，与此同时，也为自身创造了良好的机会，贷款人能够认清形势并提供足够的资金支持，就更加容易让自身从中获取巨额的利润。可见，合理地实施 MBO 能给企业各方带来积极的影响。然而，我国现阶段存在的诸多问题阻碍了 MBO 的进程和发展，当前的首要任务是解决这些问题，才能保证 MBO 的健康发展。

三、管理层收购存在的问题

（一）融资和资金问题

目前我国企业面临的融资渠道较为闭塞狭窄，融资方式不明晰、机制不完善，就易出现融资难的问题。我国的资本市场尚不成熟，例如风险投资、私募资金、定向募集等融资方式在我国都无法很好地实行。资金方面，我国企业在实施 MBO 的过程中，对 MBO 的资金来源一般很少披露。我国的许多法律法规明确规定，不得挪用和贷出公司的资金给他人，也不允许将公司的资产开立在个人账户的名下。资金得不到释放和支持在很大程度上阻碍了 MBO 的发展。

（二）收购主体合法性问题

我国企业在实行 MBO 时，收购主体在法律上的合法性通常不够明晰。许多公司在收购前期都会注册成立一个新的公司作为收购的主体，再对外进行负债融资，通常称之为"壳公司"。但是，法律究竟是否允许这样的"壳公司"存在，一直还处在一个监管盲区的位置。出让方在进行 MBO 时无法保证收购主体的合规性和合法性，这样就给企业带来了一定程度的风险，加上有关部门越来越严格地把关对国有股权转让的审批，让 MBO 无法长期顺利地施行。

（三）管理层监管机制问题

我国企业实行 MBO 的过程不透明，缺乏监督机制，许多人为因素成了 MBO 能否达到预期目标的导向。通常在 MBO 完成后，企业的所有权与经营控制权都由管理层掌控，这种所有权与经营权的统一，需要一个非常牢固的监督监管机制对管理层进行约束，防止其滥用控股权甚至鲸吞蚕食小股东行为的发生。否则，很容易引起外界对企业的诸多猜测，不利于企业的发展和声誉，损害企业形象。

（四）收购价格不公问题

管理层收购在理论上是一种市场行为，收购价格应当由受让方和出让方共同商议决定。然而在我国企业中，管理层往往与政府协商，私下交易定价，这种不以市场化的定价模式势必造成公正性的缺失。

拓展案例 5-2

亚赋资本完成对渣打银行私募股权业务管理层收购

亚赋资本作为一家新成立的专注于新兴市场的私募股权投资机构，由七位合伙人主导以及 ICG（中间资本集团）旗下策略股权基金支持，完成对渣打银行全球私募股权业务的管理层收购，并收购了渣打银行大部分股权投资组合。

亚赋资本的资产管理规模 36 亿美元，团队由 52 位专业投资人士组成，经过三年时间及一系列复杂交易安排，完成从渣打银行的业务分拆，涉及涵盖六大国家及地区（中国、印度、东南亚、韩国、非洲和中东）的超过 50 家被投资企业。

瑞信银行（Credit Suisse）作为此次交易顾问，作为一支在新兴市场持续投资 17 年的专业团队，在亚洲、非洲和中东地区对 90 多家企业累计投资超过 55 亿美元，并为投资人实现超过 50 亿美元的现金收益，回报丰厚。在中国，其成功投资中国信达资产管理、新华人寿、中粮国际、中通快递、思妍丽、满记甜品、点融网、伊顿幼儿园等大批优秀企业，交易类型涵盖成长型少数股权投资和控股型杠杆收购，其中大部分项目已成功实现退出，为投资人带来了理想回报。

亚赋资本的投资人包括全球领先的机构投资人、主权财富基金、金融机构、家族财富管理办公室等。

对于此次管理层收购，亚赋资本创始合伙人及首席执行官金世南（Nainesh Jaisingh）先生表示："亚赋资本对于渣打银行股权投资业务的成功分拆，是迄今为止最大规模的新兴市场股权投资业务的管理层收购，具有里程碑意义。我们的团队通过为投资人（包括渣打银行和外部机构投资人）实现创纪录的投资回报，证明我们完全有能力成为独立运营的投资机构。我们将通过被验证成功的投资策略，继续支持我们覆盖区域内龙头企业的发展壮大。感谢 ICG 旗下策略股权基金对我们的支持，也感谢外部投资人和渣打银行对我们的持续帮助，使得亚赋资本得以成功设立。"

ICG 旗下策略股权基金董事总经理里卡多·隆巴迪先生也对本次交易发表评论："本次交易是 ICG 策略股权基金在亚洲市场的首笔交易，也标志着私募股权业务领域复杂类型的二级市场投资机会正走向规模化和全球化。我们很自豪和荣幸能支持金世南带领的亚赋资本合伙人团队完成此次管理层收购，也祝愿他们作为独立的基金管理机构在未来实现更大的成功。"

亚赋资本创始合伙人及大中华区总裁曾祥云先生表示："本次管理层收购的成功完成，标志着各方对亚赋资本团队的高度认可。亚赋资本中国区也将继续秉承我们在消费、金融、健康等核心关注领域的投资策略，借助亚赋资本全球化平台资源为优质和高潜力企业赋能，助力长远发展，并与我们的合作伙伴实现共赢。"

亚赋资本是一家于 2019 年 7 月通过管理层收购渣打银行股权投资业务而成立的新兴市场私募股权投资机构。亚赋资本的资产管理规模 36 亿美元，总部位于新加坡，受新加坡金融管理局监管，同时在上海、约翰内斯堡、迪拜、孟买和首尔设有分支机构。

(案例来源：https：//baijiahao.baidu.com/s?id=1640625613486186295&wfr=spider&for=pc 整理而成)

第三节　杠杆收购

一、杠杆收购概述

（一）杠杆收购的定义

杠杆收购是指收购企业抵押被收购企业的资产和未来利润，以从金融机构及银行进行借债或发放利率高的风险债券来得到需要的收购资金，从而进行收购相关企业的行为。杠杆收购在收购过程中，收购方收购被收购企业所采用的绝大部分资金通过负债等方式筹集，极少采用企业本身的资金。

（二）杠杆收购的特征

我国企业并购中的杠杆收购具备鲜明特点，如高收益性、高负债性、高风险性、高效率性，具体特点如下：

1. 高收益性

杠杆收购在应用中会采用债权融资的方式进行股权投资，如收购后目标公司的负债支出小于其损益表上的获利，杠杆收购便能够获得较高的股本报酬率。

2. 高负债性

杠杆收购拥有倒金字塔型的融资结构，收购者投入的股权资本为塔基，夹层资本为中层，企业资产有最优先清偿权的银行贷款为顶层，塔基、中层、顶层的占比一般为 10%、30%、60%，可见杠杆收购可应用 10% 的资金取得 90% 的资产，其高负债性特点可见一斑。

3. 高风险性

由于债务资本占比极大，较高的利息负担往往会催生多方面风险，杠杆收购后企业经营管理面临的多方面挑战必须得到重视。

4. 高效率性

大规模改革往往伴随着杠杆收购的开展，通过挑战资本配置与人员构成，企业的效率可实现长足提升，长期可持续发展也能够由此获得有力支持。

(三) 杠杆收购的融资方式

在我国企业并购的杠杆收购应用中,银行债务、定期贷款、高收益债券、夹层债务、股本出资属于常用的融资方式,具体方式应用如下:

1. 银行债务

在杠杆收购中,银行债务也称作"优先有抵押信贷",周转信贷、基于资产的借贷均属于杠杆收购常用的融资方式,前者属于最为廉价的资本形式,一般期限为5~6年,后者较适用于资产密集型公司,期限多为5年。

2. 定期贷款

应用于杠杆收购中的定期贷款可细分为分期偿还定期贷款、机构定期贷款、第二留置权定期贷款,在杠杆收购中,分期偿还定期贷款一般期限为5年,且风险相对较小;机构定期贷款期限一般为7年,多卖给高收益债券投资人;第二留置权定期贷款很容易成为财务契约规定方面的负担,但风险低于高收益债券。

3. 高收益债券

高收益债券一般会在发行后的7~10年偿还本金,并每半年支付一次利息。作为热门的杠杆收购融资方式,其灵活性较高,可能会影响到并购方的融资策略,基于高收益债券的搭桥贷款也可能出现提高借方信用、占用资金的风险,这些必须得到重视。

4. 夹层债务

作为位于股本与传统债务之间的资本,夹层债务可提供额外资金且成本低于股权,垃圾债券、可转换债券、过桥贷款、从属债券均属于主要的夹层债务,期限不同、混合收益较高属于夹层债务的主要特点。

5. 股本出资

一般情况下,杠杆收购融资结构中的股本出资比例为30%~40%,通过提供缓冲,股本出资可防止企业价值恶化。

(四) 杠杆收购的产生和发展

1. 启蒙期

19世纪末20世纪初,"小鱼吃大鱼"的同行业横向并购占据了主导地位,许多后来具有垄断地位的大型公司都是多家小规模公司合并而成的,在此过程中,作为主并购方的小规模企业大多采用现金收购的方式,收购的资金大多来自借贷,杠杆收购的方式逐渐被许多公司广泛采用。

2. 成长期及调整期

20世纪80年代的经济和法律逐渐开始发生不同的变化,杠杆收购出现了崭新的目标与策略。美国大多数企业开始面临着低成本的国外公司的激烈竞争,1990年至1992年,随着债券市场由于各种压力逐渐解体,急需调整自身存在的新旧压力,市场上所存在的杠杆收购越来越难以通过融资手段进行,杠杆收购开始进入调整期。

3. 复兴期

自1992年起,杠杆收购交易的金额逐年递增,杠杆收购重新兴起的一个重要因素是全球经济环境变得越来越好。

二、杠杆收购的基本理论与运作步骤

（一）杠杆收购的基本理论

1. 信息不对称理论

信息不对称主要是指收购两方相比较有一定的信息差异，信息了解程度高的一方可以运用信息优势从而牟利，而了解信息量低的一方，由于信息掌握不充分从而不能及时作出有效恰当的对策。

2. 资本结构理论

一般来说，债务资本与权益资本是持续不变的，结构上债务资本成本小于权益资本成本，一般企业可以使用财务杠杆降低其综合资本成本，从而使企业增值。

3. 价值低估理论

当被收购方的市场价值由于各种潜在原因不能显示其真实价值的时候，收购行为开始发生。一般不能准确判断企业市场价值的因素可以总结为以下几点：

（1）企业的经营管理存在一定的问题。

（2）信息不对称使公开市场不能够正确了解企业的准确价值信息。

（3）托宾 Q 值比率开始降低。

4. 套利理论

从理论上来讲，套利者可以通过成本的免除，并且在不承担各种风险的情况下完成收购，但在现实收购中，单纯理论的套利是比较难以实现的。所以，在杠杆收购的套利理论中，套利理论的规则作出了扩展，需要给出定量的成本资金，并要承担财务危机风险。

（二）杠杆收购的运作步骤

1. 选择收购企业

挑选收购企业是杠杆收购的第一个步骤，选择收购企业的重要意义是看其能否使收购方最终获得最佳的收益。

2. 尽职调查

尽职调查是服务性中介机构的一种专业性职能，主要调查股票在二级市场上售卖、重要资产的转移等交易中的交易对象和交易事项的财政、策划、法规等一些事例，委托人委托律师事务所、会计师事务所等专业机构，按照其专业准则，进行审慎和适当的调查和分析。

3. 融资筹划的完善

杠杆收购与其他收购方式最明显的区别是杠杆收购通过大量的负债和融资去执行。一般情况下，收购方的自有资金占杠杆收购需要资金总额的 10%，之后通过抵押企业本身价值，从银行借债所需收购资金的一半。银行需要分析借债企业的财务和管理状况，来决定是否给予借债，而其他资金的筹集如表 5-1 所示。

表 5-1　资金筹集方式

类型	注资者/债权人	贷款/证券
优先债务	商业银行集团 保险公司 储蓄、贷款协会 财务公司	周转贷款额度（无担保或有担保） 固定资产贷款 优先票据（无担保）

续表

类型	注资者/债权人	贷款/证券
次级债务	保险公司 退休基金 风险资本基金 投资基金 社会公众	优先从属票据 次级从属票据 垃圾债券 息票债券
权益资本	保险公司 风险基金 私人投资者 公司管理层	优先股 普通股

融资和筹资两种方式在杠杆收购中有着重要的意义，直接影响杠杆收购最后成功与否。杠杆收购的融资结构主要影响收购成功后的企业资本结构，对收购成功后的企业价值能够持续连年增长以及企业股票的上市有着极为重要的作用。

4. 价格评定

价格评定也十分重要，价格偏高，则对收购企业有影响；而价格偏低，则会对被收购方有影响。当前可以总结出的价格评定方法有以下三种方式：

（1）折现现金流量法。
（2）比较价值法。
（3）净资产定价标准。

5. 办理各类手续

收购方根据与被收购方达成的协议，按照相关法律法规以及协议规定进行信息披露，通过内部和外部审查，经过审批核准，开始与目标公司签订正规协议，确定收购中的贷款内容，遵照正规协议开始接手管理整个企业。

6. 完成资产重组

完成杠杆收购后，公司价值的升值在于准确判断出资产重组的能力。资产重组包含对企业各个部门人员、财务等的重组配置，停止运营亏损或获利不佳的各项内容，变卖企业资产，从而使企业负债降低、研究费用减少。综上所述，需要将企业的不佳部门撤销裁退，发展核心部门，出售资产所得的资金用来偿还债务。

7. 实现投资收益

完成杠杆收购后，收购方实现投资收益的方式有两点：

（1）再次上市并且融资，同时在二级市场上开始出售股票。在收购方策划管理企业稳定发展后，收购方会在股市出现较好的局面时，开始售卖持有的被收购方企业的部分股票，收购方的投资收益就是股票的溢价收入。

（2）进行再次转让。收购方也可以选择将目标公司再出售。

拓展案例 5-3

中国化工集团收购瑞士化工巨头先正达案

2017年6月27日，新当选的先正达董事会主席、中国化工集团董事长任建新与先正达董事会副主席米歇尔·德马尔在先正达总部所在地瑞士巴塞尔宣布，中国化工集团完成了对先正达的收购。

至此，这项中国创纪录的海外收购基本画上了句号。据美国证券交易委员会（SEC）披露的最新文件，这项交易总价已接近 440 亿美元。这个费用包括收购先正达普通股和 ADS（存托股）的对价，以及相关交易费用等。这个巨额的收购金额远远超过了 2012 年中海油收购尼克森的 151 亿美元，并使这项交易成为中国史上最大的海外收购项目。

由于控制权变动，先正达部分债务需提前偿还。中国化工集团通过汇丰银行贷款 50 亿美元用于承接先正达的债务（这是涉及控制权转移时对债权人的保护性条款，债权人有权选择债务获得提前清偿），中国化工集团为这项收购实际花费 490 亿美元。

路透社报道称，根据一份向监管机构申报的文件，中国化工集团为收购先正达已经募集 200 亿美元的永久债券和优先股。文件显示，中国银行通过购买中国化工集团的永久债券，注资 100 亿美元，使该行成为该收购交易目前最大的融资方。此外，中国国新控股有限责任公司（以下简称中国国新）也通过购买永久债券提供了另外 70 亿美元资金，兴业银行以同样方式提供了 10 亿美元资金。摩根士丹利则通过购买中国化工集团的可转换优先股注资 20 亿美元。

中国化工集团 2016 年 3 月发布的要约文件称："我们认为中国化工集团及其子公司的财务状况与该收购无关，因为这是一笔全现金收购 100%股权及 ADS 的交易，同时，交易的完成不受中国化工集团融资状况的约束。"

中国化工集团拥有先正达 94.7%的股份，下一步将推动先正达股票从瑞士交易所退市、美国存托凭证从纽约交易所退市。先正达是全球第一大农药、第三大种子农化高科技公司，有 259 年的历史，拥有农药、种子、草坪和园艺三大业务板块。2016 年，先正达销售收入约 900 亿元，净利润 84 亿元。其中，农药和种子分别占全球市场份额的 20%和 8%。

中国化工集团收购先正达，二者是各取所需、皆为利好。目前中国在农业方面，特别是在种子领域与国际水平还有很大差距，此次中国收购先正达也是想在农业方面和国际水平看齐。外媒此前也分析称，先正达的业务（比如农药）有助于中国化工集团减少对石油和石油产品的依赖。同时，中国目前高度重视农业的发展，收购先正达也有助于中国加快农业的发展。

国家发改委产业所研究员姜长云在接受央视新闻采访时表示，中国化工集团跟先正达实际上主要是一个互补关系，竞争关系并不是很强，但是跟孟山都的竞争关系比较强。先正达通过跟中国化工集团合作，有利于其更好地进入中国市场，甚至进入亚洲市场。

（案例来源：https://zhuanlan.zhihu.com/p/40797102? xueqiu_status_id=122761313 整理而成）

第四节　并购整合

企业并购中，有成功的例子，也有失败的例子。失败的例子分两类：一类是并购未能实现；另一类是并购虽然实现了，但并购之后或者管理混乱，效率下降，或者经营状况不佳，导致亏损。对于这些，应当进行客观分析，尤其要研究企业并购后效率下降、亏损严重的原因何在，这就是并购后的整合问题。这一点对中外企业的并购是同等重要的，而对于正要通过并购促进企业业绩成长的中国企业来讲，显得格外重要。

一、整合的必要性、重要性和艰巨性

在并购交易完成后的 6~12 个月之内，很可能出现以下现象：被并购企业管理层及雇员的承诺和奉献精神下降，被并购企业的生产力降低，对不同文化、管理及领导风格的忽视造成冲突增加，关键管理人员和员工逐渐流失，客户基础及市场份额遭到破坏，不仅如此，大约三分之一的被并购企业在 5 年内又被出售。

实际上，以上这些现象不是个别的、偶然的。实证研究结果表明，并购领域存在着 70/70 现象，即当今世界 70% 的企业并购后未能实现期望的商业价值；70% 的并购失败直接或间接起因于并购后的整合过程。德国学者马克思·M·贝哈调查亦表明，并购最终流产于整合阶段的比例高达 52%。

因此，如何有效并购已成为一个重大课题。20 世纪 90 年代以来，并购后的整合越来越变成一个流行的管理问题。从某种意义上讲，并购容易，整合难。如果将并购比作一曲宏伟的交响乐，那么并购协议的签订只是一个不可或缺的前奏，并购后的整合才是真正的主旋律，因为它是决定并购成败的关键。

目标公司被收购后，很容易形成经营混乱的局面，尤其是在敌意收购的情况下，这使许多管理人员纷纷离去，客户流失，生产混乱。因此，需要对目标公司进行迅速有效的整合。同时，由于并购整合涉及企业股东、管理层、雇员、政府机构和资本市场等多个利益主体，涉及战略、组织、人事、资产、运营、流程等一系列重大而关键问题的调整和重组，并且都需要同步尽快得到解决，因此，整合的任务很艰巨，难度很大。从国内外并购案例看，企业并购绝不是两个企业的简单合并或形式上的组合，每一次并购成功都与并购后的整合管理不无联系，而且整合成本也往往是直接收购成本的数倍。

形式上，并购后的整合可分为有形整合和无形整合两种。有形整合包括经营战略整合、人力资源整合、组织和制度整合、资产债务整合、财务整合等，无形整合主要指文化整合。

二、基于控制环境的并购整合策略原则

控制环境实际上是一种企业氛围，从普遍意义上讲，包括对员工胜任能力的规划、对工作所需要的知识和技能的分析、人力资源政策、发展战略、企业组织结构、诚信与道德价值观、管理层经营理念等。

(一) 组建整合小组

整合阶段的工作应该由专门的整合小组来筹备和主导，而且整合工作需要不同专业技能的专家来执行，成员组成应当包括企业高管、技术人才，以及在整合阶段来指导或执行计划的监督人员、专业顾问，如投资银行家、会计师、律师等。针对不同的整合风险，应当成立不同项目的整合小组，如人力资源整合小组、文化整合小组等。同时确保整合小组工作人员的权责，确保其具备相应的专业素质。

(二) 设计针对整合内容的详细规划

1. 对员工胜任能力的规划可有效降低人力资源整合风险

对员工胜任能力的规划可从下几个方面思考：

被并购企业是否有正式工作或非正式工作的描述，即有无外包人员；企业是否向员工具体说明工作的权利和责任；企业是否对员工的具体工作进行详细分析并对员工工作成效进行管理考核；企业是否制定了完成某项工作所需要的知识和技能的标准；企业能否判断员工掌握的知识和技能的熟练程度；企业是否有依据来判断员工可胜任某项工作。

2. 对企业组织结构整合的规划可有效降低组织结构与管理整合风险

对企业组织结构的整合规划主要考虑以下几个方面：

并购后新企业要采用集权结构还是分权结构；新的组织架构是否有利于信息的上传下达；部门管理者是否具备相应的知识和工作经验或是否进行相关培训；组织内的报告关系是否明确；组织结构是否有跟随环境的变化而作出修正的制度。

3. 对企业发展战略的规划可有效降低战略整合风险

对企业发展战略的规划主要考虑以下几个方面：

企业所处的外部环境变化，如经济环境、法律环境、相关利益团体影响等；企业内部环境的变化，如避免战略频繁变动、避免战略过于激进等。

企业内部控制有效执行的前提保障是有良好的内部控制环境，通过科学合理地协调各方面的环境因素，内部控制才可以规范企业内部运营，战略并购才可进行有效整合，并购价值才能得以实现。

三、并购整合策略

(一) 协调战略目标

企业总体战略是对企业面对宏观形势作出的长期性规划，主要是解决企业发展方向和成长道路一致性的问题，如企业目标、企业使命、企业发展方向等，由于企业自身的发展业务不同，为了实现统一的发展战略并发挥企业总体战略的协同效应，就要进行总体战略的整合并为日后的经营战略整合和职能战略整合提供前提条件。一般来讲，总体战略的整合方式是并购企业的战略会直接移植到被并购企业，使得被并购企业的战略要与并购企业战略一致。

企业经营战略是并购企业为了实现企业总体战略而对其生产和经营活动所做的谋划。要想实现经营战略整合，战略整合小组首先要通过对企业当前所处行业进行宏观分析，明白国家在未来一定阶段内的政治、经济、创新技术等方面的发展方向。其次需要针对并购双方各自发展的微观情况进行详细分析，从并购目标出发，对并购双方企业的产品、市场等具体战略进行整合。最后，要明确并购企业所要面对的潜在竞争和危机，判断出行业风险和竞争对手要采取的策略，明确双方企业的优劣势，最终制定合理的适合企业成长的经营战略目标，实现并购价值。

在企业整合了总体战略和经营战略的基础上，企业的职能战略是由各职能系统分别制定的战略，如产品战略、市场营销战略、生产战略、研发战略等。企业的职能战略整合需要整合工作小组在充分评估并购双方的职能体系后，提取设计运行良好的操作流程并给予普及，完善操作流程中的缺陷之处。同时要不断对整合效果进行跟踪和监督，如果效果欠佳或无法继续修正，要及时放弃。

（二）组织机构相应调整、管理制度重点覆盖

1. 对公司治理结构进行整合

并购双方都有一套公司治理结构，在整合阶段需要对双方企业治理架构中的差异之处进行整合，对相似或相同之处进行调整，这样可有效提高公司组织效率，使治理结构趋于合理。

2. 对职能机构进行整合

在整合之前，并购双方均设计或运行了一整套职能机构体系，而并购交易完成后，势必会出现职能机构重叠、权责交叉的情况，因此组织机构整合时要裁撤重叠机构，并在职能部门机构的设置上注意对被并购企业的约束和控制。另外，还要对被并购企业的内审委员会进行整合，使其对并购企业的董事会负责。

3. 建立健全对被并购企业科学合理的投资管理控制制度

企业并购交易完成后，不仅要快速进入整合阶段，还要对被并购企业注入资本以扶持其发展，因此要在整合阶段尽快建立科学合理的投资管理控制制度，使其更好地对董事会负责，降低被并购企业重大投资或担保活动的风险。

（三）财务整合

应对财务整合风险，首先，并购企业要根据并购活动的战略目标，明确财务整合的目标，通过统一财务整合的目标，进而对财务整合进行有效的风险控制；其次，要对以下几项进行整合，以抑制财务整合的风险。

1. 财务制度整合

财务整合小组要针对并购双方的战略目标和实际环境为双方建立统一的制度规章，包括财务管理制度、预算管理制度、投融资管理制度、现金流管理制度、成本费用管理制度等。

2. 财务资源整合

财务整合小组需要对被并购企业资产进行相关评估，根据资产评估结果，将高价值或者有价值潜力的资产整合到并购企业，将低效资产和没有价值潜力的资产进行清理，集中优势资源，取得更多利润。应收账款作为特殊的潜力资产，要严格控制授信额度，统一管理应收账款。对于负债的整合，要通过改变企业的资本结构，利用杠杆原理，提高偿债能力，达到降低债务成本和偿债风险，提高企业营运能力的目的。

财务整合措施如表5-2所示。

表5-2 财务整合措施

财务整合内容	财务整合措施	财务整合目标
统一财务管理目标	立足于并购的战略目标和双方财务环境，完善或制定新的财务管理目标，改善资本结构，扩展融资渠道，优化资产配置	通过产业布局整合，提高市场份额和市场竞争力，实现企业并购价值

续表

财务整合内容	财务整合措施	财务整合目标
更新财务管理制度	（1）实行全面预算管理。派出财务整合小组从采购、生产、销售等环节进行全面预算管理流程构建、优化； （2）完善财务信息披露制度。定期披露财务报表及成本费用、应收账款、存货、现金流等明细分析表； （3）加强现金流管理，整合上下游供应链。在采购流程测定原料和成品的合理库存，根据销量动态调整库存；在销售流程利用并购企业的销售渠道加快被并购企业的销售速度； （4）定期内部审计	（1）预算编制更准确 （2）提供明细分析表，有利于管理层快速获取财务信息 （3）提高资金流动效率 （4）提升财务管理水平
推行财务委派制度	（1）委派专门的财务管理人员，参与企业的生产经营，控制、指导和监督其日常的财务管理工作； （2）定期向并购企业汇报被并购企业的经营管理及财务状况，保证掌握其财务情况的及时性、准确性	加强对被并购企业的财务管控，提高其财务管理效率
整合财务资源	（1）清理转让低效资产和没有价值潜力的资产； （2）制定合理的赊销政策，严格控制授信额度和期限，统一存货采购方式，统一管理应收账款； （3）整合高价值资产	（1）集中优势资产创造更多收益； （2）促进销售，加强应收账款的管理，降低资金占用率，加快资产周转速度； （3）整合优质资产，提高企业知名度；处理负债，提高偿债能力，降低财务风险，减少融资成本
整合会计核算体系	实行一本账管理	提高企业合并报表的准确性和及时性
优化绩效评价体系	（1）将新引入的目标成本指标分解落实到各生产车间，使车间责任与利益紧密结合； （2）重新核定销售人员业绩考核标准； （3）选择行业内优秀企业做对比，找差距	（1）有效约束和激励员工，提高生产效率； （2）提高销售人员的积极性，降低多余的销售费用； （3）实现企业的优化管理

（四）人力资源整合

应对人力资源整合风险要注意以下几点：

（1）要做的不是急于立刻开始各项整合，而是要稳定被并购方员工，确立有效的信息互通、及时沟通的机制，预防员工出现并购后大规模裁员及降薪的担心和大幅度的心理波动，以至无法全身心地投入工作。

（2）要完善员工职责等制度，对岗位职责进行详细描述，明确员工权责，提升并购企业的营运效率。

（3）设计合理的薪酬福利体系，尽量缩小甚至消除并购双方的差异，保证被并购企业的公平，进一步安抚被并购企业员工的情绪，提高全体员工的工作激情，制定适当的激励政策，保留优秀核心人才和重要客户关系。

(4) 立足于培训机制，让被并购企业员工了解企业的战略思路，企业所处的行业状况，即将面临的机会与挑战，明确自己的使命，同时让员工更加熟悉企业的基本情况，提高自身技能，更好地从事本职工作或者是迎接新的工作挑战。

(五) 文化整合

(1) 整合工作组需要了解本次战略并购的战略目标和形式，充分全面了解双方的文化背景，增加双方的信息持有量，在建立有效的信息沟通机制的前提下，选择合适的文化整合模式来执行文化整合，求同存异，确定新的企业文化氛围。如果是横向并购，在并购目标的选择上应该尽量挑选和自身企业文化相融的企业作为战略并购对象，这样可以减少相应的整合成本。

(2) 认识和尊重对方的企业文化，主要认识对方企业文化的价值观、经营理念、决策机制，以及在管理企业方面主要的规范和流程等，如对方企业的发展方式、企业领导模式、领导人风格、员工行为模式、企业能动性等。

(3) 并购企业在平时内部控制建设和运行过程当中要将企业核心价值观转化为企业明确的文化规范，通过完善相关内部控制制度，细化企业员工的日常行为和工作行为，慢慢形成企业独有的文化特点，用企业理念引导员工思维，用企业制度规范员工行为，使企业所有员工增强主人翁意识，将个人发展与企业发展相联系，充分发挥企业文化建设对企业成长的强大推进力。

因为中国企业战略并购的进程加速，多追求企业长期稳定的发展和战略上的扩张，因此文化整合对于企业战略并购来讲无疑是最难的一项，整合小组要及时制定相关内部控制制度和规则，根据双方并购达成的战略目标和文化异同，确定适合企业的新文化内涵，并在后续的整合实施过程中作出反馈。

拓展案例 5-4

借壳上市：顺丰控股问鼎深市第一大市值公司

2017年2月24日，鼎泰新材正式更名顺丰控股，并在深交所敲钟上市，这距离鼎泰新材发布顺丰借壳预案仅8个月时间。"尽管这是一次借壳上市，但顺丰控股的借壳方案却做得相当干净规范，所以监管层审核非常快。"25日，顺丰控股继续高开高走，收盘封于涨停。总市值达2 310亿元，超越万科和美的集团，成为深市第一大市值公司。

在2 300多亿元市值背后，深藏着王卫及其团队20多年筚路蓝缕创业的艰辛与坚持。

1993年，顺丰诞生于广东顺德，发展到今天，经历了三个阶段：第一个阶段是头20年，创始人王卫是唯一股东，改革开放经济爆炸式的增长带来快递业的红利，业务增长迅速；第二个阶段从2013年开始，顺丰引进了几家股东，走向股份制，这个阶段顺丰对投入回报、利润有了相应的要求；目前的顺丰正处于第三个阶段，这个阶段从2016年开始，顺丰上市成为公众公司，面对资本市场的考核。

2 300多亿元市值，折射着中国经济升级转型之变迁——网络经济的发达带动了以快递业为代表的服务业的兴盛。这些行业的繁荣及进一步发展，又亟须资本市场的助推。

2016年，顺丰、中通、圆通、申通、韵达等纷纷上市，快递业进入发展新阶段。有数据显示，2016年快递业延续强劲增长态势，业务量累计完成312.8亿件，同比增长51.3%，业务收入近4 000亿元，同比增长43.5%；在消费碎片化、农村网购渗透率提升以及跨境电商的快速发展下，未来3年快递行业仍将保持30%左右的高速增长。国家邮政局对快递业的寄望是从"快递大国"走向"快递强国"。

上市对于顺丰控股而言，只是又一段征途的开始。自2016年5月正式进入借壳上市流程以来，顺丰进一步完善了管理流程，优化了人员配置，壮大了资本实力。顺丰借壳上市的配套定增募资是80亿，拟投入航材购置及飞行支持项目、冷运车辆与温控设备采购项目、信息服务平台建设及下一代物流信息化技术研发项目、中转场建设项目，这表明顺丰将进一步在重资本、高科技、大数据上发力。顺丰控股的市场口碑也进一步提升。在国家邮政局发布的《2016年快递服务业满意度调查结果》中，在"快递企业总体满意度和得分"榜上，顺丰速运排名第一，得分84.6。

（案例来源：http：//www.xinhuanet.com//fortune/2017-02/25/c_1120527429.htm
整理而成）

第五节 并购的风险管理与防御

一、投资决策风险及其防范

（一）投资决策风险

投资决策风险是并购决策本身出现错误的风险，比如投资的行业、目标公司选择有误，投资方案的设计超出企业自身能力等。最主要的风险是两家准备并购的企业在战略目标上存在矛盾或不兼容，企业的各项战略目标决定着企业未来的发展方向。所以，在选择并购目标前，应先从企业的总战略出发，设定企业的并购目标。设定目标的正确与否直接决定了并购的成败，如果选择失误，与公司战略目标背离，则会造成难以弥补的后果，给后续的整合协同造成困难。更为严重的是，会拖累原有企业的业务单元，造成集团层面的经营困境、财务困境，这是首先要防范的风险。

（二）防范投资决策风险要注意的问题

（1）要制定长期战略发展规划，确定企业自身的发展方向，近年来，产业集中度在不断地提升，留给中小企业发展的空间越来越小，主要的竞争力集中在渠道、技术、人才等替代性较弱的资源上，不论是选择当前行业的强强合并，还是选择新兴行业的多元化扩展，投资决策应顺应公司的战略目标，同时，在确定前，还需要对备选行业的基本情况进行全方位的调研和了解，尤其是行业政策、退出壁垒、监管要求等，可以利用SWOT分析方法，对目标行业的未来趋势进行预测，用以衡量企业进入的风险和评估企业承受风险的能力。

（2）对备选目标公司的财务资产状况、行业所处地位、自身经营情况、核心资源，以及其与并购公司的协同潜力进行并购的可行性研究。

二、法律风险及其防范

法律风险作为并购风险识别体系中都容易被忽略的一项风险，贯穿于整个并购过程始终，且一旦发生，对并购行为会产生致命的打击，也会为公司带来严重的法律后果。主要的法律风险有以下几类：

(一) 合同标的权益和履行手续是否完整

股权转让合同的标的为特定公司的股份份额，出让方对标的拥有的所有权是否存在法律瑕疵，是需要重点审查的对象。同时，在我国特定的监管环境下，对于股权转让，有许多特殊的要求，比如，是否履行了相应的公司内部治理结构的审批，如股东会、董事会等权力机关的决议，使得转让具有合法的处分权。再比如，上市公司股份转让涉及重组的，需要报经证监会审批以履行法定程序。除此之外，股权转让合同也需要遵守《合同法》的相关规定，对于可能引发合同无效或对方免责等敏感条款，应该重点关注。

(二) 诉讼风险

不论是投资人出资不实产生的债权诉讼还是现实债务产生的债权诉讼，在司法实践中，债权人可以对任一股东单方或全体股东提出赔偿责任，这有可能造成并购方承担了被并购方全部的债务赔偿后，却无法向其他责任方追偿，或者被拖入与其他债权方的债务纠纷，造成经济和声誉上的损失。除此之外，被并购企业可能存在的或有债务也是要考虑的因素，如产品质量造成的人身财产损失。

(三) 投资各方利益纠纷的风险

由于并购实践在我国已经经历了多次并购浪潮的锻炼，加之资本市场、民间资本等丰富的融资渠道以及股份支付等多种工具的引入，往往股权并购行为的交易方案会牵扯多方的资金和利益诉求，如果不在法律文书签署前妥善梳理和设计，很容易造成投资各方由于利益关切不同而引起法律纠纷，甚至导致收购失败，产生违约风险。

(四) 企业承诺风险

控股并购或整体股权收购后，由于其各项风险整体转嫁到并购企业，所以要关注目标企业的经营营运、法律文件、服务承诺可能造成的风险失控，如无理由退货等承诺，可能会加大并购企业的销售费用，影响经营结果。

三、估值风险及其防范

(一) 估值风险的种类

估值，是对目标公司转让资产所做的价值上的评估，是确认对价的重要依据，估值的准确性直接决定了并购公司在针对收购价款进行财务融资的规模以及最初拟定的支付方式是否可行。对于并购企业而言，估值的高估风险是其主要风险。估值的基本原理是假定目标企业持续经营，结合目标企业的经营模式、行业特点、成本形态、经营情况和合理的预期，对目标企业未来的现金流量，经过特定折现率折现后评估出其在当前的价值。不论何种估值方法，都是对未来情况的评估，未来具有不确定性，会造成估值时因选取的指标在发生变化时，对估值结果产生偏差。主要的几类估值风险如下：

1. 估值风险是由于估值方法选择不合理

目前应用较为广泛的估值模型是采用财务数据的市盈率、市净率和市销率模型，经济增加值法、会计收益和投资回报率法，等等，估值方法较多，由于各种方法都有其特定的环境和条件前提，如果不做特定分析，很容易造成巨大的估值偏差，形成风险。

2. 估值风险是遇到信息披露造假和财务欺诈

并购中的价值评估一般是交由专业的评估中介机构来代为完成的，各个评估中介机构的执业水平和道德操守也成为影响估值结论的因素。

3. 估值风险是并购企业与被并购企业之间存在的信息不对称

比如两家企业所采用的会计政策、会计估计甚至会计期间不一致造成的财务数据偏差，以及资产的实际价值、核心能力的组成和并购造成的人员变动，这些信息并购企业一般很难准确获取。同时，并购准备的时间、被并购公司信息披露的程度和准确性都会引起估值风险。

（二）防范估值风险要注意的问题

1. 要在信息收集上下手

对目标企业的信息进行详尽的收集、审查，并以此作出评价。常用的手段是尽职调查（以下简称尽调），尽调团队中一定要有财务专家，对目标企业的财务政策、核算准则、会计政策、会计估计的选择要详尽了解，识别目标企业与并购企业在以上项目中是否存在差异，如有重大差异，应进行相应的试算调整，并测算备考值，评估并购后对并购企业财务指标的影响。聘请行业专家对行业发展情况、关键成功因素和主要风险进行识别，并对目标企业在行业中的地位、竞争能力、发展方向和重大经营风险作出评估，以此为基础，对目标企业的未来收益作出合理评价。对于商标等无形资产，除非有理由相信对于目标企业而言此项资产的存在会产生重大的财务影响，否则，应尽量避免高估。

2. 并购企业应该根据目标企业所处的行业特点选择适当的估值方式

如高科技企业资产规模较小，初创期会产生大额亏损，代理行业的公司应按照实际收入而非流水收入考核，等等。

3. 并购企业自身的实力，以及对于并购行为的动机，也会影响估值结果

估值完成后，可以参照同类可比公司的估值水平，考虑收购的特定需求，对估值合理性作出判断。

另外，需要指出的是，我国目前的股权并购，估值都会显著高于企业当前的净资产水平，也就意味着会给并购企业带来潜在的商誉减值风险，这也应作为估值风险防范所需考虑的重要因素。注意使用谈判技巧，发现对方利益关切点，在谈判过程中寻求主导地位，也可以帮助并购企业在一定程度上压低估值。注意：防止估值过高为企业带来风险的方式是为目标企业设置业务补偿条款，在未能达到业绩预期的情况下，规定对并购方支付补偿。对于并购股份数小于100%的情况，可以针对剩余股权收购设置对赌条款，在经营业绩不佳，出现绩效下滑等风险时，降低剩余股权收购需支付的金额。

四、财务风险及其防范

（一）财务风险的种类

财务风险对企业影响深远，直接反映在企业的财务指标和经营业绩上。一般有融资风险和支付风险两类。

1. 融资风险

融资风险表现在按照并购所需，能否及时筹措到资金；选择不同的融资渠道，对企业财务风险的大小也有直接影响，融资渠道分为内部融资和外部融资。内部融资是指企业用在经营活动过程中产生的自有资金来进行并购活动，而不从外部筹措资金。外部融资是指企业利用外部金融工具筹措资金，当前外部融资的方式主要有股票、债券、金融机构借款等，近年来随着民间资本的活跃，私募股权基金和并购基金也成为资金提供的一方。

一味地采用内部融资，意味着放弃了举债经营带来的财务杠杆效应，在很大程度上会消耗企业自身的资金实力，进而引起现金不足。企业如果采用债务融资去筹集并购所需要的资金，肯定会承担一系列的财务风险，抛开商业信用风险外，不论是银行的短期借款、长期贷款，还是公司债券，都需要定期支付固定的利息，进而使企业背负偿还银行利息的压力，这都会使企业的资产负债率升高。

2. 支付风险

支付风险主要是由于支付方式选择不合理造成的。

此外，还有资金流动性上的风险、债务违约风险以及控制权被稀释的风险，总之，财务风险极易引发并购失败。

（二）防范财务风险要注意的问题

（1）由于财务风险表现出的持续性和关联性，防范此类风险要从企业的自身实力出发，根据收购方案制定严格的资金预算，并对自身的财务状况有充分的了解，资产负债率、现金流状况、股权结构等指标是作为支付方式和筹资方式决策的重要考虑因素。并购不是公司资本运营和经营活动的终点，在考虑筹资方式时，还应考虑后续战略行动计划的安排。确定合理的融资结构，明确权益资本和债务资本的占比，同时考虑自有资金发挥的效用。管理用财务报表的分析方法有助于企业快速了解各项资产负债的性质，主要分为经营性和金融性两类活动，同时区分短期和长期。选择适合企业的资本结构，是防范财务风险的第一步。

（2）确定好融资结构后，一般情况下，应根据目标资本结构配置并购资金，如果条件允许，应尽量减少现金支出。股权支付方式是一种不错的替代支付方式，除此之外，还可以选择可转换债券支付方式、权证支付方式及混合支付方式。在融资方面的防范措施主要有拓宽融资渠道，除常规的银行贷款方式外，在当今的经济环境下，可以考虑取得银行授信、私募股权并购基金、可转换公司债券融资、吸引战略投资者等方式。同时，在考虑偿债压力和财务负担时，不要忘记企业整合后所需投入的生产营运资金和债务清偿资金。对于财务风险的防范，企业在采取措施时，还要与自身的发展战略相结合，在自身实力范围内，全面权衡控制权、现金流、债务利息抵税等因素。另外，还需要在并购过程前后关注关键财务指标的变动情况，做好财务上的应急措施。

五、整合风险及其防范

（一）整合风险的表现形式

1. 人事整合失败

人事安排出现问题会严重阻碍并购，尤其是涉及并购企业不熟悉的行业和经营模式时，新任命的管理层如果不具备相应的专业知识，则会造成巨大的管理真空，进而产生管理混乱，降低企业的效率。在原有创始人团队留任的情况下，也会出现由于利益目标不一致而产生的代理问题，严重的情况下，甚至会有侵害并购公司利益、抱团对抗甚至恶意破坏的行为。而以上两种情形，都有可能让管理方面和技术方面的重要人员离开企业。主要的原因是管理风格不同，合并后的制度与目标企业不兼容，目标企业原领导层心态会因为并购发生变化，影响其绩效的发挥，在我国的公司治理实务中，大部分的业务骨干都是因为原来领导层的个人魅力或者能力产生的自然追随。当管理层的心态发生变化，或被并购企业委任的新人接替时，这些骨干力量会产生极大的不确定性，一旦骨干力量离开，不论是企业由此丧失的前期培训成本、经验学习效应，还是其对团队稳定和未来发展带来的不确定性，都会间接减损企业整体价值。

2. 战略和业务整合不到位

并购企业和目标企业在并购活动落实前各自有其具体的战略目标和发展方向，在战略整合前，应从行业的角度对目标公司进行 SWOT 分析，列出目标企业在行业发展中的优势、劣势，重点列出当前行业发展出现的机会以及潜在的威胁。在调整战略前，要认真考虑这些因素对并购企业战略的影响。同时也必须考虑目标企业融入并购企业战略后，对其自身的影响，很多企业并购失败，都是由于战略整合后，企业的经营范围界定模糊，创造价值时无法形成合力，分散了企业资源，造成利润率下降，最终导致企业竞争能力的下降。战略整合过程往往是并购企业方主导，被并购方配合的过程，在战略调整的过程中，常常伴随着战略转向，前期投入的一些资源会被浪费掉。

业务整合中的风险因素更多更复杂，随着战略的调整，并购带来的新技术、新资源势必会被应用于原有的产品和服务中，如果融合不善，会形成新的经营风险，威胁企业的经营业绩，从而使并购的结果与预期收益之间形成差异，造成并购失败。

3. 文化与组织整合失调

当前的企业在运营发展过程中，非常重视对于企业文化的培育和发扬，企业文化作为企业内调动人的积极性和能动性的催化剂，在企业发展中会起到非常重要的作用，而文化整合，就是要寻找两家企业的文化契合点，缓解文化上的冲突和差异，让两个不同企业的文化融为一体。文化整合风险主要来自两家企业现有文化间的差异，核心价值观和行为导向的不一致和冲突，以及并购整合方式与文化整合的节奏。

组织整合也是并购无法绕过的课题，并购活动完成后，为达到优化效率、整合资源的目标，两家企业的组织结构类型，需要在有效分工的基础上重新优化设计组织层级，以减少流程过长、决策流混乱等问题，如果无法实现这一目标，就会影响整体效率，导致整合效果减弱。

（二）防范整合风险需注意的问题

战略整合的目标明确后，在组织实施上，组织整合、人事整合以及文化整合实际上是相互关联、相互交织的有机整体。

1. 要正确认识人事整合

两家企业从毫无关联到并购重组，势必会造成人员的遣散安置、新老管理层更迭等问题，关键是要在整合前明确整合目标，识别核心的技术或管理人员，可以就其对于并购活动的看法进行调研，要尽力确保关键人员的留任，避免由于人员流失造成的损失。

2. 防范组织整合风险时，需要确定法人治理结构

明确管理层级和管理模式，修订相关的管理制度。在人事任命时需要考虑管理者对于目标公司经营业务的管理能力和专业水平，避免由于能力缺失引起目标公司原有人员的不满情绪，同时为避免组织结构管理模式调整造成的管理真空，在确保效率的基础上，应在重大风险问题点上加强审核控制，这可以使新结构在流程执行中不断磨合，也可使各级审批人员对目标公司的运营模式有更深入直观的了解。

3. 要在整合节奏上把握好尺度

对于整合难度大的情况，建议设立整合过渡期，在相应平缓的节奏下逐渐过渡，可以帮助目标企业和并购企业员工平稳地进行文化融合，同时建立冲突对话机制，及时协调发现的问题，确保并购整合顺利地进行。

六、敌意收购与财务防御

（一）敌意收购

敌意收购是指收购者在收购目标公司的股权时，该收购行为遭受目标公司管理者的反抗和拒绝，甚至在采取反收购策略的条件下强行收购；或者在未与目标公司的经营管理者商议的情况下，提出公开收购要约，实现公司控制权的转移。

反收购的结果不外乎两种：一是反收购失败，交出公司的经营控制权；二是反收购成功，但公司可能需付出极大的代价，元气大伤。

成为敌意收购的目标公司一般有如下特点：

（1）资产价值被低估。
（2）公司具有尚未发现的潜质。
（3）公司具有大量的剩余现金、大量有价值的证券投资组合以及大量未使用的负债能力。
（4）公司具有出售后不损害现金流量的附属公司或其他财产。
（5）现有管理层持股比例较小。

（二）财务防御

（1）通过举债或股票回购等方式大幅度提高公司的负债比例，并在贷款合同中增加限制性条款，如被接管时要提前偿还债务等。
（2）力争促使持股比例相对集中于支持管理层的股东或控股公司手中。
（3）增加对现有股东的股利发放率。
（4）营运中产生的剩余现金流量要尽量投入具有正净现值的项目，或回报给股东，或用于收购其他公司，尤其是收购者不希望要的公司。
（5）对于脱离母公司后并不影响现金流量的正常运作的附属公司，应将其剥离，或为了避免大量的现金流入，应让其独立。
（6）通过重组或分立的方法，实现那些被低估资产的真实价值。

上述各种措施虽然可降低公司被并购的风险，但同时公司也放弃了财务方面的某些灵活性以及抗风险的能力。

(三) 反收购的管理策略

1. 建立合理的持股结构

为了防止上市公司的股份过于分散，公司常常采用交叉持股的股票分配形式，即关联公司、关系较密切的公司之间相互持有部分股权，一旦其中一家公司遭到收购，相互持股的公司之间容易形成"连环船"的效果，从而大大增加了反收购一方的实力。但这种方式也会使公司往往耗费较多的资本在相互持股上，从而影响公司的现金流量。

2. "金降落伞"策略

目标公司董事会可决议：如果目标公司被并购，且高层管理者被革职，他们可以得到巨额退休金（或遣散费），以提高收购成本，即"金降落伞"策略。

3. "毒丸"策略

这一策略的目的是提高收购成本，即目标公司发行附认股权证债券，标明当公司发生收购突发事件时，持债者可以购买一定数量的以优惠价格出售的新股份。这样，随着股份总量的增加，不但可有效地稀释收购者持有的股份，而且可增加收购成本。

4. 员工持股计划（简称 ESOP）

员工持股计划是指公司员工通过举债购买本公司股票而拥有公司部分产权及相应的管理权。在一般情况下，一旦公司发生并购，员工就会被裁减。为了保持职位，当用员工持股计划来进行反收购防御时，员工往往会站在公司经理人员一边。

本章小结

本章主要介绍了公司并购的相关概念，公司兼并和收购，在本质上都是公司所有权或产权的有偿转让，在经营理念上都是通过外部扩张型战略谋求自身的发展，其目的都是加强公司的竞争能力。并购按实现方式划分，可分为购买式并购、承担债务式并购、控股式并购、吸收股份式并购、杠杆收购和管理层收购。无论何种类型的企业并购，绝不是两个企业的简单合并或形式上的组合，每一次并购成功都与并购后的整合管理不无联系，而且整合成本往往是直接收购成本的数倍。并购中的投资决策风险、法律风险、估值风险、财务风险、整合风险以及恶意收购等风险都是影响并购成功的重要内容。

精选案例分析

案例：

5 600 亿"巨无霸"诞生！怡安并购韦莱韬悦

2020年3月10日，怡安保险（以下简称怡安）收购了竞争对手韦莱韬悦，收购价格约300亿美元（折合人民币约2 100亿元）。根据怡安和韦莱韬悦宣布的协议，两家公司以股票交易的形式并购，合并后股权价值约为800亿美元（折合人民币约5 600亿元）。合并后公司的名字依旧是怡安，由怡安首席执行官格雷格·凯斯（Greg Case）领导，韦莱韬悦首席执行官约翰·汉利（John Haley）担任董事长。

在股权方面，怡安现有股东持有约63%的股份，韦莱韬悦现有股东持有合并后的公司约37%的股份。

据悉,怡安与韦莱韬悦的收购计划预计于2021年年底完成,之后将组建英国最大的养老金咨询公司。

格雷格·凯斯称:"我们在风险、退休和健康领域的世界级专业知识将加速创建新的解决方案,在网络、委托投资、知识产权、气候风险和健康解决方案等高增长领域更有效地将资本与未满足的客户需求相匹配。"

"韦莱韬悦和怡安保险的结合是我们在人力、风险和资本领域更好地为客户服务的下一步。这项交易为我们的联合团队提供了更快地推动创新和提供更多价值的机会,从而加快了这一进程。"约翰·汉利补充道。

怡安是全球第二大经纪公司,而韦莱韬悦排名全球第三位,两者合并后,将缔造全球最大的保险经纪公司。而在并购之前,市值最大的保险中介巨头为威达信集团,市值约500亿美元。

(案例来源:https://baijiahao.baidu.com/s?id=1660835364908836508&wfr=spider&for=pc 整理而成)

讨论:
1. 怡安并购韦莱韬悦给我们带来什么启示?
2. 企业在实施并购时,需要注意哪些风险?在此案例中是如何解决的?

实务演练

一、思考与回答

1. 并购动因的相关理论有哪些?
2. 并购过程主要包括哪些步骤?
3. 不同的并购支付方式分别有什么特征及优缺点?
4. 如何理解企业并购的财务风险?

二、搜集与整理

1. 请选择一家中国上市公司的并购案例,说明某个具体的并购理论在此案例中的运用。
2. 请查找中海油并购优尼科失败的案例,并分析原因。
3. 请分析美的并购东芝的案例。

自测与练习

一、单项选择题

1. 企业与在生产过程中与其密切联系的供应商或客户的合并称为(   )。
   A. 横向并购   B. 纵向并购   C. 混合并购   D. 善意并购

2. 生产彩管的深圳赛格集团通过协议并购方式收购彩电生产公司深华发,这种并购类型属于(   )。
   A. 合并   B. 兼并   C. 收购   D. 善意并购

3. 以混合并购为主要形式的并购浪潮是(   )。
   A. 第一次   B. 第二次   C. 第三次   D. 第四次

4. 发生于20世纪90年代初的全球第五次并购浪潮的特征是(　　)。
   A. 以横向并购为主
   B. 以纵向并购为主，同时出现了产品扩展型混合并购
   C. 以跨行业的混合并购为主
   D. 以强强联合和跨国并购为主

5. 下列哪种理论认为，无论收购活动最终是否取得成功，目标企业的股票在收购中都会被重新提高估价？(　　)
   A. 财务协同效应理论   B. 效率理论
   C. 信息理论   D. 战略调整理论

6. 若通过收购股权而使收购方成为被收购方的股东，在这种情况下，收购方应(　　)。
   A. 承担被收购公司的债权   B. 承担被收购公司的债务
   C. 承担被收购公司的债权、债务 D. 不承担被收购公司的债权、债务

7. 在并购中，当目标公司处在征收资本利得税的国家或地区时，必须承担资本利得税的价格支付方式是(　　)。
   A. 现金支付方式   B. 换股支付方式
   C. 杠杆收购   D. 混合证券支付

8. 目标公司董事会决议：如果目标公司被收购，且高层管理者被革职，他们可以得到巨额退休金，以提高收购成本。这种反收购策略是(　　)。
   A. "毒丸"策略   B. "焦土"策略
   C. "白衣骑士"策略   D. "金降落伞"策略

二、多项选择题

1. 按并购的支付方式划分，并购可以分为(　　)。
   A. 整体并购   B. 承担债务式并购
   C. 现金购买式并购   D. 股份交易式并购

2. 按并购双方成品与产业的联系划分，并购可分为(　　)。
   A. 横向并购   B. 纵向并购   C. 混合并购   D. 恶意并购

3. 并购可能给企业带来的好处有(　　)。
   A. 实现规模经济效益   B. 降低交易费用
   C. 提高市场份额   D. 多元化经营

4. 企业并购的风险有(　　)。
   A. 法律风险   B. 政治环境风险
   C. 信息风险   D. 行业环境风险

5. 公司并购的资金来源主要有(　　)。
   A. 银行借款   B. 债券融资
   C. 股票融资   D. 公司在经营过程中创造的净利润

6. 并购整合的内容主要包括(　　)。
   A. 战略整合   B. 产业整合
   C. 存量资产整合   D. 管理整合

三、判断题
1. 在吸收合并中,原有相关企业的法人资格均会消失。（ ）
2. 管理层收购与杠杆收购的区别在于它的并购者是目标企业的管理层。（ ）
3. 一般在并购活动中,目标企业的股东都会获得大量的正收益。（ ）
4. 收购是兼并的一种形式,是控股式兼并。（ ）
5. 公司兼并和收购其本质上都是公司产权的有偿转让。（ ）
6. 通过并购获得生产能力可以使公司较快地发展壮大。（ ）
7. 杠杆收购的并购价格支付方式可以减少并购公司前期的现金压力。（ ）
8. 杠杆收购是收购公司完全依赖借债筹资,以取得目标公司的控制权。（ ）
9. 实质上,杠杆收购是收购公司主要通过借债获得目标公司的产权,且从后者的现金流量中偿还负债的收购方式。（ ）
10. 企业如果使用本公司自己的现金或股票进行并购,则不存在财务风险。（ ）

第六章

资本经营

学习目标

1. 了解资本经营的内涵及特点；
2. 了解资本经营与生产经营的区别；
3. 掌握资本经营的模式；
4. 掌握资本运营的风险管理和控制。

导入案例

利福中国成功分拆上市

2016 年 7 月 15 日，利福中国集团有限公司（以下简称利福中国）在香港交易所有限公司主板成功挂牌。据了解，利福中国是以实物分派形式从利福国际集团有限公司（以下简称利福国际）分拆上市的，每持有一股利福国际股份，获派发一股利福中国股份。

利福中国是一家扎根于中国的百货店营运商，在中国内地营运上海久光、苏州久光及大连久光生活时尚百货店，定位中高端市场。此外，利福中国还在内地营运超市，在香港地区营运餐厅，并参股以河北省石家庄为基地的零售集团——北人集团。

对于此次上市，利福中国指出，考虑到利福中国与利福国际业务所处的地区及增长路径有别，分拆可令各自的管理团队得以集中于其自身的分部业务，加快决策过程及对市场变动的反应。

分拆后，利福国际主要在香港地区经营百货店业务，而利福中国专注在内地经营百货店、超市业务及餐厅业务，两个平台均可以凭独立上市个体身份向债务或资本市场筹措资金，以迎合不同投资者对香港及内地市场的喜好。

谈及利福中国成功分拆上市，主席、执行董事兼行政总裁刘銮鸿先生表示："利福中国能够成功从利福国际分拆，并在香港交易所主板上市，我们希望借此感谢股东对公司的支持。展望未来，我们将凭借丰富的营运经验，继续审慎地在中国百货店市场扩充。"

另外，值得一提的是，利福中国表示，将继续巩固及加强其在中国百货店市场的地位及竞争力。考虑到上海零售市场庞大且顾客消费力强劲，利福中国正在上海市静安区大宁路开发一个全新的综合零售项目，其中包括利福中国在上海的第二家久光百货店。

(案例来源：http：//news.winshang.com/html/058/5114.html 整理而成)

第一节 资本经营方式与价值创造

一、资本经营的内涵及特点

(一) 资本经营的内涵

从经济学的意义上讲，资本经营是指以资本增值为目的，以价值形态经营为特征，通过对生产要素的优化配置和资本结构的动态调整，对企业资产进行综合运营的一系列经济活动。

也可理解为资本经营是指对企业可以支配的资源和生产要素进行运筹、谋划和优化配置，以实现最大限度的资本增值目标。

(二) 资本经营的特点

作为一种管理理念，资本经营的特点表现在以下几个方面：

1. 资本经营是以资本导向为中心的企业运作机制

这种机制要求企业在经济活动中注重资本的投入产出效率，保持资本形态变化的连续性和继起性，实现资本最大限度的保值和增值。

2. 资本经营是以价值形态为主的经营活动

它将所有可以利用和支配的资源、生产要素都看作是可以经营的价值资本，不仅考虑有形资本的投入和产出，而且注重专利、技术、商标等无形资本的投入和产出；不仅关心经营过程中物质流的变化，而且注重价值流的变化和平衡。

3. 资本经营是一种外部交易性经营

它使管理者面对的经营空间更为广阔，企业家不仅要通过企业内部资源的优化组合实现价值增值；而且注重和利用一切融资手段、信用手段扩大利用社会资本的份额，通过并购、参股、控股等途径，实现资本扩张和资本增值。在这种方式下，企业不仅可视为某一产品的生产部门，也可看作是价值增值的载体，通过企业的"买卖"实现资本扩张和价值增值。

4. 资本经营注重资本的流动性

资本的显著特征是流动性和增值性，增值是资本内在的本质要求，流动是资本生命力的表现，资本的流动不仅体现在供产销的资本运动中，而且反映在盘活存量资产上。企业在经营过程中的"投资—生产—交换—消费"或者"货币资本—生产资本—商品资本—货币资本"的变化过程，既包括流动资本的流动，也包括固定资本、无形资本的流动，其实质是资本增值的准备、进行和实现的过程。而企业通过兼并、收购、租赁等形式的产权重组，盘活沉淀、闲置、利用率低的资本存量，可使资本不断流到收益率高的产业和产品上，使资本重新获得增值的契机。

5. 资本经营是以人为本的经营

"人才是最重要的资本"已成为发达国家和地区企业界普遍流行的一种观念。资本经营将人看作是企业资本的重要组成部分，把对人的管理作为资本增值的首要目标，确立人本思想，不断挖掘人的创造力，通过人创造效益，获得资本增值。

6. 资本经营是一种风险性经营

资本经营是一种风险性经营，特别是企业并购重组，它是一把双刃剑，既充满魅力，也孕育着风险。这里的风险不仅包括并购时的风险，还包括并购后的重整风险。马克思指出，市场是一次惊险的跳跃。交换不成功，摔坏的不仅是商品，还有商品制造者本人。

二、资本经营与生产经营的区别与联系

资本经营是企业发展到一定规模和阶段时所要采取的一种战略措施，它以生产经营为基础和起点，经过一系列的资本运作，最终又回到生产经营，为生产经营服务。或者说，资本经营作为现代化的企业经营手段，其目标是实现企业的发展战略，即强化、优化企业的主营业务结构，使其达到最佳配置，在提高企业主营业务利润的同时，实现资本的保值和增值。

（一）资本经营与生产经营的区别

1. 经营对象不同

生产经营的对象是各种产品或劳务，经营的核心问题是根据市场需求状况及变化趋势决定生产什么、生产多少以及如何生产。资本经营的对象是价值化、证券化了的物化资本，或者说是资本化了的企业资源，其核心问题是如何通过优化资源配置来提高资产的运行效率，确保资本保值增值。前者经营的是实物形态，后者经营的是价值形态。

2. 市场条件不同

生产经营面临的市场主要是商品市场，经营者关心的主要是原料和产品的市场价格、产品的销售渠道和市场份额。资本经营面临的不仅是商品市场，更主要的是资本市场，经营者更关心各种证券的价格、金融市场的动态、资金的流向等。

3. 发展战略不同

生产经营是一种内部管理型战略或称产品扩张型战略，即在现有的资本结构下，通过调整内部资源，包括控制成本、提高生产效率、开发新产品、拓展新市场、调整组织结构、提高管理能力等维持并发展企业竞争优势。资本经营是一种外部交易型战略或称资本扩张型战略，即通过吸纳外部资源，包括兼并、收购、资产重组等活动，迅速扩张企业可控制规模，提高市场占有率，培育出新的经济增长点。

4. 资本循环不同

生产经营中的资本循环一般依次经过供、产、销三个阶段，顺序地采取货币资本、生产资本和商品资本三种形态。资本经营中的资本循环，从广义的角度说，不但包括生产经营的三个阶段，而且包括资本的筹措和投放，其资本形态包括虚拟资本（产权凭证）、货币资本、生产资本和商品资本等；从狭义的角度说，资本经营可越过产品这一中介，以资本的直接运作方式（并购、融资、资产重组）实现资本保值增值，其资本形态表现为虚拟资本和货币资本两种形态。

5. 收益来源不同

生产经营的收益主要来自向市场提供产品和劳务所取得的利润，并以此实现原有资本的价值增值。资本经营的收益主要来自生产要素优化组合后生产效率的提高所带来的经营收益的增量，或生产效率提高后资本价值的增加。从根本上说，资本经营收益是产业利润的一部分。

6. 经营者不同

生产经营的经营者或管理者一般由资本所有者的代理人——企业家进行运作。资本经营是市场经济中最复杂的一种特殊商品的交易，它不仅需要代表资本所有者意志的企业家，而且需要各种专业中介组织（投资银行）的协助，从某种意义上说，这些中介组织是资本经营的设计师和组织者。也就是说，资本经营应由企业家和银行家联合运作。

（二）资本经营与生产经营的联系

（1）两者目的一致（资本保值增值）。

（2）两者相互依存（资本经营为生产经营服务，以生产经营为基础）。

（3）两者相互渗透（生产经营的过程就是资本循环周转的过程）。

（三）生产经营转向资本经营的意义和作用

1. 有利于企业外向型发展

资本经营是一种外向型的经营方式，充分利用社会大协作的宏观环境，以合纵连横、借船出海、借鸡下蛋等方法谋求资本增值。企业通过兼并重组外向型程度较高的企业，快速获得外向型发展所需要的资源。

2. 有利于优化企业资本结构，盘活企业存量资本

有效的资本运作方式能够优化企业的资本结构，降低资金成本，还可通过资本交易等方式，将闲置资产转换成可用资产，盘活存量资本，进而提高资本收益水平。

3. 有利于促进企业做大做强，实现跨越式发展

企业通过运用兼并、收购、资产重组等资本经营手段，整合企业内外部资源，取得企业发展所需要的重要资质、资源和技术能力等竞争优势，形成规模经济，获取规模效益，实现跨越式发展。

三、资本经营的方式

资本经营的方式在不同的论著中有不同的表述。

（一）从资本价值变动总额来讲，资本经营的方式有三种

1. 做加法

即利用资本市场，拓展筹资渠道，为增强企业市场竞争力，提供资金保证。

2. 做减法

即淘汰一批长线产品和亏损企业，以及低水平、重复建设的企业，为经济发展减亏解困。

3. 做乘法

即走联合、并购、控股、参股之路，在启动存量资产、缩短建设周期、促进存量资产优

化组合的同时，实现规模经济，取得规模效益。

（二）就具体操作而言，资本经营的方式主要有五种

1. 股权转让方式

股权转让方式是目前我国资本市场中发生频率最高的资本经营方式。它又可细分为股权（协议）转让与无偿划拨两种方式。

（1）股权转让的对象一般是国家股和法人股，由于我国上市公司绝大多数是由国有企业改制形成的，且国有股、法人股在企业中占绝对比重，通过国有股权的转让与集中，已成为上市公司重组过程中最迅速、最经济的一种方式。

（2）无偿划拨是指上市公司的所有者（一般是指政府）通过行政手段将上市公司产权（通常指国家股）无偿划拨给并购公司的主权重组行为。如泰达股份、环宇股份、上菱电器就是采取此种方式进行公司重组的。

2. 并购、联合式

并购与联合是企业资本经营中最为活跃的运作方式。以2019年为例，自2014年以来，我国并购市场迎来快速发展，交易数量、规模屡创新高，并一举成为全球第二大并购投资地，仅次于美国。但在经济下行压力增大、2018年后半年沪深股市震荡、中美贸易摩擦以及春节假日等众多因素的影响下，2019年第1季度国内并购市场整体有所下降，在440笔并购案例中，国内并购有414笔，国内并购案例数量同比下降30.4%；披露的交易规模2 018.11亿元，同比下降26.4%；平均交易金额4.87亿元。国内并购交易行业活跃度前五名的分别是机械制造、生物技术/医疗健康、IT、建筑/工程、清洁技术，机械制造行业表现亮眼，并购交易活跃度大幅度上涨。第1季度国内并购金额最大的一笔交易为中原特钢收购中粮资本100%股权，交易金额211.86亿元。

3. 资产剥离式

资产剥离是指将非经营性闲置资产、无利可图资产以及已经达到预定目标的资产从公司资产中分离出来。从表面现象看，这是公司规模的收缩，但其实质是收缩后更大幅度更高效率的扩张。资产剥离让公司选择适合自己经营的资本，剔除自己不善于管理的资本，可大大提高公司资产的运作效率。资产剥离的方式一般包括减资、置换、出售等，国外一项研究表明，与同业兼并相比，无关联行业兼并的成功率很低，这种兼并后的低效率往往使公司在兼并后重新剥离资产，出售分支机构和其他经营单位。

4. 租赁、托管经营式

租赁和托管这两种方式能够在不改变或暂时不改变原有产权归属的前提下，直接开展企业资产的流动和重组，从而有效地回避了企业破产、并购过程中的某些问题和操作难点，是现有条件下大规模进行国有企业改革的有效方式之一。如江苏大地集团租赁停产半年多的黑龙江安达植物油厂、租赁亏损的徐州利康尔食品厂，既解决了自己生产线短缺的问题，又盘活了闲置的资产。

5. 品牌经营式

品牌经营主要是利用名牌效应进行低成本扩张。名牌是昨天对今天和明天的投资，美国万宝路公司总裁马克斯韦说过："名牌是企业发展的最大资本，它如同储蓄的户头，只要不断地提高产品质量、信誉等累计其价值，便可享受它的高额利息。"名牌作为一项无形资

产，具有强大的市场开拓力、文化内蓄力、信誉辐射力、资产扩张力和超常获利能力。

总结一些知名企业的成功经验，品牌经营主要有以下几种方式：

（1）扩散式经营，即将自己的品牌输出，允许其他商家利用自己的知名商标（品牌）进行销售的一种运作方法，其前提条件是要有一系列的质量保证。这种方法有利于发挥品牌资本的放大效应，迅速扩大企业规模，实现优势互补。品牌输出是继产品输出、资金输出之后的更高层次的资本运作方式。杭州"小天鹅"与武汉"荷花"公司的品牌运作堪称典范之作。

（2）吸纳式经营，即运用名牌这种无形资本的影响力和信誉度，广拓融资渠道，吸引社会资本和外商资本，弥补企业资金短缺，推动企业发展。

（3）积聚式经营，是指拥有名牌等无形资本的优势企业，以无形资本为纽带，兼并、收购其他企业，或组建企业集团，达到以无形资本调控有形资本，实现资本增值和扩张的目的。名牌可以造就大型企业集团，这是因为市场向名牌靠拢，企业向名牌集中，以品牌为核心组建企业集团已成为企业重组和资源配置的重要机制，以品牌为旗帜实现名牌扩张已成为趋势。

在实务操作中，不同形式的资本经营方式可以单独运作，也可结合在一起使用。如在股权转让中，可先剥离不良资产后进行产权转让等。

四、资本运营理论

产权理论的形成最早可以追溯到1937年科斯发表的《企业的性质》这篇论文。在1960年，他发表了另一篇《社会成本问题》的论文，由此逐渐形成了一个新制度经济学派，并提出了产权、交易费用、代理成本等概念。该理论的出现加深了经济学对企业的认识和研究，由此也促进了人们对资本运营问题的深入研究，以后信息经济学和博弈论的出现更是丰富了人们对企业的认识，因此形成了林林总总的资本运营理论。

（一）效率理论

效率理论的基本假定是承认兼并等资本运营活动对整个经济存在着潜在收益。

（二）价值低估理论

价值低估理论认为，发生企业并购的原因在于目标企业的价值被低估了。

（三）信息与信号理论

在实际发生的企业并购活动中，被收购企业的股票价值几乎都要被抬高，只不过程度上不一致而已，对这个问题的解释就形成了所谓的信息和信号理论。

（四）委托代理理论

在现代企业组织中，企业的最终所有者与企业的管理者实际上已发生了分离。由于企业的管理者不拥有企业的全部产权，因此其无论是经营良好，还是经营不善，都会对企业所有者产生正的或负的外部效应。从经济学"对人都是自私的"这个假定出发，企业管理者带给企业所有者更多的是负的外部效应，如何克服这个负的外部效应问题，就引出了委托代理理论。

（五）税收节约理论

税收节约理论即为了减少税收方面的支出。用对策论的语言来表述，就是通过企业并购活动而减少税收支出是在和财政部门进行"零和博弈"。

（六）市场垄断理论

从对社会经济有益的一面来看，并购带来的好处也许是规模经济和范围经济；从对社会经济不利的一面来看，并购活动有可能带来垄断。但是现在关于垄断也有人认为其有好的一面，或至少是不可避免的一面，因为垄断集中本身是竞争的产物。在现代经济中，由于竞争已从简单的价格竞争发展成为质量、技术、服务、产品类别等诸多方面立体的竞争，因此，即使是大公司之间，也很难就垄断达成什么共谋。此外，大公司和大企业在现代科技发展中的作用日益增大，这也是并购等资本运营活动对现代经济发展的贡献之一。

第二节　资本存量经营

一、资本存量经营的内涵与目标

（一）资本存量经营的内涵

1. 资本存量

资本存量（也叫存量资本）是指在一定时点上所积存的实物资本反映在一定时点上人们所实际掌握的物质生产手段。大多数研究经济增长的学者认为，用资本存量作为度量资本投入的指标是合适的。

从企业资本经营的角度看，资本存量是指企业现存的全部资本资源，它通常可反映企业现有的生产经营规模和技术水平。同时，资本存量是已投入企业的各类资本的总和，它以资产形式存在，所以又叫资产存量。根据它在生产过程中所处的状态，可以划分为两类，即正在参与再生产的资本存量和处于闲置状态的资本存量，包括闲置的厂房、机器设备等。

2. 资本存量经营

资本存量经营是指企业通过兼并、收购、联合、股份制改造等产权转移方式促进资本存量的合理流动与优化配置。

（二）资本存量经营的目标

资本存量经营的目标是降低潜在经济效益，提高经济效益。

1. 潜在经济效益的一般含义

潜在经济效益是指在一定技术水平和资源投入（指资源投入数量和资源投入结构）情况下的实际经济效益水平与最大可能经济效益水平之间的差异。实际经济效益水平是指实际产出或所得与实际投入或所费之间的比率；最大可能经济效益水平是指在技术水平一定的情况下可能达到的最大产出水平与投入之间的比率。潜在经济效益相对于实际经济效益水平而言是一种负效益。从静态角度看，潜在经济效益越高，说明实际经济效益水平越低；反之，潜在经济效益越低，说明实际经济效益水平越高。从动态角度看，提高经济效益，就是要降低潜在经济效益。

研究潜在经济效益的意义在于找出实际经济效益水平与最大可能经济效益水平之间产生差异的原因，即潜在经济效益产生的原因。由于资源投入和技术水平一定，所以其关键又在于研究最大可能产出与实际产出之间产生差异的原因，剖析资源利用不充分的细节安排及其对经济效益所带来的不利影响，从而制定对策，消除这些不利影响，降低潜在经济效益，提高资源利用率，最终达到提高实际经济效益的目标。

2. 企业存在潜在经济效益的原因

企业存在潜在经济效益的原因主要是企业资源没有充分利用，如劳动者行为不规范，出工不出力；厂房、设备闲置；原材料积压浪费及利用率低；产成品积压等。从经济学原理来解释，企业存在潜在经济效益实质上就是低效率的反映，如果企业各种资源都得以充分利用，就不存在低效率问题，也就不存在潜在经济效益。

3. 降低企业潜在经济效益的方法

从资本资源配置来看，要降低企业潜在经济效益，就要提高企业资本配置，而要提高企业资本配置，就要解决以下问题：

（1）一定量的资本如何在不同产品或不同用途之间进行配置，使投资收益率最大，如多项目组合投资决策等；

（2）生产一种产品如何优化配置各种资本资源的结构，使成本最低，如固定资产与流动资产结构优化、固定资产内部结构优化、流动资产或原材料内部结构优化等。

另外，从企业权益角度来看，负债与所有者权益结构的优化，也属于资本配置管理的范畴。资本存量经营原理如图 6-1 所示。

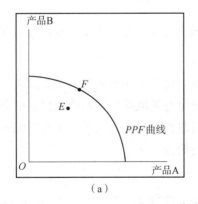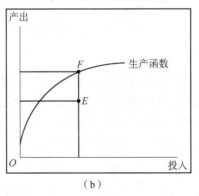

图 6-1 资本存量经营原理
(a) 企业生产可能性曲线 PPF；(b) 企业生产函数

在图 6-1（b）中，企业在一定时点上的资本存量（资源总量）是既定的，对应于图 6-1 中 E 点和 F 点的横坐标，由于资本存量的运营效率不同，导致出现了 E 点和 F 点两个不同的产出水平。

在图 6-1（a）中，E 点和 F 点两个产出水平对应于不同的生产可能性曲线，较高产出水平的 F 点在企业生产可能性曲线 PPF 上面，而较低产出水平的 E 点在企业生产可能性曲线 PPF 下方。

图 6-1 解释了企业在生产中出现潜在经济效益或资本潜在经济效益的原因,所以,对于既定的资本存量,配置要达到最佳,从而使潜在产量(F 点)高于实际产量(E 点)。企业资本存量经营的目标就是让企业的产量达到 F 点。

二、资本存量经营的方式

资本存量经营的方式主要是通过资产的剥离和企业的分立来进行的。

(一)剥离

剥离是指公司将其现有的某些子公司、部门、产品生产线、固定资产等资产存量出售并取得现金或有价证券的行为。剥离按其是否符合公司的意愿,划分为自愿剥离和非自愿剥离;按照剥离业务中出售资产的形式,可划分为出售资产、出售产品生产线、出售子公司等形式。出售资产是指仅出售公司的部分场地、设备等实业资产、金融资产以及无形资产使用权;出售产品生产线是指将与生产某一产品相关的全部机器设备出售;出售子公司是指将一个持续经营的实体出售,此时剥离的实体不仅包括生产线,也包括有关的职能部门及其人员。

(二)分立

分立是指母公司将其在子公司中所持有的股份,按照持股比例分配给现有母公司的股东,从而在法律上和组织上将子公司的经营从母公司中分离出去。分立的结果是产生一个与母公司有着持股比例相同的股东的新公司。

三、资本存量经营的时机与方式选择

当企业处于以下几种情况时,可考虑利用剥离或分立方式进行资本存量的调整。

(一)当欲进行筹资时

企业筹资应首先从内部寻找来源,优先选择剥离公司部分非核心或非相关的业务以及转让金融资产或无形资产使用权等方式。这既可避免财务风险,又不致使控制权旁落。若将多角化集团中不确定性较大的资产剥离,可使公司盈利前景更为明了,从而增强股东信心,提高股价,使公司新股的再度发行能筹集到更多的资金。

(二)当经营环境变化时

公司经营环境包括技术进步、产业发展趋势、经济周期变化以及国家有关法律规定等,若经营环境的变化使公司原资源配置成为低效率的方式,企业可通过分立使不再适合公司总体发展战略的子公司独立于母公司之外,也可通过资产剥离使公司从不适合继续经营的产业彻底退出,从而将融得的资金投入更高效的领域。

(三)当业绩下滑时

当企业的部分子公司或部门利润水平低或达不到预期的利润增长率甚至亏损时,若该子公司或部门发展前景尚可,企业可将其分立,使之重新定位,使子、母公司双方更加集中于各自具有比较优势的业务,从而提高经营绩效和股东收益;若该子公司或部门发展潜力甚微,也可将其彻底剥离,以结束其对整个公司业绩的不良影响。

（四）当欲从事投机炒作企业时

有战略眼光的投机家视企业为商品，其可观的增值源泉在于整合与包装。将潜力巨大的企业并购过来，经过适当资产重组之后再将其剥离，能够从企业潜在价值的实现中获得数倍于投资的收益。

（五）当公司管理薄弱时

管理不善常常是权、责、利不科学结合导致的结果，此时若将公司分立，可使管理人员集中于子公司相对较少的业务，使之在一个部门拥有更大的权利与责任，并将其收入与子公司的绩效更为紧密地联系起来，从而强化激励与约束作用，降低代理成本，增加股东收益。

（六）当并购决策失误时

分立与剥离是并购的逆向运作，实行多元化并购策略的公司，若其新增子公司可融性差，不能与母公司很好地整合，或者其经营范围超出本公司管理能力之所及，抑或对其发展潜力判断失误，这种并购便会增加负协同效应，稀释每股盈余和股价，使公司价值受损。此时可将并购来的子公司剥离，以使本公司经营状况恢复到并购前的状态；也可将其分立出去，使之独立于本公司的业绩与管理范围之外，自成体系地成长与发展。

拓展案例 6-1

剥离亏损资产，中国重工聚焦主业

2018年12月19日晚间，中国重工（601989）公司发布公告，为避免海工业务持续低迷对公司整体效益的负面影响，公司计划以零对价向控股股东中船重工集团（以下简称中船重工）出售旗下涉及海工业务的子公司山造重工53.01%的股权和青岛武船67%的股权，交易完成后，上述两个子公司的业绩、资产和负债将不再纳入公司合并财务报表，这将终止标的公司海工业务持续亏损对公司效益的影响，公司的盈利能力将得到提高。同时，本次交易完成后，公司还将收回上述两个子公司的非经营性欠款18.95亿元。

公司控股股东中船重工及其一致行动人2018年下半年来连续增持公司股份，至12月7日，中船重工直接持有公司股份35.20%，中船重工及其11名一致行动人共同持有公司股份63.06%。刚刚完成了两轮对公司股份的增持后，12月10日，中船重工又通过二级市场增持了公司股份550万股，并计划未来6个月内继续增持公司股份，增持金额在1亿~5亿元。中国重工方面表示，中船重工增持公司股份是基于对公司当前投资价值的认可及对未来发展前景的看好。

根据公告，因行业低迷，山造重工和青岛武船近年来连续亏损，2016年、2017年及2018年前10个月，山造重工合计亏损16.52亿元，青岛武船合计亏损9.65亿元；两公司总资产合计74亿元，负债合计94.9亿元；在净资产方面，截至2018年10月31日，山造重工为-14.85亿元，青岛武船为-5.87亿元。

在上述两个公司的负债总额中，有33.4亿元是欠中国重工及其附属公司的，其中，山造重工对中国重工下属大船重工非经营性负债19.32亿元，青岛武船对中国重工下属武船重工非经营性负债 11.52 亿元，共计 30.84 亿元，这些负债因标的公司在建海工平台处置困难难以收回。此次交易中，中国重工豁免了上述两个标的公司共计 11.89 亿元债务。

转让完成后，除豁免债务之外，两个标的公司对中国重工的非经营性负债尚余 18.95 亿元，将由中船重工集团确保收回，并代为清偿，资金回流有利于提升中国重工的资金使用效率。

中国重工方面表示，此次资产转让有助于公司资产和业务结构的进一步优化，有助于公司集中资源、技术、资金和管理优势强化核心业务，聚焦主业，实现持续健康发展。公司全资子公司大船重工和武船重工为国家核心保军企业，是支撑我国海军装备建设及发展的主力军。通过本次交易，标的公司不再纳入大船重工和武船重工的合并报表，有利于改善两家核心保军企业的资金状况、减少其财务负担，从而相应增强其军品研发、建造能力，保障重点项目顺利实施。

（案例来源：http://www.egsea.com/news/detail? id=338493 整理而成）

第三节 资本增量经营

一、资本增量经营的内涵

（一）资本增量

资本增量是指企业在资本存量基础上增加的资本投入量，它一方面表现为企业资产的增加，另一方面也表现为企业权益（负债或所有者权益）的增加。

（二）资本增量管理

资本增量管理要实现提高规模经济效益和技术进步经济效益的目标，必须搞好以下几个方面的管理：

（1）企业规模管理，即处理好资本投入与企业经济规模的关系，确定合理的企业规模；

（2）技术进步管理，搞好技术选择、技术创新、技术推广、技术引进、技术改造；

（3）企业筹资管理，选择筹资渠道、筹资方式，优化筹资结构，降低筹资成本；

（4）企业投资管理，搞好投资项目可行性研究，选择科学的决策程序与方法，提高投资收益率。

资本增量管理的目的，一是优化企业经济规模，取得最大规模经济效益；二是加快技术创新与改造，提高技术进步经济效益。所谓规模经济效益，一般是指由于经济规模的变动所引起的经济效益的提高。具体地说，规模经济效益是指由于生产力诸因素集约度的变动所引起的投入产出率的提高。从资本增量角度看，规模经济效益是指产出规模变动与资本投入规模变动的对比，在其他条件不变的情况下，规模经济效益意味着产出增长速度快于资本投入增长速度，即资本投入产出率提高。所谓技术进步经济效益，一般是指由于技术进步而引起的投入产出率的提高或生产率的提高。

（三）资本增量经营

资本增量经营直接表现为企业资本扩张，资本扩张作为现代财务管理的重要内容，应讲究成本效益原则,即以较低的资本扩张成本,取得尽可能大的资本扩张效益。在现代企业重组中,企业合并、合资、兼并、收购等都是资本低成本扩张的主要形式,因此,也是资本增量经营的主要形式。资本扩张,还会引起企业组织形式的变化,即从独资企业、合伙企业发展为公司制企业,或从公司制企业发展为集团企业或控股公司等。因此,资本增量经营还应结合企业的组织形式进行研究。

二、资本增量经营的目标

(一) 资本增量经营的目标

资本增量经营的内涵为明确资本增量经营的目标奠定了基础,具体地说,资本增量经营的目标如下:

(1) 通过资本增量经营,扩大企业规模,提高规模经济效益;

(2) 通过资本增量经营,加快技术进步步伐,提高技术进步经济效益;

(3) 通过资本增量经营,盘活资本存量,挖掘潜在经济效益。

(二) 相关概念

1. 经济规模

关于经济规模的内涵,在理论上及实践中都存在不同的认识。经济规模的内涵可从三个方面表述:

(1) 经济规模主要是研究生产力诸因素的集约程度的。

(2) 经济规模主要指微观经济规模,微观经济规模通常指企业经济规模,它可进一步分为企业总体规模、工厂规模及生产线规模等。

(3) 衡量经济规模的指标可分为资源投入指标和产出指标两类,资源投入指标包括劳动力投入量、资本投入量和自然资源投入量;产出指标包括国民生产总值、工业附加值、净产值、销售收入等。一般地说,衡量经济规模应以资源投入指标为主,当然,在其他条件不变的情况下,一定的产出与一定的投入是相对应的,即产出规模实际上也反映了一定的投入规模。

2. 规模收益

规模收益是指企业收益与企业规模的比较,或者说企业在所有生产要素同比例增减变动时的收益与规模的对比。规模收益存在着不变、递增和递减三种情况。规模收益不变,是指所有投入生产要素在同比例增长的情况下,产出增长速度等于投入增长速度;规模收益递增,是指产出的增长速度快于投入的增长速度;规模收益递减,是指产出的增长速度慢于投入的增长速度。

应当指出,规模收益与规模经济是两个既相互区别又相互联系的概念。

1) 规模经济和规模收益之间的区别

规模经济,一方面要求多品种生产时,各种产品之间的比例保持不变;另一方面,为了使支出最小,必须调整投入比例。与此相关的规模收益思想是:在产出比例和投入比例都固定不变的情况下,研究经济规模与经济收益之间的关系。

2)规模经济和规模收益之间的联系

(1)它们实质上都研究经济规模与经济收益之间的关系;

(2)规模经济中含有规模收益之意,或规模收益是规模经济的一种特殊情况。在多品种生产时,如果投入比例和产出比例不变,规模收益递增(或递减)可等同于规模经济(或规模不经济)。

三、资本增量预算

(一)资本增量预算的基础

资本增量预算就是要根据资本增量经营的目标,结合企业资本存量状况,预测所需要的资本增量额度。合理的资本增量额度,是资本筹集和使用的依据和标准。因此,资本增量预算可规范企业资本增量经营行为,对保证资本增量经营目标的实现有重要作用。

资本增量预算的关键在于资本增量额度的确定,而资本增量额度的大小,主要取决于资本增量的用途及其额度。从资本增量经营的内涵与目标出发,资本增量预算主要应考虑以下几个方面的问题:

1. 盘活资本存量所需要的资本增量

资本经营的目的在于充分有效地使用全部资本,包括资本存量,实现资本的增值。资本增量经营与资本存量经营是紧密相关的,在一定的情况和条件下,离开资本增量,盘活资本存量是十分困难的。同时,通过资本增量盘活资本存量的效果,比单纯的资本扩张效果要好。据有关专家计算,资本增量投入与资本存量重组之间的相关比例平均不少于1:8,即每1元的资本增量可盘活8元的资本存量,但不同的产业、行业或地区可能有所区别。

2. 实现规模经济所需要的资本增量

通过资本增量经营与提高规模经济效益的研究,优化经济规模是提高经济效益的重要途径。要优化经济规模,在我国大型企业,特别是具有规模经济性的企业原来其规模普遍较小时,往往通过资本扩张实现规模经济。国际国内的资本扩张浪潮也充分说明了大规模、集约化经营的重要性。扩大企业规模必然涉及对资本增量的需求。如何在企业现有规模的基础上,确定最佳企业规模资本需要量,是进行资本增量预算的重要内容。

3. 技术进步目标所需要的资本增量

企业发展的根本在于技术进步,而技术进步离不开技术创新、技术引进和技术改造。无论是技术创新、技术改造,还是技术引进,都需要资本。因此,进行资本增量预算,必须充分考虑技术进步的资本需要量。

4. 资本增量的筹集渠道与方式

前三个方面主要从资本增量经营的用途方面考虑资本增量预算的影响因素,而资本增量预算还涉及资本增量的来源问题,即在明确资本增量需要总量的基础上,对资本增量的来源渠道进行规划,在总量上、结构上、时间上保证资本增量的需要。

(二)资本增量预算的内容与结构

明确了资本增量预算的基础,为确定资本增量预算的内容和结构指明了方向。资本增量预算的内容与结构见表6-1。

表 6-1　资本增量预算表　　　　　　　　　　　　　　　　　万元

时期	第 1 期	第 2 期	…	第 n 期	总计
资本使用 　盘活存量 　扩大规模 　技术进步 　合计					
资本筹措 　直接融资 　间接融资 　合计					
备注					

资本增量预算的项目反映了资本增量的用途和来源，通常在预算中，资本增量使用与资本增量筹措的金额应相等，即做到预算平衡，并对可能存在的差异及问题进行说明或注解。

资本增量预算的时期可根据预算期长短及需要分年度、季度或月度进行。预算时期的细化，有利于加强对资本经营的控制与管理。

（三）资本增量预算的程序与方法

1. 资本增量预算的程序

进行资本增量预算，应考虑资本增量的特点有步骤地进行。

（1）应搞好资本存量预算，即明确企业在规模、技术和管理水平基础上的资本需要总量与结构。

（2）结合企业资本增量的应用目标，在进行可行性研究的基础上，确定各项资本增量数额。

（3）根据资本增量需要量，选择资本融资方式与渠道，确定各种筹资方式的时间与金额。

（4）综合平衡预算。

2. 资本增量预算的方法

资本增量预算的技术方法有多种，如可采用预算的一般方法，包括增量预算法、弹性预算法、零基预算法，等等。但在资本增量预算中，应结合预算的内容和特点进行，关键是搞好资本使用预算，准确测算资本增量需要量。

（1）资本存量盘活所需的资本增量预算。资本存量盘活所需要的资本增量应该包括两个方面的内容：一是用于支付资产重组成本所需要的费用，其中主要是用于剥离重组中的债务、富余人员及企业所承担的社会职能；二是用于带动资本存量的必要投入，主要指用于产品开发与技术提高等方面的投入。

（2）扩大规模所需的资本增量预算。这项内容的预算应结合企业现有的规模和目标或确定的最佳企业规模，测算增量资本需要量。企业规模扩大所需的资本增量预算，具体应根据企业规模扩大的方式进行,如有的通过实现最佳生产批量所需要的资本来测算,有的通过新的生产线所需要的资本投入测算,有的通过购建分厂所需要的资本来测算,还有的通过组建集团所需要的资本来测算,等等。测算时可分别按项目单独立项,也可进行总体测算。

(3) 技术进步所需的资本增量预算。这项资本增量测算,可根据选择的技术进步的方式进行,即按技术创新、技术引进和技术改造所需要的资本增量测算,将各技术进步项目的资本需要量合计,得出企业技术进步所需要的资本增量。

应当指出,在实践中,这三种情况的资本增量往往是同时存在,并相互融合的。例如,盘活资本存量与增加规模融合在一起,扩大规模与技术进步也融合在一起。在进行资本增量预算时,首先应尽可能地从理论界定出发,划分不同的资本增量;对融合在一起难以划分的,以资本增量主要的使用目的为主。

四、资本增量筹措

(一) 资本增量筹措的渠道

资本增量筹措的渠道(以下简称筹资渠道)随着经济体制的变化和资本市场的完善而不断扩大。筹资渠道主要有以下几种:国家财政资本、银行信贷资本、非银行金融机构资本、其他企业资本、民间资本、企业自留资本、国外资本、共同基金、养老基金等。

这些筹资渠道,有的是传统方式,有的是现代方式;有的我国已经应用,有的还没有应用。在资本增量筹集中,我们应利用各种渠道,特别对非银行金融机构资本、其他企业资本、民间资本及国外资本、共同基金等要敢于和善于利用,而不能过多依赖国家财政资本和银行信贷资本。

(二) 资本增量筹措的方式

资本增量筹措的方式(以下简称筹资方式)主要有发行股票、发行债券、银行借款、商业信用、融资租赁、经营租赁、吸收直接投资、联营投资、保留盈余、财政贷款等。

在资本增量经营中,应根据企业财务状况与资本增量用途,选择适当的筹资方式。从低成本扩张角度看,通过合并、合营、兼并及收购等方式进行控股,参股组建企业集团、股份公司等,都能以较少的资本增量,获取较大的控制权,这是许多企业筹资的主要选择。

(三) 资本增量筹措的成本

资本增量筹措的成本(以下简称筹资成本)是选择筹资渠道和筹资方式的关键。资本经营的目标在于资本增值,从资本筹措的角度看,资本增值就是要以比企业现有资本成本更低的成本进行筹资。因此,从总体上说,假定资本增量收益率与现有企业资本收益率相同,资本增量筹措渠道或方式的取舍标准就是:资本增量筹措的成本应小于或等于企业现有的资本成本。筹措成本的重要性不仅在于选择筹资渠道和筹资方式,而且在于选择有价值的投资项目。因为只有投资项目的收益率高于筹资成本,才能使企业价值和股东价值增加。因此,正确计算筹资成本,是资本经营的关键问题。

拓展案例 6-2

美的溢价 3 000 万元收购小天鹅

2018 年年底，美的集团（以下简称美的）以发行 3.42 亿股，换股吸收的方式合并小天鹅，交易金额达 143.78 亿元。此次换股完成后，小天鹅终止上市并注销法人资格。

美的电器以 16.8 亿元收购无锡国联集团所持小天鹅 24.01% A 股股份的方式入主小天鹅。相较于无锡国联集团开出的底价，美的电器不但没有打折，还多给了 3 000 万元的溢价，这不仅显示了美的的诚意以及自身对小天鹅的信心；而且从长远发展来看，美的收购小天鹅是一个明智的选择。

2016 年，美的以约 5 亿美元收购东芝白色家电业务板块 80.1% 的股权，美的从中获得东芝品牌的授权及 5 000 项白电专利。这样看似花了大钱，但实际上省去了不少家电技术研发费，在一定程度上提升了生产效率。

2017 年，美的再次开启收购计划，以 292 亿元对价收购库卡集团 94.55% 的股权，进入机器人及自动化设备领域。虽然收购的主要产品为负重机器人，但 2016 年国内工业机器人市场份额占 14%，这个行业的发展前景也非常可观。

为什么美的电器这么热衷做各种并购呢？原因很简单，因为现代人常接触的家电领域已发展得日趋成熟，它并不是新兴市场。美的收购有技术的家电品牌，能不断地更新技术，让自家的产品与时俱进。不过，这并不能保证研发的新品一定能成为市场爆款。美的选择与小天鹅进行资产合并，交易完成后，能最大限度地放大 2016 年美的并购东芝后花费 5 亿美元的产业价值，那场并购主要涉及洗衣机方面的专利。如果美的将这部分生产链转移给小天鹅，那么，通过内销渠道可实现并购重组，增加美的集团自身的价值，也有利于洗衣机行业的积极发展。

收购小天鹅也能够在很大程度上缓解前期美的外延并购的资金压力，并为之后的产业链整合构筑更为强势的现金流基础。小天鹅对于洗衣机行业的专业态度以及多年技术的积累沉淀，加上它在各大渠道的铺货情况，有助于美的打通洗衣机下游渠道生意。美的集团正在向覆盖暖通空调、消费电器、机器人及自动化、智能物流四大业务的跨国科技集团转型，小天鹅是美的控股的洗衣机业务平台，两者合并，有利于美的"智能制造+智能家居"双智战略的落地实施，未来还有可能开启美的新时代。

（案例来源：https：//baijiahao.baidu.com/s? id＝1615382372613648320&wfr＝spider&for＝pc 整理而成）

第四节 资本配置经营

一、资本配置经营的内涵

资本配置经营是要通过营运资本，使资本配置结构优化，实现资本增值目标。资本结构优化是资本配置经营的核心内容，资本结构优化可从资本使用结构优化和资本来源结构优化两方面进行。资本使用结构优化，有利于促进企业资产结构、产品结构优化，也有利于促进行业结构、地区结构优化，使资本发挥最大的使用效率和效益，实现企业价值最大化。资本来源结构优化，通过调整负债与所有者权益结构以及负债与所有者权益内部结构，均衡风险与收益，使自有资本发挥最大的控制力和效率，实现所有者价值最大化。因此，资本配置结构优化是资本使用结构优化和资本来源结构优化的统一。

二、资本配置经营的理论基础

资本配置优化从生产领域主要解决两方面的问题：一方面，从资本角度研究如何将各种资本在各产品、各行业、各产业之间进行分配能使经济效益最优；另一方面，从产出角度研究如何确定产品结构、行业结构及产业结构能使经济效益最优。其实，这是一个问题的两个方面，即如果资本在各产品、各行业、各产业的配置结构中实现了优化，那么也说明产品结构、行业结构和产业结构实现了优化，因此，这里仅从资本角度研究资本配置优化结构。

当两种资本的边际产量与资本的价格之比相等，且等于产品边际成本的倒数时，可变资本配置达到优化。这是企业利润最大化规则，也是资本配置达到最优的状态。而研究多种资本在多种用途之间的配置，通常首先研究两种资本在两种用途之间最优配置的条件，然后将它扩展到多种资本在多种用途间的优化配置问题。按帕累托效率标准，要使生产中的资本配置取得最佳经济效益，必须同时满足以下两个条件：

（1）任何一种资本投入的边际技术替代率对于使用这种资本来生产所有商品的全部厂商来说应该相等，同时等于这种资本投入的价格之比；

（2）任何两种商品的产品边际转换率对于每一个厂商来说都应该相等，而且应等于商品价格之比。

三、资本配置经营的目标

资本配置经营的目标从总体看当然与资本经营的目标，即资本增值的目标相一致。要实现资本增值，从资本配置的角度看，就是要通过资本配置经营，提高资本配置经济效益。

资本配置经济效益是指由于资本配置结构变动所产生的经济效益。研究资本配置经济效益的内涵可从两方面进行：一是研究在资本投入一定的情况下，如何配置资本使产出最大；二是研究在产出一定的情况下，如何配置资本使投入最小。

（一）资本配置与企业经济效益的关系

企业的资本配置问题，从资本使用角度看，包括固定资产与流动资产的配置结构、固定资产内部的配置结构、流动资产内部的配置结构等；从资本来源角度看，包括负债与所有者权益结构、负债内部结构和所有者权益内部结构等；从产品角度看，包括产品品种结构等。企业资本配置结构合理，会使一定的资本投入产出增多或使一定的产出资本投入减少，企业经济效益得以提高。

（二）资本配置与社会经济效益的关系

要提高社会经济效益，必须搞好全社会范围内的资本配置。全社会的合理资本配置包括产业结构的协调、地区结构的协调、生产结构与消费结构的协调，这样才能使一定的资本投入产生较大的产出，取得最大的效用或使用价值，或为取得一定的效用，使资本消耗最少，社会经济效益最高。

第五节 资本收益经营

一、资本收益经营的内涵与目标

(一) 资本收益经营的内涵

资本收益是凭借所占有的资产取得的收益,如存款利息、股息、红利等。

资本收益的源泉不外乎两种形式:一种是资本所有者通过存款方式进行间接投资,取得存款利息;另一种是资本所有者用于生产性投资,成为生产资料所有者,从而获得股息红利或直接经营收入。只承认间接投资的存款利息的合法性,不承认直接投资的利润收益的合法性,会造成资本不足。资本在社会再生产过程中具有极其重要的作用,需要鼓励人们把收入中的一部分转化为投资,以满足再生产的需要。因此,资本收益经营包括资本收益形成管理与资本收益分配管理两部分。

在资本收益的含义方面,又包括相互联系的四组收益概念,即企业资本收益与环境资本收益、货币资本收益与人力资本收益、会计收益与经济收益以及净收益、税前收益与息税前收益。

(二) 资本收益经营的目标

企业财务管理的目标在于实现企业价值最大化,企业价值从根本上说有赖于资本收益最大化。因此,要实现企业价值最大化这一财务管理的目标,必然要求科学、合理地管理资本收益,对资本收益的管理,包括收益形成和收益分配两个方面。

在收益形成方面,总体目标是资本收益最大化,具体目标则包括收入最大化、成本最低化和资本占用合理化。

在收益分配方面,总体目标就是体现企业价值最大化,具体目标则包括耗费补偿足额化、息税支付正常化和净收益分配合理化。

二、资本收益经营的分配理论

(一) 股利无关理论

股利无关论(也称 MM 理论)认为,在一定的假设条件限定下,股利政策不会对公司的价值或股票的价格产生任何影响。一个公司的股票价格完全由公司投资决策的获利能力和风险组合决定,而与公司的利润分配政策无关。该理论是建立在完全市场理论之上的。

股利无关论是由美国经济学家弗兰科·莫迪利安尼(Franco Modigliani)和财务学家默顿·米勒(Merton Miller)(二人简称莫米,英文缩写 MM)于 1961 年提出的。莫米立足于完善的资本市场,从不确定性角度提出了股利政策和企业价值不相关理论,这是因为公司的盈利和价值增加与否完全视其投资政策而定,企业市场价值与它的资本结构无关,而是取决于它所在行业的平均资本成本及其未来的期望报酬,在公司投资政策给定的条件下,股利政策不会对企业价值产生任何影响。进而得出,企业的权益资本成本为其资本结构的线性递增函数。在此基础上,莫米又创立了投资理论,企业的投资决策不受筹资方式的影响,只有在投资报酬大于或等于企业平均资本成本时,才会进行投资。莫米的股利无关论的关键是存在一种套利机制,通过这一机制使支付股利与外部筹资这两项经济业务所产生的效益与成本正好相互抵消,股东对盈利的留存与股利的发放并没有偏好,据此得出企业的股利政策与企业价值无关这一著名论断。

股利无关论认为股利分配对公司的市场价值(或股票价格)不会产生影响。

1. 投资者并不关心公司股利的分配

若公司留存较多的利润用于再投资,会导致公司股票价格上升;此时尽管股利较低,但需用现金的投资者可以出售股票换取现金。若公司发放较多的股利,投资者又可以用现金再买入一些股票以扩大投资。也就是说,投资者对股利和资本利得并无偏好。

2. 股利的支付比率不影响公司的价值

既然投资者不关心股利的分配,公司的价值就完全由其投资的获利能力所决定,公司的盈余在股利与保留盈余之间的分配并不影响公司的价值。

(二) 股利相关理论

股利相关论认为公司的股利分配对公司的市场价值有影响。在现实生活中,不存在股利无关论提出的假定前提,公司的股利分配是在种种制约因素下进行的,公司不可能摆脱这些因素的影响。

股利无关论的假设描述的是一种完美资本市场,在现实生活中,不存在股利无关论提出的假定前提,股利支付不是可有可无的,而是非常必要的,并且具有策略性。因为股利支付政策的选择对股票市价、公司的资本结构与公司价值,以及股东财富的实现等都有重要影响,股利政策与公司价值是密切相关的。因此股利政策不是被动的,而是一种主动的理财计划与策略。

三、股利分配政策

(一) 影响股利分配政策的因素

1. 各种约束

(1) 契约约束。公司在借入长期债务时,债务合同对公司发放现金股利通常都有一定的限制,公司的股利分配政策(即股利政策)必须满足这类契约的约束。

(2) 法律约束。为维护有关各方的利益,各国的法律对公司的利润分配顺序、资本充足性等方面都有所规范,公司的股利政策必须符合这些法律规范。

(3) 现金充裕性约束。公司发放现金股利必须有足够的现金,如果公司没有足够的现金,则其发放现金股利的数额必然受到限制。

2. 投资机会

如果公司的投资机会多,对资金的需求量大,则公司很可能会考虑少发现金股利,将较多的利润用于投资和发展;如果公司的投资机会少,资金需求量小,则公司有可能多发放现金股利。

3. 资本结构和资本成本

股份有限公司应保持一个相对合理的资本结构和资本成本。公司在确定股利政策时,应全面考虑各种筹资渠道资金来源的数量大小和成本高低，使股利政策与公司理想的资本结构与资本成本相一致。

（二）股利分配政策的种类

1. 剩余股利政策

剩余股利政策是以首先满足公司资金需求为出发点的股利政策。根据这一政策，公司按如下步骤确定其股利分配额：

（1）确定公司最佳资本结构。

（2）确定公司下一年度的资金需求量。

（3）确定按照最佳资本结构，为满足资金需求所需增加的股东权益数额。

（4）将公司税后利润首先用来满足公司下一年度的资金需求，剩余部分用来发放当年的现金股利。

2. 固定股利或稳定增长股利政策

固定股利或稳定增长股利政策是以确定的现金股利分配额作为利润分配的首要目标，一般不随资金需求的波动而波动。这一股利政策有以下两点好处：

（1）稳定的股利额给股票市场和公司股东一个稳定的信息。

（2）许多作为长期投资者的股东（包括个人投资者和机构投资者）希望公司股利能够成为其稳定的收入来源，以便安排消费和其他各项支出，固定股利或稳定增长股利政策有利于公司吸引和稳定这部分投资者的投资。

3. 固定股利支付率政策

固定股利支付率政策是指公司每年按固定的比例从税后利润中支付现金股利。从企业支付能力的角度看，这是一种真正稳定的股利政策，这一政策会导致公司股利分配额的频繁变化，易传递给外界公司不稳定的一种信息，所以很少有企业采用这一股利政策。

4. 低正常股利加额外股利政策

低正常股利加额外股利政策是指企业除每年按一个固定股利额向股东发放称为正常股利的现金股利外，还在企业盈利较高、资金较为充裕的年度向股东发放高于一般年度的正常股利额的现金股利。其高出部分即为额外股利。

（三）各种股利分配政策的适用情况

1. 剩余股利政策

剩余股利政策适用于那种有良好的投资机会，对资金需求比较大，能够准确地测定出最佳资本结构，并且投资收益率高于股票市场必要报酬率的公司，同时也要求股东对股利的依赖性不十分强烈，在股利和资本利得方面没有偏好或者偏好于资本利得。

从公司的发展周期来考虑，该政策比较适合于初创和成长中的公司。对于一些处于衰退期，又需要投资进入新的行业以求生存的公司来说，也是适用的。当然，从筹资需求的角度讲，如果在高速成长阶段公司分配股利的压力比较小，也可以采用剩余股利政策以寻求资本成本最低。

2. 固定股利或稳定增长股利政策

固定股利或稳定增长股利政策适用于成熟的、生产能力扩张的、需求减少、盈利充分并且获利能力比较稳定的公司，从公司发展的生命周期来考虑，稳定增长期的企业可用稳定增长股利政策，成熟期的企业可借鉴固定股利政策。

而对于那些规模比较小，处于成长期，投资机会比较多，资金需求量相对较大的公司来说，这种股利分配政策并不适合。

3. 固定股利支付率政策

固定股利支付率政策虽然有明显的优点，但是它所带来的负面影响也是比较大的，所以很少有公司会单独采用这种股利分配政策，而大多是充分考虑自身因素，和其他政策相结合使用。

4. 低正常股利加额外股利政策

低正常股利加额外股利政策适用于处于高速增长阶段的公司。因为公司在这一阶段迅速扩大规模，需要大量资金，而由于已经度过初创期，股东往往又有分配股利的要求，该政策就能够很好地平衡资金需求和股利分配这两方面的要求。另外，对于那些盈利水平各年间浮动较大的公司来说，无疑也是一种较为理想的股利政策。

本章小结

资本经营指可以独立于商品经营而存在的，以价值化、证券化了的资本或可以价值化、证券化操作的物化资本为基础，通过各种资本运作方式来提高资本运营效率和效益的经营活动，这些资本运作方式主要有兼并、收购、股权投资与战略联盟、上市（整体上市与分拆上市）、管理层收购与持股、股份回购、企业分立、资产剥离、资产重组、破产重组、债转股、租赁经营、托管经营等。资本经营的对象是证券化了的物化资本或可以按证券化资本操作的物化资本（资产证券化）。资本经营的核心是如何通过资本的优化配置活动提高资产运行效率，以确保资产不断增值。

精选案例分析

案例：

海尔收购通用电气家电公司

2016年6月7日，海尔集团（以下简称海尔）控股41%的青岛海尔股份有限公司（以下简称青岛海尔）和通用电气宣布，双方已就青岛海尔收购通用电气家电公司的交易签署所需的交易交割文件，交易全部价款总额约为55.8亿美元。作为中国家电巨头的海尔在美国完成了对通用电气家电的整合，标志着通用家电正式成为海尔的一员，也意味着海尔进一步增加了在美国的市场份额。

整合后的海尔和通用电气家电总部相互独立又相互合作。通用电气家电总部仍然保留在美国肯塔基州路易斯维尔，公司也仍然由现有的高层管理团队带领开展日常工作并独立运营。但是公司的战略布局和业务运营等决策由海尔的高管团队和通用家电的高管团队共同制定。既放权又将绝对的主动权掌握在自己手里，海尔此举实在明智。

根据公告，交易全部价款总额约为55.8亿美元，这是按照《股权和资产购买协议》在基础交易对价54亿美元的基础上进行调整后的金额，主要调整事项包括营运资本调整、小天鹅股权调整、交易税费等相关事项。

可能很多人不明白海尔为什么要大老远地跑到美国去收购通用电气家电部，但其实海尔这是在酝酿大招。众所周知，传统家电的市场范围越来越窄，若不寻求蜕变，会将自己置于死地，而海尔的战略则是一方面布局海外市场，一方面向互联网企业转型，此次收购通用电气家电部是布局海外市场的第一步。

海尔的知名度虽然高，但是在美国的市场份额只有1%，而它收购的通用电气家电部则在美国市场拥有14%的市场份额。这也就意味着海尔可以依靠通用电气家电部原本在美国市场的人气，带动自己在美国的知名度，而且对于美国的消费者来说，提到通用这个品牌，就会想到冰箱、烤箱之类的产品。

海尔集团董事局主席、首席执行官张瑞敏指出："海尔和通用电气家电部的企业文化中都具备与时俱进的基因，相信双方的强强联合定能取得1加1大于2的成果。当前的海尔，正致力于转型成为真正的互联网企业，依托互联网，驱动企业从以自我为中心转型为与用户融合共创的平台。通用电气家电部拥有优秀的员工和庞大的用户资源，能与海尔携手，实现从传统的家电领先品牌到物联网社群平台的转型。"

海尔一直致力于转型成互联网企业，在转型的过程中必将面临很多问题，但海尔积极的态度和自身的实力让自己的转型之路看起来似乎并没有那么难。作为中国的家电巨头，海尔以高质量出名，相信即使转型成功，海尔也会不忘初心，会给消费者带来一如既往的优质服务。但道路漫长，未来变数还不可知，作为旁观者的我们只能静观其变。

（案例来源：https：//www.qudong.com/article/338867.shtml 整理而成）

讨论：

1. 海尔公司的资本经营给我们带来了什么启示？
2. 在资本经营中，需要注意什么问题？

实务演练

一、思考与回答

1. 资本经营的内涵及特点是什么？
2. 分析资本经营与生产经营的区别和联系。
3. 资本经营的重要意义有哪些？
4. 盲目地扩大资本规模有哪些弊端？

二、搜集与整理

1. 乐视网的资本经营之道是否可取？
2. 搜索一个中国上市公司买壳上市的案例。
3. 了解上海大众（集团）公司的职工持股计划。

自测与练习

一、单项选择题

1. 资本的根本特征是（　　）。
   A. 运动性　　　　　　B. 增值性　　　　　　C. 主体性　　　　　　D. 交易性

2. (　　)是指如何取得资金。
   A. 筹资渠道　　　　B. 筹资方式　　　　C. 筹资动机　　　　D. 筹资来源
3. MM 理论的创立者是莫迪利安尼和(　　)。
   A. 莫顿　　　　　　B. 米勒　　　　　　C. 夏普　　　　　　D. 马科维茨

二、多项选择题

1. 收缩型资本经营包括(　　)。
   A. 资产剥离　　　　B. 股票增发　　　　C. 公司分立　　　　D. 分拆上市
   E. 股份回购
2. 按照资本经营的形式划分，资本经营可以划分为(　　)。
   A. 实业资本经营　　B. 增量资本经营　　C. 产权资本经营　　D. 金融资本经营
   E. 无形资本经营
3. 资本经营和生产经营的联系包括(　　)。
   A. 目的一致　　　　B. 相互依存　　　　C. 相互渗透　　　　D. 经营领域相同
   E. 对象相同
4. 资本经营的宏观风险有(　　)。
   A. 经营风险　　　　B. 社会风险　　　　C. 政治风险　　　　D. 经济风险
   E. 管理风险

三、判断题

1. 资本经营主要在商品市场和技术市场上运作。　　　　　　　　　　　　(　　)
2. 公募发行是指面向少数特定的投资者发行债券。　　　　　　　　　　　(　　)
3. 企业在资本结构中使用的股权筹资越多，它运用的财务杠杆就越大。　(　　)

第七章

预算控制与财务预算

学习目标

1. 了解预算的内涵，知悉预算与计划的关系；
2. 了解预算控制系统的内涵；
3. 掌握预算控制系统的构成、功能和优缺点；
4. 理解财务预算在预算控制系统中的地位；
5. 掌握预算控制的程序和方法。

导入案例

神华集团预算管理的模式化之路

作为全球最大的煤炭经销商，神华集团（以下简称神华）是以煤为基础，集电力、铁路、港口、航运、煤制油与煤化工为一体，产运销一条龙经营的特大型能源企业。如何充分利用全产业链优势，达到运营的最佳效能？神华集团提出了"价值溯源、业务求本、三位一体"的全面预算管理体系方案，力图以创新性的模型建造破解管理难题，搭建起高效的预算管理和决策支持的管理会计体系。

一、定目标：考虑利益相关人的目标测算模型

在确定预算目标时，神华集团将利益相关人（包括国资委、公众投资者等外部对象和企业内部管理层）的要求列为首要的考虑因素，考虑目标对自身战略、经济和市场形势的反映，并据此建立起一个全产业链模型。

二、分解目标：全产业链模型下的选择方法体系

在全产业链模型下，神华更多关注业务，关注各业务间的关系和协同作用的发挥，通过子公司对集团不同的顶层指标贡献，来确定二级单位关键业绩指标（KPI）的选择方法体系，确定重点关注指标。

三、目标管控：业务管控的有力延伸

对目标进行基础性分解之后，神华通过将"管指标"变成"管作业"，来执行和实现这些目标。

四、支持决策：业务的模型化探索

建立全面预算管理体系之后，神华实现了战略有落地、管理有抓手，并进一步通过业务模型化工作和管理报告工具的整合和联结，来解决决策支持的问题。通过业务模型化，神华不再只是分析财务数据，而是通过新视角来全面反映过去模糊不清但却至关重要的价值链关系，继而以业务活动为出发点来寻找企业价值创造的瓶颈和管理提升的空间。

不用再分析财务数据而只分析决策，神华不仅为自己，也为其他企业找到了一条提高决策支持能力的可参考路径——按管理的思想将传统的业务单元打散，通过模型实现业务的量化，还原和描述真实的贡献值、责任成本等，借此最终实现对经营决策效益的场景分析，同时，实现对生产组织优劣的模拟分析。

（资料来源：http：//www.chinacma.org/report/7030.html 整理而成）

第一节 预算控制系统概述

一、预算的内涵

预算是企业在预测、决策的基础上，用数量和金额以表格的形式反映企业未来一定时期内经营、投资、筹资等活动的具体计划，是为实现企业目标而对各种资源和企业活动所做的详细安排。预算是一种可据以执行和控制经济活动的、最为具体的计划，是对目标的具体化，是企业战略导向预定目标的有力工具。可见预算是计划的一种形式，计划又分为总目标或使命、一定时期目标、策略、政策、程序、规划和预算这七个层次。预算是计划的有机组成部分，是计划的基础和落脚点。预算的计划职能反映了预算的本质，因此也有人将预算称为预算计划。

当然计划与预算也可以相互融合，战略计划里涵盖经营计划，使战略计划成为战略规划和年度预算之间的桥梁，将年度预算也纳入战略计划体系中。预算反映了战略计划在财务方面的内容，而传统的经营计划也可以得以保留，反映了战略计划在非财务方面的内容。因此，战略计划和通常所说的预算不是同一个概念，战略计划应该既是对未来财务结果的预测，又是对未来财务结果实现途径的安排，包括了非财务活动。战略计划、经营计划与预算的关系如图7-1所示。

二、预算控制系统的内涵及意义

预算控制是指通过预算的形式规范组织的目标和经济行为，调整与修正管理行为与目标的偏差，保证各级目标、策略、政策和规划的实现。预算控制系统作为管理控制系统的一种模式，是确保战略有效执行、战略目标最终实现的一种机制。预算控制系统的基本特征是强调过程控制，注重及时纠正偏差。

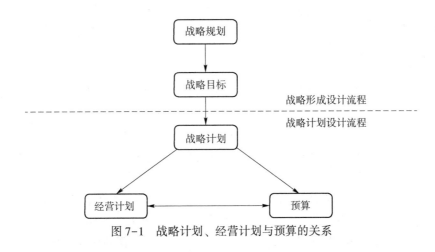

图 7-1 战略计划、经营计划与预算的关系

随着经济的发展，预算的潜在功能不断得到开发和应用，预算控制系统在组织管理中扮演的角色日益重要，企业也越来越注重战略导向预算管理的设计与执行。要实现企业战略，增强价值创造能力，就必须重视预算管理体系的控制力和执行力，全面控制战略实施的过程，真正将预算管理系统作为一种可操作和可执行的有效管理工具。

三、预算控制系统的构成

(一) 预算目标确定

战略计划是管理控制系统的起点，预算目标是预算控制系统的起点。因此，预算目标确定是预算控制系统的起点，预算目标是预算编制的基本依据。战略计划制定以战略目标和战略规划为基础，预算目标确定以战略计划为依据。

按照企业的组织结构层次，预算目标可以分为预算总目标与各层级责任预算目标，在整个预算体系中，企业预算总目标居于最高统驭地位，它以企业战略目标为出发点，是企业战略规划的具体体现。企业不同时期的战略取向不同，具体的战略规划也不同，因此，预算目标也不相同。

(二) 预算编制

预算编制是企业预算总目标的具体落实以及将其分解为责任目标并下达给预算执行者的过程，或者说是预算控制标准的确定过程。预算编制是预算控制系统的一个重要环节，预算编制质量的高低直接影响预算执行的结果，也影响对预算执行者的业绩评价。

预算编制的过程是一个参与、协调的过程。预算编制过程的参与，即允许预算执行者对预算编制发表意见，而不是将预算强加给执行者，这样，一方面能够大大降低管理者与预算执行者之间的信息不对称，另一方面可以使预算执行者产生责任感并激发其创造性。由于预算执行者参与预算编制，就很可能使预算目标成为执行者的个人目标，由此也产生了更大程度的目标一致性。预算编制过程的协调是指各个责任中心的部门预算在企业预算最高权力机构审议通过之前，各个管理层次的预算都要经过一定程度的谈判和协商才能确定。预算编制要经过自上而下和自下而上的多次反复，这样，才能使最终的预算既符合企业的整体利益，有利于各部门间的相互协调，又适应基层单位的具体情况，避免高层管理人员的主观决定造成预算脱离实际的结果。预算编制涉及企业每一个部门、每一个岗位，它需要企业每一个部门和每一位员工的参与和支持。

(三) 预算控制

预算控制包括预算执行和预算分析，是指预算执行过程的控制与预算执行结果的报告分析。

预算执行即预算的具体实施。企业预算一经批复下达，各预算执行单位就必须认真组织实施，将预算指标层层分解，从横向到纵向落实到内部各部门、各单位、各环节和各岗位，形成全方位的预算执行责任体系。企业应当将预算作为预算期内组织、协调各项经营活动的基本依据，将年度预算细分为月份和季度预算，以分期预算控制确保年度预算目标的实现。企业应当强化现金流量的预算管理，按时组织预算资金的收入，严格控制预算资金的支付，调节资金收付平衡，控制支付风险。对于预算内的资金拨付，按照授权审批程序执行；对于预算外的项目支出，应当按预算管理制度规范支付程序；对于无合同、无凭证、无手续的项目支出，不予支付。对于预算编制、执行和考评过程中的风险，企业应当采取一定的防控措施来对风险进行有效管理。必要时，可以建立企业内部负责日常预算管理需求的部门，加强员工风险意识，以个人为预算风险审查对象，并形成相应的奖惩机制，通过信息技术和信息管理系统控制预算流程中的风险。企业应当严格执行销售、生产和成本费用预算，努力完成利润指标。在日常控制中，企业应当健全凭证记录，完善各项管理规章制度，严格执行生产经营月度计划和成本费用的定额、定率标准，加强实时监控。对预算执行中出现的异常情况，企业有关部门应及时查明原因，提出解决办法。

(四) 预算考评

预算考评包括预算评价和预算激励两个方面。

1. 预算评价

预算评价是对企业内部各级责任部门或责任中心的预算执行结果进行评价，是管理者对预算执行者实行的一种有效的激励和约束形式。预算评价有两层含义：一是对整个预算控制系统的评价，即对企业经营业绩的评价，它是完善并优化整个预算控制系统的有效措施；二是对预算执行者的业绩评价，它是实现预算约束与激励作用的必要措施。在预算执行过程中及完成后都要适时进行评价，因此它既是一种动态评价，又是一种综合评价，是预算控制系统中承上启下的一个环节。

2. 预算激励

预算控制系统的有效运行离不开激励制度，预算目标的准确确定需要激励制度，预算的有效执行需要激励制度，业绩报告要提供及时准确的反馈信息，也需要激励制度，预算考核评价更离不开激励制度，因此激励制度的作用贯穿了预算控制系统的全过程，预算激励是预算控制系统的一个内在环节。激励的宗旨在于调动员工的积极性和成就感，激励要遵循物质利益原则、公平性原则，以及差异性和多样性原则。激励措施既可以采取财务性激励，也可以采取非财务性激励。激励标准的确定可以以内部奖惩制度为基础，也可以以高层管理者的主观判断为基础，既可以对个体进行激励，也可以对群体进行激励。

预算控制系统如图 7-2 所示。

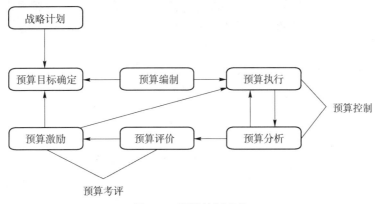

图 7-2　预算控制系统

四、预算控制系统的功能

（一）确定目标

预算是公司战略目标进一步的分解与细化，是公司预算责任的逐层分担与落实，也是公司内部各部门实现其预算目标的具体行动方案与措施。比如，一个公司在利润目标确定的前提下，可以测算出需要降低的成本目标，进而可以测算出材料成本降低的目标，假设是在上半年实际结果的基础上需要下降 10%，此时可以通过会议讨论的形式将这材料成本下降 10% 的任务再分解落实到生产部门、技术部门和采购部门。

（二）整合资源

一个公司的资源有限是客观存在的现实，因此在实现公司战略目标的过程中，长期目标与短期目标之间、整体目标和部门目标之间、公司内部不同部门的目标之间不可避免地存在冲突，公司需要站在整体的角度和战略的高度，利用一种工具围绕既定目标有效地整合资金、技术、物质、市场渠道等各种资源。实践证明，预算控制系统就是这样一种工具。

（三）控制业务

控制是预算控制系统最基本的功能，预算的控制作用贯穿于整个经营活动过程中。预算编制是一种事前控制，预算执行是一种事中控制，预算分析与考评是一种事后控制。通过预算执行结果反馈以及与预算目标的差异分析，有助于发现经营和管理的薄弱环节并纠正不利差异，从而改进工作，实现目标。费用报销、资金拨付和会计核算等业务的进行都要以预算目标为依据。如果属于预算内项目，且符合预算目标要求，则费用可以报销，资金可以拨付，会计核算可以进行；如果属于超预算或预算外项目，则需要重新进行审批。这样就对经营活动起到了有效的控制作用，使战略目标的实现有了保障。

（四）评价业绩

预算控制系统具有"抑恶扬善"的功能，即抑制偏离公司战略目标的"恶"行，褒扬为实现公司战略目标而努力的"善"为。《管理会计应用指引第 200 号——预算管理》鼓励企业将预算考核结果纳入绩效考核体系，切实做到有奖有惩、奖惩分明。企业各项预算控制指标和预算控制标准为公司提供了评价各部门及其员工实际经营业绩的客观依据。定期或不定期地检查考评各部门所承担的经济责任和工作任务的完成情况，并将预算执行的实际结果与预先设置的预算目标进行比较，确保公司整体目标的实现，是企业管理的核心。当然，需要注意的是，应该将预算执行者的业绩评价结果与其薪酬奖励挂钩，否则对执行者而言，预算的执行既无动力，也无压力，其结果就流于形式了。

拓展案例 7-1

长江电工的全面预算管理体系

重庆长江电工工业集团有限公司（以下简称长江电工）是国家特品产品的定点企业，其产品主要有特品、汽车零部件、金属材料、高强度螺栓、紧固器材 5 大系列共 60 余个品种。近年来，随着内外部运营环境的一系列变化，长江电工各项管理工作的复杂性和不确定性日益提升，企业管理不再拘泥于传统模式，事前对经营活动进行科学规划预测、事中对运营过程进行有效控制、事后对运营效果进行合理评价显得越发重要。在此背景下，长江电工以实现企业价值增值为目标，以推进管理会计工具运用为切入点，用了三年时间分五大步骤逐步建立起业务与财务交汇融合，有利于落实战略、前瞻规划、过程控制、评价标杆等的全面预算管理体系，有效提升了企业管控决策质量。

长江电工的全面预算管理体系是建立在业务运营系统上的规划控制体系，其源头是业务计划，基础是业务预算，薪酬预算和资本预算是其重要支撑，最终以财务预算的形式将特定周期的运营过程预先反映出来。企业通过业务计划提前规划各职能单位将要做什么事；通过编制业务预算、薪酬预算和资本预算，明确特定作业所需要的资源支撑；在预算委员会牵头组织"三上三下"的沟通和审核过程中，完成对作业活动的效果评估及资源配置方案；最后通过监控各项预算的执行，实现对运营过程的及时管理控制。

在开展全面预算管理的实践过程中，长江电工注重将全面预算与业绩考核相结合。例如，将分厂目标利润纳入绩效评价，利润执行差异的 100% 直接与分厂工资挂钩；将制造费用等成本预算纳入责任单位的绩效评价，预算执行差异的 70% 直接量化为责任单位的工资奖励（惩罚）；将市场部销售收入及回款纳入绩效评价，把每月收入完成进度差异的 30% 及回款额度差异的 15% 直接量化为工资奖励（惩罚）。通过将预算与考核相结合，企业上下更加重视全面预算，预算执行质量显著提升，有效地避免了预算编制与预算执行"两张皮"的现象。

（资料来源：财政部会计司网站 http://kjs.mof.gov.cn 中《管理会计案例索引》整理而成）

五、预算控制系统的优缺点

（一）优点

1. 量化标准明确

预算可使用统一的量化标准，特别是财务预算，以货币为统一计量单位反映组织的各种活动和综合状况。统一的量化标准便于计量、综合和比较。

2. 预算控制系统与会计核算系统相互协调配合

预算数据或标准往往是以会计核算系统提供的数据为依据进行预测而得到的，会计核算系统又根据预算标准的情况进行控制，预算控制系统可促进会计核算系统的发展与完善。

3. 组织总体目标与个体目标紧密衔接

预算控制将组织总体目标与个体目标紧密联系起来，将各种目标与预算标准联系起来，预算控制的成败直接影响或决定着组织目标的实现。

4. 预算控制突出过程控制

通过过程控制、实时控制能够及时发现问题，纠正偏差，防止财务活动与经营活动偏离正常轨道。

5. 充分调动积极性

预算是激励的基础，激励要以评价为前提，而评价要以预算为基础，这种以预算为基础的激励，可充分调动全员预算控制的积极性。

（二）缺点

1. 预算控制束缚控制者与被控制者双方的能动性

在预算控制中，无论控制者还是被控制者，都以预算标准为依据进行管理与业务活动。当预算控制环境发生变化时，显然按预算标准进行控制将会产生问题，但在刚性预算下，控制者与被控制者往往习惯于按预算办事，不愿意或没有权力调整预算。长期下去，双方的主观能动性会受到影响。

2. 预算控制目标与企业目标往往不一致

企业目标从本质上讲可能是固定的，即追求资本增值，但从量上讲其实是不固定的，往往追求更大的价值量；预算目标从量上看往往是固定的目标。从静态看，二者是一致的，但从动态看，二者显然会形成差异，不利于企业目标的实现。

3. 预算控制从内容、过程到方法都过于烦琐、复杂

预算控制是一种全面控制、过程控制，控制过程中涉及企业所有人、所有部门、所有业务，同时，预算作为数字或货币编制出来的计划，其系统性、准确性要求相当高。这两点决定了预算控制是一种复杂的控制。

4. 预算控制不利于取得更高的效率与效果

由于人们将预算控制标准作为行为准则或目标，而制定预算标准的方法本身又存在着不科学或不完善的地方，往往造成控制者与被控制者的对立或博弈。无论是增量预算还是零基预算，都存在预算标准确定中的博弈，从而影响效率与效果。

第二节　全面预算与财务预算

一、全面预算的含义与特点

（一）全面预算的含义

全面预算是企业根据战略规划、经营目标和资源状况，运用系统方法编制的企业经营、资本、财务等一系列业务管理标准和行动计划，据以进行控制、监督、考核、激励。企业的全面预算一般包括经营预算、资本预算和财务预算三大类，其中，经营预算和财务预算主要是预算期在 1 年以内的短期预算，如年度预算、季度预算和月度预算；资本预算主要是预算期在 1 年以上的长期预算。

（二）全面预算的特点

全面预算是企业的总体计划，涉及企业的方方面面，具有如下特征：

1. 以战略规划和经营目标为导向

全面预算应体现企业长期发展的阶段性，围绕企业不同发展阶段的经营目标，设计资产、负债、收入、成本、费用、利润、投资、筹资等核心指标。

2. 以业务活动环节及部门为依托

全面预算必须结合企业的业务活动，落实到企业业务活动的各个环节和各个部门。

3. 以人、财、物等资源要素为基础

全面预算是对企业全部资源要素的合理有效的配置。

4. 与管理控制相衔接

全面预算实际上是系统的管理控制制度和过程。一方面，全面预算为管理控制制定行为标准；另一方面，全面预算的目标需要通过有效的管理控制来实现。

二、全面预算体系的类型

（一）从预算层级角度区分

从预算层级角度区分，全面预算包括企业集团预算、子公司或事业部预算、部门预算和项目预算等。企业预算的层级是与企业的组织层级相对应的。在一个企业集团中，战略目标往往是自上而下逐层进行分解细化的，包括企业集团目标、子公司或事业部目标、部门目标和项目目标；预算往往是由下往上逐层进行汇总编制的，先编制项目预算、部门预算，而后形成子公司或事业部预算，在此基础上形成企业集团整体预算。

（二）从预算内容角度区分

从预算内容角度区分，全面预算包括经营预算、资本预算和财务预算等。经营预算也称为业务预算，是反映与企业日常业务直接相关的基本生产经营活动内容的预算，具体包括采购预算、销售预算和生产预算等，同时包括管理费用预算。资本预算也叫作专门决策预算，主要涉及投资预算和筹资预算，是指企业不经常发生的、一次性业务的预算，如企业固定资产的购置、扩建、改建、更新等，同时还包括与此相关的资金筹措预算。财务预算是从价值方面总括地反映经营期决策预算与业务预算的结果，是指与财务状况、经营成果和企业现金收支有关的各种预算，因此也叫作总预算，主要是指资产负债表预算、利润表预算和现金收支预算等。全面预算体系如图 7-3 所示。

（三）从预算责任角度区分

从预算责任角度区分，全面预算可分为投资中心预算、利润中心预算、成本中心预算和费用中心预算。不同的责任中心有着不同的权责范围，有着不同的业务活动，因此其所承担的预算责任也不同，所需实现的预算目标也不同，自然编制的预算内容也不同。成本中心和

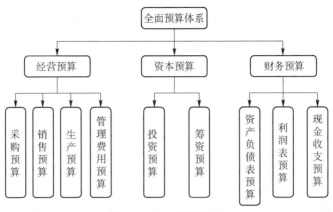

图7-3 全面预算体系

费用中心只需对其发生的成本或费用负责,因此主要围绕所承担的成本或费用降低目标而编制成本预算或费用预算,比如生产车间除了编制生产预算以外,还需要编制成本预算;利润中心不仅需要对其所产生的收入负责,更需要对其承担的利润目标负责,因此不仅需要编制经营预算,而且需要编制利润预算;投资中心不仅需要对所实现的利润目标负责,而且需要考虑投资回报收益,因此不仅需要编制经营预算,还需要编制资本预算,当然财务预算的编制也是顺理成章的事情。

(四)从预算时间角度区分

从预算时间角度区分,全面预算可分为期间预算和项目预算。期间预算是以一定时期内的生产经营活动为规划对象的预算,以涉及的时期长短为标准,又可以分为长期、中期和短期预算。一般说来,涉及较长时期的预算往往是具有战略意义的远景规划,带有方向性,但在数据上较为粗略,正常业务预算和财务预算往往是以1年为期,年内再按季度、月度细分短期预算,指标较为具体和确定。项目预算是针对特定问题的未来活动预算,它是不受层级、不受时间限制的预算,例如可否实行合并的预算、新产品开发预算等。

三、全面预算的作用

全面预算是企业未来的系统规划,对企业的未来发展和业务工作具有重要的作用,主要表现在以下几个方面:

(一)落实企业长期战略目标规划

企业的全面预算要与长期战略目标及规划相衔接,企业长期战略目标规划需要通过各期的全面预算分期落实、分步实现。

(二)明确业务环节和部门的目标

全面预算是企业未来的总体计划。企业通过全面预算,分解落实企业的总体和综合目标,为其业务活动的各个环节和部门规定预期目标和责任,为各个业务环节和部门开展业务工作指明方向。

(三)协调业务环节和部门的行动

全面预算是企业未来的行动计划。企业通过全面预算,合理设计预算指标体系,注重预算指标之间的相互衔接，整合规划企业的各种资源，协调业务活动的各个环节和部门的工作计划和职责，指导各个业务环节和部门开展业务工作的行动。

（四）控制业务环节和部门的业务

全面预算为企业各个业务环节和部门设定了一系列管理标准，用于业务过程的实际结果与预算标准的比较分析。

（五）考核业务环节和部门的业绩

全面预算是企业各个业务环节和部门以及全体员工业绩考核的基本标准，也是实施激励的重要依据。

四、全面预算的依据

企业在全面预算的过程中，需要分析研究企业内部和外部的各种情况和因素，充分考虑全面预算的有效依据，主要有宏观经济周期、企业发展阶段、企业战略规划、企业经营目标、企业资源状况和企业组织结构等。

（一）宏观经济周期

实践表明，宏观经济周期对企业具有重大的影响。宏观的周期包括经济周期、产业周期、消费周期、利率周期等，它们均有各种波动变化，企业必须研究各种周期的波动状态，在全面预算尤其是资本预算中采取有效的应对措施。

（二）企业发展阶段

一个企业往往要经历一定的发展历程，在一定时期处于一定的发展阶段。企业必须准确把握所处的具体发展阶段，在全面预算尤其是资本预算中密切结合本身的发展阶段，制定科学合理的全面预算。

（三）企业战略规划

全面预算应围绕企业战略规划，分期落实企业战略目标，逐步实现企业的长期发展。

（四）企业经营目标

全面预算必须以企业经营目标为直接和主要的指导依据，将企业预算期的总体经营目标进行具体化和系统化的分解落实。

（五）企业资源状况

企业的资源状况是全面预算的客观依据，企业制定全面预算必须分析企业内部现有的人、财、物等各种资源的规模及分布状况，研究企业从外部市场获取资源的潜力，保证全面预算具备可获得和可使用的资源支撑。

（六）企业组织结构

企业内部的组织结构是全面预算的基本依托，科学合理的组织结构是落实预算目标、明确管理责任、协调业务工作的重要保障。为有效实施全面预算，必要时，企业可以改进内部组织结构的设计。

五、全面预算的组织与程序

(一) 全面预算的组织

1. 预算委员会

企业应当设立预算委员会或预算领导小组,履行有关全面预算的职责,主要包括以下几个方面:

(1) 拟定企业预算编制与管理的原则和目标;
(2) 审议企业预算方案及其调整方案;
(3) 协调解决企业全面预算编制和执行中的重大问题;
(4) 根据预算执行结果提出考核和奖惩意见。

2. 预算管理部

企业应当设立预算管理部(预算管理委员会)或计划财务部,负责组织全面预算的编制、报告、执行和日常监控工作。预算管理部应当履行以下主要职责:

(1) 组织企业预算的编制、审核、汇总工作;
(2) 组织下达预算,监督企业预算执行情况;
(3) 制定企业预算调整方案;
(4) 协调解决企业预算编制和执行中的有关问题;
(5) 分析和考核企业内部各业务部门及所属子公司的预算完成情况。

(二) 全面预算的程序

企业编制全面预算应当遵循以下基本工作程序:

(1) 企业预算委员会及预算管理部应于每年9月底以前提出下一年度本企业预算总体目标。
(2) 企业所属各级预算执行单位根据企业预算总体目标,结合本单位的实际情况,于每年第4季度上报本单位下一年度预算目标。
(3) 企业预算委员会及预算管理部对各级预算执行单位的预算目标进行审核汇总并提出调整意见,经董事会会议或总经理办公会议审议后下达各级预算执行单位。
(4) 企业所属各级预算执行单位应当按照下达的预算目标,于每年年底以前上报预算。
(5) 企业在对所属各级预算执行单位预算方案审核、调整的基础上,编制企业总体预算。

拓展案例 7-2

大治有色的"五特色"全面预算管理体系

大治有色作为一家集采矿、选矿、冶炼、铜材加工于一体的国有特大型铜冶炼企业,在全面预算体系建设中取得了显著成效,近6年累计实现增收节支13.59亿元,各分、子公司2014年年末成本同比下降4%~6%。大治有色的预算管理取得如此成功,得益于五大举措:

一是从公司和厂矿两个组织层面建立了公司预算和年度预算的双闭环预算管理体系。
二是将预算主体向下延伸至班组,真正实现了成本从最基层作业环节开始的有效控制。

三是实行定额管理,形成了涵盖1 235项的大冶有色定额库,作为公司预算、年度预算和成本管控的基础。

四是在公司内部大力推行对标管理,全面建立指标对比库,寻找短板、树立标杆、持续改进、制定规划、限期达到。

五是实行超利分成的预算考核制度,真正实现了将预算执行与生产单位业绩的直接挂钩。

(资料来源:财政部会计司网站http://kjs.mof.gov.cn中《管理会计案例索引》整理而成)

六、财务预算在全面预算中的地位

从预算的内容和功能来看,一个完善的全面预算体系应该不仅仅包括财务预算,还要包括经营预算和资本预算。财务预算是企业预算期财务状况、经营成果和现金流量(即资金流)的最终结果和高度概括,经营预算和资本预算分别是对企业经营活动和投资活动的规划和反映。财务预算、经营预算和资本预算之间内含严格的逻辑关系。财务预算的编制需要经营预算和资本预算作为支撑和基础,没有经营预算和资本预算,财务预算的编制就缺乏依据,就成为"无米之炊";经营预算和资本预算分别反映了企业的经营活动和投资活动,如果最终不汇总编制成财务预算,就难以使经营管理者从战略层面的高度把握企业的未来发展趋势,也就难以全面掌握企业的战略目标和战略规划。可见,财务预算不仅是全面预算体系的中心环节,而且是全面预算体系的最终反映。

同时,财务预算在预算控制系统中起到了承上启下的中枢作用。从战略目标分解和控制标准确定的角度看,一个公司的战略目标通过战略规划和战略计划等环节,首先形成了财务预算的控制指标和控制标准,并经过逐层的分解、细化与落实,又进一步形成了经营预算和资本预算的控制指标和控制标准,最终形成了全面预算的控制指标和控制标准体系。从预算编制来看,公司下属的业务部门和职能部门根据分解细化的预算控制指标和控制标准,结合本部门的业务特点和职能规则,编制相应的部门预算,即经营预算和资本预算,并逐层向上传递汇总,公司在此基础上经过审核和平衡,最终形成财务预算。因此,财务预算在预算控制系统中处于核心地位,是预算控制的中心与关键。通过财务预算,公司高层管理者可以站在战略的高度把握整个公司预算期的未来目标和发展趋势,可以从整体的角度控制公司预算期的总体财务状况、经营成果和现金流量(即资金流)。没有财务预算,预算控制系统就失去了资源整合和业务活动整体控制的依据;没有财务预算,经营预算和资本预算就无法与战略规划和战略目标建立相应的联系。

第三节 预算控制程序与方法

一、预算控制程序

预算控制程序有广义和狭义之分,广义的预算控制程序是指预算控制系统运行的环节,包括预算目标确定、预算编制、预算控制和预算考评等环节,也叫预算管理程序。狭义的预算控制程序是指预算编制程序。预算编制程序视企业不同情况、不同预算模式分为自上而下、自下而上和上下结合三种类型。企业一般按照分级编制、逐级汇总的方式，采用自上而下、自下而上、上下结合或多维度相协调的流程编制预算。预算编制流程应与企业现有的管理模式相适应。不同类型的企业组织具有不同的预算模式，同时也有着不同的预算编制程序。本书只介绍自上而下式预算编制程序。

自上而下式预算编制程序是一种最传统的预算管理程序，其预算由企业（集团公司或公司）总部按照战略管理需要，结合企业外部环境和内部条件提出，并向各分部或子公司下达执行。在这里，企业总部是预算权力的中心，预算目标的确定和预算的平衡编制由总部一手包办，各分部或子公司只是预算执行部门。这种方式与战略规划型的母子控制模式相对应，属于集中型预算管理模式。这种方式有利于防止本位主义，保证整体目标的实现，但其缺点也是显而易见的，即各分部和子公司的参与程度低，不利于发挥其主观能动性。

通常，若企业采用上下结合式预算编制程序，会按照"上下结合、分级编制、逐级汇总"的程序进行：

（一）下达目标

企业董事会或经理办公会根据企业发展战略和对预算期经济形势的初步预测，在决策的基础上，提出下一年度企业预算目标，包括销售或营业目标、成本费用目标、利润目标和现金流量目标，并确定预算编制的政策，由预算管理委员会下达各预算执行单位。

（二）编制上报

各预算执行单位按照企业预算管理委员会下达的预算目标和政策，结合自身特点以及预算的执行条件，提出本单位详细的预算方案，上报企业财务管理部门。

（三）审查平衡

企业财务管理部门对各预算执行单位上报的财务预算方案进行审查、汇总，提出综合平衡的建议。在审查、平衡的过程中，预算管理委员会应当进行充分协调，对发现的问题提出初步调整意见，并反馈给有关预算执行单位予以修正。

（四）审议批准

企业财务管理部门在有关预算执行单位修正调整的基础上，编制出企业预算方案，报企业预算管理委员会讨论。对于不符合企业发展战略或者预算目标的事项，企业预算管理委员会应当责成有关预算执行单位进一步修订、调整。在讨论、调整的基础上，企业财务管理部门正式编制企业年度预算草案，提交董事会或经理办公会审议批准。

（五）下达执行

企业财务管理部门对董事会或经理办公会审议批准的年度总预算，一般在次年3月底以前，分解成一系列的指标体系，由预算管理委员会逐级下达各预算执行单位执行。

二、预算控制目标

（一）预算控制目标的形成

预算控制必须按管理者（控制者）的意图进行，这个控制意图从总体上说是组织目标或控制目标，从具体上说就是预算控制指标和预算控制标准。因此，在战略计划的基础上确定预算控制指标和预算控制标准是实施有效预算控制的重要步骤。

以成熟企业为例,成熟企业大多以稳健经营、持续发展作为追求企业价值最大化的发展战略。在这一战略方针指引下,要获得战略成功,关键在于实现利润最大化和避免风险。

要实现利润最大化,一方面,要不断增加收入;另一方面,要尽量降低成本费用,同时还需要追加投资和优化投资。

要规避风险,显然需要关注营运资本的质量、管理水平的改善和财务风险的控制。在驱动因素和经营策略都已明确的前提下,可以选择并确定主要的关键业绩指标(KPI),这些关键业绩指标包含财务方面的和非财务方面的,而财务方面的关键业绩指标就成了预算控制指标,同时还需要根据战略目标和市场预测,参考历史标准和行业标准,确定这些预算控制指标的预测水平,即制定预算控制标准。有了预算控制指标和预算控制标准,各预算编制主体就可以开始编制与其职责对应的各种类型的预算了。预算控制目标的形成如图7-4所示。

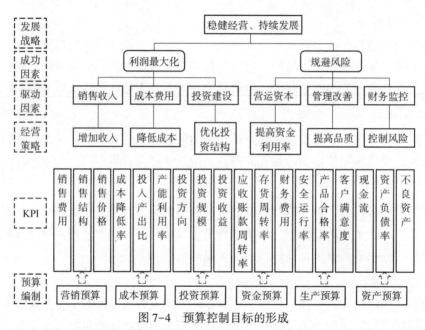

图7-4 预算控制目标的形成

(二)预算控制指标体系的建立

财务目标是一个公司所追求的最终目标,与其组织目标密切相关,因此应该反映股东价值的增加。公司中所有的资本都具有成本,只有获取比资本成本更高的收益才可以说是股东创造了价值。借助于经济增加值(EVA)这个指标,公司能够正确衡量股东财富的增加。因此,经济增加值指标应该成为价值创造的关键评价指标,并且应该是预算控制指标体系的核心指标。这样,一个公司的预算控制指标主要集中在价值创造、盈利能力、成长能力、营运能力和偿债能力五个方面,同时可以将经济增加值作为核心指标,通过该指标进行层层分解,与盈利能力指标、营运能力指标、成长能力指标和偿债能力指标建立联系。在实际操作中,公司可以根据自身的组织背景加以选择,公司还可以根据自身的组织背景特点专门设计一些特殊指标,以反映该公司组织背景的特色。但预算控制系统设计者需要把握的是,预算控制指标的选择既不能太多，也不能太少，太多，就可能出现信息冗余，甚至导致控制目标不清晰，也不符合成本效益原则；太少，可能难以完整反映所需要控制的内容，以致顾此失彼。

（三）预算控制标准的制定

1. 结合企业现状纵向分析企业的历史数据

在利用企业历史数据建立历史标准的过程中需要充分考虑企业自身的实际情况。所谓的历史数据，就是各项业绩评价指标在企业不同历史时期的实际发生结果，充分体现了企业的组织背景特征。

2. 进行横向比较和研究同行业和同类企业的相关数据

行业标准是以企业所在行业的特定指标数值作为业绩评价的标准，反映了企业的外部环境和技术特征。特定指标数值以行业标准为基础反映了企业对于外部环境和技术等关键组织背景变量特征的考虑，但是考虑行业标准存在一个难点，就是如何获得行业历史数据。一般可通过以下途径获得行业历史数据：国有资本金绩效评价标准手册、上市公司公开披露的数据、行业协会的统计数据、官方统计数据。

3. 进行公司战略规划

在进行公司战略规划时，不仅要明确关键成功因素，而且要明确关键成功因素与战略目标之间的逻辑关系。战略规划和组织背景是预算控制标准确定的前提和依据。公司在制定战略规划的过程中不仅需要考虑所处的外部环境，还需要考虑自身所拥有的资源和能力。

4. 要考虑其他组织背景变量

考虑其他组织背景变量，尤其是外部环境和组织结构的影响性，从而区分可控因素与不可控因素。战略规划的制定时间和预算控制标准的制定时间可能不一样，而组织背景却是瞬息万变的，因此在针对具体年度制定预算控制标准时，除了考虑战略规划以外，还需要考虑组织背景的变化，比如市场预测。

三、预算控制方法

（一）预算控制方法的概念

预算控制方法的概念有广义和狭义之分。广义的预算控制方法是指预算控制系统中所运用的方法，包括预算控制目标制定方法、预算编制方法、预算控制程序和预算考评方法。关于预算控制目标制定方法，在上一部分已经介绍过。预算编制方法，指在预算编制过程中所使用的方法。狭义的预算控制方法，是指在预算控制环节中所使用的方法，包括预算执行控制方法和预算分析控制方法。预算考评方法指在预算考评环节所采用的方法，与业绩评价和激励方法一致。

（二）预算编制方法

企业全面预算的构成内容比较复杂，编制预算需要采用适当的方法。常见的预算编制方法主要包括增量预算法与零基预算法、固定预算法与弹性预算法、定期预算法与滚动预算法，这些方法应用于与营业活动有关的预算编制。

1. 增量预算法与零基预算法

预算编制方法按其出发点特征不同，可分为增量预算法和零基预算法两大类。

1）增量预算法

增量预算法是指以历史期实际经济活动及其预算为基础，结合预算期经济活动及相关影响因素的变动情况，通过调整历史期经济活动项目及金额形成预算的预算编制方法。增量预算法以过去的费用发生水平为基础，主张不需在预算内容上做较大的调整，它的编制遵循如下假定：

（1）企业现有业务活动是合理的，不需要进行调整；

（2）企业现有各项业务的开支水平是合理的，在预算期予以保持；

（3）以企业现有业务活动和各项活动的开支水平，确定预算期各项活动的预算数。

增量预算法的缺陷是可能导致无效费用开支无法得到有效控制，使得不必要开支合理化，造成预算上的浪费。

2）零基预算法

零基预算法是指企业不以历史期经济活动及其预算为基础，以零为起点，从实际需要出发分析预算期经济活动的合理性，经综合平衡，形成预算的预算编制方法。零基预算法适用于企业各项预算的编制，特别是不经常发生的预算项目或预算编制基础变化较大的预算项目。零基预算法的应用程序如下：

（1）明确预算编制标准。企业应搜集和分析对标单位、行业等外部信息，结合内部管理需要形成企业各预算项目的编制标准，并在预算管理过程中根据实际情况不断分析评价、修订完善预算编制标准。

（2）制订业务计划。预算编制责任部门应依据企业战略、年度经营目标和内外环境变化等安排预算期经济活动，在分析预算期各项经济活动合理性的基础上制订详细、具体的业务计划，作为预算编制的基础。

（3）编制预算草案。预算编制责任部门应以相关业务计划为基础，根据预算编制标准编制本部门相关预算项目，并报预算管理责任部门审核。

（4）审定预算方案。预算管理责任部门应在审核相关业务计划合理性的基础上，逐项评价各预算项目的目标、作用、标准和金额等，按战略相关性、资源限额和效益性等进行综合分析和平衡，汇总形成企业预算草案，上报企业预算管理委员会等专门机构审议后报董事会等机构审批。

零基预算法的优点表现在两个方面：一是以零为起点编制预算，不受历史期经济活动中的不合理因素影响，能够灵活应对内外环境的变化，预算编制更贴近预算期企业经济活动的需要；二是有助于增加预算编制透明度，有利于进行预算控制。

其缺点主要表现在两个方面：一是预算编制工作量较大、成本较高；二是预算编制的准确性受企业管理水平和相关数据标准准确性影响较大。

2. 固定预算法与弹性预算法

预算编制方法按其业务量基础的数量特征不同，可分为固定预算法和弹性预算法。

1）固定预算法

固定预算法又称静态预算法，是指以预算期内正常的、最可实现的某一业务量（是指企业产量、销售量、作业量等与预算项目相关的弹性变量）水平为固定基础，不考虑可能发生的变动的预算编制方法。

固定预算法的缺点表现在两个方面：

（1）适应性差。因为预算编制的业务量基础是事先假定的某个业务量。在这种方法下，不论预算期内业务量水平实际可能发生哪些变动，都只按事先确定的某一个业务量水平作为预算编制的基础。

（2）可比性差。当实际的业务量与预算编制所依据的业务量发生较大差异时，有关预算指标的实际数与预算数就会因业务量基础不同而失去可比性。例如，某企业预计业务量为销售100 000件产品，按此业务量给销售部门的预算费用为5 000元。如果该销售部门实际销售量达到120 000件，超出了预算业务量，固定预算下的费用预算仍为5 000元。

2）弹性预算法

弹性预算法又称动态预算法，是指企业在分析业务量与预算项目之间数量依存关系的基础上，分别确定不同业务量及其相应预算项目所消耗资源的预算编制方法。理论上，弹性预算法适用于编制全面预算中所有与业务量有关的预算，但实务中主要用于编制成本费用预算和利润预算，尤其是成本费用预算。

（1）与固定预算法相比，弹性预算法的特点主要体现在以下两个方面：

①能适应不同经济活动情况的变化。弹性预算不是固定不变的，它随着业务量的大小而相应调整，具有一定的伸缩性，扩大了计划的适用范围。

②使预算执行情况的评价与考核建立在更加客观且可比的基础上。

与按特定业务量水平编制的固定预算法相比，弹性预算法的主要优点是考虑了预算期可能的不同业务量水平，更贴近企业经营管理的实际情况。

弹性预算法的主要缺点有两个方面：一是编制工作量大；二是市场及其变动趋势预测的准确性、预算项目与业务量之间依存关系的判断水平等会对弹性预算的合理性造成较大影响。

（2）企业应用弹性预算工具方法，一般按照以下程序进行：

①选择或确定经济活动水平的计量标准，如产量单位、直接人工工时、机器工时等；

②确定不同情况下经营活动水平的范围，一般为正常生产能力的70%~110%，其每一间隔为5%~10%；

③根据成本和产量之间的关系分别计算确定变动成本、固定成本、半变动成本及多个具体项目在不同经营活动水平范围内的计划成本；

④通过一定的表格形式加以汇总，完成弹性预算。

3. 定期预算法与滚动预算法

预算编制方法按其预算期的时间特征不同，可分为定期预算法和滚动预算法两大类。

1）定期预算法

定期预算法是指在编制预算时，以不变的会计期间（如日历年度）作为预算期的一种预算编制方法。这种方法的优点是能够使预算期间与会计期间相对应，便于将实际数与预算数进行对比，也有利于对预算执行情况进行分析和评价。但这种方法固定以1年为预算期，在执行一段时期之后，往往使管理人员只考虑剩下来的几个月的业务量，缺乏长远打算，导致一些短期行为的出现。

2）滚动预算法

滚动预算法又称连续预算法或永续预算法，是指在编制预算时，将预算期与会计期间脱离开，随着预算的执行不断地补充预算，逐期向后滚动，使预算期始终保持为一个固定长度（一般为12个月）的一种预算编制方法。滚动预算法的基本做法是使预算期始终保持12个月，每过1个月或1个季度，立即在期末增列1个月或1个季度的预算，逐期往后滚动，因而在任何一个时期都使预算保持为12个月的时间长度。这种预算能使企业各级管理人员对未来始终保持整整12个月时间的考虑和规划，从而保证企业的经营管理工作能够稳定而有序地进行。

采用滚动预算法编制预算，按照滚动的时间单位不同可分为逐月滚动、逐季滚动和混合滚动。

（1）逐月滚动。

逐月滚动是指在预算编制过程中，以月份为预算编制和滚动单位，每个月调整一次预算的方法。如在2019年1月至12月的预算执行过程中，需要在1月末根据当月预算的执行情况修订2月至12月的预算，同时补充下年1月的预算；到2月末可根据当月预算的执行情况，修订3月至2020年1月的预算，同时补充2020年2月的预算，以此类推。逐月滚动预算编制方法如图7-5所示。

按照逐月滚动方式编制的预算比较精确，但工作量较大。

图7-5　逐月滚动预算编制方法

（2）逐季滚动。

逐季滚动是指在预算编制过程中，以季度为预算编制和滚动单位，每个季度调整一次预算的方法。逐季滚动预算编制比逐月滚动的工作量小，但精确度较差。

（3）混合滚动。

混合滚动是指在预算编制过程中，同时以月份和季度作为预算编制和滚动单位的预算编制方法。这种预算编制方法的理论依据是：人们对未来的了解程度具有对近期的预计把握较大、对远期的预计把握较小的特征。混合滚动预算编制方法如图7-6所示。

运用滚动预算法编制预算，使预算期间依时间顺序向后滚动，能够保持预算的持续性，有利于结合企业近期目标和长期目标，考虑未来业务活动。使预算随时间的推进不断加以调整和修订，能使预算与实际情况更加适应，有利于充分发挥预算的指导和控制作用。

第七章 预算控制与财务预算

图 7-6 混合滚动预算编制方法

（三）预算控制方法的内容

狭义的预算控制方法仅指在预算控制环节中所使用的方法，包括预算执行控制方法和预算分析控制方法。

1. 预算执行控制方法

预算执行控制方法又分为预算授权控制、预算审核控制和预算调整控制三个方面。

1）预算授权控制

预算授权控制是指预算的执行必须通过授权进行，所谓授权，意味着有关预算执行部门和执行人员在处理业务时，必须得到相应的授权，经过相应的批准程序后方可进行。下面从三个角度分析：

（1）授权控制是一种事前控制，通过授权控制，可以有效地将一切不正确、不合理、不合法的经济行为制止在发生之前。

（2）预算控制作为重要的内部控制方式，事前设定授权事项、权限和金额是非常必要的。

（3）预算授权又可以进一步分为预算权分配、预算内授权和预算外授权。

预算权分配是指企业内部各层级在预算管理运行中的决策权界定。预算管理决策权的划分应该体现决策、执行和监督三分立的治理规则要求，董事会及其下设的预算管理委员会为预算决策机构，经营管理层包括下属各单位、各部门为预算执行机构，监事会、预算管理委员会办公室、财务部门、内部审计部门为预算监督机构。实施预算管理的公司需要事先设置并明确预算决策权、预算执行权和预算监督权的归属、内容和行使方法。

预算内授权是指预算执行部门和预算执行人员根据既定的预算控制标准，在其权限范围之内对正常的经济行为进行的授权，它强调预算范围内的事项由预算责任单位的第一责任人自行处理业务，而不必进行分级控制。

预算外授权是指对非经常经济行为进行专门研究作出的授权，强调的是超过预算范围或者根本就没有列入预算范围内的经营活动与事项必须经过预算调整或预算追加来处理，要得到经过授权的人员批准。

2）预算审核控制

预算审核控制就是在业务发生之后，通过会计核算信息系统对与业务相关的费用报销和资金拨付进行事中控制。对于预算内事项，应简化审批流程，提高效率；超预算事项，应执行额外的审批流程；对于预算外事项，应严格控制，防范风险。要做好预算审核控制，首先需要使预算与会计核算相结合，并建立相对应的关系。这要求在设计预算控制系统时，考虑预算控制系统的软件化和信息化。公司可以通过在预算控制系统中设置结构性的、系统性的定义，将预算控制项目与会计核算科目形成一种对应关系，使两者的对应关系明晰、准确。在预算执行的过程中，当进行凭证录入保存时，首先不是进入会计核算系统，而是进入预算控制系统，该系统会自动地分别检查凭证中所涉及的费用预算、资金预算是否超出该明细项目的年度、月度费用预算控制标准，并分别记录发生的费用额、资金支出额，从而进行控制预警和余额控制。

3) 预算调整控制

预算调整控制属于一种事后控制，是指当公司内外环境发生改变，预算与实际出现较大偏差，原有预算不再适宜时所进行的预算修正。企业应在制度中严格明确预算调整的条件、主体、权限和程序等事宜，当内外战略环境发生重大变化或突发重大事件等，导致预算编制的基本假设发生重大变化时，可进行预算调整。也就是说，为了维护预算的严肃性，预算原则上不应随意变动。但如果组织背景发生与预算制定时所预测的情况具有显著不同的变化，这时应考虑进行预算调整，这体现了预算灵活性的一面。问题的关键在于预算调整不是随意性的，需要形成制度化，也就是说，预算调整必须满足一定的前提条件，必须遵循一定的审批程序。根据调整是否影响整体预算控制目标的改变，预算调整可分为目标内预算调整和目标外预算调整。不同类型的预算调整有着不同的前提条件和不同的审批程序，公司可以根据自身的实际情况事先作出规定。当预算控制目标确定的前提假设，比如市场环境和内部资源发生重大变化时，通常需要进行目标外预算调整。一般情况下，预算调整需要经过申请、审议和批准三个主要程序。由于预算调整属于非正常事项，而且其牵扯面广，所以一般而言预算调整的审批权限应该高度集中，目标外预算调整需要经过预算管理委员会审批，目标内预算调整则根据预算权规定由具有相应权限的人员或机构审批。

拓展案例 7-3

东安汽发的预算调整

哈尔滨东安汽车发动机制造有限公司（以下简称东安汽发）是国内首家同时拥有发动机、自动变速器和手动变速器制造技术的企业。东安汽发于2007年与日本三菱对标开展了全面预算管理，加入长安集团后，东安汽发不断深化应用，目前预算管理体系的基本框架已经清晰，形成了有自身特色的全面预算管理体系。东安汽发的全面预算管理流程为：预算编制、预算控制与执行、预算分析整改、预算评价与考核四部分。其中预算控制与执行的核心有两个方面：业务审批、预算调整。

业务审批是指经济业务发生前履行的审批程序。公司规定，单笔金额超过一定限额的经济业务，必须签订合同。合同审批申请由业务部门提出，经业务部门负责人签字后交由会计人员审批，会计人员重点关注是否有足够的预算等问题。对无预算、超预算的业务，在签署合同之前就要办理预算调整。预算调整的流程为：业务单位申请——预算办公室审核——分管业务的副总审核——总会计师审核（批准）——总经理审核（批准）——公司预算委员会批准。在预算调整程序中，东安汽发有一个非常重要的设计，是将预算办公室审核前置在所有领导审核之前，预算调整申请经由预算办公室审核后，根据金额不同，分别在不同节点终审，这一设计有效提升了公司预算调整的决策效率。

（案例来源：http：//www.mei.net.cn 整理而成）

2. 预算分析控制方法

预算分析控制属于一种反馈控制，企业应通过信息系统展示、会议、报告、调研等多种途径及形式，及时监督、分析预算执行情况，分析预算执行产生差异的原因，提出对策建议。这就要求实行预算管理的公司建立相应的预算报告制度，预算报告属于内部管理报告，与对外披露的财务会计报告无论在报告主体、报告对象、报告形式和报告时间上均存在一定差异，因此不能直接用财务会计报告代替预算报告。预算报告应该由各预算责任单位编制，并向上层层反映。由于各预算责任单位具有各自不同的预算目标和责任，因此预算报告的内容和形式可因各预算责任单位的目标和责任而异。

预算报告的基本内容应该包括预算执行的实际结果计量、预算实际结果与预算控制标准之间的差异及形成原因、对不利差异的整改措施。

预算报告的形式既可以是书面的，也可以是口头的。实践中，许多企业为了保证预算目标的顺利实现，通常采用预算例会制度，以便及时发现预算执行过程中的问题，并且有利于部门之间的协调和问题的及时解决。预算报告的频度应遵循及时性和灵活性的基本原则要求，而且必须考虑成本效益原则。

第四节　财务预算的编制

一、现金预算

现金预算是以经营预算和资本预算为依据编制的，专门反映预算期内预计现金收入与现金支出，以及为满足理想现金余额而进行筹资或归还借款等的预算。现金预算由可供使用现金、现金支出、现金余缺、现金筹措与运用四部分构成。例如，M 公司本年的现金收支预算如表 7-1 所示。

表 7-1　现金收支预算　　　　　　　　　　　　　　元

项目	第 1 季度	第 2 季度	第 3 季度	第 4 季度	全年
期初现金余额	8 000	3 200	3 060	3 040	8 000
加：现金收入	18 200	26 000	36 000	37 600	117 800
可供使用现金	26 200	29 200	39 060	40 640	125 800
减：现金支出					
直接材料	5 000	6 740	8 960	9 510	30 210
直接人工	2 100	3 100	3 960	3 640	12 800
制造费用	1 900	2 300	2 300	2 300	8 800
销售及管理费用	5 000	5 000	5 000	5 000	20 000

续表

项目	第1季度	第2季度	第3季度	第4季度	全年
所得税费用	4 000	4 000	4 000	4 000	16 000
购买设备	50 000			80 000	130 000
股利				8 000	8 000
现金支出合计	68 000	21 140	24 220	112 450	225 810
现金余缺	(41 800)	8 060	14 840	(71 810)	(100 010)
现金筹措与运用					
借入长期借款	30 000			60 000	90 000
取得短期借款	20 000			22 000	42 000
归还短期借款			6 800		6 800
短期借款利息（年利10%）	500	500	500	880	2 380
长期借款利息（年利12%）	4 500	4 500	4 500	6 300	19 800
期末现金余额	3 200	3 060	3 040	3 010	3 010

在表7-1中：

$$可供使用现金 = 期初现金余额 + 现金收入$$
$$可供使用现金 - 现金支出 = 现金余缺$$
$$现金余缺 + 现金筹措 - 现金运用 = 期末现金余额$$

其中，期初现金余额是在编制预算时预计的，下一季度的期初现金余额等于上一季度的期末现金余额，全年的期初现金余额指的是年初的现金余额，所以等于第1季度的期初现金余额。

现金收入的主要来源是销货取得的现金收入，销货取得的现金收入数据来自销售预算。

现金支出部分包括预算期的各项现金支出。直接材料、直接人工、制造费用、销售及管理费用、购买设备的数据分别来自前述的有关预算。此外，还包括所得税费用、股利分配等现金支出，有关的数据分别来自另行编制的专门预算（本教材略）。

财务管理部门应根据现金余缺与理想期末现金余额的比较，并结合固定的利息支出数额以及其他的因素，来确定预算期现金筹措与运用的数额。本例中理想的现金余额是3 000元，如果资金不足，可以取得短期借款，银行的要求是，借款额必须是1 000元的整数倍。本例中借款利息按季支付，作现金预算时假设新增借款发生在季度的期初，归款借款发生在季度的期末（如果需要归还借款，先归还短期借款，归还的数额为100元的整数倍）。M公司上年年末的长期借款余额为120 000元，所以，第1季度、第2季度、第3季度的长期借款利息均为（120 000+30 000）×12%÷4 = 4 500（元），第4季度的长期借款利息 =（120 000+30 000+60 000）×12%÷4 = 6 300（元）。

由于第1季度的长期借款利息支出为4 500元，理想的现金余额是3 000元，所以，（现金余缺+借入长期借款30 000元）的结果只要小于7 500元，就必须取得短期借款，而第1季度的现金余缺是-41 800元，所以，需要取得短期借款，本例中M公司上年年末不存在短期借款，假设第1季度需要取得的短期借款为W元，则根据理想的期末现金余额要求可知：
$-41\ 800+30\ 000+W-W\times10\%\div4-4\ 500=3\ 000$（元），解得：$W=19\ 794.88$（元），由于按照

要求必须是 1 000 元的整数倍，所以，第 1 季度需要取得 20 000 元的短期借款，支付 20 000×10%÷4=500（元）的短期借款利息，期末现金余额=-41 800+30 000+20 000-500-4 500=3 200（元）。

第 2 季度的现金余缺是 8 060 元，如果既不增加短期借款也不归还短期借款，则需要支付 500 元的短期借款利息和 4 500 元的长期借款利息，期末现金余额=8 060-500-4 500=3 060（元），刚好符合要求。如果归还借款，由于必须是 100 元的整数倍，所以，必然导致期末现金余额小于 3 000 元，因此，不能归还借款。期末现金余额为 3 060 元。

第 3 季度的现金余缺是 14 840 元，固定的利息支出为 500+4 500=5 000（元），所以，按照理想的现金余额是 3 000 元的要求，最多可以归还 14 840-5 000-3 000=6 840（元）短期借款，由于必须是 100 元的整数倍，所以，可以归还短期借款 6 800 元，期末现金余额=14 840-5 000-6 800=3 040（元）。

第 4 季度的现金余缺是-71 810 元，固定的利息支出=(20 000-6 800)×10%÷4+6 300=6 630（元），第 4 季度的现金余缺+借入的长期借款=-71 810+60 000=-11 810（元），小于固定的利息支出 6 630 元+理想的现金余额 3 000 元，所以，需要取得短期借款。假设需要取得的短期借款为 W 元，则根据理想的期末现金余额要求可知，-11 810+W-W×10%÷4-6 630=3 000（元），解得：W=21 989.74（元），由于必须是 1 000 元的整数倍，所以，第 4 季度应该取得短期借款 22 000 元，支付短期借款利息（20 000-6 800+22 000）×10%÷4=880（元），期末现金余额=-71 810+60 000+22 000-880-6 300=3 010（元）。

全年的期末现金余额指的是年末的现金余额，即第 4 季度末的现金余额，所以，应该是 3 010 元。

二、利润表预算

利润表预算用来综合反映企业在计划期的预计经营成果，是企业最主要的财务预算表之一。通过编制利润表预算，可以了解企业预期的盈利水平。如果预算利润与最初编制方针中的目标利润有较大的不一致，就需要调整部门预算，设法达到目标，或者经企业领导同意后修改目标利润。编制利润表预算的依据是各经营预算、资本预算和现金预算。表 7-2 是 M 公司本年的利润表预算，它是根据上述各有关预算编制的。

表 7-2　利润表预算　　　　　　　　　　　　元

项目	金额
销售收入	126 000
销售成本	56 700
毛利	69 300
销售及管理费用	22 500
利息	22 180
利润总额	24 620
所得税费用（估计）	16 000
净利润	8 620

其中，销售收入项目的数据来自销售收入预算；销售成本项目的数据来自产品成本预算；毛利项目的数据是前两项的差额；销售及管理费用项目的数据来自销售及管理费用预算；利息项目的数据来自现金预算。

另外，所得税费用项目是在利润规划时估计的，并已列入现金预算。它通常不是根据利润总额和所得税税率计算出来的，因为有诸多纳税调整的事项存在。此外，从预算编制程序上看，如果根据利润总额和所得税税率重新计算所得税，就需要修改现金预算，这会引起信贷计划修订，进而改变利息，最终又要修改利润总额，从而陷入数据的循环修改。

三、资产负债表预算

资产负债表预算用来反映企业在计划期末预计的财务状况。编制资产负债表预算的目的，在于判断预算反映的财务状况的稳定性和流动性。如果通过资产负债表预算的分析，发现某些财务比率不佳，必要时可修改有关预算，以改善财务状况。编制资产负债表预算需以计划期开始日的资产负债表为基础，结合计划期间各项经营预算、资本预算、现金预算和利润表预算进行，它是编制全面预算的终点。表7-3是M公司本年的资产负债表预算。

表7-3 资产负债表预算   元

资产	年初余额	年末余额	负债和股东权益	年初余额	年末余额
流动资产：			流动负债：		
货币资金	8 000	3 010	短期借款	0	35 200
应收账款	6 200	14 400	应付账款	2 350	4 640
存货	2 400	3 800	流动负债合计	2 350	39 840
流动资产合计	16 600	21 210	非流动负债：		
非流动资产：			长期借款	120 000	210 000
固定资产	43 750	37 250	非流动负债合计	120 000	210 000
在建工程	100 000	230 000	负债合计	122 350	249 840
非流动资产合计	143 750	267 250	股东权益		
			股本	20 000	20 000
			资本公积	5 000	5 000
			盈余公积	10 000	10 000
			未分配利润	3 000	3 620
			股东权益合计	38 000	38 620
资产总计	160 350	288 460	负债和股东权益合计	160 350	288 460

其中，货币资金的数据来源于表7-1中的期初（年初）和期末（年末）现金余额。

应收账款的年初余额6 200元来自销售预算表的上年应收账款，年末余额14 400 = 36 000−21 600 或 = 36 000×(1−60%)。

存货包括直接材料和产成品，直接材料年初余额 = 300×5 = 1 500（元），年末余额 = 400×5 = 2 000（元）；产成品年初余额 = (20+630−640)×90 = 900（元），年末余额 = 20×90 = 1 800（元）。存货年初余额 = 1 500 + 900 = 2 400（元），年末余额 = 2 000+1 800 = 3 800（元）。

固定资产的年末余额 37 250＝43 750－6 500（元），其中的 6 500（元）＝4 000＋1 000＋1 500，指的是本年计提的折旧，数字来源于制造费用预算表和销售及管理费用预算表。

在建工程的年末余额 230 000（元）＝100 000＋130 000，本年的增加额 130 000 元来源于资本预算表（项目本年末完工）。

固定资产、在建工程的年初余额来源于 M 公司上年年末的资产负债表（略）。

短期借款本年的增加额 35 200（元）＝20 000－6 800＋22 000，来源于表 7-1。

应付账款的年初余额 2 350 元来源于直接材料预算表的上年应付账款，年末余额 4 640（元）＝9 280－4 640，或＝9 280×（1－50%）。

长期借款本年的增加额 90 000 元来源于资本预算表；短期借款、长期借款的年初余额来源于 M 公司上年年末的资产负债表。

未分配利润本年的增加额 620（元）＝本年的净利润 8 620 元－本年的股利 8 000 元（见表 7-1）；股东权益各项目的期初余额均来源于 M 公司上年年末的资产负债表。各项预算中都没有涉及股本和资本公积的变动，所以，股本和资本公积的余额不变。M 公司没有计提任意盈余公积，由于法定盈余公积达到股本的 50% 时可以不再提取，所以，M 公司本年没有提取法定盈余公积，即盈余公积的余额不变。

本章小结

预算是企业对资源在一定时期为达到一定目的进行配置的计划。预算最重要和最基本的功能在于控制。预算控制是指通过预算的形式规范组织的目标和经济行为，调整与修正管理行为与目标的偏差，保证各级目标、策略、政策和规划的实现。

广义的预算控制程序指预算控制系统运行的环节，包括预算目标确定、预算编制、预算控制和预算考评等环节。狭义的预算控制程序指预算编制程序。预算控制程序视企业不同情况、不同预算模式分为自上而下、自下而上和上下结合三种类型。

预算控制目标反映管理者（控制者）的意图，从具体上说就是预算控制指标和预算控制标准。因此，在战略计划的基础上确定预算控制指标和预算控制标准是实施有效预算控制的重要步骤。

广义的预算控制方法是指预算控制系统中所运用的方法，包括预算控制目标制定方法、预算编制方法、预算控制方法和预算考评方法。预算编制可以采用多种方法，不同类型的预算编制方法各有利弊，公司可以根据不同预算编制方法的使用条件和适用范围加以选择。狭义的预算控制方法，就是在预算控制环节中所使用的方法，包括预算执行控制方法和预算分析控制方法，其中预算执行控制方法又分为预算授权控制、预算审核控制和预算调整控制三个方面。预算考评方法是在预算考评环节所采用的方法，与业绩评价和激励方法是相一致的。

精选案例分析

案例：

沈阳机床集团摇臂钻床厂费用与现金预算控制系统

成立于 1995 年 12 月的沈阳机床集团（以下简称集团）经过 10 年的奋斗，已经发展成为中国最大的机床制造企业，同时也成为沈阳装备制造业发展的象征，是沈阳市装备制造业的重要经济增长点。尤其是在最近几年，沈阳机床集团销售收入的年均增长速度都超过了30%。沈阳机床集团2008年实现销售额100亿元，进入世界机床制造业前五强。但是，沈阳机床集团高速增长的背后也隐藏着极大的隐患，那就是高速增长的销售收入并没有带来同步的现金流量和实现相应的盈利水平。因此，集团领导高瞻远瞩适时提出了"双提速（素）"目标，就是既要提高销售增长速度，又要提高内部管理素质。这样，控制成本、降低费用、加快资金周转、降低资金占用，就成为增强集团竞争能力和盈利能力的关键所在。为此，沈阳机床集团决心借助预算控制系统来实现"双提速（素）"目标，并首先选择摇臂钻床厂作为试点单位，逐步推行预算管理。

从2003年开始，以费用预算和现金收支预算为试点，集团在费用控制（包括期间费用和制造费用）和资金管理环节上大胆改革，以会计核算信息系统（以下简称系统）为平台将费用预算与现金收支预算结合运用，在实践中探索出费用控制和资金管理的一系列新思路和新方法，主要包括以下几点：

一、在预算编制环节

摇臂钻床厂对传统的预算表格进行了大胆创新，将预算控制比率和预算控制标准纳入预算表格，目的在于提高预算编制的逻辑性和准确性。设置预算控制预警水平，从源头确保费用预算和现金收支预算执行的均衡性。在编制费用预算和现金收付预算时，为确保全年每一个季度和每一个月度费用执行的均衡和现金支付的平衡，摇臂钻床厂有目的地在会计核算信息系统中区分不同费用项目，设置了相应的预算控制预警水平，按占年度预算不同百分比的进度实施控制，从源头上杜绝了预算执行的不均衡现象发生。

二、在预算执行环节

建立费用预算与现金收支预算的互动关系，实现费用和资金的双重控制。摇臂钻床厂采用一定的技术手段，在预算编报科目与会计核算科目之间建立了明确的对应关系，并且在系统中按费用发生和现金收付的实际情形，设置了三种处理方式：

（1）走现金进费用；

（2）进费用挂往来；

（3）走现金挂往来。

各预算管理部门根据这三种情形结合自身情况在系统中分别填报，这样就实现了一张预算表格在填制的同时满足费用预算和现金收付预算编报的双重要求，大大提高了预算编制的效率。财务部门将预算执行与会计核算相结合，确保费用预算与现金收付预算执行的有效性。通过在系统中对所有现金支付项目设置会计核算功能，使预算执行与会计核算相结合，目的是确保费用预算和现金收支预算执行的有效性，真正做到实时控制和过程控制。

三、在预算分析环节

支持实时预算反馈和预算分析，提高预算控制的透明度，在预算执行过程中通过总账凭证对实际业务进行控制、记录，建立日常经营管理中费用预算和现金收付预算的"战略决策层——管理控制层——核算作业层"自上而下的全透明的管理和监控信息网络，保证企业高层管理者及有权限的人员可以随时查看各预算管理部门的预算目标、实际业绩等财务信息，增加了预算执行的透明度，保证预算考评的公平性。允许根据分析结果及时调整预算，增强预算控制的灵活性。为了对预算执行过程中的偏差进行纠正,各预算管理部门可以根据上月预算执行情况分析结果,在年度预算目标内进行额度调整,为此摇臂钻床厂在建立预算管理系统时就预先设置了费用发生调整申请单和现金支付调整申请单。

四、预算考评环节

企业实施领导班子年薪制与预算目标相挂钩,激励管理者对预算的控制力。沈阳机床集团经过慎重考虑,决定对摇臂钻床厂领导班子实施年薪制,将领导班子的薪酬分为固定数额和变动数额两个部分,其中变动数额的大小又与集团下达给摇臂钻床厂的年度预算目标相挂钩,根据年度预算目标的不同实现程度,赋予不同的奖励系数。选择以制造费用为突破口与员工工资额核定相结合,提高员工对预算的执行力。摇臂钻床厂为了提高员工对预算的执行力,确保预算总体目标的实现,在2005年选择以制造费用为突破口,对摇钻车间、轴套车间、锻造车间和热处理车间等车间实行了费用考核。具体方法就是以车间单位工时制造费用为考核指标,确定每一车间的单位工时制造费用预算目标,将预算目标的实现结果与员工工资额相挂钩进行奖罚,以核定工资额为基数,每超出制造费用预算目标1%,就扣罚该车间0.1%的核定工资额,每节约1%制造费用预算目标,就嘉奖该车间0.1%的核定工资额。

(案例来源:https://wenku.baidu.com/view/50c36c295ef7ba0d4b733b13.html 整理而成)

讨论:

1. 指出摇臂钻床厂预算控制的特色有哪些?
2. 分析摇臂钻床厂在预算执行控制方面主要采用的是什么方法?

实务演练

一、思考与回答

1. 预算控制系统是由哪些环节构成的?
2. 预算控制系统的功能主要表现在哪些方面?
3. 概括预算控制系统的优缺点?
4. 在制定预算控制标准的过程中,应注意哪些问题?
5. 比较分析不同类型的预算编制方法的优缺点。

二、搜集与整理

1. 搜集与整理某企业实施预算管理的案例。
2. 搜集与整理关于预算管理软件的相关报道。

自测与练习

一、单项选择题

1. 预算控制系统的起点是(　　)。
   A. 预算编制　　　　　　　　B. 预算执行
   C. 预算目标确定　　　　　　D. 预算评价
2. 预算控制系统的核心环节在于(　　)。
   A. 预算执行　　　　　　　　B. 预算编制
   C. 预算分析　　　　　　　　D. 预算考评

3. 预算控制系统最基本的功能在于( )。
   A. 确立目标 B. 业绩评价
   C. 整合资源 D. 控制业务

4. 销售预算属于( )。
   A. 经营预算 B. 财务预算
   C. 资本预算 D. 特种决策预算

5. 现金收支预算属于( )。
   A. 经营预算 B. 财务预算
   C. 资本预算 D. 特种决策预算

6. 狭义的预算控制程序是指( )。
   A. 预算目标分解 B. 预算执行与预算反馈
   C. 预算编制程序 D. 预算控制系统运行程序

7. 下列选项中,属于自下而上式预算编制程序的优点的是( )。
   A. 有利于防止部门本位主义 B. 简单可行、容易操作
   C. 有利于发挥部门的主观能动性 D. 便于预算目标分解

8. 下列预算编制方法中,基于一系列可预见的业务量水平编制的、能适应多种情况的预算编制方法是( )。
   A. 弹性预算法 B. 固定预算法
   C. 增量预算法 D. 零基预算法

二、多项选择题

1. 预算控制系统的构成包括( )环节。
   A. 预算编制 B. 预算控制
   C. 预算考评 D. 预算目标确定

2. 预算控制系统的功能主要表现为( )。
   A. 整合资源 B. 控制业务
   C. 确定目标 D. 评价业绩

3. 从预算内容角度看,企业预算包括( )。
   A. 经营预算 B. 资本预算
   C. 财务预算 D. 项目预算

4. 根据预算编制所依据的业务量是否可以改变,预算编制方法包括( )。
   A. 定期预算法 B. 滚动预算法
   C. 弹性预算法 D. 固定预算法

5. 预算执行控制方法包括( )。
   A. 预算反馈控制 B. 预算授权控制
   C. 预算审核控制 D. 预算调整控制

三、判断题

1. 预算主要是以货币或价值形式对未来的经营活动进行说明,所以仅包括财务预算。
( )

2. 企业预算是计划的发展,两者之间存在区别,无法融合。（　　）
3. 有了财务预算,就等同于建立了全面预算体系。（　　）
4. 预算评价既是一种动态评价,又是一种综合评价。（　　）
5. 财务预算的编制需要经营预算和资本预算为支撑和基础。（　　）
6. 预算控制有利于发挥控制者和被控制者双方的能动性。（　　）
7. 预算控制目标表现为预算控制指标和预算控制标准两个方面。（　　）
8. 在制定预算控制标准的过程中,既要考虑历史标准,又要考虑行业标准。（　　）
9. 预算控制方法仅仅是指在预算控制环节中所使用的方法,包括预算执行控制方法和预算分析控制方法。（　　）
10. 弹性预算法的优点在于预算范围广和可比性强。（　　）

第八章

企业破产、重整与清算

学习目标

1. 了解破产、重组与清算的基本概念及相关法律规定;
2. 掌握破产危机的辨识、应对与管理;
3. 熟悉重整计划的制订与执行;
4. 掌握破产财产、破产债权的范围及计价方法。

导入案例

大洋造船有限公司破产重整案

2017年7月,江苏省扬州市广陵区人民法院(以下简称广陵法院)裁定受理大洋造船有限公司(以下简称大洋造船)破产清算案件,同年12月,依法转入重整程序。针对大洋造船因缺乏流动资金而全面停产,但部分在建船舶尚需续建,企业若长期不恢复经营,将导致技术工人流失,造船资产效用降低的问题,广陵法院指导管理人运用租赁经营的方式恢复生产,将大洋造船所有机器设备及技术团队整体租赁给当地同行企业,如期完成代建和续建船舶订单工程,为重整创造基础条件。

经清理,大洋造船资产价值18.86亿元,负债45.55亿元,已严重资不抵债。因大洋造船体量大、重整投资金额高、投资人招募困难,广陵法院积极争取大洋造船党委领导、当地政府的支持,借助政府协调联动机制推动投资人招募,最终引入央企国机集团下属企业作为投资人。重整投资人通过"受让股权+提供借款"的方式,提供22.86亿元资金清偿企业债务,职工债权、税收债权、其他优先债权及小额债权全额清偿,同时把企业战略支点转向中型批量船舶及高端海工产品。2018年8月,广陵法院裁定批准大洋造船重整计划。在执行过程中,在当地工商、公安、税务等职能部门的大力支持下,大洋造船有序办理股权变更,恢复生产经营,重塑企业信誉。截至2018年年底,大洋造船在岗职工4 000余人,新增船舶订单 25 条，工作计划已安排至 2020 年，预计年均产值达 20 亿元。

本案例是"破产不停产"的典型案例。广陵法院在识别企业重整价值的基础上，创新引入租赁经营的方式恢复生产，保留技术骨干，稳定生产队伍，实现资产保值增值，增强了债权人和意向投资人的重整信心，为挽救生产型企业提供了新思路。同时，广陵法院积极争取大洋造船党委领导、当地政府的支持，协调多部门共同参与，从职工矛盾化解到债权人会议召集，从招商平台共享到投资人招募，从争取债权人支持到股权强制变更，使政府协调联动机制的作用在各环节得到了有效发挥。

（案例来源：https：//www.360kuai.com/pc/93bf13cf3de401f9f？cota＝4&kuai_so＝1&tj_url＝so_rec&sign＝360_57c3bbd1&refer_scene＝so_1 整理而成）

第一节　企业破产概述

一、企业破产的概念、类别和特征

（一）破产的概念

所谓破产，通俗地说，是指由于企业管理者无能、不明智的扩张、激烈的竞争、过高的负债等原因造成企业经营状况恶化，效益低下，在市场竞争中被淘汰。从法律上说，破产是指对企业不能清偿到期债务时，按照一定程序，采取一定方式，使其债务得以解脱的经济事件。企业破产是市场经济条件下的一种客观经济现象，也是一个法律程序。

（二）破产的类别

1. 技术性破产

技术性破产是指在企业的财务管理中由于技术性失误，造成了企业无力偿还到期债务的现象。在这种情况下，企业资金缺乏流动性，变现能力较差，但盈利能力和财务基础都比较好。无力偿还债务的原因可能是企业债务利用过多，债务结构不合理。如果企业不及时采取措施，就会造成法律上的破产，有时也称"黑字倒闭"。

2. 事实性破产

事实性破产是指企业因经营不善等原因而造成连年亏损、资不抵债的现象。在这种情况下，企业的全部债务难以偿还，补救不及时，只能转入清算，有可能引起法律性破产。

3. 法律性破产

法律性破产是指债务人因不能偿还到期债务而被法院宣告破产。在这种情况下，对企业破产前以及破产清算后债务人实际能否清算全部到期债务是不加考虑的。

（三）破产的特征

1. 破产是以法定事实的存在为前提的

如债务人存在不能清偿到期债务的法定事实，不管债务人的全部财产是否足以清偿其债务，只要无法按时履行偿还债务的义务，就面临着破产的可能，这是企业破产的基本前提。

2. 破产是清偿债务的法律手段

企业破产必须由债权人或者债务人提出破产申请，法院依据法律程序将债务人的破产财产公平分配给债权人，以了结债权债务关系。

3. 破产必须由法院受理

破产必须由法院受理，并由法院指定管理人，负责债务人财产的管理和处分，决定债务人的内部管理事务，代表债务人参加诉讼或者其他法律程序。这样可以有效保护双方当事人的合法权益，保证实现公平受偿。

二、企业破产的法律规定

（一）破产原因

破产原因是债务人申请破产的事实依据，是对债务人进行破产清算和破产预防的法律事实，也是破产程序启动、变更和终结的法律依据。新的《破产法》对所有的法人企业适用统一的破产原因，即《破产法》第2条规定"企业法人不能清偿到期债务，并且资产不足以清偿全部债务或者明显缺乏清偿能力的"，在此种情况下，债务人可以向人民法院提出重整、和解或者破产清算申请，债权人也可以向人民法院提出对债务人进行重整或破产清算的申请。

（二）重整与和解

1. 重整

所谓重整，是指对无偿付能力的债务人的财产立即进行清算，在人民法院的主持下由债务人与债权人达成协议，制订重整计划，规定在一定的期限内，债务人按一定的方式全部或者部分清偿债务，同时债务人可以继续经营其业务。重整适用于所有类型的企业法人，是一个独立的破产预防程序。

按照《破产法》第70条的规定，债权人和债务人都可以向人民法院申请对债务人进行重整。如果债权人提出破产清算，在人民法院受理破产申请后、宣告债务人破产前，债务人或者出资额占债务人注册资本1/10以上的出资人，可以向人民法院申请重整。由人民法院裁定债务人进行重整并予以公告。自人民法院裁定债务人重整之日起6个月内，债务人或者管理人应当向人民法院和债权人会议提交重整计划草案，包括以下内容：

（1）债务人的经营方案；
（2）债权分类；
（3）债权调整方案；
（4）债权受偿方案；
（5）重整计划的执行期限；
（6）重整计划执行的监督期限；
（7）有利于债务人重整的其他方案。

人民法院在收到重整计划草案30日内召开债权人会议，并按照债权是否有担保，是否是所欠税款等对债权进行分类，分组对重整计划草案进行表决。出席会议的同一表决组的债权人过半数同意重整计划草案，并且其所代表的债权额占该组债权总额的2/3以上的，即为该组通过重整计划草案。

《破产法》第73条规定，在重整期间，经债务人申请，人民法院批准，债务人可以在管理人的监督下自行管理财产和营业事务。第78条规定,在重整期间,有下列情形之一的,经管理人或者利害关系人请求,人民法院应当裁定终止重整程序,并宣告债务人破产:

(1) 债务人的经营状况和财产状况继续恶化,缺乏挽救的可能性;
(2) 债务人有欺诈、恶意减少债务人财产或者其他显著不利于债权人的行为;
(3) 由于债务人的行为致使管理人无法执行职务。

2. 和解

和解是破产程序开始后,债务人和债权人之间就债务人延期清偿债务、减少债务数额、进行整顿事项达成协议,以挽救企业、避免破产、中止破产程序的法律行为。债务人可以直接向人民法院申请和解,也可以在人民法院受理破产申请后、宣告债务人破产前,向人民法院申请和解。申请和解时应提交和解协议草案。经人民法院审查认为和解申请符合《破产法》的规定,应裁定和解,予以公告,并召集债权人会议讨论和解协议草案。当出席会议的有表决权的债权人过半数同意,并且其所代表的债权额占无财产担保债权总额的 2/3 以上时,和解协议通过,经人民法院认可后,和解协议对债务人和全体债权人均有约束力。债务人按照和解协议的条款清偿债务。

《破产法》第99条明确规定,和解协议草案经债权人会议表决未获得通过,或者已经债权人会议通过的和解协议未获得人民法院认可的,人民法院应当裁定终止和解程序,并宣告债务人破产。同时《破产法》第103条和第104条对和解协议的终止也作出了规定,主要是因债务人欺诈或违法行为而成立的和解协议,以及债务人不能或不执行和解协议的,人民法院有权裁定终止和解协议,并宣告债务人破产。

(三) 破产清算

《破产法》第107条规定,人民法院依照本法规定宣告债务人破产的,应当自裁定作出之日起五日内送达债务人和管理人,自裁定作出之日起十日内通知已知债权人,并予以公告。被宣告破产后,债务人称为破产人,债务人财产称为破产财产,人民法院受理申请时对破产人享有的债权称为破产债权。进入破产清算阶段后,管理人应当拟定破产财产变价方案,交由债权人会议讨论通过后,适时变价出售破产财产,并按照法律规定的顺序清偿债务。管理人在最后分配完结后,应当及时向法院提交破产财产分配报告,并提请法院裁定终结破产程序。

企业破产会经历如图 8-1 所示的基本程序。

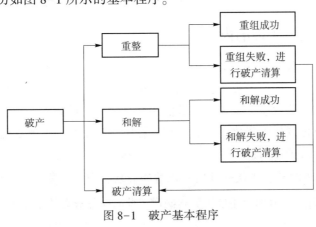

图 8-1　破产基本程序

拓展案例 8-1

无锡华东可可食品股份有限公司等三家企业程序合并破产重整案

无锡华东可可食品股份有限公司（以下简称华东可可）是国内三大可可加工生产企业之一，旗下三家全资子公司分别是无锡上可食品有限公司（以下简称无锡上可）、华东可可食品（兴化）有限公司（以下简称兴化可可）和海南万宁欣隆可可有限公司（以下简称海南可可）。2017年9月11日，江苏省无锡市中级人民法院（以下简称无锡中院）裁定受理华东可可重整案；同年9月20日，江苏省无锡市锡山区人民法院裁定受理无锡上可重整案；同年12月7日，经江苏省高级人民法院指定管辖，无锡中院裁定受理兴化可可重整案。为便于三个案件同步审理，人民法院指定同一管理人担任华东可可、无锡上可、兴化可可的管理人。针对申报的5亿元民间借贷债权，管理人组织专项审计，将债权降至2.7亿元，有效核减虚高债务。经核查，三家企业资产总值2.57亿元、负债总额12亿元，均已严重资不抵债，普通债权模拟清偿率除兴化可可为2.42%以外，华东可可和无锡上可均为零。

2018年1月，为维持三家企业的营运和投资价值，管理人与既是三家企业经营性债权人，又对三家企业有重整意向的江苏汇鸿国际集团股份有限公司（以下简称汇鸿集团）达成托管协议，由其对三家企业重整期间的营业事务进行托管，恢复三家企业规模化生产。后管理人在全国范围内公开招募重整投资人并公布评审标准，最终经评审会评审，确定重整投资人为汇鸿集团与无锡盈创国际贸易有限公司（以下简称无锡盈创）的联合体。管理人以招募公告、投募文件为基础，经过多轮协商谈判，在获得重整投资人2.57亿元的基础上，要求其额外负担部分破产费用、共益债务，另行增加偿债资金，提高普通债权清偿率。管理人据此制作三家企业重整计划草案，获得各债权人组及出资人组的表决通过。2018年9月10日，法院裁定批准三家企业重整计划并终结重整程序。

本案例是"关联企业程序合并破产重整"的典型案例。法院及管理人既尊重三家企业在法律上的独立人格，又同步调查财产、审查债权、召开会议、招募投资、清理债权、调整经营，并保持重整投资人控股母公司、母公司全资控股子公司的股权结构，满足绝大多数意向投资人对三家企业一并投资的需求，推动重整取得成功。此外，本案还通过民间借贷专项审计为三家公司摆脱巨额"高利贷"，有力维护了经营性债权人的利益。

（案例来源：https：//www.360kuai.com/pc/95ff4798700c6841e？cota＝4&kuai_so＝1&tj_url＝so_rec&sign＝360_57c3bbd1&refer_scene＝so_1 整理而成）

三、企业破产财务管理的内容

企业一旦进入破产程序，其财务管理也进入非常时期。企业财务必须遵守有关法律的规定，调整或了解与债权人的债务关系，正确处理企业与其他各方的经济利益关系，避免直接破产，保护债权人的合法权益，实现公平受偿比例最大化的目标。

由于财务管理目标发生了变化，企业在破产程序实施期间的财务管理与正常期间有所不同，主要表现在以下几个方面：

（一）破产企业的财务管理是一种例外性质的管理，即危机管理

企业进入破产程序后，随时可能被宣告破产。此时财务管理的主要职能是防止财务状况进

一步恶化，组织重整与和解计划的实施与完成，采取应急对策，纠错、治错，避免破产清算。

（二）破产企业的财务管理内容具有相对性和变异性

企业破产是在一定的理财环境下发生的，随着理财环境的改变，企业可能在瞬间由破产困境变异为盈利顺境。例如，政府有关部门给予资助或者采取其他措施帮助清偿债务、取得担保、已核销应收账款的收回、外部资源改变、经济政策出台等。因此，破产企业的财务管理内容需要根据环境的变化作出相应的调整或改变。

（三）破产企业的财务活动及破产财产受控于破产管理人，并处于法院的监督之下

企业提出重整与和解申请后，应当向债权人会议提交重整、和解协议草案，该草案经债权人会议通过并报请法院审查认可，自公告之日起具有法律效力。如果企业不执行协议或财务状况继续恶化或者严重损害债权人利益，债权人会议有权向法院申请，终结企业重整与和解，宣告其破产。法院自宣告之日起15日内成立清算组，清算组负责破产财产的保管、清理、估价、处理和分配，并接受法院监督。破产企业在财务预算、财务决策和财务控制诸环节的管理中必须重视破产管理人的意见。

第二节　财务预警管理

企业财务预警作为一种成本低廉的财务危机诊断工具，其灵敏度越高，就越能较早地发现问题，从而回避财务危机的发生。财务预警系统是指对企业的财务危机状态进行监测，并发出警告，督促企业管理当局及早采取相应措施加以防范的体系。因此，财务预警系统的建立，对有效防范和解决财务危机的发生，会起到重要的作用。

一、财务危机

（一）财务危机的含义

财务危机的基本含义可以概括为三个方面：

(1) 财务危机是企业盈利能力实质性削弱、持续经营难以为继的严重表现；

(2) 财务危机是企业偿债能力严重削弱、资金周转困难的窘迫处境；

(3) 财务危机是企业持续经营丧失或接近丧失，即企业破产或接近破产的严峻局势。

发生财务危机时，企业出现严重亏损或持续亏损，无力支付到期债务和费用，直至破产。

（二）财务危机的成因

研究引发财务危机的原因，可以为企业改善经营管理，预防财务危机，提供更有价值的意见。约翰·阿根提在有关学者研究的基础上，通过案例分析和理论研究，总结出了导致企业财务危机的主要原因：

1. 企业管理结构存在缺陷

企业高级管理层存在结构缺陷，会导致企业重大决策失误，由此可能会给企业带来重大损失。企业管理结构缺陷主要表现在以下几点：

(1) 首席执行官独裁，一人拥有很大的权力，其他董事不作为；

(2) 高管团队知识结构不平衡；

(3) 财务职能弱化，缺乏管理深度等。

2. 会计信息系统存在缺陷

可靠的会计信息系统可以帮助管理层及时发现问题，为正确决策提供依据。但是，失败的企业会计信息系统常常是不健全的，主要表现在以下几点：

(1) 缺乏预算控制系统，或者预算控制系统不健全；

(2) 缺乏现金流量的预测；

(3) 没有成本核算系统；

(4) 对资产价值的估值不当。

不健全的会计信息系统掩盖了问题，使财务风险不断累积，直到危机爆发。

3. 面对经营环境的变化，采取恰当应对措施不及时

经营环境的变化可分为五大类：

(1) 市场竞争环境的变化，如出现了新的竞争对手、竞争对手开发出新的产品等；

(2) 经济环境的变化，如国家经济政策的调整、经济周期的变化、利息率的变化、通货膨胀、汇率变化等；

(3) 政治环境的变化，国家政治环境的重大变化必然会影响到经济资源的配置，从而对企业经营活动产生影响；

(4) 社会环境的变化，如生活方式的变化、消费习惯的变化、社会人口年龄结构的变化、社会对污染或消费者保护态度的变化等；

(5) 技术条件的变化，如技术的更新变革。

当市场竞争环境、经济环境、政治环境、社会环境和技术条件等因素发生重大变化时，失败的企业往往反应迟钝，不能采取恰当的应对措施，从而在市场竞争中败下阵来。

4. 制约企业对环境变化作出反应的因素

来自政府或社会的一些限制因素，可能会制约企业对环境变化作出反应，降低企业的自由度，导致企业付出较高的成本。如政府要求企业承担过多的社会责任，可能占用企业大量的资源，使企业经营效率低下。

5. 过度经营

企业过度经营有许多表现形式，例如，过度筹资降低了资金利用效率；以牺牲利润率的方式追求销售额的增长等。

6. 盲目开发大项目

管理层过于乐观，盲目开发大项目，高估项目的收入或低估项目的成本，导致企业现金流量紧张。企业经常开发的大项目主要包括并购、多元化经营、开发新产品、项目扩张等。如果管理层对大项目的判断错误，就可能导致项目失败，给企业造成重大损失。

7. 高财务杠杆

在经济环境不景气、企业经营业绩下降的情况下，较高的资产负债率会加大财务风险，导致企业发生亏损和现金流量紧张。

8. 常见的经营风险

任何企业都会面对一些常见的经营风险，这些经营风险一般不会导致企业经营失败，但是对于实力弱小、管理水平较低的企业来说，常见的经营风险也可能使企业陷入财务危机之中。

(三) 财务危机的形成过程

财务危机是一个渐进和积累的过程。一般来说，可以将企业的财务危机发展过程分为以下四个阶段：

1. 财务危机潜伏期

在这个阶段，企业往往盲目乐观，急于扩张，在资源配置上存在重大失误，市场营销缺乏效率，忽视风险控制，在面对环境变化时，缺乏有效的应对措施。

2. 财务危机发作期

这个阶段的主要表现是，企业的资产负债率过高，利息负担过重，由于第一阶段的扩张导致企业现金流量短缺，企业偿债压力较大，开始出现债务拖延偿付现象。

3. 财务危机恶化期

这个阶段的主要表现是，企业资金周转出现困难，经营活动也出现困难，无力偿还到期债务。

4. 财务危机实现期

在这个阶段，企业已经丧失偿债能力，甚至出现净资产为负的情况，最终可能申请破产。

以上四个阶段是企业财务危机发展的大致过程，四个阶段的界限并不是截然清晰的，财务危机是一个长期的发展过程。企业应当在财务危机的第一阶段尽早采取预防措施。

二、财务危机的征兆

(一) 财务指标

企业在日常经营过程中，通过观察现金流量、存货、销售额、应收账款、财务比率等指标的变化，可以察觉财务恶化的苗头。

1. 现金流量

企业出现财务危机首先表现为缺乏支付到期债务的现金流量。企业的现金流量与销售收入、利润密切相关，它们各自有可能上升，有可能持平，有可能下降，排列组合后呈现出联动的内在规律，用三维直角坐标系表示如图 8-2 所示。

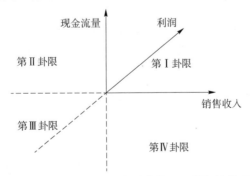

图 8-2 企业现金流量与销售收入、利润的关系

就财务活动的客观结果而言，第 I 卦限收入、利润同时上升属正常情况，企业运作良好，现金流转顺畅。其余卦限均为病态，存在危机隐患。通常情况下，一个企业在收入上升时，如果没有利润与现金流量伴随，那么该企业在财务方面便会呈现出病态，如成本失控、

对外投资无法收回、流动资金短缺、企业不能按期还债付息等。这就需要引起管理层的注意，及时采取措施，避免现金流量状况持续恶化。

2. 存货异常变动

保持一定数量的存货对于均衡生产、促进销售有着重要的意义。除季节性生产企业外，对于正常经营的企业来说，存货量应当比较稳定。如果在某一时期企业出现存货大幅度增加或减少的异常变动，就应当引起注意，这可能是企业财务出现问题的早期信号。

3. 销售额的非正常下降

一般情况下，销售额的下降会导致企业当期或以后各期现金流入量的减少，当期现金流量受影响的程度主要取决于企业的信用政策。如果当期现金余额明显下降，产成品存货大量积压，可以说企业财务出现危险信号。

4. 应收账款大幅度上升

在稳定的信用政策下，若出现平均收现期延长、账面现金较少而应收账款较多的情况，则表明企业现金回笼状况差，现金流转可能会受到严重影响。

5. 财务比率

通过对反映企业财务状况的各项比率进行比较分析，观察其变化趋势，从中捕捉财务危机信号。判断企业财务状况的财务指标及财务危机的征兆如表8-1所示。

表8-1 判断企业财务状况的财务指标及财务危机的征兆

财务指标	计算公式	财务危机的征兆
资产周转率	销售收入/平均总资产×100%	大幅度下降
销售利息率	利息总额/销售收入额×100%	接近或超过6%
资产负债率	负债总额/资产总额×100%	大幅度上升
权益与负债比率	权益总额/负债总额×100%	大幅度下降
流动比率	流动资产总额/流动负债总额×100%	降到150%以下
经营债务倍率	（应付账款+应付票据）/月销售额	接近或超过4倍

（二）报表

一般来说，财务报表能综合反映企业在一定时期的财务状况和一定时期内的经营成果。为此，通过对总体结构和平衡关系的观察，可以判断企业的财务状况。

1. 利润表

根据经营收益、经常收益与当期收益的亏损和盈利情况，可以将企业财务状况分为A～F六种类型。不同类型财务状况对应的安全状态如表8-2所示。

表8-2 不同类型财务状况对应的安全状态

类型	A	B	C	D	E	F
经营收益	亏损	亏损	盈利	盈利	盈利	盈利
经常收益	亏损	亏损	亏损	亏损	盈利	盈利
当期收益	亏损	盈利	亏损	盈利	亏损	盈利
说明	接近破产状态		若此状态继续，将会导致破产		根据亏损情况而定	正常状态

注意：经营收益=营业收入-营业成本-税金及附加-销售费用-管理费用-资产减值损失+公允价值变动收益+投资收益

经常收益=经营收益-财务费用

当期收益=经常收益+营业外收入-营业外支出

2. 资产负债表

根据资产负债表的平衡关系和分类排列顺序，可以将企业财务状况分为 X、Y、Z 三种类型。X 型表示正常；Y 型表示企业已亏损了一部分资本，财务危机有所显现；Z 型表示企业已亏损了全部资本和部分负债，临近破产。不同类型财务状况对应的安全状态如图 8-3 所示。

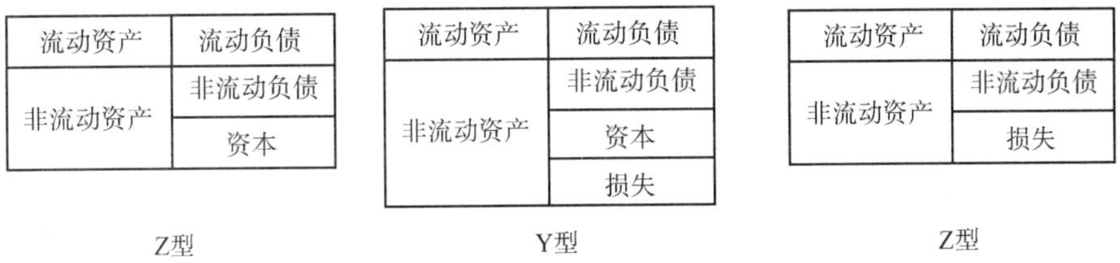

流动资产	流动负债
非流动资产	非流动负债
	资本

Z型

流动资产	流动负债
非流动资产	非流动负债
	资本
	损失

Y型

流动资产	流动负债
非流动资产	非流动负债
	损失

Z型

图 8-3　不同类型财务状况对应的安全状态

3. 经营状况的征兆

1）盲目扩大企业规模

企业规模的扩大通常有两种形式：一是内部扩充；二是外部扩张。内部扩充会增加固定资产投资，要耗用企业大量现金，如果某一时期公司的固定资产大幅度增加，但其生产能力和营销能力未能形成很好的配合，则易导致资金大量沉淀，流动资金紧张。盲目的固定资产扩充就会给财务危机的形成留下隐患。并购是企业外部扩张的捷径，并购作为一种高风险高收益的行为，不少企业只看到其好处，而忽视了可能的风险。如果企业同时在很多地方大举收购其他企业，同时涉足很多不同的经营领域，则可能使企业负担过重，出现资金紧张问题，从而留下财务危机隐患。

2）企业信誉不断降低

信誉是企业在长期经营中创立和积累起来的，是企业一种重要的无形资产。信誉好的企业能顺利地从银行取得贷款，也能从客户那里享受到更多的优惠。信誉一旦受损，企业的筹资就会变得十分困难，关联企业之间的经济往来、信誉结算将无法开展。企业信誉度降低是企业财务危机的重要征兆。

3）关联企业趋于倒闭

由于赊销业务的大量存在，企业之间形成了紧密的债权债务关系。一个企业出现财务危机，可能影响到关联企业的财务状况，一旦发现关联企业经营情况和财务状况发生异常变化，有出现财务危机的征兆，就要及时采取应对措施，以防止本企业陷入财务困境。

4）产品市场竞争力不断减弱

产品市场竞争力的高低，主要体现在企业产品所占的市场份额和盈利能力上。如果企业产品市场占有率很高，且盈利能力空间很大，说明企业市场竞争力很强；反之，如果企业的产品出现积压，市场占有率明显下降，或产品市场份额未变，但盈利空间明显缩小，就说明企业市场竞争力在减弱，从而埋下财务危机的隐患。

5）无法按时报送会计报表

无法按时编制会计报表、会计报表不能及时报送、会计信息延迟公布等，一般都是财务状况不佳的征兆。

4. 其他方面的征兆

企业人员大幅度变动往往也是财务危机的征兆之一。例如在一段时间内，管理层重要成员、董事会成员、财务会计人员及其他高级管理人员突然离职或连续变更，尤其是引起轩然大波的高级管理人员的集体辞职，通常是公司存在财务危机隐患的明显标志。

企业信用等级降低、资本注销、企业主要领导人的反常行为、组织士气低落、注册会计师出具保留意见的审计报告等，也是企业发生财务危机的征兆。

三、财务预警

（一）财务预警的概念

财务预警即财务失败预警，是指借助企业提供的财务报表、经营计划及其他相关会计资料，利用财会、统计、金融、企业管理、市场营销理论，采用比率分析、比较分析、因素分析等多种分析方法，对企业的经营活动、财务活动等进行分析预测，以发现企业在经营管理活动中潜在的经营风险和财务风险，并在危机发生之前向企业经营者发出警告，督促企业管理当局采取有效措施，避免潜在的风险演变成损失，起到未雨绸缪的作用。而且，作为企业经营预警系统的重要子系统，财务预警也可以为企业纠正经营方向、改进经营决策和有效配置资源提供可靠依据。

（二）财务预警方法

1. 定性分析法

定性分析法是通过对企业的经济环境、经营状况和财务状况的判断与分析，预测企业发生财务危机的可能性。定性分析法主要从经济环境、经营状况和财务状况三个方面进行财务预警分析，如表8-3所示。

表8-3 财务预警的定性分析法

经济环境	经营状况	财务状况
1. 经济增长率下降	1. 盲目扩张，过度经营	1. 财务杠杆大，负债金额高
2. 失业率上升	2. 市场营销失败，销售下滑	2. 经营亏损
3. 通货膨胀	3. 预算控制系统缺乏	3. 现金流量恶化
4. 金融市场动荡	4. 管理水平低下	4. 应收账款收账期延期
5. 产业政策的不利变化	5. 人才流失	5. 存货周转率下降
6. 市场竞争加剧	6. 对环境变化反应迟钝	6. 债务违约
7. 技术变化	7. 销售合同违约	7. 成本核算系统不健全
8. 政府管制	8. 研发费用被缩减	8. 财务报表被粉饰
9. 税法变化、税率提高		

表 8-3 列示了企业在经营过程中可能会引发财务危机的各种因素的变化,这种分析只是一种定性的判断,在实践中还需要根据企业的具体情况进行更详尽的考察和诊断,才能有效地作出财务危机预警。

2. 单变量模型

单变量模型是指通过个别财务比率走势的恶化来预测财务危机状况。1968 年,威廉·比弗在《会计评论》上发表的论文《可以预测失败的几种会计手段》中提出了单变量模型。他对 79 个失败企业和相同数量、同等资产规模的成功企业进行比较研究后发现,按预测能力大小,预测财务危机的比率依次排序为:债务保障率、资产收益率、资产负债率。他发现债务保障率指标预测的准确率最高,并且离失败日越近,预见性越强。

债务保障率=现金流量/债务总额

资产收益率=净收益/资产总额

资产负债率=负债总额/资产总额

3. 多变量模型

多变量模型又称为 Z 计分模型,即运用多种财务指标加权汇总产生的总判别分(称为 Z 值)来预测财务危机。该模型由埃特曼于 20 世纪 60 年代末提出,模型如下:

$$Z = 0.012X_1 + 0.014X_2 + 0.033X_3 + 0.006X_4 + 0.999X_5$$

式中,X_1 表示营运资金与资产总额的比值;

X_2 表示留存收益与资产总额的比值;

X_3 表示息税前收益与资产总额的比值;

X_4 表示权益市价与债务总额账面价值的比值;

X_5 表示销售额与资产总额的比值。

根据这一模型,Z 值越低,企业就越有可能破产。埃特曼提出判断破产企业和非破产企业的分界点为 2.675,Z 值大于 2.675,为非破产企业;Z 值小于 1.81,为破产企业;当 Z 值处于 1.81~2.675 之间时,由于进入该区间的企业,其财务状况极不稳定,误判的可能性很大,所以,埃特曼称此区间为"灰色地带"。

该模型的预测结果表明,破产前两年预测准确率最高,随着时间的延长,预测准确率下降。Z 计分模型如表 8-4 所示。

表 8-4　Z 计分模型

距离公司破产的年数/年	实际破产的公司数量/个	正确预测的公司数量/个	未正确预测的公司数量/个	准确率/%
1	33	31	2	95
2	32	23	9	72
3	29	14	15	48
4	28	8	20	29
5	25	9	16	36

第三节 重整与和解财务管理

一、重整与和解财务管理的特点

重整是新颁布的《破产法》的主要创新之一，重整是在法院的主持和各利害关系人的参与下，对陷入困境、濒临破产而又具有挽救价值和重建可能的企业进行生产经营上的整顿和债权债务关系的清理，最终使企业重获生产经营能力、避免破产清算、摆脱困境的一种特殊法律形式。重整、和解与破产清算有机结合构成了破产程序体系。重整与和解期间，企业的生产经营活动会继续进行，具体特点主要体现在以下几个方面：

（1）重整期间，债务人要在管理人的监督下自行管理财产和营业事务。管理人可以由有关部门、机构的人员组成的清算组或者依法设立的律师事务所、会计师事务所、破产清算事务所等社会中介机构担任，由人民法院指定。

（2）重整计划与和解协议草案的制定是重整与和解阶段的首要任务，必须通过债权人会议并由人民法院裁定认可才能生效。如果企业未能履行重整计划与和解协议，法院将终止重整与和解，宣告其破产。

（3）在重整计划规定的监督期内，债务企业需要向管理人报告重整计划的执行情况和财务状况。

二、企业重整

（一）重整申请

依据《破产法》的规定，债务人不能清偿到期债务，并且资产不足以清偿全部债务或者明显缺乏清偿能力的，或者有明显丧失清偿能力可能的，债务人或者债权人可以直接向法院申请对债务人（债务企业）进行重整。法院经审查认为重整申请符合法律规定的，应当裁定债务人重整，并予以公告。自法院裁定债务人重整之日起至重整程序终止为重整期间。重整期间又称重整保护期，企业《破产法》设立这段期间的目的在于使管理人或者债务人能够在这段法定的保护期内提出重整计划草案，供债权人分组表决通过、法院认可。

（二）重整计划的制订和批准

债务人或者管理人应当自法院裁定债务人重整之日起 6 个月内，同时向法院和债权人会议提交重整计划草案。重整计划草案应尽可能完整地勾勒出债务人对未来经营的设想与安排、可行性、对债权人的利益保护程度等，以获得债权人的认可。具体来说，主要可以分为以下几个方面：

（1）经营方案的描述与可行性分析，这是企业获得新生的动力所在，也是促成重整程序获得通过的重要基础。

（2）理清企业所有的债权并进行分类，在此基础上提出债权调整与受偿方案。这一环节要注意维护债权人的利益，做到公平对待不同类型的债权人。

（3）明确界定重整计划的执行期限与监督期限。

债权人会议讨论重整计划草案时，需要按债权类型分类分组进行表决，如果涉及出资人变更权益事项，则应设出资人组对计划草案进行表决。各表决组均通过计划草案时，即为通过。否则，债务人或管理人应积极同未通过计划草案的表决组进行协商，协商后再次进行表决。如还未能通过，债务人可以在重整计划符合公平、公正的条件下，申请人民法院批准计划草案。

（三）重整计划的执行

重整计划获得批准后由债务人负责执行，并在监督期内接受管理人的监督，监督期满，管理人向人民法院提交监督报告，管理人的监督职责终止，重整计划的利害关系人有权查阅该监督报告。必要时，管理人可以申请人民法院延长监督期限。重整计划对所有债权人和债务人都有约束力，债权人未依照《破产法》的规定申报债权的，在重整计划执行期间不得行使权利；在重整计划执行完毕后，可以按照重整计划规定的同类债权的清偿条件行使权利。如果债务人不能执行或不执行重整计划，管理人或其他利害关系人可以向人民法院申请裁定终止重整计划，终止重整计划后，债权人在重整计划中作出的债权调整的承诺将失去效力。债权人因执行重整计划所受的清偿仍然有效，债权未受清偿的部分作为破产债权。

（四）重整程序的终止

重整程序的终止分为正常终止和失败终止两种情况。

1. 正常终止

正常终止是指重整计划经过债权人会议通过，并经法院批准后，债务人成功执行了重整计划，债务问题得以解决，重整程序正常终止。

2. 失败终止

失败终止是指在重整期间，发生下列情形之一的，经管理人或者利害关系人请求，法院裁定终止重整程序，并宣告债务人破产：

（1）债务人的经营状况和财产状况继续恶化，缺乏挽救的可能性；

（2）债务人有欺诈、恶意减少债务人财产或者其他显著不利于债权人的行为；

（3）由于债务人的行为致使管理人无法执行职务；

（4）债务人或者管理人未按期提出重整计划草案；

（5）重整计划草案未获得债权人会议通过，或者已获得债权人会议通过的重整计划未获得法院的批准；

（6）债务人不能执行或者不执行重整计划。

三、债务和解

债务和解也称债务重组，是指在债务人发生财务危机的情况下，债权人按照其与债务人达成的协议或法院的裁定作出让步，使债务人减轻债务负担，渡过难关，从而解决债务人债务问题的行为。通过债务和解，债务人可以延长债务的偿还期限，减轻债务负担，调节资本结构，从而走出困境。

（一）债务和解的方式

1. 以资产清偿债务

这种债务和解方式是指债权人和债务人达成协议或者经法院裁定，由债务人用现金或非现金资产来清偿全部或部分债务。但是，债权人通常要作出一定程度的让步，如减免部分债务本金或利息等。这样可以缓解债务人的财务压力，有助于债务人摆脱困境，并且债务人可以由此得到债务重组收益。

2. 债权转为股权

这种债务和解方式是指经债权人和债务人协商，债权人将全部或部分债权转作对债务人的股权，对于债务人而言，则是将其负债转为股东权益，不再需要偿还。这样实际上改变了负债企业的资本结构，也减轻了债务人的债务负担。

3. 修改债务条件

这种债务和解方式是指经债权人和债务人的协商对债务合同的某些条款进行修改，如延长偿还期限、降低利率、减免应付未付利息、减少本金等。这种债务和解方式主要是为了减轻债务人的债务负担，使其尽快摆脱困境。

以上三种债务和解方式可以组合应用，如部分债务以资产来清偿、部分债权转为股权，或者部分债务修改债务条款等。

（二）债务和解的条件

债务和解是解决企业债务问题的一种重要方式，但是并非所有的债务问题都可以通过债务和解方式来解决，进行债务和解是有条件的。一般而言，债务和解必须具备以下条件：

1. 债务人长期不能偿付债务

债务人因经营失败，而导致企业缺乏偿债能力，长期不能偿付债务，并已明确表示不能偿付债务，其债务总额已经大于资产的公允价值。在这种情况下，只能通过破产或债务和解方式来解决债务问题。

2. 债权人和债务人都同意通过债务和解方式解决债务问题

债务和解必须是在债权人和债务人双方一致同意的情况下，经过双方共同协商来解决问题，其宗旨是使债务人尽快摆脱财务困境，恢复债务人的财务状况。只要有一方不同意进行债务和解，债务人就只能进入破产清算程序进行债务清偿。

3. 债务人必须有恢复正常经营的能力，并具有良好的道德信誉

债务人的债务问题必须是由经营失败导致的，不存在故意损害债权人合法利益的资产处置情况。同时，经过债务和解，债务人有能力恢复正常的生产经营活动，能够尽快地改善企业的财务状况，并恢复偿债能力。

4. 社会经济环境有利于债务人经整顿后走出困境

进行债务和解的企业，必须是所处行业符合国家的产业政策，并有良好的发展前景，这样经过债务重组之后，企业可以尽快走出困境，摆脱财务危机。

（三）债务和解的程序

企业在符合债务和解条件的情况下，可以与债权人协商债务和解，对债务企业进行整顿。通常债务和解应遵循以下程序：

1. 提出申请

企业进行债务和解应由债务人向法院提出申请。债权人已经向法院申请债务人破产的，债务人也可以向法院提出债务和解申请。债务人自己申请破产的，如果债权人有债务和解的明确表示，债务人也可以在法院宣告破产前，向法院申请债务和解。债务人在申请债务和解时，应当提出债务和解协议，明确申明进行债务和解的理由，包括企业的经营状况、债务总额、不能偿付债务的理由，以及进行债务和解的必要性和可行性。

2. 签订债务和解协议

债务人提出的债务和解协议草案（以下简称和解协议）须经债权人会议表决通过。债权人会议通过和解协议的决议，应由出席会议的有表决权的债权人过半数同意，并且其所代表的债权额占无财产担保债权总额的2/3以上。债权人会议通过和解协议后，应由法院裁定认可，并终止和解程序。经人民法院裁定认可的和解协议，对债务人和全体和解债权人均有约束力。债务人应当按照和解协议规定的条件清偿债务。债务和解协议是企业债务和解的核心内容，它要体现公平合理和可行的原则。公平合理是指各项债权要按其原先享有的求偿顺序对待，原来享有优先受偿权的，在协议中也要享有优先权，同等顺序的债权按比例安排偿还。可行是指要有利于债务企业恢复经营能力，实现预期的和解目标。

3. 债务和解程序的终止

债务人按照和解协议履行了债务清偿义务，按照和解协议减免的债务，自和解协议执行完毕时起，债务人不再承担清偿责任，债务和解程序顺利终止。债务和解也可能在以下两种情况下终止：一是和解协议草案经债权人会议表决未获得通过，或者已经债权人会议通过的和解协议未获得法院认可，法院应当裁定终止和解程序，并宣告债务人破产；二是债务人不能执行或者不执行和解协议，法院经和解债权人请求，应当裁定终止和解协议的执行，并宣告债务人破产。

第四节　破产清算财务管理

一、企业清算的概念

企业清算是企业在终止过程中，为终结现存的各种经济关系，对企业的财产进行清查、估价和变现，清理债权和债务，分配剩余财产的行为。任何企业不论出于何种原因终止，都应当进行清算工作。清算是企业终止阶段的主要工作，企业的经济法律关系只有通过清算才能予以了结。

企业出现以下情形之一的，应当进行清算：

（1）营业期限届满或企业章程规定的解散事由出现；

（2）股东大会决议解散；

（3）因企业合并或分立需要解散；

（4）依法被吊销营业执照、责令关闭或者被撤销；

（5）依法宣告破产。

二、破产清算的程序

根据《破产法》的规定，企业破产清算的基本程序如下：

（一）提出破产申请

《破产法》规定，破产申请可由债务人向法院提出，即自愿破产，也可由债权人向法院提出，即非自愿破产。债务人或债权人向法院提出破产申请，应当提交破产申请书和有关证据，破产申请书应当载明下列事项：

(1) 申请人、被申请人的基本情况；
(2) 申请目的；
(3) 申请的事实和理由；
(4) 法院认为应当载明的其他事项。

（二）法院受理破产申请

法院接到破产申请后应进行受理与否的审查。一般来说，法院应当自收到破产申请之日起 15 日内裁定是否受理。债权人提出破产申请的，法院应当自收到申请之日起 5 日内通知债务人。债务人对申请有异议的，应当自收到法院的通知之日起 7 日内向法院提出，法院应当自异议期满之日起 10 日内裁定是否受理。

（三）指定破产管理人

法院裁定受理破产申请后，应当指定管理人。管理人可以由有关部门、机构的人员组成的清算组或者依法设立的律师事务所、会计师事务所、破产清算事务所等社会中介机构担任。管理人应当勤勉尽责，忠实执行职务。管理人的报酬一般由法院确定。

（四）债权人申报债权

法院受理破产申请后，应当确定债权人申报债权的期限。债权申报期限自法院发布受理破产申请公告之日起计算，最短不得少于 30 日，最长不得超过 3 个月。债权人应当在法院确定的债权申报期限内向管理人申报债权。管理人收到债权申报材料后，应当登记造册，对申报的债权进行审查，并编制债权表。

（五）召开债权人会议，选举债权人委员会

债权人会议是由依法申报债权的所有债权人组成的，决定债务人在破产期间的重大事项。第一次债权人会议由法院召集，自债权申报期限届满之日起 15 日内召开。

债权人会议的决议，由出席会议的有表决权的债权人过半数通过，并且其所代表的债权额占无财产担保债权总额的 1/2 以上。

债权人会议可以决定设立债权人委员会。债权人委员会由债权人会议选任的债权人代表和一名债务人的职工代表或者工会代表组成。债权人委员会行使下列职权：

(1) 监督债务人财产的管理和处分；
(2) 监督破产财产分配；
(3) 提议召开债权人会议；
(4) 债权人会议委托的其他职权。

（六）法院宣告债务人破产

法院对债务人的破产申请进行审理，对符合破产条件的企业下发破产宣告裁定书，正式宣告债务人破产。法院宣告债务人破产后，应当自裁定作出之日起 5 日内送达债务人和管理

人，自裁定作出之日起 10 日内通知已知债权人，并予以公告。债务人被宣告破产后，债务人称为破产人，债务人财产称为破产财产，法院受理破产申请时对债务人享有的债权称为破产债权。

（七）处置破产财产

管理人负责处置破产企业的财产。管理人在法院宣告债务人破产后，应当接管破产企业，开展清产核资、资产评估等工作，对破产财产和破产债权进行认定、清理、回收、管理、处分破产企业财产，代表破产企业参加诉讼和仲裁活动。在必要的情况下，管理人可以组织破产企业继续进行生产经营活动。管理人应当及时拟定破产财产变价方案，提交债权人会议表决。破产财产变价方案经债权人会议表决通过或者法院裁定后，管理人应当适时变价出售破产财产。

（八）分配破产财产

破产财产变价处置后，管理人应当及时拟定破产财产分配方案，并提交债权人会议表决。债权人会议通过破产财产分配方案后，由管理人将该方案提请法院裁定认可后，由管理人执行。

（九）终结破产程序

管理人完成最后的破产财产分配后，应当及时向法院提交破产财产分配报告，并提请法院裁定终结破产程序。法院应当自收到管理人终结破产程序的请求之日起 15 日内作出是否终结破产程序的裁定。裁定终结的，应当予以公告。管理人应当自破产程序终结之日起 10 日内，持法院终结破产程序的裁定，向破产人的原登记机关办理注销登记。

三、破产财产的界定与计价

（一）破产财产的界定

破产财产，是指依法在破产宣告后，可依破产程序进行清算和分配的破产企业的全部财产。

1. 破产财产的构成条件

（1）必须是破产企业法人可以独立支配的财产；

（2）必须是在破产程序终结前属于破产企业的财产；

（3）必须是依照破产程序可以强制清偿的债务人的财产。

2. 破产财产的构成内容

（1）宣告破产时企业经营管理的全部财产；

（2）破产企业在宣告破产后至破产程序终结前所取得的财产；

（3）应当由破产企业行使的其他财产权利，如专利权、著作权等；

（4）担保物的价款，超过其所担保的债务数额的，超过部分属于破产财产；

（5）在法院受理破产案件前 6 个月至破产宣告之日的期间内，破产企业隐匿、私分、无偿转让、非法出售的财产，经追回后属于破产财产；

（6）破产企业与其他单位联营时所投入的财产和应得收益，属于破产财产。

（二）破产财产的计价

为了正确确定破产财产的价值，以便合理地按价值进行分配，破产财产的计价可以采用账面价值法、重估价值法和变现收入法等多种方法。

(1) 账面价值法是指以核实后的各项资产、负债的账面价值（原值扣除损耗和摊销）为依据，计算企业财产价值的方法。该方法适用于破产财产的账面价值与实际价值偏离不大的项目，如货币资金、应收账款等货币性资产项目。

(2) 重估价值法是指对财产的原值以采用重置成本法、现行市价法等方法进行重估所确定的价值为依据，计算企业财产价值的方法。该方法适用于各项财产价值的确定，如设备、存货等。

(3) 变现收入法是指以出售资产可获得的现金收入为依据，计算企业财产价值的方法。

四、破产债权的界定与计价

（一）破产债权的界定

破产债权可分为优先破产债权和普通破产债权。

1. 优先破产债权

对破产人的特定财产享有担保权的权利人，对该特定财产享有优先受偿的权利，该部分债权为优先破产债权。

2. 普通破产债权

普通破产债权是在破产宣告前成立的，对破产人发生的，依法在规定的申报期内申报确认，并且只能通过破产程序由破产财产中得到公平清偿的债权。在界定和确认普通破产债权时，应遵循以下标准：

(1) 破产宣告前成立的无财产担保的债权，以及放弃优先受偿权的有财产担保的债权为普通破产债权。

(2) 破产宣告前未到期的债权视为已到期债权，但应当减去未到期利息。

(3) 破产宣告前成立的有财产担保的债权，债权人有就该担保品优先受偿的权利，这部分不能构成普通破产债权。但是，有财产担保的债权，其数额超过担保品价款的，未受偿部分应作为普通破产债权。

(4) 债权人对破产企业负有债务的，其债权可在破产清算之前抵消，抵消部分不能作为破产债权。

(5) 破产企业未履行合同的对方当事人，因管理人解除合同受到损害的，以损害赔偿额作为普通破产债权。

(6) 为破产企业债务提供保证者，因代替破产企业清偿债务所形成的担保债权为普通破产债权。

(7) 债务人是委托合同的委托人，受托人不知债务人被法院裁定破产的事实，继续处理委托事务的，受托人由此产生的债权为普通破产债权。

(8) 债务人是票据的出票人，在债务人被法院裁定破产后，该票据的付款人继续付款或者承兑的，付款人由此产生的债权为普通破产债权。

此外，根据法律规定，破产企业所欠职工的工资和医疗、伤残补助、抚恤费用，所欠的应当划入职工个人账户的基本养老保险、基本医疗保险费用，以及法律、行政法规规定应当支付给职工的补偿金，欠缴国家的税款等债权，一般不列入普通破产债权内，可以优先于普通破产债权得到清偿。在破产宣告以后的利息、债权人为其利益参加破产程序的费用，如债权人申报债权的费用、参加债权人会议的差旅费等均不能构成破产债权，不能从破产债权中清偿。

在法院确定的债权申报期限内，债权人未申报债权的，可以在破产财产最后分配前补充申报；但是，此前已进行的分配，不再对其补充分配。为审查和确认补充申报债权的费用，由补充申报人承担。

（二）破产债权的计价

破产债权的计价是为了确定债权人对破产企业拥有的债权额度，以便为破产财产的公平分配提供依据。破产债权的计价因债权的类型不同而不同，主要有以下几种：

（1）破产宣告日尚未到期的利随本清债权，其债权额为原债权额，加上从债权发生日至破产申请受理时的应计利息。

（2）不计利息的现金债权及非现金债权，一般按债权发生时的历史记录金额计价。

（3）以外币结算的债权，按破产宣告日以国家外汇牌价中间价折合的人民币金额计。

（4）索赔债权，赔偿金额由清算组与索赔债权人协商确定。

五、破产费用与共益债务

（一）破产费用

破产费用包括以下几项：

（1）诉讼费用；

（2）管理、变价和分配债务人财产的费用；

（3）管理人执行职务的费用、报酬；

（4）聘用工作人员的费用。

（二）共益债务

共益债务包括以下几项：

（1）因管理人或者债务人请求对方当事人履行双方均未履行完毕的合同所产生的债务；

（2）债务人财产受无因管理所产生的债务；

（3）因债务人不当得利所产生的债务；

（4）为债务人继续营业而应支付的劳动报酬和社会保险费以及由此产生的其他债务；

（5）管理人或者相关人员执行职务致人损害所产生的债务。

破产费用和共益债务由债务人财产随时清偿，债务人财产不足以清偿所有破产费用和共益债务的，先行清偿破产费用。

六、破产财产的分配

当破产财产全部确认和拍卖，破产债权全部被界定和确认，破产费用和共益债务总额计算出来后，破产管理人便可提出分配方案。这一方案要由债权人会议通过，经法院裁定后执行。根据《破产法》的规定，破产财产在优先清偿破产费用和共益债务后，依照下列顺序清偿：

（1）破产人所欠职工的工资和医疗、伤残补助、抚恤费用，所欠的应当划入职工个人账户的基本养老保险、基本医疗保险费用，以及法律、行政法规规定应当支付给职工的补偿金。

（2）破产人欠缴的除前项规定以外的社会保险费用和破产人所欠税款。

（3）普通破产债权。

在破产财产清偿时，前一顺序的债权得到全额偿还之前，后一顺序的债权不予清偿。破产财产不足以清偿同一顺序求偿权的，应当按照比例进行分配。

本章小结

破产是指对企业不能清偿到期债务时，按照一定程序，采取一定方式，使其债务得以解脱的经济事件。企业一旦进入破产程序，其财务管理也进入非常时期。企业财务必须遵守有关法律的规定，调整或者了解与债权人的债务关系，正确处理企业与其他各方的经济利益关系，避免直接破产，保护债权人的合法权益，实现公平受偿比例最大化目标。

企业财务预警作为一种成本低廉的财务危机诊断工具，其灵敏度越高，就越能较早地发现问题，从而回避财务危机的发生。财务预警系统是指对企业的财务危机状态进行监测，并发出警告，督促企业管理当局及早采取相应措施加以防范的体系。因此，财务预警系统的建立，对有效防范和解决财务危机的发生，会起到重要的作用。

重整是指不对无偿付能力的债务人的财产立即进行清算，在人民法院的主持下由债务人与债权人达成协议，制订重整计划，规定在一定的期限内，债务人按一定的方式全部或者部分清偿债务，同时债务人可以继续经营其业务的制度。重整适用于所有类型的企业法人，是一个独立的破产预防程序。

和解是破产程序开始后，债务人和债权人之间就债务人延期清偿债务、减少债务数额、进行整顿事项达成协议，以挽救企业、避免破产、中止破产程序的法律行为。

精选案例分析

案例：

江苏宁企担保有限公司破产清算案

江苏宁企担保有限公司（以下简称宁企公司）因未履行生效法律文书确定的义务，债权人向江苏省南京市秦淮区人民法院申请对宁企公司强制执行。经查询，宁企公司作为被执行人的案件176件，负债5 500余万元，法院穷尽查控措施，也未发现可供执行财产，宁企公司也已人去楼空。

后经债权人申请，案件移送江苏省南京市中级人民法院启动破产程序。法院审查后认为，宁企公司确已不能清偿到期债务，且资产不足以清偿全部债务，符合破产条件，遂于2017年10月裁定受理对宁企公司的破产清算申请。为全面查清宁企公司财务状况，管理人在执行前期查控的基础上延伸调查宁企公司银行流水、房产土地、车辆保险、职工欠款等情况。除一辆下落不明的登记车辆外，未发现宁企公司其他财产。2017年12月，宁企公司召开第一次债权人会议，表决通过核查债权、财产状况报告以及闭会期间通信表决议案。后债权人会议以通信方式书面核查补充申报的债权，并表决通过无法收回的财产和应收账款的核销方案。2018年2月7日，管理人向法院申请确认无争议债权，并提交宁企公司财务状况报告，宁企公司名下无资产，负债合计49 260万余元，管理人未能接收到宁企公司任何财产、印章、账簿、文书等资料，也无法联系到有关股东和法定代表人，据此申请法院宣告宁企公司破产并终结破产清算程序。2018年2月12日，法院作出裁定，宣告宁企公司破产并终结破产程序。

本案系"以破产程序化解执行不能案件"的典型案例。转入破产程序后，管理人在有效整合利用前期执行查控信息的基础上，延伸调查债务人资产、负债情况，防范债务人逃废债务。同时尽量压缩程序用时，本案债权申报期限适用法定最短期限30日，并创新运用通信表决方式，降低后续表决时间成本。最终，本案仅用时105天，化解执行案件176件。

（案例来源：https：//www.360kuai.com/pc/95ff4798700c6841e？cota=4&kuai_so=1&tj_url=so_rec&sign=360_57c3bbd1&refer_scene=so_1 整理而成）

讨论：
1. 江苏宁企担保有限公司的破产重整给我们带来了什么启示？
2. 在企业破产重整中，需要注意哪些问题？

实务演练

一、思考与回答
1. 什么是财务危机？其预警方法有哪些？
2. Z计分模型有什么缺陷？
3. 如何理解重整与和解两个法律程序？在运用过程中应注意什么？
4. 企业重整与和解的财务管理特点有哪些？
5. 公司破产清算财产的一般分配顺序是什么？

二、搜集与整理
1. 了解力帆股份破产重整的情况。
2. 了解亿阳信通破产重整草案的相关内容。
3. 通过上海证券交易所或深圳证券交易所官网查看上市公司破产重组进展公告。

自测与练习

一、单项选择题
1. 下面能引起企业破产的主要原因是（　　）。
   A. 现金周转困难　　　　　　　　B. 负债率极高
   C. 个别产品质量低劣　　　　　　D. 企业长期亏损
2. 某企业有一笔到期债务，因现金短缺无法偿还，由于债务额已超过企业资产额，也无法用其他资产偿还，企业经过努力借入一笔新债，准备偿还旧债，此时企业应该（　　）。
   A. 认定为已经破产　　　　　　　B. 不能认定已经破产

C. 观察一段时间再作认定　　　　　　D. 应依法宣告破产

3. 以下关于破产债权的说法正确的是(　　)。
   A. 破产债权可分为优先破产债权和普通破产债权
   B. 优先受偿的有财产担保的债权为普通破产债权
   C. 破产宣告前未到期的债权视为已到期债权,包括本金和所有的利息
   D. 债权人对破产企业有债务的,其债权不可在破产清算之前抵消

4. 下列属于普通破产债权的是(　　)。
   A. 债权人申报债权的费用
   B. 破产企业所欠职工的基本养老保险
   C. 破产宣告以后的债券利息
   D. 有财产担保的债权,其数额超过担保品价款的未受偿部分

5. 债务人或者管理人应当自法院裁定债务人重整之日起(　　)个月内,同时向法院和债权人会议提交重整计划草案。
   A. 4　　　　B. 5　　　　C. 6　　　　D. 7

6. 债务和解的方式不包括(　　)。
   A. 以资产清偿债务　　　　　　　　B. 债权转为股权
   C. 以劳务清偿债务　　　　　　　　D. 修改债务条件

7. 债权人会议通过和解协议的决议,应由出席会议的有表决权的债权人过半数同意,并且其所代表的债权额占无财产担保债权总额的(　　)以上。
   A. 1/4　　　B. 1/3　　　C. 1/2　　　D. 2/3

8. 管理层重要成员、董事会成员、财务会计人员及其他高级管理人员突然离职或连续变更,尤其是引起轩然大波的高级管理人员的集体辞职,通常是公司存在(　　)隐患的明显标志。
   A. 财务危机　　B. 破产　　　C. 重整　　　D. 和解

二、多项选择题

1. 企业破产的类别有(　　)。
   A. 技术性破产　　B. 事实性破产　　C. 法律性破产　　D. 习惯性破产

2. 财务预警方法有(　　)。
   A. 定性分析法　　　　　　　　　　B. 单变量模型
   C. 双变量模型　　　　　　　　　　D. 多变量模型

3. 以下关于破产债权的说法不正确的是(　　)。
   A. 为破产企业债权提供保证者,因代替破产企业清偿债务所形成的担保权为优先破产债权
   B. 破产宣告前成立的无财产担保的债权为普通破产债权
   C. 破产宣告前未到期的债权视为已到期债权,包括本金和所有的利息
   D. 债权人对破产企业有债务的,其债权不可在破产清算之前抵消

4. 以下属于破产财产的是(　　)。
   A. 担保物的价款

B. 企业对外联营投资应得收益
C. 企业拥有的无形资产
D. 破产企业在宣告破产后所取得的财产

5. 以下属于普通破产债权的是(　　)。

A. 破产企业未履行合同的对方当事人，因管理人解除合同受到损害的，其损害的赔偿额
B. 破产企业所欠职工的工资和医疗、伤残补助
C. 放弃优先受偿权的有财产担保的债权
D. 债权人为其利益参加破产程序的费用

三、判断题

1. 根据我国《破产法》的规定，为了保护债权人的利益，破产申请只能由债权人提出。　　　　　　　　　　　　　　　　　　　　　　　　(　　)

2. 企业债务利用过多，债务结构不合理。如果企业不及时采取措施也会造成法律上的破产，有时也称"黑字倒闭"。　　　　　　　　　　　　　　　　(　　)

3. 被宣告破产后，债权人称为破产人，债权人财产称为破产财产，人民法院受理申请时对破产人享有的债权称为破产债权。　　　　　　　　　　　　(　　)

4. 重整计划对所有债权人和债务人都有约束力。　　　　　　(　　)

5. 债务和解必须是在债权人和债务人双方一致同意的情况下，经过双方共同协商来解决问题。　　　　　　　　　　　　　　　　　　　　　　　　(　　)

6. 在破产财产清偿时，前一顺序的债权得到全额偿还之前，后一顺序的债权可以清偿。　　　　　　　　　　　　　　　　　　　　　　　　　　(　　)

第九章

企业集团财务管理

学习目标

1. 明确企业集团的内涵、特点、目标与作用；
2. 理解企业集团的各种类型、特点；
3. 掌握企业集团财务管理的特点；
4. 明确企业集团财务管理的职能；
5. 理解与掌握企业集团财务管理体制；
6. 掌握企业集团的预算控制与业绩评价；
7. 掌握企业集团资本经营。

导入案例

庞大集团的财务困境

2011年4月，庞大集团（601258）登陆上交所，其45元/股的发行价成为当时主板上市公司中近五年来第二发行高价。然而，时间仅仅过去一年半，庞大集团的业绩就迅速变脸，股价一落千丈，陷入"融资—扩张—现金流紧张—再融资"恶性循环的怪圈，而其高度积聚的财务风险主要体现在以下两个方面：

（1）2018年5月24日，庞大汽贸集团股份有限公司（601258.SH，以下简称庞大集团）发布了《庞大汽贸集团股份有限公司第四届董事会第九次会议决议公告》。相关公告内容显示，庞大集团董事会已审议并通过了其境外全资子公司拟在中国境外发行不超过3亿美元（含本数）等值债券，并由公司为发行人履行全部债务本金及利息的偿还义务提供无条件及不可撤销的跨境连带责任保证担保的相关决议。

（2）几乎与此同时，庞大集团还在其第四届董事会第八次会议上通过了《关于向广汇汽车服务股份公司出售部分子公司股权的议案》。根据相关议案，庞大集团及公司的全资子公司洛阳奔驰与广汇汽车（600297.SH）签署《收购协议》，拟转让公司及洛阳奔驰直接或间接持有的公司下属五家子公司赤峰奔驰、德州奔驰、唐山奔驰、邯郸奔驰及济南奔驰的100%股权，本次交易完成后，广汇汽车就间接持有上述公司100%的股权。

庞大集团在公告中称，公司将上述子公司进行转让处置，旨在回笼资金，增加公司利润，对公司的正常经营没有不良影响，符合公司的长远发展和股东利益。对此《中国经营报》记者致电以及发函至庞大集团董事会秘书刘中英，截至记者发稿，对方暂未回应。不过，庞大集团已在其2017年年报中承认："2017年，是公司发展史上所处经营环境最艰难的一年，被中国证监会调查这一事件给公司的经营带来了前所未有的负面影响，特别是融资困难、资金紧张制约了公司的正常经营。"在业内人士看来，庞大集团此举凸显了其资金上存在的压力，卖店可以在一定程度上盘活资金，同时也令庞大集团失去了利润"奶牛"。

庞大集团的《庞大汽贸集团股份有限公司关于转让部分子公司股权的公告》显示，本次向广汇汽车出售五家奔驰4S店预计能够为庞大集团带来约6.16亿元的收益，但同时值得注意的是，公告的公开数据显示，赤峰奔驰、德州奔驰、唐山奔驰、邯郸奔驰以及济南奔驰这五家奔驰4S店2017年的累计净利润为1.1亿元，对于庞大集团而言并非小数目。

庞大集团2017年财务报告显示，2017年庞大集团实现年度营业收入704.85亿元，较2016年同期增长6.78%；尽管庞大集团2017年的年度营业收入成绩亮眼，但实际上庞大集团2017年的年度净利润表现却差强人意。2017年年报公开数据显示，2017年庞大集团归属于上市公司股东的净利润仅为2.12亿元，较2016年同期相比大幅度下滑44.45%。

自2011年上市至2017年，庞大集团仅2016年扣非净利润为正。2018年5月17日，庞大集团发布《关于收到中国证券监督管理委员会〈行政处罚事先告知书〉的公告》。公告内容称，庞大集团因涉嫌信披违规被中国证监会处以60万元顶格罚款。对此，庞大集团在其2017年年度公告中表示"因受中国证监会立案调查事件影响，报告期内融资成本上涨、财务费用增加，影响了公司2017年度业绩"。

对于庞大集团来讲，可谓陷入了重重困境，既要面对资金压力、经营压力，又要接受证监会的顶格处罚。如何在扣非净利润持续亏损、资金流相对紧张的情况下走出"泥潭"，或许已成为庞大集团面临的首要问题。

庞大集团的案例让我们思考，企业集团的财务管理具有什么特点？企业集团如何通过有效的财务管理规避风险？这是本章主要讨论的问题。

（案例来源：https://finance.sina.com.cn/roll/2018-05-26/doc-ihcaqueu1493757.shtml 整理而成）

第一节 企业集团概述

一、企业集团的内涵、特点与作用

（一）企业集团的内涵

企业集团的内涵有以下多种解释：

（1）企业集团是由多个经济法人在自愿互利的基础上，以追求规模经济效益为目的，以资本或产品等为纽带而联结在一起的经济联合体。

（2）企业集团是指以资本为主要联结纽带的母子公司为主体，以集团章程为共同行为规范的母公司、子公司、参股公司及其他成员企业或机构共同组成的具有一定规模的企业法人联合体。

（3）企业集团是指以母子公司为主体，通过投资及生产经营协作等多种方式，与众多的企事业单位共同组成的经济联合体。

（4）国有企业重组或改制形成的企业集团，往往以一个实力雄厚的企业为核心，以产权联结为主要纽带，通过产品、技术经济契约等多种方式，把多个企业、事业单位联结在一起，形成具有多层次结构的法人联合体。

（二）企业集团的特点

企业集团虽然有各种不同的定义，但企业集团却有其共同的基本特征，主要体现在如下几个方面：

1. 企业集团以产权联结为主要纽带，形成多层次的组织结构

这是企业集团最基本的特征。企业集团内部各成员根据控股、参股的程度以及经济技术协作关系，一般可以分为核心企业、紧密层企业、半紧密层企业和松散层企业等不同的层次。其中，集团公司又称母公司或控股公司，为核心企业，集团公司完全控股的子公司（母公司占其股份总额的50%以上）为紧密层企业，集团公司参股的公司（母公司占其股份总额低于50%）为半紧密层企业，而通过契约联结的企业为松散层企业。企业集团成员间还有产品、经营等联结纽带，而非单纯产权纽带。

2. 企业集团是一个多法人组成的法人集合体，但其本身不具有法人资格

企业集团是由多个法人组合而成的经济实体，集团内各成员仍然保持各自独立的法人地位。但企业集团本身是以营利为目的的企业利益共同体，既不是行政性公司，也不是经济管理机构，其整体在法律上不具备法人资格，也没有法律地位，因此不需要统一纳税、统负盈亏。

3. 企业集团有一个能起主导作用的核心经济实体

这个核心经济实体就是集团公司，集团公司不同于企业集团，二者不能混淆。集团公司是独立的法人，它具有投资中心的功能。集团公司规模必须达到国家大型企业标准，或注册资本达到1亿元以上；拥有的控股子公司必须在5个以上；其必须具有较强的经济实力或产品、技术、管理、信息、融资等优势，能够对集团的统一经营活动起主导和控制的作用。

4. 企业集团的构成和经营范围具有多元化特征

企业集团产生的主要方式是兼并、收购及重组，通过并购和重组，不同所有制成分、不同行业和领域、同一行业但经营不同产品的企业都可能被纳入同一个企业集团中。在此过程中，企业集团构成了一个集多种所有制成分、跨多个行业与领域，同时生产和经营多种产品或服务的复杂经济组织，呈现出多元化的特点。这种多元化的特点既体现为经营范围综合化、经营方向系列化，又可以体现为所有制成分和经营性质的多元化。

（三）企业集团的目标与作用

企业集团对经济发展起到的作用是单个企业无法比拟的。我国的企业集团自诞生以来，虽然带有行政撮合的痕迹，在某些方面仍具有行政化倾向，但已显示出强大的生命力。特别是通过企业集团资本营运，对保证国民经济持续、健康、稳定发展发挥着越来越大的作用。

1. 企业集团有利于形成规模经济性

实现规模经济性或追求规模经济效益是组建集团和集团资本营运的主要目标。通过集团资本营运，以产品或技术为龙头，以资本为纽带，将各相关企业联合起来，使企业规模不断扩大，规模经济性不断增强。

2. 企业集团有利于经营国际化

目前，西方经济飞速发展的显著特征之一是企业集团国际化。我国组建的企业集团虽时间较短，但在借鉴西方经验的基础上，可以逐步赶超。通过组建企业集团增强经济实力，使其有能力逐步进入并扩大国际市场，成为参与国际竞争的主体。

3. 企业集团有利于优化经济结构和资源配置

调整和优化经济结构，需要对企业集团内的资产存量进行合理、有效的调配，进行资产重组，使其资源重新合理配置，发挥群体优势，从而增强企业集团整体的市场竞争实力。另外，企业集团还可以打破地区、部门、所有制的界限，通过兼并、资产重组等方式优化配置资源，实现企业间优势互补，充分发挥其现有的生产能力。

4. 企业集团有利于充分发挥国有大中型企业的经济主导作用

我国企业集团大多数是以国有大中型企业为核心的联合体，企业集团的建立与发展更能形成群体优势和综合能力，充分利用其多元化经营与市场竞争能力强的特征，使企业实现集约化经营，从而保证国家经济建设，满足市场的需要。

二、集团公司的权利与义务

企业集团中的集团公司在企业集团中占有重要的地位。合理地界定集团公司的权利与义务，既可以发挥集团公司的战略决策和协调作用，也可以调动成员企业的积极性和自主经营意识。

（一）集团公司享有的权利

一般而言，集团公司（以下简称集团）可以行使以下职权：

1. 人事任免权

具体包括：董事会可按规定的程序，选聘集团公司的总经理及其报酬事项。集团公司总经理对核心层企业的国有资产经营者有提名权；对紧密层、非紧密层，按照控股、参股或参加投资的程度，可以提名这些企业的国有资产经营者。对集团公司一级的干部有任免权。集团公司有权决定子公司的领导体制，任免子公司的经营者，包括子公司的董事、总经理、财务总监等。

2. 资产经营权

具体包括：决定集团公司国有资产的经营战略和重大的经营决策，决定集团的资产经营方式。制定集团内国有资产的产权管理和经营管理的实施办法。所辖企业通过签订国有资产承包合同或其他方式进行产权管理。决定企业集团的组织管理体制和机构设置，保证国有资产有效营运。有权决定批准子公司的经营方针，决定子公司的资本营运形式。

3. 资本营运权

具体包括：按照集团的经营决策，有计划地对所辖企业进行投资。决定依照产业政策和调整结构的需要进行重大的对外投资或筹资。审批子公司的贷款规模和投资计划。

4. 资产处置权

具体包括：在产权范围内调配集团内国有资产存量的转移，包括内部企业的兼并、合并等产权转移事项。对闲置固定资产进行调配使用，直至出租或出售。较大规模的集团可以建立人才市场，负责调整和安排闲散人员，并负责所需职工的岗位培训。审批或报批子公司的股权变动，包括转让全部或部分股权。

5. 经营监督权

具体包括：对所辖企业国有资产的经营状况定期进行检查和监督。审批所辖企业的年度财务预决算和财务报表。审查批准子公司的重大经营决策和年度经营计划；在需要的时候，采取必要的措施予以调控。负责向子公司下达资本保值增值的考核指标，并进行考核与监督。

6. 收益分配权

具体包括：对完成上缴任务后的留利，按政策自主支配使用。确定集团内部利润分配比例和子公司上缴集团的利润额。

（二）集团公司应尽的义务

集团公司不仅具有一定的权利，而且必须对国家和子公司承担责任。

1. 对国家的责任

授权后集团公司对国家承担以下责任：

应确保国有资产的完好无损、保值和增值。按照国有资本管理部门核定的数额统一上缴国有资本收益。接受国家有关部门的监督和指导，并定期报送集团经营和发展的情况，报告集团的会计报表，合并会计报表。按照有关规定履行公司制改制、资产评估立项确认、转让股权的审批手续。

2. 对子公司的责任

授权后集团公司对子公司承担以下责任：

以其对子公司的出资额为限承担责任。尊重子公司的法人财产权，不干预子公司的日常经营决策。除经法定程序外，不得以任何形式抽取子公司的资本金。建立集团内共有的信息网络，对子公司的经营进行必要的宏观指导。

三、企业集团组建程序

组建企业集团是一项非常复杂的工程，其中涉及许多程序与环节，而且一些程序与环节相互交融。因此，确定企业集团组建的具体程序或步骤是困难的，这里所研究的企业集团组建程序主要是从企业集团组建过程中必须考虑的因素出发的。

（一）明确企业集团组建目的

为什么要组建企业集团，这是任何一个企业集团组建首先要考虑的。企业集团组建的目的有多种，不同的目的，其集团组建的模式、要求、重组方式、管理体制等都可能不同。应当指出，企业集团作为一种企业组织，企业的目标应是企业集团组建的根本目标，其他目的应服从于企业目标。

（二）选择企业集团组建模式

在明确企业集团组建目的的基础上，选择企业集团组建模式尤为重要。从不同角度划分，企业集团的组建模式有所不同，不同的模式，其组建方式方法、管理体制等也不同。企业应根据集团组建目标、自身条件和特点，选择适当的企业集团组建模式。一般地说，组建以资本为纽带的企业集团是现代企业组织的客观要求，是绝大部分企业集团的首选组建模式。但是，其他类型的企业集团组建模式的存在同样说明其有价值。另外，在以资本为纽带的企业集团组建模式下还可分为不同类型的企业集团组建模式。

（三）规范企业集团组建条件

企业集团组建，必须符合《企业集团组建与管理暂行办法》《企业集团登记管理暂行规定》《关于深化大型企业集团试点工作的意见》等规定的条件与要求。企业集团在组建中应严格执行相关文件。不符合条件的，应积极创造条件，避免在企业集团组建中造成先天缺陷。

（四）重组集团企业资产与权益

企业集团组建过程正是集团企业的重组过程，在这个过程中，必然涉及各企业资产重组、负债重组与产权重组。通过集团企业重组，使企业集团不仅在形式上，更重要的是在本质上实现企业集团重组目标，达到企业集团资本增值。

（五）建立企业集团内部管理体制

企业集团管理与大型企业管理是不同的。在企业集团模式与形式确定的前提下，企业集团目标的实现关键在于企业集团的管理体制与管理水平。因此，在企业集团组建过程中，我们不仅要重视企业集团组建的形式问题，而且应十分重视企业集团组建后的管理体制、管理内容和管理方法等问题。

（六）办理企业集团登记

企业集团虽然不具有企业法人资格，但建立企业集团必须到国家工商管理部门登记。进行企业集团登记应按照《企业集团登记管理暂行规定》的程序、条件及要求进行。

四、企业集团组建模式

（一）企业集团的类型

目前关于企业集团的类型有各种不同的观点或方法：

1. 将企业集团分为垄断型企业集团、宏观控制型企业集团和微观效益型企业集团

垄断型企业集团，亦称产品主导型企业集团，是将生产同类产品的企业组合在一起，凭借自己占有的市场优势，达到对该产品的生产、销售进行垄断的目的。这种类型的企业集团实质上近似于托拉斯（垄断组织的高级形式之一，高度集权），集团成员很少有经营自主权，而集团核心层则有多种决策权。

宏观控制型企业集团，亦称行政主导型企业集团，多数是由行政性厅、局、部演变而来的,其目的是维护原有行政管理机构已有的职权。这种企业集团多是在政府行政力量的领导下以合并方式建立的。

微观效益型企业集团,亦称企业主导型企业集团,是以某一大型企业为主体,以增强企业盈利能力和提高盈利水平为目的,通过兼并、购买、控股等手段组建的。这种企业集团核心明确、资本纽带鲜明,各成员企业利益关系等可以在组建之初得以确定。

2. 将企业集团分为控股型企业集团、混合型企业集团和管理型企业集团

控股型企业集团,是指企业集团的集团公司是一个控股公司,主要从事资本经营。以控股公司形式存在的企业联合体大多呈现金字塔形结构。

混合型企业集团,亦称产业型企业集团,这类企业集团以核心企业为龙头组建,核心企业既要对子公司进行投资控股,又要进行生产经营。

管理型企业集团,是指集团公司既不像控股型企业集团那样只从事资本投资或控股,也不像混合型企业集团那样既从事管理又兼顾生产经营,而是集团公司作为投资中心对下属企业的生产经营活动进行管理与控制。这种管理与控制的意图又是通过二级全资子公司来体现的。

3. 将企业集团分为有生产经营内在联系的企业集团、多角化综合型企业集团

有生产经营内在联系的企业集团,是指企业集团的各企业之间存在直接的生产经营联系。根据生产经营联系角度不同,企业集团可分为产品扩散型企业集团、项目配套型企业集团、产供型企业集团、产销型企业集团、产供销型企业集团等,还可从部门角度分为工工联合型企业集团、工贸联合型企业集团、工研联合型企业集团等。

多角化综合型企业集团,是指企业集团的各企业之间不存在直接的生产经营联系,而是靠资本纽带结合为一体。企业集团的各企业间生产经营不相联系,实行多角化经营。

4. 将企业集团分为单元核心型企业集团、多元核心型企业集团

单元核心型企业集团的核心层是由一个法人企业组成的,即以一个大、中型企业的系列产品为龙头,按生产经营内在联系向外扩散和辐射,形成一种多层次配套的网络型企业群,进而发育成为一种单点辐射式的金字塔结构的企业集团。

多元核心型企业集团的核心层是由两个以上的法人企业组成的,核心层法人企业采取互相持股或共同投资的方式,或相互提供贷款构成一种环状的融资关系。多元核心型企业集团一般是特大规模的企业集团,核心层的每个法人企业往往就是一个企业集团的核心。因此,这种企业集团表现为复合型的企业集团。

(二)企业集团组建模式(即企业集团模式)

上述各种企业集团类型的存在表明其在一定条件或一定环境下各有存在的价值,如果一种类型的企业集团没有优点,这种类型的企业集团就不可能存在。因此,在选择企业集团组建模式时,应根据企业的环境与特点选择相应的模式。但是,从我国目前的社会环境、经济环境和企业制度出发,在选择企业集团组建模式时,对以资本为纽带的企业集团,应尽可能减少行政主导型和产品主导型企业集团,而以下面几种模式为主:

1. 直控型企业集团

直控型企业集团由核心企业、紧密层、半紧密层等企业组成,形成金字塔形结构。这种模式企业集团的特点是企业集团的决策机构与核心企业(集团公司)的决策机构是"合二为一"的,一般称为"一套机构,两块牌子"。核心企业称为集团公司,集团公司的董事会就是企业集团的最高决策机构,它是所有者(国家)利益的代表主体和战略经营主体。这种企业集团的决策机构实行核心企业与集团决策管理机构一体化,对全集团范围内的资本保值增值负责。集团公司的总经理、副总经理及职能部门是公司日常业务的行政机构和执行机构,对外代表企业集团,对内主持日常工作。

2. 控股型企业集团

控股型企业集团的集团公司为控股公司,集团中其他企业表现为"诸侯分封"。这种模式企业集团的特点是,企业集团的核心层不是一个生产经营性公司,而是以若干个在企业集团中起骨干作用的大企业为基础组成的控股集团公司。控股集团公司以股权大小对所属紧密层或半紧密层企业的资本进行营运。企业集团最高决策机构为集团董事会,董事会的董事通常由各企业的主要领导组成。董事会在协商的基础上共同对企业集团的重大问题作出决策,实施对企业集团的战略管理。

3. 并存型企业集团

并存型企业集团的集团公司有核心企业,同时又以股权控制其他企业,也就是直控型企业集团与控股型企业集团的结合。这种模式企业集团的特点是,企业集团的集团公司既是一个生产经营性公司,又是一个控股公司。

选择何种企业集团模式,对企业集团的生存及发展至关重要。在选择企业集团模式的过程中,应充分考虑集团的发展方向及经营特点。

五、企业集团组建的条件与原则

(一)企业集团组建的条件

根据《企业集团组建与管理暂行办法(征求意见稿)》和《企业集团登记管理暂行规定》等法律法规的要求,组建企业集团必须具备的条件如下:

(1)企业集团的母公司可以是一个从事生产经营和资产经营的企业,也可以是一个专门从事资产经营的公司,其规模必须达到国家大型企业标准,母公司和其子公司的注册资本总额须达到1亿元人民币以上。

(2)母公司注册资本在5 000万元以上,且至少拥有5个控股子公司(子企业)。

(3)企业集团成员单位均具有法人资格。

(4)具有企业集团成员共同遵守的企业集团章程。

(二)国家授权企业集团组建条件

目前我国组建的国有企业集团主要有两种类型:一种是以国家授权经营方式组建的企业集团;另一种是以非国家授权方式组建的企业集团。两种组建方式除都必须满足企业集团组建的一般程序与条件外,对国有授权经营的企业集团的组建条件、产权管理内涵等方面通常有更多的要求。《国家试点企业集团国有资产授权经营的实施办法(试行)》中对授权经营的定义是:"国有资产授权经营是指由国有资产管理部门将企业集团中紧密层企业的国有资产统一授权给核心企业(集团公司,下同)经营和管理,建立核心企业与紧密层企业之间的产权纽带,增强企业集团的凝聚力,使紧密层企业成为核心企业的全资子公司或控股子公司，发挥整体优势。"

国家授权经营的企业集团必须具备以下条件：

（1）企业集团核心企业（集团公司）不得兼有政府行政、行业管理职能。

（2）企业集团的各企业间必须有内在的技术、经营联系，即具有技术、产品、供销、成套工艺、贸易、员工等纽带中的一种或数种纽带。

（3）在国民经济、区域经济中地位重要，有竞争力，拥有名、优、特主导产品。

（4）企业集团的核心企业应有较强的市场潜在能力和利益协调能力，能担负起国有资本保值增值的责任。

（5）企业集团的核心企业应有一个有威信、有权威的领导班子。

在此基础上，可以通过国家授权，从而形成以产权联结为主要纽带的企业集团。

（三）组建企业集团的原则

组建企业集团必须坚持以下原则：

1. 自愿原则

企业集团是市场经济高度发展的产物，它不应带有任何行政命令的色彩，即使是国家授权经营形成的企业集团，也应是各法人自愿加入的，决不能搞"拉郎配"。

2. 平等原则

企业集团是不同所有制、不同行业、不同规模、不同法人的集合体，企业集团各成员间的地位要平等，互相之间的权利、义务和责任是相同的，任何法人不能独立享有不受法律约束的特权。

3. 互惠互利原则

企业集团内的不同法人间存在经营上的内在联系，彼此独立而又相互依存，因此应照顾企业集团各成员的利益，保证有关各方的合理经济利益，只有这样，才能紧密联合协调，整体发展。

第二节 企业集团财务管理的特点与职能

一、企业集团财务管理的特点

企业集团财务管理体制是企业集团财务管理的重要部分。由于企业集团的规模扩大，打破了原有的行业、地区和所有制界限，给管理和经营这种类型的企业带来了许多新的问题。

企业集团财务管理与大型企业财务管理不同，其特点主要体现在以下几个方面：

（一）企业集团的核心层（核心企业或集团公司）有两个不同范围的管理主体

1. 集团公司本身的财务管理

集团公司作为一个法人企业，其本身的财务管理既与一般企业的财务管理相同，又受集团公司管理权限和特点的影响，与一般企业财务管理有所区别。

2. 集团公司作为母公司或控股公司对所属公司的财务管理

企业集团的集团公司作为母公司，在对其全资子公司、控股及参股公司的财务管理方面都拥有相应的权力和责任。正确组织母子公司的财务活动、处理财务关系是企业集团财务管理的关键。

(二) 企业集团财务管理体制存在两个层次

1. 企业集团与其投资者之间的财务关系

企业集团作为多法人联合体,其投资与被投资关系及产权关系是相当复杂的。在财务管理中研究企业集团与投资者或所有者之间的财务关系或权利是十分重要的。

2. 企业集团内部财务管理体制

企业集团内部管理体制是指企业集团的董事会、管理者在处理集团公司与所属企业之间财务权限与责任方面的要采取的制度和规则,如采用集权型财务管理体制、分权型财务管理体制还是放权型财务管理体制等。

(三) 企业集团财务管理模式发生的三个转变

1. 从封闭型管理向开放型管理转变

所谓封闭型管理,是指企业集团在财务管理中不考虑集团发展的外部环境,如不考虑国际国内政治环境、经济环境、文化环境、市场环境的变化,不能根据这些变化改变与完善集团内部的管理程序、方法、手段等。开放型管理则十分重视外部环境对企业的影响,在考虑社会环境、企业文化、职工素质等情况下,采取相应的财务管理手段与方法。

2. 从生产经营型管理向资本经营型管理转变

中国最初的企业集团建立主要是行政性的企业集团和产品主导型的企业集团,因此企业集团财务管理也主要是生产经营方面的管理,忽视了资产经营和资本经营的管理。在市场经济条件下按经济规律产生与发展起来的企业集团,更重视资本经营理念。企业集团的组建与管理处处围绕资本增值进行,这使企业集团财务管理从生产经营型转向资本经营型成为必然。

3. 从静态管理向动态管理转变

静态管理是一种只关注现实的财务管理,动态管理是一种关注未来的财务管理。企业集团财务管理必须在明确企业集团财务目标的基础上,面向未来进行战略调整、企业重组、组织再造等,企业集团只有不断运用各种动态管理的手段与措施,才能保证企业集团的生命力、竞争力和持续经营能力。

二、企业集团财务管理职能

(一) 战略管理职能

战略描述了一个组织计划为达到其目标的总方向。战略是大的和重要的计划,它反映了一个高级管理者对其组织的发展定向。企业集团财务管理必须围绕企业集团战略目标进行,或进行财务战略管理,财务战略管理包括财务战略制定与执行的管理。

战略制定是决定企业集团目标和达到这些目标的战略的过程。企业集团目标有财务目标和非财务目标,企业集团的财务目标与企业集团总目标的一致性决定了财务目标的主导地位。

企业集团可选择许多方法以实现其财务目标和总目标,不同企业的战略制定可采用不同的方法。通常制定企业战略的程序如图 9-1 所示。

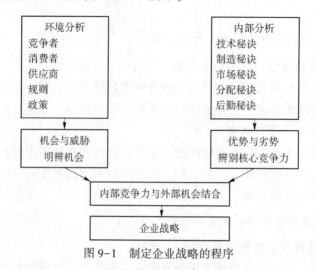

图 9-1　制定企业战略的程序

企业集团战略包括两个层次：一是企业集团的整体战略，即整个企业集团的发展方向，如企业集团应选择什么样的行业组合，什么行业是集团的正确选择，是相关多角化还是不相关多角化。二是企业集团内部的企业战略，即各企业的发展方向，如各企业的使命是什么，如何完成这些使命，是低成本战略还是差异产品战略，等等。

企业集团财务战略的制定与执行是企业集团财务管理的重要职能，没有财务战略管理，企业集团财务管理将失去方向。

（二）预算管理职能

预算管理是指企业集团通过预算的形式规范各级管理者的经济目标和经济行为的过程。预算管理可通过调整与修正管理行为与目标偏差，保证各级管理目标和企业集团战略目标的实现。企业集团为了保证战略目标的实现，进行预算管理是十分有效的。

企业集团的预算管理职能作用在于使管理者及员工明确自身的量化目标，并能及时发现行为偏差对目标的影响，从而随时纠正偏差，保证目标的完成。

（三）考评管理职能

考评管理是指企业集团通过考核评价的形式规范企业集团各级管理者的经济目标和经济行为。考评管理职能强调的是管理控制目标而不是管理控制过程，只要各级管理目标实现，则企业集团的战略目标将得以实现。

考评管理系统从管理层级看，包括董事会对高级经理的考评、高级经理对子公司或部门经理的考评、部门经理对项目经理的考评。

考评管理系统从管理内容角度看，包括财务绩效考评、管理绩效考评、质量技术绩效考评、作业绩效考评等。

考评管理的职能作用在于使各级管理者和员工明确自己的工作效果（目的）与自身利益及上级、同级目标的关系，从而调动其主观能动性，规范其行为，为自身目标和企业集团目标而努力。

考评管理的优点表现在既有明确的控制目标，又有相应的灵活性，有利于管理者及员工在实现目标的过程中发挥主观能动性。

考评管理的缺点表现在缺少程序或过程控制，不利于随时发现与纠正偏差。

（四）激励管理职能

激励管理是指企业集团通过激励的方式控制管理者的行为，使管理者的行为与企业集团的战略目标（或企业所有者目标）相协调。激励管理强调的是管理者的创造性。

激励管理系统从管理环节角度看，包括激励方式选择、激励中的约束（合约）、业绩评价。

激励管理系统从管理层级角度看，包括企业所有者对高级管理者的激励、高级管理者对下级管理者的激励。

激励管理系统从激励方式角度看，包括股票期权（或与股票相关的）激励、年薪激励、工效挂钩激励、奖金激励等。

激励管理职能的作用在于使管理者，特别是高层管理者将企业集团的战略目标（或企业所有者目标）与管理者个人目标相协调，根据不断变化的社会经济与技术环境，调整目标及战略，从而为企业创造更大价值或财富。

（五）政策管理职能

政策管理是指企业集团通过政策、规章、制度的形式规范与指导企业集团各级管理者与员工的行为，以保证管理活动不违背或有利于企业集团战略目标的实现。企业集团的政策管理是十分重要的。

政策管理的优点表现在企业集团的行为规则明确；操作简单，便于全员执行。

政策管理的缺点表现在限制管理者及职工的主观能动性；定量控制不够，缺乏与企业集团战略目标的直接衔接。

第三节　企业集团财务管理体制

一、企业集团财务管理体制的类型

根据企业集团（以下简称集团）的财务管理权力集中与分散的不同程度，可以把企业集团的财务管理体制划分为以下几种类型：

（一）集权型财务管理体制

集团总部的财务部门作为统一的权力机构，对企业集团的资金筹集、运用及利润分配实行高度集中的管理，以领导身份统辖下属企业的财务部门。在这种体制下，企业集团下属企业的权力被向上集中了。

1. 集权型财务管理体制的优点

有利于集团发挥财务调控功能，实现集团财务管理战略的目标；有利于统筹和调剂集团的资金，降低集团资金成本和财务管理风险；便于制定集团统一的财务政策，发挥集团资源的整合优势，降低管理成本，提高资源的使用效率。

2. 集权型财务管理体制的缺点

弱化了子公司的财务决策权，不利于子公司发挥参与决策管理的积极性；管理权高度集中,管理者因距离生产和经营最前沿较远,容易作出武断的决策。

(二) 分权型财务管理体制

集团总部根据需要将一部分次要财务决策权力下放给下属企业,而只对重大的、全局性的财务事项作出决策,如重大的筹资、投资决策等。在这种体制下,集团总部和集团成员之间划分财权,使各企业拥有一定的自主经营权力。

1. 分权型财务管理体制的优点

有利于子公司发挥其财务决策权的积极性,决策快捷,易于抓住市场机会;子公司在授权的范围内可以直接作出决策,直接面对生产经营,决策针对性强,同时减轻了集团总部决策的压力。

2. 分权型财务管理体制的缺点

弱化了集团总部的财务控制权,子公司可能为追求自身利益的最大化而忽视集团的利益和风险;难以统一指挥,不利于发现子公司的财务风险和经营问题,不利于集团总部的整体战略落实。

(三) 放权型财务管理体制

财务决策权由各企业分散行使,各企业独立决策、独立经营、分散管理、独立核算。在管理上,集团以间接管理的方式为主;在财务决策权上,子公司可以根据市场环境和自身的情况作出重大的财务决策。

1. 放权型财务管理体制的优点

子公司拥有充分的自主权,便于在竞争激烈的市场中快速作出财务决策,从而提高其竞争力;有利于子公司参与集团管理,不利于提高决策管理的有效性。

2. 放权型财务管理体制的缺点

不利于集团的整体调控、政策制定和战略部署;不利于信息的横向沟通,如子公司之间的信息传递。

但是一般来讲,并不是企业集团内的每一个企业都享有完全的财务管理权力,而是集团公司将其直接控股的子公司的权力分散给它们,然后这些子公司又在各自的下属企业之间选择集权、分权或放权的管理体制。

二、企业集团资金集中管理

企业集团的资金集中管理,其基本含义是将整个企业集团的资金集中到集团总部,由总部统一统筹管理和运用。通过资金的集中管理,企业集团可以实现集团内的资金资源整合,提高资金使用效率,降低集团资金成本和金融风险。

(一) 资金集中管理的功能

企业集团资金集中管理是企业集团资金管理所采用的主要形式。企业集团资金集中管理具有以下功能和优势:

1. 规范集团资金使用,增强总部对成员企业的财务控制力

集团总部通过资金集中控制和管理,首先可获得知情权,即通过对资金流入、流出总量的控制,了解成员企业的资金存量和流量,随时掌握其生产经营情况,有效防范经营风险;

其次，通过对下属公司的收支行为，尤其是支付行为的有效监督，实现对下属公司经营活动的动态控制，保证资金使用的安全性、有效性。

2. 增强集团资源配置优势

集团总部通过资金集中管理有利于增强集团资源配置的优势，包括以下几点：

（1）增强集团融资与偿债的能力。由于企业集团的各企业情况各异，在经营过程中，会发生一部分企业出现资金短缺，而另一部分企业出现资金结余的现象。通过集团资金集中管理，可以盘活集团的资金存量，通过在资金短缺企业和结余企业之间进行资金的合理调配，降低财务费用，实现资金使用效益最大化，同时优化集团的资产负债结构，增强集团公司融资和偿债的能力。

（2）优化资源配置。通过资金集中管理，提高集团资金运作效果、筹资融资能力和投资能力，为集团扩大规模、调整产业结构和合理投资等重大决策提供依据，从整个集团层面实现资源的优化配置。

（3）加速集团内部资金周转，提高资金使用效率。也就是说，企业集团下属各企业之间内部业务交易及由此产生的内部资金结算业务，通过资金集中管理平台和网络技术，可以实现各企业的内部网上结算。在这一交易平台上，各企业之间在结算中心实现资金划拨与内部转账，没有中间环节和时间间隔，不产生在途资金，划转效率高，能有效提高资金周转速度。

（二）集团资金集中管理模式

1. 总部财务统收统支模式

在该模式下，集团下属成员企业的一切资金收入都集中在集团总部的财务部门，成员单位不对外单独设立账号，一切现金支出都通过集团总部财务部门进行，现金收支的审批权高度集中。总部财务统收统支模式有利于企业集团实现全面收支平衡，提高集团资金周转效率，减少资金沉淀，监控现金收支，降低资本成本。但是该模式不利于调动成员企业开源节流的积极性，影响成员企业经营的灵活性。

2. 总部财务拨付备用金模式

总部财务拨付备用金模式是指集团总部财务按照一定的期限统拨给所有所属分支机构或分公司备其使用的一定数额的现金。各分支机构或分公司发生现金支出后，持有关凭证到集团财务部门报销并补足备用金。

3. 总部结算中心

总部结算中心是指由企业集团总部设立的资金管理机构，负责办理内部各成员企业的现金收付和往来结算业务。企业集团通过总部结算中心这个管理系统控制资金流向，有利于资金的统筹安排，合理调节；有利于企业集团集中财力，减少内部的资金积压，盘活沉淀资金，减少银行贷款和降低贷款利息；有利于减少资金的体外循环，加快资金的周转。

4. 内部银行模式

内部银行是将社会银行的基本职能与管理方式引入企业内部管理机制而建立起来的一种内部资金管理机构，通过引进商业银行的信贷与结算职能，来充实和完善企业内部经济核算。在运用和发展责任会计的基本功能上，将企业管理、金融信贷、财务管理三者融为一体。内部银行的主要职能为融资信贷职能、结算职能、监督控制职能、信息反馈职能。

5. 财务公司模式

财务公司是一种经营部分银行业务的非银行金融机构。财务公司作为集团的成员，在行政上受企业集团直接领导；作为非银行金融机构，在金融业务上受中国人民银行监督管理委员会的监督管理，其经营范围除经营结算、贷款等传统银行业务外，还可开展外汇、包销债券、财务及投资咨询等业务。

三、企业集团财务管理体制设计

财务管理的内容包括筹资管理、投资管理和收益管理三项，财务管理体制的设计应与其内容相适应。

（一）资金融通体制

企业集团的资金融通体制包括外部资金融通和内部资金融通两个层次。

外部资金融通体制，即企业集团的筹资体制可以分为集中型筹资和分散型筹资。集中型筹资就是由集团总部统一对外筹资，然后以一定方式投入成员企业使用。这种体制一般是在集团总部设立了带有筹资中心功能的财务公司或成员企业外部筹资能力较弱时使用。分散型筹资则是由成员企业根据国家规定直接对外筹资。

内部资金融通体制可以分为计划融通方式、市场融通方式和模拟市场融通方式三种。计划融通方式即集团总部根据统一规划，在集团内各企业之间无偿调拨闲余资金。市场融通方式就是由集团总部财务公司通过信贷规划和利率杠杆等市场手段调节各成员企业的资金供求关系，控制资金总量来完成企业集团的内部资金融通。模拟市场融通方式即在集团内部模拟金融市场，建立类似内部银行的机构并通过它来进行内部资金融通。

（二）投资管理体制

投资是影响企业集团发展的重要因素，因此它也是企业集团财务管理最重要的内容之一。企业集团选择其内部投资管理体制时应综合考虑投资方向和规模、投资项目对集团发展的影响及集团的内部结构等因素。从总体上看，集团投资管理体制与总体上的财务管理体制是高度一致的。企业集团对于集团公司的直接投资项目的管理是全方位的，对于成员企业的投资项目，在集权体制下，决策权和运作权都由总部实施，成员企业只负责具体实施；在分权体制下，集团总部侧重于对投资方向、投资规模等的控制，其余部分由成员企业进行全面管理。

（三）收益管理体制

收益管理体制包括利润形成体制和利润分配体制两部分。

站在企业集团的角度看，利润形成有三种渠道：一是集团本身直接从事生产经营业务形成的利润；二是以投资分成、价格转移等形式参与成员企业利润分配形成的利润；三是按规定由子公司全部上缴或部分上缴形成的利润。

由于子公司的利润分配形成了母公司利润的一部分，企业集团的利润分配体制也相应地有以下几种：一是计划分配体制，对成员企业利润实行统收统支或按协议比例分成；二是投资比例分成制；三是转移价格分配体制。后两种利润分配体制，尤其是第三种，主要适用于集团不能有效控制的半紧密层或协作层企业的利润分配；对于企业集团的紧密层企业，宜采用第一种方式分配利润。

四、确定企业集团财务管理体制应考虑的因素

企业集团在确定或选择财务管理体制时，主要应考虑以下几种因素：

（一）企业集团对下属企业的控制力强弱

如果下属企业情况复杂、布局分散、集团对其控制能力弱，则宜采用集权型财务管理体制，以加强对子公司的控制，以便充分发挥企业集团的整体优势。反之，如果集团对下属企业有很强的控制能力，则可适当分权，以调动子公司的积极性和灵活性。

（二）企业集团的发展情况

如果企业集团正处于成长阶段，各项建设投资较多、资金需要量很大，那么适于应用集权型财务管理体制，对各成员企业的筹资、投资及利润等进行统一管理，以保证整个企业集团的发展需要。如果企业集团已达到成熟阶段，完成了多元化经营的转变，各项事业趋于稳定发展，那么就可以选择分权型财务管理体制，将财务管理权力下放到集团的下一级子公司或更大范围的成员企业。

（三）企业集团的组织结构

企业集团的组织结构主要可分为直线职能制、事业部制和控股制三种类型。如果企业集团采取直线职能制组织结构，就为实行集权型财务管理体制奠定了基础。如果企业集团采取控股制组织结构，则企业集团宜选择放权型财务管理体制。如果企业集团采取事业部制组织结构，则企业集团宜采取分权型财务管理体制。

拓展案例

可口可乐调整组织架构，积极重组布局未来

2020年8月28日，可口可乐公司宣布了一项战略举措——重组可口可乐公司系统，以更好地实施"全品类饮料战略"，这也是可口可乐公司早在三年前就启动的一项长期战略。近年来，可口可乐公司持续进行组织架构的调整，以助力长期策略的实施，而新冠疫情的发生加速了这一战略转型。为了有效地推进变革，公司迅速制定了"布局未来，强劲崛起"的策略，并在8月底宣布构建全新的组织架构。

这一全新的组织架构由运营事业部、品类部门、职能部门和平台服务组织构成。其中，运营事业部是一个内部高度互联的组织，主要专注于区域和地方执行。重组后，原有的17个业务单元将精简成为9个全新的运营事业部，新成立的各运营事业部将高度互连，结构上更具一致性，避免资源浪费并能够更快地推广新产品。可口可乐大中华区是9大运营事业部之一。

品类部门则与运营事业部协同合作，共同推动创新、营销效率和有效性。全新的品类分类包括可口可乐、风味汽水、瓶装水、运动饮料、咖啡和茶、营养饮品、果汁、牛奶和植物饮料以及其他新品类。

职能部门致力于为全球项目提供战略、管理和规模化的服务，主要包括财务部、人力资源部、法务部、市场部，负责公共事务、企业传讯、可持续发展、战略伙伴关系以及技术和创新。

平台服务组织则是全新建立的组织，致力于为可口可乐公司提供世界一流的服务和协

助。该组织的职能包括数据管理、消费者分析、电子商务和社交/数字中心分析。平台服务组织将与可口可乐公司内,包括以上三大板块部门及瓶装合作伙伴实现更好的联动合作,在多个不同领域里提供规模化的服务。

整体而言,重组后的四大部门将高度互联互通,使可口可乐公司成为一个更加敏捷高效的组织,以期实现以下的五大目标:赢得更多消费者、扩大市场份额、保持强劲的系统经济效应、加强对利益相关者的影响力、变革组织架构以制胜未来。

一直以来,可口可乐公司不断实验、不断创新,来面对时代带来的新挑战。而全新任命、全新组织意味着更为积极的战略发展诉求。可口可乐公司董事会主席兼首席执行官詹鲲杰(James Quincey)在全球消费品大会上阐释了可口可乐公司加速推动变革的用意:"对可口可乐公司而言,我们要思考的是,当全球 GDP 水平恢复至 2019 年的水平时,我们公司整体是否比以往有所提升?我们是否拥有更多的消费者、更高的市场份额、更好的系统业绩?我们是否与利益相关方建立了更密切的互动?企业内部是否更紧密互联?在全球经济恢复至疫情前水平时,我们是否能变得更加强大?"这也是指引可口可乐公司在超过 130 年的历史中,成功渡过无数波澜和考验,不断发展壮大的指路明灯。

(案例来源:https://www.sohu.com/a/425951401_114986 整理而成)

第四节 企业集团财务控制

一、企业集团财务控制概述

(一)企业集团财务控制的内涵

财务控制作为现代企业管理水平的重要标志,它是运用特定的方法、措施和程序,通过规范化的控制手段,对企业的财务活动进行控制和监督。由于企业集团的特殊性,财务控制包括母公司自身的财务控制和母公司对子公司的财务控制。由于母公司自身的财务控制与单一企业的财务控制相同,所以这里重点讨论母公司对子公司的财务控制。

(二)企业集团财务控制的意义

1. 企业集团财务控制是实现企业集团理财目标的需要

企业集团的理财目标是集团价值最大化,但由于其下属成员企业有一定的决策权,出于自身的利益考虑,往往会作出与集团总体目标不一致的行为。为了克服这一现象导致的资源浪费和效率低下,必须加强企业集团财务控制,使得成员企业确定理财目标时考虑集团的整体利益,协调好局部与全局的利益冲突,实现企业集团价值的最大化。

2. 企业集团财务控制是实施企业集团战略决策的需要

集团资源与市场优势的生成,来自共同利益目标下聚合运行的协同性与有序性,集团发展战略的贯彻实施离不开集团成员的配合与努力,加强对子公司的财务控制,能够引导成员企业服从集团总体战略决策的需要,顾全大局,并确保必要的财力支持。

3. 企业集团财务控制是解决母子公司信息不对称的需要

在两权分离的条件下,企业集团的母公司不直接管理子公司的日常财务活动,而是授权下属子公司的经营者进行日常管理，这就造成母子公司之间的信息不对称。这种信息往往引发子公司的道德风险和逆向选择问题。可能出现子公司出于眼前局部利益的追求而扭曲上报到母公司的财务信息，从而误导整个集团的经营决策。因此，母公司必须加强财务控制，通过派驻财务总监或财务人员，对财务人员统一配置和管理；完善子公司财务决策的程序；对子公司的经营者进行业绩评价，通过事后监督来减少经营者的机会主义行为。

4. 企业集团财务控制是防范企业集团财务风险的需要

在财务实践中，企业集团依靠其在市场上的整体实力，能够对子公司的对外信贷提供担保或统一借贷资金给子公司，并负责统一偿还。众多的子公司贷款，不可避免地会增加企业集团的资本成本，集团存在更多的现实与潜在的财务风险。预防控制财务风险也因此成为集团总部的重要职责。科学的财务控制体系无疑是防范和化解集团财务风险的有力手段。

（三）企业集团财务控制的内容

依据不同的分类标准，企业集团财务控制的内容也不相同。

1. 按照企业集团财务控制的内容划分

按照企业集团财务控制的内容划分，企业集团财务控制通常包括组织结构控制、制度控制、人员控制、授权审批控制、预算控制、资金控制、业绩评价控制、内部报告控制、风险控制、信息技术控制等。

2. 按照企业集团财务活动的种类划分

按照企业集团财务活动的种类划分，企业集团财务控制包括投资控制、融资控制、资产控制和利润分配控制等。

3. 按照财务控制与财务活动的顺序关系划分

按照财务控制与财务活动的顺序关系划分，企业集团财务控制可分为事前控制、事中控制和事后控制。其中，事前控制包括预算编制控制、组织结构控制、授权控制；事中控制包括内部结算中心控制、预算执行控制；事后控制包括内部审计控制、业绩评价等。

随着现代企业集团的发展，预算控制和业绩评价在企业集团财务控制中的地位日益重要。这两种财务控制的方法在一定程度上解决了集团对子公司实施财务制度过程的控制和对子公司经营管理者的约束和激励问题。因此，这里重点探讨企业集团的预算控制与业绩评价。

二、企业集团的预算控制

（一）预算控制的内涵与特征

1. 预算控制的内涵

预算控制是借助于特定的组织机构、制度和技术手段，把集团的全部业务、全部经营过程、全部财务会计信息和全部人力资源都纳入预算体系，形成一整套有关管理、控制、协调、监督、考核与激励系统，其目标也从最初的控制支出、控制成本，向前延伸到内部资源、要素的配置和经营目标的落实，向后延伸至集团收入安排和经营成果的分配。

2. 预算控制的特征

预算控制的基本特征是以集团战略为出发点，以集团经营目标为导向。

（1）集团的战略目标是集团预算编制的依据和方向。1999年《财富》杂志在总结了公司 CEO 失败典型原因的基础上，得出结论："认为好的战略即代表了集团成功全部因素的理念误导了集团高层管理者。在绝大多数情况下，真正失败的原因并不是战略本身的问题，而是战略不能得到有效执行的问题。"可见，战略的有效实施对集团的成败至关重要。战略实施是将战略转化为实际行动并取得成果的过程。为确保战略的有效实施，需要将战略转变为年度预算，从而将战略指标转化为详细的预算目标和指标体系，并运用价值管理手段，实现集团内部资源的高度整合，同时将集团价值与各职能部门、各层级责任单位的具体目标、岗位职责相联系，强化业绩考核和业绩评价的战略导向作用。因此，预算管理是战略实施的重要保障，对集团战略具有全方位的支持作用。图 9-2 反映了预算管理与集团战略的内在联系。

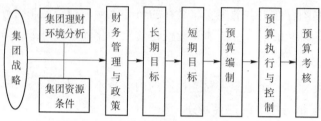

图 9-2　预算管理与集团战略的内在联系

（2）集团预算是以集团经营目标为导向，运用目标管理的思想，通过预算的编制、执行和考核，对集团经营管理目标进行确定、分解并落实到各责任单位进而延伸并细化到每位员工，在集团内部形成一个纵横交错、完整严密的目标连锁体系，将各职能部门、每位员工的工作目标都与预算目标联系起来。因此，预算控制是一个确定目标与实现目标的过程，集团目标通过预算的编制得以细化，预算执行为集团目标的实现提供了可靠保障，即以目标指导预算，以预算支持目标。

（二）企业集团预算管理组织体系设置

集团多级法人制要求建立多级预算管理组织体系，具体包括集团公司股东大会、集团公司董事会（含预算委员会）、集团预算工作组、下属单位预算工作小组等。与单一法人企业不同的是，企业集团的预算管理组织更加复杂，主要体现在母子公司多级预算管理组织在上下之间的互动管理关系上。企业集团典型的预算管理组织架构如图 9-3 所示。

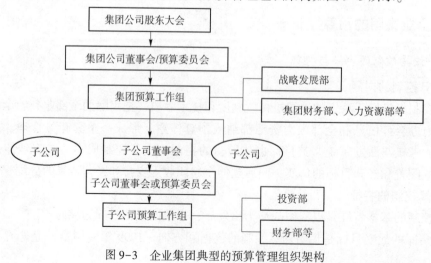

图 9-3　企业集团典型的预算管理组织架构

其中，集团公司的股东大会是预算审批机构，而集团公司的董事会（含预算委员会）则是预算决策机构。预算委员会是集团董事会下设的专门委员会之一，要在董事会授权的范围内行使集团预算决策权或审议权。集团预算工作组是预算的综合管理机构，直接对集团公司董事会（含预算委员会）负责。各责任中心则是具体预算的执行机构。集团预算工作组成员一般由总部经营团队（集团总经理、副总经理、总会计师等）、集团总部相关职能机构的负责人（如战略规划部、财务部、人力资源部等）及下属主要子公司的总经理等组成。集团预算工作组的组长由集团总经理或主管财务的副总经理（集团总会计师）担任。作为常设机构，工作组可以单独设立，也可以附设在集团财务部名下。

（三）企业集团预算编制控制

预算编制是整个预算控制体系的基础和起点。如果没有合理的预算编制依据、适当的预算编制程序和科学的预算编制方法，预算控制工作也就无从开展。

通常，预算编制可以采用自上而下、自下而上或上下结合的主动参与式编制方法。整个过程如下：

1. 自上而下设置目标

先由集团总部根据集团战略、行业和市场分析报告以及当年经营总结分析，制定总体经营目标、经营计划和预算大纲以及预算编制方法。

2. 自下而上制订计划和预算

各部门和下属公司依据市场开发情况、内部资源能力分析以及当年计划完成情况，编制下年度经营计划和预算。

3. 汇总平衡

各子公司的目标汇总、平衡，子公司与总部共同讨论并解决目标设置中发生的冲突、重复和不协调等问题。

4. 制定激励措施，公布预算目标

正式发布总体目标和实施计划，将目标分解到各子公司。子公司将目标分解到各个细分市场，分解到个人，同时制定与总体目标相一致的激励措施。

5. 跟踪执行进度，监督评价

定期监督目标的执行情况，明确预算执行中的实际情况与预计的差异，定期讨论执行中出现的问题和对策，将讨论要点反馈给子公司，以利于业务目标设置的改进，并根据新情况修改目标。

（四）企业集团预算执行控制

预算执行主要包括预算的分解、下达和具体实施等步骤。年度预算经批准后，为保证执行顺利，通常需要进行分解。分解包括两个方面：

1. 时间方面的分解

需要把年度预算分解到更具体的经营期间内，如分为季度、月度，乃至旬等，有条件的集团甚至可以分解到更具体的时间段。

2. 内容方面的分解

将集团的年度总预算按照涉及内容的不同，逐层分解到各个不同的责任中心和责任人。

（五）企业集团预算调整控制

预算调整是指当企业的内外环境发生变化，预算出现较大偏差，原有预算不再适宜时所进行的预算修改。但是，预算调整并不是随意进行调整，应保持预算的严肃性。预算调整只有在满足一定条件时才能提出，并由相应的责任单位提出申请，依照一定的程序，经预算管理部门批准之后，按照预算调整的权限与流程进行。

（六）企业集团预算考评控制

预算考评是对企业集团内部各级责任单位和个人预算执行情况的考核与评价。俗话说："在管理活动中，如果没有监督与考核，再美丽的天使都会变成可怕的魔鬼。"没有预算考评，集团预算就会因失去控制力而流于形式，预算管理将变得毫无意义。在集团全面预算管理体系中，预算考评起着检查、督促各级责任单位和个人积极落实预算任务，及时提供预算执行情况的相关信息，以便纠正实际与预算的偏差，有助于集团管理层了解集团的生产经营情况，进而实现集团总体目标的重要作用。同时，从整个集团生产经营循环来看，预算考评作为一次预算管理循环的结束总结，为下一次科学、准确地编制集团全面预算积累了丰富的资料和实际经验，是以后编制集团全面预算的基础。

三、企业集团的业绩评价

（一）企业集团业绩评价的含义与特征

企业集团业绩评价是指评价主体（控股股东或母公司）运用一定的方法，采用特定的指标体系，对照一定的评价标准，按照一定的程序，对评价客体（被评价企业及其负责人等）在目标经营期间的经营业绩进行评价与考核，旨在改善集团内部管理、增强激励。与单一法人企业相比，企业集团业绩评价具有以下3个特点：

1. 多层级性

企业集团由多级法人构成，其控股结构复杂、控股链条较长，在业绩评价上呈现出多层级特征：

（1）分部业绩评价。它是集团母公司对下属成员企业的业绩评价。

（2）集团整体业绩评价。它是集团股东对母公司业绩及集团总体业绩（以集团合并报表为基础）的评价。

2. 战略导向性

不同企业集团、同一集团不同时期、同一集团同一时期内不同业务部，因其战略不同，会体现出业绩评价体系的差异性（尤其体现在指标体系及指标权重的设置上）。评价指标体系设计对未来管理导向具有诱导性。例如，如果集团以做大为导向，那么营业收入、市场占有率等指标将可能成为业绩评价的主导指标；如果集团以做强为导向，那么净利润、净资产收益率、营业活动现金利润率等将可能成为业绩评价的主导指标。

3. 复杂性

相对于单一的企业组织，企业集团业绩评价更为复杂，这主要因为以下两点原因：

（1）关联交易复杂。企业集团是交易内部化的产物，尤其是产业型企业集团。关联交易业务及其关联交易定价的复杂性，使集团内部"业绩切分"存在不确定性，甚至产生利益冲突。

（2）影响因素复杂。除关联交易影响因素外，还有很多其他复杂的因素影响集团业绩评价。企业集团作为法人联合体，集团下属各成员单位因行业或产业属性、产品、成长周期和管理成熟度、资源占用等各种影响因素的不同，存在较大的业绩差异，集团总部如何用"不同尺子、不同刻度单位"去衡量、评价其业绩成果，这是非常复杂的问题。

（二）企业集团业绩评价体系

业绩评价是管理的重要内容，通过业绩评价，既可以了解企业集团战略的实施情况，又可以了解各种生产经营行为对集团价值的影响。有效的业绩评价能够促进集团激励约束机制的建立，有利于正确引导集团的经营行为，提高集团的竞争力。

1. 绩效评价体系的设计思路

科学的绩效评价体系设计思路是从集团战略目标开始，进行集团关键成功因素分析和关键绩效指标分解，把战略目标分解到各基层部门和岗位，从而把岗位目标与集团整体发展战略目标联系起来。企业集团绩效评价体系的设计思路如图9-4所示。

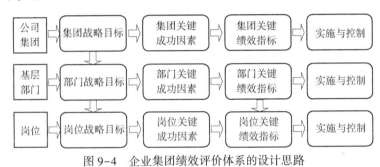

图9-4　企业集团绩效评价体系的设计思路

如图9-4所示，首先明确集团公司的战略目标，在此基础上分析实现这些战略目标的关键成功因素，并找出正确衡量这些关键成功因素的关键绩效指标，具体在实践中实施控制。为实现集团战略目标，基层部门要明确自身的战略目标，并找出实现部门战略目标的关键成功因素，以及在部门层面衡量关键成功因素的关键绩效指标，并分解到具体岗位，实施与控制。

2. 绩效考核方法

企业集团采用何种绩效考核方法，需要对集团及各子公司进行全面分析。集团所属行业不同以及发展阶段不同，采用的绩效考核方法也不同。企业集团绩效管理的宗旨是要贯彻集团长期的发展战略，确保各子公司的目标与集团总部协调一致，关键业绩指标（KPI）与平衡计分卡是较有代表性的两种方法。

1）关键业绩指标

关键业绩指标（Key Performance Indicator，KPI）体系是为实现目标而设定的战略管理工具，也是衡量集团及各子公司目标达成、组织和人员行为绩效的关键指标体系。关键业绩指标是依据集团组织、成员行为与战略目标之间的价值创造关系、因素因果关系建立起来的指标体系。

制定关键业绩指标应从企业集团的战略和愿景出发，关键业绩指标的制定过程是对那些为实现战略愿景的经营目标的分解,通过识别价值驱动因素,将经营目标转化为一套综合平衡的、可量化的指标体系,然后对这些指标周期性设定目标值并进行考核,为集团战略目标的实现建立起可靠的执行基础。

2) 平衡计分卡

罗伯特·卡普兰(Robert S. Kaplan)和大卫·诺顿(David P. Norton)(1992)提出平衡计分卡思想。平衡计分卡(Balance Score Card,BSC)主要通过财务、客户、内部流程、学习与成长四个维度,将抽象的集团战略目标通过具象的图表以及可操作的评价指标表现出来,是一种可操作性强、能够保障集团实现战略经营目标的新型业绩评价管理体系。

平衡计分卡强调,传统的财务会计模式只能衡量过去发生的事项,但无法评估集团前瞻性的投资(领先的驱动因素)。因此,必须改用一个将集团的愿景转变为一组由四项维度组成的绩效指标架构来评价集团的绩效。这四个维度分别是财务维度、客户维度、内部流程维度和学习与成长维度。其具体内容如下:

(1)财务维度:主要关注如何满足股东的利益。集团在市场竞争中,必然要通过盈利获取生存和发展,因此集团财务性绩效指标能够综合地反映集团业绩,可以直接体现股东的利益。集团力争改善内部流程,关注学习和成长,获取客户的满意度,最终都是为了提升财务方面的表现。

(2)客户维度:主要关注客户如何看待集团。这一维度重点关注集团在多大程度上提供客户满意的产品和服务。这方面的指标主要有客户满意程度、客户保持程度、新客户的获得、客户获利能力和市场份额等。

(3)内部流程维度:主要关注集团在哪些流程上表现得优异才能实现战略目标,例如为获得客户的满意、为提高产品质量,在内部各个流程上分别应做到什么程度。

(4)学习与成长维度:主要关注集团必须具备或提高哪些关键能力才能提升内部流程,进而达到客户和财务的目标。从本质上来看,集团的学习与成长是基于员工的学习与成长的,因而主要的评价指标有员工培训支出、员工满意程度、员工的稳定性、员工的生产率等。

平衡计分卡作为其中一项重要的业绩评价工具,能够反映财务与非财务指标的短期行为与长期目标、过程与结果、组织内部与外部之间的平衡,进而能够更加客观地反映集团的真实经营状况。但是,不同企业集团的实际情况和战略规划不同。因此,还需要从静态、动态两个方面设计属于企业集团自身的业绩评价体系。

第五节 企业集团资本经营

资本经营是指可以独立于生产经营存在的,以价值化、证券化了的资本或可以进行价值化、证券化操作的物化资本为基础,通过收购、兼并、分立、剥离、拍卖、改制、上市、托管、清算等手段及其组合,对集团的股权、实物产权或无形资产(知识产权)等进行优化配置来提高资本运营效率、谋求竞争优势的经济行为。

资本经营的核心是资本控制权的问题,即对出资者的控制权或产权的经营,典型的形式就是通过参股、控股等运用较少的资本实现对更大规模、更优资产的控制。资本经营的过程实际上就是一个不断获得或放弃控制权的过程，也就是所控制的资产不断优化的过程，通过这一过程，集团实现资本收益的最大化。

一、企业集团资本经营的作用

（一）突破规模不经济的临界点

规模经济不是无限地扩大规模。规模经济的基本含义是指在技术水平不变的情况下，X倍的投入产生大于X倍的产出。这种由生产规模的扩大导致的收益递增现象不是无限度的。当生产规模扩大到一定程度，如达到生产能力、管理成本（又可视为企业内部的交易成本）、技术进步的限度时，如果继续扩大生产规模，就会出现收益递减的情况，即从规模经济转化为规模不经济。

单体企业发展到临近规模不经济时，如果要扩张，另建一个企业形成企业集团，而不是继续扩大生产规模是一种较好的选择。企业集团不同于大型企业的一个特点，就是突破了单体企业的结构性约束，在体制上为规模经济开辟了新的道路——当出现单体企业不能克服的边际收益递减问题时，企业集团可以靠组织和体制上的变革将其克服。组织管理形式的变动，如实行事业部制等，能够改变信息传递的速度和信息的质量，改善决策的效率和针对性，从而拉长规模经济存在的时间跨度和空间跨度。另外，如前所述，企业集团的边界是模糊和动态的，因此其规模经济的弹性更大。企业集团的资本经营就是要充分利用集团规模经济的优势，在对外投资和权益融资上产生更好的效益。在兼并产生新的子公司，或者将母公司某一部分包装上市形成子公司的时候，不但要注意该子公司本身的资产状况和资本结构，还要注意该子公司在企业集团中所处的层次和位置，以最大限度发挥资本的作用。

（二）适应经济、技术发展的新要求

随着科技的发展、知识经济的到来和人们消费观念的进步，建立在大批量生产方式基础上的粗放型规模经济将逐渐被满足个性化需求、小批量、多品种甚至顾客定制的集约型规模经济所替代，建立在细之又细的彻底专业化分工基础上的规模效益不应该是企业集团主要追逐的目标。企业集团内部企业联合的形式为实施差异化战略与大规模定制战略提供了很好的平台，集团生产、科研、财务资源的共享性和个体企业成员的相对独立性为产品差异和大规模定制提供了最好的组织体制。

二、企业集团资本经营的原则

资本经营可以使企业集团进行快速的资本扩张和资本收缩，但资本经营是把双刃剑，不当的资本经营将使企业集团的效益加速滑坡。企业集团在资本经营时应当把握以下原则：

（一）企业集团资本经营必须与生产经营相结合

由于企业集团是企业的联合体，利用资本经营扩张时不但要看速度，还要看目的性，不能为追求资本经营而置生产经营于不顾、为扩张而扩张。资本经营最终要达到与生产经营相互协调、相互促进的目标。从总体上说，企业集团的扩张目标不外乎生产目标、原材料目标、市场目标等，利用资本经营进行扩张时要注意与这些目标的有效配合。

（二）企业集团资本经营要充分考虑剩余资源

资源剩余是企业集团利用资本经营进行扩张的前提，从企业集团成长可利用的资源来看，可以分为内部资源和外部资源。内部资源包括集团现有的生产能力、资金、技术、管理等；外部资源包括银企关系、股票市场、债券市场、与其他企业的合同协议等。由于资源的不可分割性，集团总会存在未利用和未完全利用的资源，未利用资源还可分为可用于现有产业的和可用于其他产业的资源，这些都为集团的扩张提供了可能。同时，资源剩余也是集团进行规模扩张的约束边界，由于企业集团具有多个法人主体和多重组织结构，这要求集团在利用并购等资本经营方式实现扩张时，要充分了解自身的剩余资源。

（三）企业集团资本经营要充分考虑企业联合的特点

多企业联合特征使得集团的扩张可以以调整企业数量的形式进行，这是单体企业无法实现的，也是资本经营的一种主要形式。企业集团的组建和发展包括资本集聚式扩张、资本集中式扩张以及与高层次经营相对应的借助外力式扩张（如技术、契约、合同）。一般来说，企业集团的核心层与紧密层、半紧密层需要通过股份制扩张来形成约束，企业集团的松散层和一般关联企业则依靠契约与合同方式扩张，这样形成一个内紧外松、互相配合又相对稳定的企业集团组织。这有助于人们界定企业集团以资本经营方式进行扩张的范围。

（四）企业集团资本经营要考虑核心企业的承受能力

核心企业的规模和资本实力直接制约着企业集团的状况，如果不注重核心企业的能力，盲目利用资本经营进行扩张，就会造成小马拉大车的情况，最终必然导致整个集团瘫痪。

（五）企业集团资本经营应当注意资本控制的层次限制

从资本层次体系的角度来说，母公司与各类子公司、孙公司的体系是由母公司对子公司的投资控股和子公司对孙公司的投资控股形成的。在这样一个层次体系中，子公司采用各种方式的投入获得孙公司的股权后，可以通过进入孙公司董事会对孙公司进行控制，但这一层次的控制对于企业集团的母公司而言是间接的，控制力度必然大大减小。以此类推，母公司无法对各孙公司的总体股本结构加以考虑，也无法直接下达指令让孙公司董事会接受母公司要求的资本利润率和负债比例等控制指标。因此，母公司应该对其投资的资本层次进行控制，以避免管理的失控和资本的流失。

三、企业集团资本经营的内容

企业集团资本经营的内容可以从资本经营的目的，即资本扩张和资本收缩两个方面来阐述。其中，资本扩张包括并购、股份制改制与改制上市；资本收缩包括资产剥离与分立等。

（一）以资本扩张为目标的资本经营

并购是企业实现资本扩张的主要方式，美国经济学家乔治·斯蒂格利茨曾说过："没有一个美国的大公司不是通过某种程度、某种方式的兼并而成长起来的。"由于并购在前面几章已有详细说明，本节不展开讨论。

股份制改制是将原有企业经过分立、合并等方式，对股权、资产和组织合理划分、重新组合与设置，改组为股份有限公司或有限责任公司。股份制改制是资本经营的重要方式，控股方只要取得了控制权，实际上就取得了对所有参股资本的支配权，从而在事实上以自己的控股资本占有了其他的参与资本，使自己的资本得到了扩张。股份制改制已经成为我国国有企业改革的重要内容。2006年12月，国资委发布《关于推进国有资本调整和国有企业重组的指导意见》，明确指出："加快国有企业的股份制改革，除了涉及国家安全的企业、必须由国家垄断经营的企业和专门从事国有资产经营管理的公司外，国有大型企业都要逐步改制成为多元股东的公司……大力推进改制上市，提高上市公司质量。积极支持资产或主营业务资产优良的企业实现整体上市，鼓励已经上市的国有控股公司通过增资扩股、收购资产等方式，把主营业务资产全部注入上市公司。"

股份制改制有利于企业增加筹资渠道，通过发行股票能够在短期内迅速为企业提供大量的长期资金，有利于改善企业资本结构，降低企业财务风险；同时，股份制改制还有利于减少内部管理层次，优化内部劳动组合，提高运营效率。

国有企业改制上市的模式是指按照企业改组的具体形式，有关被改组企业的改组内容、程序设计的大体框架，主要有六种典型模式：

1. 原整体续存改组模式

原整体续存改组模式是指将被改组企业的全部资产投入股份有限公司，以之为股本，再增资扩股，发行股票和上市。

2. 并列分解改组模式

并列分解改组模式是指将被改组企业专业生产的经营管理系统与原企业的其他部门（如社会负担部分）分离，分别以它们为基础成立两个（或多个）独立的法人，直属于原企业的所有者，原企业的法人地位不复存在，再将专业生产的经营管理系统改组为股份有限公司。

3. 串联分解改组模式

串联分解改组模式是指将被改组企业纵向一分为二，构造出一对母子公司，实践中往往将主要行政管理力量、辅助工厂、社会负担等放在母公司，而将生产主体部分放入子公司。

4. 合并整体改组模式

合并整体改组模式是指拟改组企业以全部资产投资，并吸收其他权益者作为共同发起人而设立股份有限公司，以此为股本，再增资扩股，发行股票和上市。这种模式与第一种模式相比，只是在股份有限公司的发起人方面增加了其他权益人。

5. 买壳上市改组模式

买壳上市改组模式指非上市企业通过购买上市公司的股权实现控股后，达到间接上市乃至直接上市的目的。

6. 资产注入、资产置换改组模式

（1）资产注入是指政府部门、行业协会、集团母公司将其所属企业的资产或权益注入拟上市公司或已上市公司，使其资产质量、股本水平、收益能力等符合上市要求。

（2）资产置换是指两个企业为调整资产结构、突出各自的主营业务，或出于特定的目的而相互置换资产。

在上述六种改制上市模式中，第二种和第三种模式一般会涉及复杂的关联交易设计，外部股东的利益往往无法得到保证；相比之下，其他四种模式更容易得到市场的认同。

（二）以资本收缩为目标的资本经营

资本收缩是指将所控制的资产转移给可以对其进行更有利管理的所有者，是收缩对原有资产的控制权，而不是资本规模的缩减。资本收缩一般包括资产剥离、公司分立、股权出售、股份回购四种形式。

资本收缩并非企业失败的标志；相反，与企业资本扩张战略一样，它也是一项重要的公司战略选择。一个公司通过剥离或分立不适合公司长期战略、没有成长潜力或影响公司整体业务发展的子公司、部门或产品生产线，可以使自己更关注某些经营重点，从而更具竞争力。与此同时，收缩还可以使公司更有效地配置所拥有的资产，提高资产质量和资本的市场价值。

本章小结

企业集团是企业组织形式的一种，它与一般企业相比有其特殊性。企业集团的定义有多种，但现代企业集团的特征是基本相同的，主要体现在以下几个方面：企业集团以产权联结为主要纽带，形成多层次的组织结构；企业集团是一个多法人组成的法人集合体，但其本身不具有法人资格；企业集团有一个能起主导作用的核心经济实体。

企业集团中的集团公司在企业集团中占有重要的地位。合理地界定集团公司的权利与义务，既可以发挥集团公司的战略决策和协调作用，也可以调动成员企业的积极性和自主经营意识。

企业集团组建模式有多种，应根据企业环境与特点选择相应的模式。从我国目前社会环境、经济环境和企业制度出发，我们在选择企业集团组建模式时，对以资本为纽带的企业集团，应尽可能减少行政主导型和产品主导型企业集团。

企业集团财务管理体制是企业集团财务管理的重要部分。由于企业集团的规模扩大，打破了原有的行业、地区和所有制界限，给管理和经营这种类型的企业带来了许多新的问题。

企业集团财务管理与大型企业财务管理不同，其特点主要体现在以下几个方面：第一，企业集团的核心层（核心企业或集团公司）有两个不同范围的管理主体：一是集团公司本身的财务管理；二是集团公司作为母公司或控股公司对所属公司的财务管理。第二，企业集团财务管理体制存在两个层次：一是要处理企业集团与其投资者之间的财务关系；二是构建企业集团内部财务管理体制。企业集团财务管理模式发生的三个转变：一是从封闭型管理向开放型管理转变；二是从生产经营型管理向资本经营型管理转变；三是从静态管理向动态管理转变。

根据企业集团的财务管理权力集中与分散的不同程度，可以把企业集团的财务管理体制划分为三种类型：集权型财务管理体制、分权型财务管理体制、放权型财务管理体制。一般说来，集权型财务管理体制能发挥企业集团的整体优势，便于集团宏观调控与指导；而分权型财务管理体制可使下属企业结合自身特点灵活决策，有助于调动下属企业的积极性和创造性。

企业集团的预算控制包括预算组织体系设置、预算编制控制、预算执行控制、预算调整控制和预算考评控制。业绩评价指标体系是集团业绩评价系统的核心部分。

企业集团资本经营需要企业集团根据资本经营的原则，适当地实施资本扩张和资本收缩战略。

精选案例分析

案例：

三菱集团的组织模式

三菱集团是日本最大的集团公司，由很多附属公司构成。它的核心层并不是一个控股公司性质的企业，而是由实力很强、相互持股的多家企业共同构成集团核心层。三菱集团共含41家公司，包括商事、电机、汽车、重工、化学、银行等企业，产品从核能工厂、船舶、飞机、导弹、桥梁、汽车、电器、照相机，直到玻璃、啤酒。排名情况是，银行为日本第四，重工业第十，化工第一，汽车第五，啤酒为世界第四。包括28家核心公司：三菱商事（贸易公司）、三菱重工（集团公司最大的生产公司——造船、空调、铲车、机器人、汽轮机）、三菱汽车、三菱钢铁、三菱铝业、三菱石油、三菱石化、三菱汽化、三菱塑料、三菱缆线、三菱电器、三菱建设、三菱纸厂、三菱矿业和水泥、三菱银行、日本水险和火险公司（世界最大保险公司之一）和其他一些公司。在这个核心集团公司之外是几百个其他的与三菱集团相关的子公司和附属公司。三菱集团是以金融业为轴心、以商事（综合贸易）为支柱、以实业为基础、横跨多产业领域的综合性企业。

如何操纵这个庞大的经营机器，并使之如意运转？三菱集团建立了金曜日俱乐部会议制度，即每个月第二周的星期五，三菱集团所属各企业的负责人聚到一起，增进了解与支持，商讨并决策有关重大问题，然后分头去办。三菱集团的28个核心公司通过股票的互相持有（其他公司拥有某个公司股份的比例由17%～100%不等，平均为27%）、互为董事、合资公司和长期的业务联系而联结在一起。他们在很多情况下，互相使用对方的产品和服务。他们联合力量进行并购是很常见的，5家三菱公司联合起来购买加利福尼亚的一家水泥厂；三菱公司在三菱银行信托的财务资助下以88 000万美元购买了位于匹兹堡的一家化学公司，然后将其分开卖给三菱汽化、三菱人造丝、三菱石化和三菱化工。三菱银行和部分其他三菱金融公司是新事业的一个主要资金源泉，如果三菱集团公司成员碰到困难的市场条件或财务问题，这些金融公司就是一个金融安全网。

三菱集团的每一个公司都独立运作，寻求自己的战略和市场，有时集团成员会发现他们在同样的市场中互相竞争，成员公司通常也不会从其他成员处得到有利的交易。例如，在向位于弗吉尼亚州的一家新的发电厂提供汽轮机的竞争中，三菱重工败给了西门公司，而这家发电厂是由三菱集团拥有全部所有权的钻石能源公司建造的。但独立运作并不能阻止三菱集团的这些公司认识到他们的共同利益，他们可以不用正式地控制而进行自愿合作，或者在从事具有重要战略性的商业冒险时选择集团公司的成员作为合伙人。

（案例来源：https：//www.sohu.com/a/218917904_208218 整理而成）

讨论：

1. 三菱集团的核心企业有几个？在以资本为纽带的企业集团中，三菱集团的主产业属于哪种模式？该模式的特点是什么？
2. 金融企业在三菱集团中发挥着怎样的作用？
3. 三菱集团的经营模式给我们的启示是什么？

实务演练

一、思考与回答

1. 企业集团的作用是什么?
2. 企业集团模式有哪些?其特点是什么?
3. 企业集团财务管理的特点是什么?
4. 企业集团财务管理的职能是什么?
5. 企业集团财务管理体制的类型及优缺点是什么?
6. 企业集团确定财务管理体制应考虑的因素有哪些?

二、搜集与整理

1. 搜集与整理中国企业集团的发展状况及存在的问题。
2. 搜集与整理日本企业集团的发展状况及采取的财务管理模式。

自测与练习

一、单项选择题

1. 企业集团最基本的特征是(   )。
   A. 企业集团以产权联结为主要纽带,形成多层次的组织结构
   B. 企业集团是一个多法人组成的法人集合体,但其本身不具有法人资格
   C. 企业集团有一个能起主导作用的核心经济实体
   D. 企业集团不是企业的简单聚合,而是特殊形式的大企业的结构形态

2. 企业集团分为垄断型企业集团、宏观控制型企业集团和(   )。
   A. 管理型企业集团　　　　　　　　B. 微观效益型企业集团
   C. 多角化综合型企业集团　　　　　D. 多元核心型企业集团

3. 企业集团的外部资金融通体制包括集中型筹资和(   )。
   A. 内部资金融通　　　　　　　　　B. 分散型筹资
   C. 市场融通　　　　　　　　　　　D. 模拟市场融通

4. 一般说来,企业集团建立了财务公司的,多采用(   )。
   A. 模拟市场融通　　B. 分散型筹资　　C. 内部资金融通　　D. 集中型筹资

5. 企业集团财务管理体制的类型不包括(   )。
   A. 集权型财务管理体制　　　　　　B. 分权型财务管理体制
   C. 放权型财务管理体制　　　　　　D. 全方位型财务管理体制

6. 企业集团的紧密层企业采用(   )分配利润。
   A. 投资比例分成体制　　　　　　　B. 计划分配体制
   C. 利润分配体制　　　　　　　　　D. 转移价格分配体制

二、多项选择题

1. 企业集团可分为不同层次,包括(   )。
   A. 核心企业　　　　　　　　　　　B. 紧密层企业
   C. 半紧密层企业　　　　　　　　　D. 松散层企业

2. 直控型企业集团由（　　）组成。
   A. 松散型企业　　　　　　　　　　　　B. 半紧密层企业
   C. 紧密层企业　　　　　　　　　　　　D. 核心企业
3. 组建企业集团必须坚持的原则有（　　）。
   A. 自愿原则　　　B. 平等原则　　　C. 互惠互利原则　　　D. 合法性原则
4. 企业集团财务管理模式发生的转变是（　　）。
   A. 从动态管理向静态管理　　　　　　B. 从生产经营型管理向资本经营型管理
   C. 从集权型管理向权型管理　　　　　D. 从静态管理向动态管理
   E. 从封闭型管理向开放型管理
5. 企业集团财务管理职能包括（　　）。
   A. 战略管理　　　B. 预算管理　　　C. 考评管理　　　D. 激励管理
6. 预算管理系统从预算管理的环节看，包括（　　）。
   A. 纠正偏差　　　B. 预算管理　　　C. 预算差异分析　　　D. 预算的制定
7. 预算管理系统从预算管理的内容看，包括资本支出预算管理和（　　）。
   A. 收益分配预算管理　　　　　　　　B. 项目预算管理
   C. 差异预算管理　　　　　　　　　　D. 财务预算管理
8. 考评管理系统从管理内容角度看，包括（　　）。
   A. 作业绩效考评　　　　　　　　　　B. 财务绩效考评
   C. 财务评价　　　　　　　　　　　　D. 质量技术绩效考评
9. 企业集团的组织结构主要可分为（　　）。
   A. 直线职能制　　　B. 事业部制　　　C. 控股制　　　D. 分权体制

三、判断题

1. 企业集团是由多个法人组合而成的经济实体，因此需要统一纳税、共负盈亏。（　）
2. 企业集团必须依托集团公司组建，因此也可以称企业集团为集团公司。（　）
3. 控股型企业集团的核心层是一个生产经营性公司。（　）
4. 并存型企业集团的集团公司既是一个生产经营性公司，又是一个控股公司。（　）
5. 企业集团组建时母公司至少拥有五个控股子公司（子企业）。（　）
6. 企业集团财务管理模式发生了由资本经营型管理向生产经营型管理的转变。（　）
7. 企业集团财务管理模式发生了由静态管理向动态管理的转变。（　）
8. 企业集团财务管理必须围绕集团战略目标进行，或进行财务战略管理。（　）
9. 企业集团在战略制定中只考虑财务目标，而忽略非财务目标。（　）
10. 考评管理职能强调的是管理控制目标而不是管理控制过程。（　）
11. 企业集团对下属企业有很强的控制能力，则可适当集权，以便充分发挥企业集团的整体优势。（　）

第十章

国际财务管理

学习目标

1. 明确国际财务管理的相关概念;
2. 熟悉跨国公司的理财环境;
3. 理解经济风险、交易风险和折算风险的基本概念;
4. 理解跨国公司内部资本转移的各种机制。

导入案例

中国闻泰集团 268 亿收购荷兰安世半导体获批
——中国史上最大规模半导体收购案

2019 年 6 月,中国闻泰集团斥资 268 亿收购荷兰安世半导体(Nexperia)的交易被证监会批准,中国史上最大规模的半导体收购案正式完成。日前安世半导体董事会完成了改选及相应的变更,闻泰科技董事长张学政正式就任安世半导体董事长。

收购完成之后,闻泰科技已完全从北京建广资产管理有限公司(JAC Capital)获得安世半导体的控股权,中方这次也拿下了董事长一职,不过 CEO 及管理团队不变,仍由法兰斯·舍尔(Frans Scheper)及其团队独立管理。

安世半导体前身为恩智浦的标准产品事业部,拥有 60 多年的半导体行业专业经验,于 2017 年年初开始独立运营。安世半导体为整合器件制造企业(Integrated Device Manufacture, IDM),拥有自己的设计、制造及封装工厂,2018 全年生产总量超过 1 000 亿颗,稳居全球第一,在模拟半导体领域实力强大,旗下产品涉及极具发展潜力的 5G 移动通信、智能汽车、物联网等热门领域。2019 年,安世半导体还在全球率先开始批量交付氮化镓的功率半导体产品氮化镓场效应晶体管(GaN FET),成为行业内唯一量产交付客户的化合物功率半导体公司。

收购方中国闻泰集团是全球最大的手机原始设计制造商（ODM），华为、小米、魅族等公司的部分中低端手机都是由闻泰设计、生产的，三星退出中国制造之后，也把6 000多万部中低端手机的订单分给闻泰集团等原始设计制造商。

闻泰集团不惜巨资268亿元拿下这样一家半导体公司，主要原因是为了日后的转型，虽然它是全球最大的手机制造公司，但是闻泰的盈利能力并不高，2019年第1季度收入48.9亿元，比2018年同期增长184.6%；净利润8 892.5万元，比2018年同期增长256.21%。拿下安世半导体这样的优质资产，闻泰集团不仅可以在多种半导体芯片零件上获得自主，同时还可以进军5G、汽车电子、物联网等市场，发展前景远比单一的手机制造要好。

（案例来源：http://www.elecfans.com/d/1143045.html 整理而成）

第一节　国际财务管理概述

一、国际财务管理的内涵与目标

（一）国际财务管理的内涵

企业的财务活动按其是否跨越本国国界，可以分为国内财务活动和国际财务活动两类。对企业的国内财务活动所进行的管理，称为国内财务管理。国际财务管理是财务管理的逻辑扩展，它是按照国际惯例和国际经济法的规定，对企业超越国界的财务活动进行管理的一种工作。它适合一切超越国界从事生产经营活动的企业，包括跨国公司、进出口企业、外商投资企业等。

（二）国际财务管理的目标

国际财务管理的目标是跨国公司通过科学、合理地组织财务管理活动，促使资源在世界范围内最优配置，资本在世界市场上自由流动，追求最大的增值，以实现企业价值最大化和取得最佳经济效益。

二、国际财务管理的内容

国际财务管理与一般公司财务管理一样，都要涉及公司的投资、融资以及股利分配决策、公司的日常财务管理等内容。但是，由于国际财务管理所面临的是一个全球一体化的、具有不完全性的国际市场，面临着特殊的政治风险和外汇风险，这些特殊性决定了国际财务管理特殊的内容。

国际财务管理的内容是跨国资金运动和国际财务关系，内容包括国际筹资管理、外汇风险管理、国际投资管理、跨国公司内部资本转移等。

由于各企业的国际化进程有所差别，因而它们的国际财务活动有多有少。而跨国公司的国际财务活动最为全面、复杂，其国际财务管理已积累了丰富经验，应作为国际财务管理研究的主要内容。

三、跨国公司的定义与经营特征

（一）跨国公司的定义

跨国商业活动由来已久，早在几百年前就产生了跨国境的贸易，但是从第二次世界大战结束后，跨国商业活动经历了一次重大变革，这次变革也许是 20 世纪后半叶最重要的经济现象，就是跨国公司的产生。

跨国公司（Multinational Corporation）是指致力于在多个国家生产和销售产品及劳务的公司，它通常包括一个设于本国的母公司和至少四五个海外机构，在这个联合体中存在着战略上的深层次合作。跨国公司的经营活动并不仅仅局限于产品市场的开拓，也包括生产要素的获取、配置和管理使用。只有当公司经营活动的各个方面均跨越国境，才能称为跨国经营。因此，跨国公司在全球范围内进行资源配置，采取全球化的生产、市场、融资和投资战略和策略，以期获得公司整体价值最大化，而不是各个独立子公司价值最大化。

（二）跨国公司的经营特征

1. 资源配置全球化

资源配置全球化是跨国公司区别于一般公司的最根本特征。跨国公司可以将经营地设置在本国，也可以设置在其他国家和地区；在资本的获取上，跨国公司可以在国内融资，也可以在全球范围内进行融资；对于劳动力和企业家才能的获取也是如此，跨国公司将所获取的资源作为一个整体，在全球范围内进行配置。

2. 生产经营活动全球化

在生产经营过程中，跨国公司某个子公司的产成品可能是另一个子公司的原材料。在整个跨国公司内部，产品供应链中的子公司相互之间提供产品的定价是按照整个公司价值最大化的原则来安排的；在生产经营过程中所发生的流动资产和流动负债的管理也是全球化的。

3. 产品市场全球化

产品市场全球化是企业进入国际市场的第一步，也是跨国经营的原始阶段。随着跨国公司的出现和发展，产品市场的竞争从区域化逐步转向全球化。因此，产品市场全球化也逐渐成为跨国公司的市场竞争策略。

4. 整体价值最大化

整体价值最大化是跨国公司经营的根本目标。跨国公司的各种战略、策略安排，包括资源配置、生产经营过程及产品策略等，都是围绕这一目标进行的。跨国公司经营的实质是将公司在各地的子公司及各地市场看成一个整体，以全球化的眼光考察商业机会并作出经营决策。因此，跨国公司整体价值最大化不一定意味着各个子公司价值最大化。

四、跨国公司的理财环境

（一）国际市场及其不完全性

由于各国经济结构、法律、政策措施，以及地理位置、交通、通信、资源禀赋等自然原因，跨国公司所面临的全球市场比任何一个国家的内部市场具有更大的不完全性。国际市场的不完全性主要体现在产品市场、要素市场、金融市场、信息市场等市场的不完全性，这些市场的不完全性既来自自然的限制，也来自政治和经济方面的限制。

产品市场的不完全性来自政府对市场的各种干预、政府所设置的关税和非关税壁垒、货源以及价格的垄断等因素，使得产品流动受到限制。

要素市场的不完全性是指劳动力、设备、技术力量、知识产权、资金等方面由于各种因素在各个国家之间存在差别。

金融市场也具有不完全性，各国法律、法规存在差别，利率、税收和金融管制也有差别。

信息市场的不完全性是由于各个市场不同的政策和管理以及经济的垄断性，经济信息不会平等、及时地反馈给交易各方，获取和传播信息也需要费用，市场参与者是在不同程度缺乏信息的情况下进入市场的。

全球市场的不完全性为跨国公司的出现和持续存在提供了理由，同时也为国际财务管理提供了方向和挑战。由于市场存在种种不完全性，跨国公司有可能利用各个市场之间的各种差异套取利润、降低风险、降低经营成本，或投资于多个市场以降低成本、降低风险。跨国公司还可以利用内部交易中的转移价格获取特殊利益，可以利用内部资金市场降低运营成本和资金使用成本，还可以利用上述条件规避外汇管制风险等。

（二）国际税收环境

跨国公司在不同的国家进行投资，投资收益要按照不同国家的税收规定纳税。当跨国公司母公司收回投资收益时，还面临着向母公司所在国政府纳税的义务，可能导致双重征税。跨国公司要明确各国之间签订的双边税收协定，充分利用本国政府提供的税收抵免优惠以及国际避税地等进行税收筹划。

（三）政治风险与外汇风险

跨国公司进行跨国经营面临着特有的政治风险和外汇风险。政治风险是指由于政治方面的原因使公司蒙受损失的可能性。外汇风险是指由于各国货币之间的汇率变动可能会给公司带来的损失。

拓展案例

美国的政治风险：加利福尼亚州的单一税制

1977年，加利福尼亚州对在该州经营的公司实施了一种不同于往常的单一税制，按照单一税制，税收是按照公司在全球范围内取得收入的百分比来征收的，而不是根据公司在加利福尼亚州所取得收入的百分比来计算的。在加利福尼亚州实施单一税制的同时，因为被要求进行额外财务披露以说明在全球范围内取得的收入情况，几家跨国公司推迟或取消了在加利福尼亚州的投资计划。

这种特别税制给在美国的外国公司以及美国的本土公司都带来了一种政治风险。英国的巴克莱银行和美国的高露洁——棕榄公司就单一税制向美国法院提起了诉讼，理由是该税制对外国公司（巴克莱银行）和外州公司（高露洁——棕榄公司）有歧视之嫌。1994年6月，美国最高法院判决加利福尼亚州的单一税制符合宪法，并宣布单一税制并未侵害美国国会有关"在几个州内对与外国的商业活动进行管制"的法令。等到该诉讼获得法院裁决之时，该争议已失去了实际意义。鉴于一些公司已经终止或取消了在加利福尼亚州的投资计划,加利福尼亚州政府已经同意由国外的跨国公司选择按单一税制纳税或按在美国所取得的收入来纳税。这一事例提醒人们,即便在稳定的国家,政治风险依然存在。

(案例来源:武娟. 高级财务管理[M]. 上海:立信会计出版社,2018.)

(四)跨国经营中的竞争

跨国公司所面临的竞争环境与在国内经营所面临的竞争环境有很大的不同。跨国经营由于能够利用各种市场的不完全性而获得收益,或者通过跨国经营而降低风险,因此存在着一定的竞争优势。但跨国公司由于对经营所面临的各种环境不熟悉,也可能处于一定的竞争劣势。

第二节 外汇风险管理

一、外汇的定义

外汇(Foreign Exchange)是以外国货币所表示的购买力的总称。它反映国际的债权债务关系,是以外币表示的用来进行国际结算的支付手段。在跨国公司从事国际贸易和对外投资等经济活动时,往往要涉及一种以上货币,因此往往要进行货币之间的交换。

(一)外汇一般需具备三个条件

(1)必须是以外币表示的资产;
(2)必须可以兑换成其他形式的资产或以外币表示的支付手段;
(3)必须能被实行一定货币制度的一国政府所控制。

(二)外汇是以外币表示的信用工具和有价证券

主要包括以下几种:
(1)外国货币,包括纸币、铸币;
(2)外币有价证券,包括外国政府发行的公债、国库券,外国公司发行的债券、股票、息票;
(3)外币支付凭证,包括外国银行的存单,外国的邮政储蓄凭证、商业汇票、银行汇票、银行支票等;
(4)其他外汇资本,如特别提款权(SDR)、欧洲货币单位(ECU)等。

二、外汇风险管理概述

(一)外汇风险的概念

所谓外汇风险,是指在国际经济、贸易和金融活动中,由于各国货币的国际汇价的变动而引起的企业以外币表示的资产价值、负债、收入、费用的可能增加或减少产生的收益或损失,从而影响当期的利润和未来的现金流的风险。引起外汇风险的根本原因是汇率的变动,其结果是不确定性。通常情况下,跨国公司只要有外汇业务的发生,就必然离不开外汇风险。

(二) 外汇风险管理的概念

外汇风险管理，是指采用各种有效规避汇率风险的手段对以外币计价的债权、债务与资产等的管理。

外汇风险管理的目标如下：
（1）防止出现短期支付困难而造成的破产等风险；
（2）使企业资产的现金流和负债的现金流相匹配；
（3）稳定、降低融资成本或稳定未来收益；
（4）较准确地预测企业的现金流量。

(三) 外汇风险的种类

1. 交易风险

交易风险（Transaction Explore）也称为交易暴露风险，它是在以外币结算的交易中，从买卖成立到货款收付结算的期间内，因汇率变动而产生的可能给企业带来收益或损失的外汇风险。如一出口商若持有外币应收账款，则会因外币对本币贬值而发生损失，而持有外币应付账款的进口商，则会因外币对本币升值而发生损失。交易风险存在于应收款项和所有货币负债项目中。

2. 折算风险

折算风险（Accounting Translation Risk），是指公司财务报表中的外汇项目，因汇率变动而引起的转换为本币时价值跌落的风险。如按规定，公司期末决算编制利润表和资产负债表时，所有的外币资产和负债都要按照期末汇率另行折算，由此引起与原账面价值不一致；又如，本国公司设在国外的子公司，按合并报表原则，也应折算为本国货币，由于汇率在不断变动，按不同汇率折算，财务状况大不相同。但事实上，公司在期末编制合并报表时并未发生外汇交易，因此折算风险并不影响企业的现金流量，仅仅是会计上的一种折算而已。

3. 经济风险

经济风险（Economic Explore）也称为经济暴露风险，它是指由于未能预料的汇率波动，引起公司未来收益和现金流量发生变化的潜在风险。这种风险可能给公司带来收益，也可能带来损失，主要取决于汇率变化对未来销量、价格和成本影响的方向和程度。由于预计到的汇率变化已反映在公司的经营计划之中，所以经济风险只包括那些始料未及的汇率变化所产生的影响。

上述三种风险对公司来说，重要程度是不同的。一般来说，经济风险比交易风险和折算风险更重要，必须格外重视，因为它对公司财务的影响是长期性的，而折算风险与交易风险是一次性的。同时，经济风险涉及供、产、销以及企业所处的地域等各个方面，因此，对经济风险的管理除了企业财务部门参与外，往往需要总经理直接参与决策。

三、交易风险管理

(一) 交易风险测定

要对交易风险进行管理，就要测定交易风险的大小。交易风险主要指当汇率发生变化时，跨国公司交易额中受到汇率波动影响的那部分交易额。交易风险分不同的货币种类计算，对于任何一种货币，交易风险等于所有交易额相抵销后剩余的数额。例如，3个月后中国某跨国公司在美国的子公司有一笔500万欧元的应收账款，同时拥有一笔300万欧元的应付账款，两者相抵后剩余200万欧元，就是该子公司3个月期欧元的交易风险。在交易风险的计算中，结算结果为正，为多头交易风险；结果为负，为空头交易风险。

(二) 交易风险的管理策略

交易风险的管理策略可以分为四类，它们分别是风险转移、风险分担、提前或延期结汇和套期保值。

1. 风险转移

风险转移（Risk Shifting）是指当估计汇率变化会给当前的交易带来不利时，设法将风险转移给交易的对方。例如，公司设法选择有利的计价货币，尽量做到付汇用软货币，收汇用硬货币。所谓硬币（Hard Money），是指在外汇市场上汇率呈现升值趋势的货币。所谓软币（Soft Money），是指在外汇市场上汇率呈现贬值趋势的货币。出口商或债权人如果争取以硬币作为合同货币，当合同货币的汇率在结算或清偿时升值，就可以兑换回更多数额的本国货币或其他外汇；当合同货币的汇率在结算或清偿时下降，就可以少支付一些本国货币或其他外币。采用这一方法的目的在于将汇率变动所带来的损失转移给对方，但由于各种货币的软或硬并不是绝对的，其软硬局面往往会出现转变。严格来说，这种方法并不能保证经济实体免遭汇率变动的损失。

2. 风险分担

风险分担（Risk Sharing）是指交易双方在签订交易合同时，签订有关汇率风险的分担协议。从理论上讲，出口商或债权人应争取使用硬币，而进口方或债务人应争取使用软币，但在一笔交易中，交易双方都争取到对己有利的计价货币是不可能的。当一方不得不接受以对己不利的货币作为计价货币时，还可以争取对谈判中的价格或利率做适当调整，要求适当提高以软币计价结算的出口价格，或以软币计值清偿的贷款利率；要求适当降低以硬币计价结算的进口价格，或以硬币计值清偿的借款利率。另外，也可以在协议中规定一个外汇风险的分担比例计算方法，如果付款之日的即期汇率处于双方都能接受的范围之外，那么，双方应按此法计算出来的比例分担外汇交易产生的风险。

3. 提前或延期结汇

这种方法是指在国际支付中，通过预测支付货币汇率的变动趋势，提前或延期支付有关款项，即通过更改外汇资本收付日期来抵补外汇风险或得到汇价上升的好处。例如，美国母公司预测未来的英镑对美元汇率下降，就要求在英国的子公司把产品、劳务、利息、分期偿还的债务、红利等提前支付给母公司。与此同时，母公司还把子公司扩展业务所需要的美元贷款推迟到贬值以后再贷款，英镑提前支付，使等量英镑兑换美元的数额多于预测支付期所得；美元推迟贷放使所兑换的英镑多于预测支付期所得。提前或延期结汇，即通过由弱币到强币国家的加速支付或通过由强币到弱币国家的推迟支付，使公司减少在弱币国家的外汇风险。

4. 套期保值

防范交易风险的套期保值策略一般包括远期外汇市场套期保值、货币市场套期保值、外汇期权套期保值等策略。

(1) 使用远期外汇市场套期保值进行交易风险管理时，首先需要确认交易风险，在此基础上签订适当的外汇远期合约。如果公司的外汇风险是多头，则应出售远期外汇；如果公司外汇风险是空头，则应购买远期外汇。

(2) 货币市场套期保值的合约是贷款协议，采用这一保值方法的公司可以借入一种货币，然后换成另一种货币进行投资，债务到期时偿还借款本息的资本可以是来自公司的经营收益，如应收账款，也可以在即期外汇市场上购买该种货币用于还贷。与远期外汇市场套期保值不同的是，货币市场套期保值主要与两国之间的利率之差有关。

(3) 外汇期权套期保值是通过买卖外汇期权来回避外汇交易风险。其基本方法是，当交易中有外币的应收账款时，可以在期权市场上买进执行价格较高的、该外币的出售权；当交易中有外币的应付账款时，可以在期权市场上买进执行价格较低的、该外币的购买权。

四、折算风险管理

(一) 折算方法

如果在外汇汇率稳定不变的情况下，外币折算是相当简单的。但是，在现实经济生活中，汇率是不断变动的。由于跨国公司资产负债表的不同项目性质各异，人们对不同项目是否都面临折算风险的看法不一致，由此也产生了不同的折算方法，主要有以下四种方法：

1. 流动/非流动折算法

使用流动/非流动折算法（Current/Noncurrent Method），国外子公司资产负债表的流动资产和流动负债项目使用现行汇率折算（即资产负债表编制日的现行汇率），其他资产和负债按历史汇率折算。按照这种方法折算，非流动资产和负债不面临折算风险。

按照这种方法，除了与非流动资产和负债相关的收益和成本外，利润表的折算按照折算期的平均汇率折算。例如，折旧作为一项成本，其在利润表中的折算汇率与资产负债表使用的折算汇率相同。因此，在利润表中，不同的项目使用了不同的折算率。

2. 货币/非货币折算法

货币/非货币折算法（Monetary/Nonmonetary Method）把资产负债表项目分成货币性资产与负债和非货币性资产与负债两类，前者指现金、应收应付款、长期借款等用现行汇率折算；后者指固定资产、长期投资和存货，用历史汇率计算。

按照这种方法，除了与非货币性资产和负债相关的收益和成本外，利润表的折算按照折算期的平均汇率折算。与非货币性资产和负债相关的成本主要是折旧成本和产品销售成本，其在利润表中的折算汇率与资产负债表使用的折算汇率相同。

3. 时态法

时态法（Temporal）是货币/非货币折算法的一种改进形式，它们的区别在于对存货的处理。货币/非货币折算法将存货成本按历史汇率折算。不同的是，如果存货以现行市场价格表示，使用时态法可以按当前汇率折算；如果存货以历史成本表示，则仍按历史汇率折算。

按照这种方法，利润表的折算通常使用折算期的平均汇率。当然，使用历史成本表示的折旧费、摊销费、产品销售成本等，仍然使用历史汇率。

4. 现行汇率法

现行汇率法（Current Rate Method）是将跨国公司子公司的资产负债表和利润表的全部项目均按现行汇率折算。显然，现行汇率法对所有账项简单地乘上一个统一的系数，从而能够确保与公司会计报表原来各项金额的比率关系，不至于改变原来外币报表上的任何财务比率。

现行汇率法目前应用非常广泛，我国目前也采用现行汇率法进行折算。

上述四种不同的折算方法使资产负债项目产生各不相同的计算结果。如在流动/非流动折算法下，反映公司的财务状况有赖于流动资产减去流动负债后的净营运资本是多少；在货币/非货币折算法和时态法下，公司的财务状况用货币性资产减去货币性负债后的净资产或负债来衡量；在现行汇率法下，公司的财务状况用公司的资产减去负债后的净资产来衡量。

（二）折算风险的计算

在现行汇率法下，折算损益的计算公式如下：

折算损益＝子公司记账货币的权益总额×（当前汇率－历史汇率）

从公式中可以看出，尽管资产负债表中有很多项目，但由于汇率变化导致折算损益的项目只有一个，即子公司权益总额。或者说，子公司权益受汇率变化的影响导致了跨国公司子公司的折算风险，因此，此时的子公司权益也称为折算风险暴露（Accounting Exposure）。

这样，计算折算风险的公式可以改写成：

折算损益＝折算风险暴露×（当前汇率－历史汇率）

这里的折算风险暴露，就是跨国公司中受到汇率变化影响的那部分价值。

在现行汇率法下，资产负债表中的所有项目都是风险性资产或风险性负债。上述计算折算损益的公式，不仅适用于当前汇率折算法，也适用于其他折算方法。只是对于其他折算方法，折算风险暴露不再是子公司记账货币的权益总额。折算损益的确定如表10-1所示。

表10-1 折算损益的确定

折算损益		货币	
		升值	贬值
净风险资产	正	折算收益	折算损失
	负	折算损失	折算收益

（三）折算风险管理策略

为防止折算风险，跨国公司通常用资产负债表保值方法以轧平净风险资产头寸。

资产负债表保值的基本原理就是使公司的合并资产负债表中的外币风险资产与外币风险负债相等。如果达到了这种状态，即净风险资产等于零，那么汇率变化引起的风险资产价值变化恰好被风险负债的价值变化抵销。在实务操作中，如果公司预测今后一定时期内汇率发生变动，而公司的资产负债表存在净风险资产，就可以通过分别调整国外资产和负债来进行资产负债表保值。此外，远期外汇市场交易和货币市场交易等合约保值方法也是折算风险管理中可以采用的手段。

五、经济风险管理

经济风险影响企业的现金流量,并且最终影响企业的价值。由于经济风险的作用是多方面的,而且是长期的,所以经济风险的管理是一种重要的管理技巧。经济风险涉及生产、销售、财务等各个领域的相互联系、相互影响。经济风险管理的目标是对未能预料的汇率变化对公司未来现金流量的影响作出预测并采取相应措施。管理经济风险的最有效方法,就是通过多角化经营,使有关各方面的不利影响能相互抵销。

(一)生产上的多角化

在生产安排上,产品的品种、规格、质量尽可能做到多样化,使之能更好地适应不同国家、不同类型、不同层次消费者的需求。

(二)销售上的多角化

在销售上,力争使所生产的产品能尽快打入不同国家的市场,并力求采用多种货币进行结算。

(三)采购上的多角化

在原材料、零配件的采购方面,尽可能做到从多个国家和地区进行采购,并力争使用多种货币结算。

(四)融资上的多角化

企业融资时,要尽量从多个资本市场上筹集资金,用多种货币计算还本付息金额,如果有的外币贬值,有的升值,就可以使外汇风险相互抵销。

(五)投资上的多角化

在投资时,尽可能向多个国家投资,创造多种外汇收入,这样可以避免单一投资带来的风险。

第三节 跨国公司内部资本转移机制

一、跨国公司内部资本转移概述

(一)跨国公司内部资本转移的概念

出于经营和管理上的需要,跨国公司通常需要进行内部资本转移。其实,类似的内部资本转移,在进行国内经营的集团公司中也存在。然而,由于跨国公司所面临环境的特殊性、所面临市场的更不完全性,使得这种机制的作用更为明显。跨国公司内部资本转移是指通过对跨国公司的资本资源进行有效配置,以实现公司价值最大化。跨国公司内部资本转移的形式通常有内部贷款、转移价格、应收应付管理、特许权使用费和管理费、股利汇出等。

(二)跨国公司内部资本转移的类型

跨国公司内部资本转移有三种类型:
(1)母公司向子公司转移资本,包括对子公司的股权投资、向子公司提供贷款,按转移价格购进商品等。

（2）子公司向母公司转移资本，包括偿还母公司的贷款本息，向母公司支付的股利，向母公司支付的各种专利权使用费、许可证费、管理费、出口佣金，母公司抽回部分投资的资本，支付按转移价格收进的货物等。

（3）子公司之间转移资本，包括相互间贷款的发放与回收、利息的收入与支付、按转移价格买卖货物时转移资本等。

（三）跨国公司内部资本转移的限制因素

在跨国经营中，公司面临着大量的资本转移障碍或限制。

1. 政治限制

东道国政府实行外汇管制，使该国货币不可兑换，将资本转移完全封锁；对外资公司的股利汇回征收带有没收性质的税款；通过种种制度拖延向外资公司发放必要的许可证明或实施索要高额费用等法律性限制等。

2. 税务限制

一方面，东道国政府可以对资本流出课以重税；另一方面，许多国家税种繁多，税务部门重叠交叉，纳税程序错综复杂，也使资本流出十分困难，有时甚至出现外资的同一笔收入已被多次征税的情况。

3. 交易成本

这不但包括通过银行进行外汇交易和资本转移时所需要支付的费用，还包括当地管理部门的一些规定。诸如要求国际资本的转移必须交由当地指定银行办理，或禁止跨国公司对内部成员公司之间应收、应付账款的国际冲兑等。

4. 流动性限制

在跨国经营中，母公司通常对子公司或分公司资本的流动性提出要求，以确保母公司将来及时收回自己的贷款。这种流动性要求在很大程度上降低了子公司或分公司将自己的流动资本以最佳的币种存放于最安全的地方的能力。

（四）跨国公司内部资本转移的套利效应

虽然跨国经营给公司内部资本转移带来了许多限制因素，但也为跨国公司套利提供了条件，跨国公司可以通过建立资本内部转移机制获取三种套利机会。

1. 税收套利

税收套利是指跨国公司利用内部转移机制，从整体的角度节约所得税和关税等的支出。由于各国税制和税率不同，当跨国公司将利润从高所得税地区转移到低所得税地区时，通常可以实现所得税节约。另外，将利润从那些处于应税状态的子公司转移到处于亏损状态的子公司，跨国公司可减轻其税负。

2. 金融市场套利

金融市场套利是指跨国公司在防范外汇管制的情况下，利用内部资本转移机制为母公司或子公司的过剩资本寻找投资场所、为资本不足的子公司寻找新的资本来源。

3. 管制套利

管制套利是指跨国公司为规避东道国的各种非金融性管制或者制约而采取的一系列措

施。比如，当子公司的产品受当地政府部门的价格限制，进而限制跨国公司的利润水平时，跨国公司通过内部转移价格等方式重新分配利润以掩盖其真实的获利情况，以加强与当地政府讨价还价的能力。

二、内部贷款

跨国公司进行内部资本转移的一种主要方式是内部贷款。所谓内部贷款，是指跨国公司母公司与子公司以及子公司之间相互提供资金，或者一方提供贷款担保，使得另一方获取资金，从而在跨国公司内部相互调剂资金余缺。在很多情况下，也是跨国公司唯一合法的资本转移方式。对资本抽回管制较严的地区，一般可以采取公司内部信贷的方式转移资本，即以母公司或其他子公司向该地区贷款的方式供应资本，并按高利率收取利息，以便在短期内将资本调回本国。通过内部信贷的方式转移资本还可以利用不同地区间利率的高低差别，将低利率地区的资本调到高利率地区使用。一般来说，由地处利率较低地区的子公司在当地借款，然后将这笔资本贷给投资收益率较高或利率较高地区的子公司使用。跨国公司内部贷款的方式主要有三种：直接贷款、背对背贷款和平行贷款。

（一）直接贷款

所谓直接贷款，是指跨国公司不通过任何中介，直接向子公司贷款，或者一个子公司直接向另一个子公司贷款。直接贷款的利率即为资本的转移价格。究竟使用哪种货币，取决于各种货币之间相对利率的高低，以使跨国公司在整体上支付的利息成本最低。很多国家为了避免外汇和税收的流失，规定跨国公司之间的直接贷款利率要使用当时的市场贷款利率。

（二）背对背贷款

背对背贷款不是跨国公司母公司对子公司或者子公司对子公司直接提供贷款，而是通过利用商业银行或其他金融机构做中介，间接地向资金需求方提供资金。以母公司向子公司贷款为例，背对背贷款通常是母公司把资本存放在中介银行，银行把等值的资本以当地货币或母公司货币借给当地子公司。银行按协商好的利率对母公司的存款支付利息，借款子公司向银行支付利息，中介银行的利润来自这两个利息的差额。

（三）平行贷款

平行贷款涉及两对以上的公司。以两对公司为例，平行贷款是指两个不同国家的两家跨国公司，其各自拥有设在对方所在国的子公司，这两家公司各自给对方所在国的子公司以同等数量的贷款，而各子公司同时分别得到以所在国货币计算的，同等数量资本的一种贷款方法。例如，中国的两家跨国公司 A 和 B，都在韩国拥有子公司，这四家公司即可以形成两对平行的贷款关系。如 10-1（a）图所示，在中国，跨国公司 A 贷款给 B 公司，而在韩国，B 公司的子公司贷款给 A 的子公司。图 10-1（a）中的实线表示形式上的资本流向，虚线表示实际上的资本流向。平行贷款也可以发生在两个不同国家的母公司及其各自的子公司之间。如 10-1（b）图所示，中国的跨国公司在中国贷款给韩国母公司在中国的子公司，而韩国的跨国公司在韩国贷款给中国母公司在韩国的子公司。

两对平行贷款关系中所涉及的货币种类可以一致，也可以不一致。在平行贷款下，资本没有跨越国界，各自的子公司在没受到东道国外债管制及外汇管制的情况下，顺利地得到了

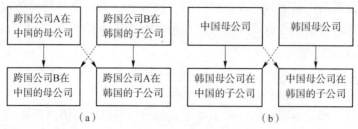

图 10-1 平行贷款

所需要的资本,实现了不同国家之间的资本转移。其贷款利息将通过合同规定,直接转移到两家跨国公司的母公司,两家子公司支付的贷款利息还可以作为纳税抵扣项。

平行贷款概念虽然简单,但困难的是如何找到交易的另一方。好在很多国际性银行提供这种服务。在平行贷款中,如果有银行参与的话,实际上就是一种外汇互换(Currency Swap)。银行提供互换服务通常要从互换双方收取服务费,服务费通常占互换本金的 0.25%~0.5%。

三、转移价格

(一)转移价格的概念

转移价格是指跨国公司以其全球战略为依据,以跨国公司整体价值最大化为目标,在母公司与子公司或者子公司之间进行商品、劳务等交易时所采用的内部价格,其中包括租金、技术转让费和管理费等。转移价格是跨国公司经营中一种很常见的现象。例如,德国在中国的子公司生产家用不锈钢厨具,但其主要原材 18/10 号钢是由德国的子公司生产提供的,这样德国跨国公司在中国的子公司和在德国的子公司之间就存在着内部的商品交易。跨国公司总部为两个子公司之间的商品交易所确定的交易价格就是内部转移价格。

(二)转移价格的作用

对跨国公司来说,转移价格既可以加速跨国公司内部的资本转移,也可以降低整个公司的税负和保持外汇平衡,从而提高跨国公司整体的价值,而不是子公司的价值。其作用主要表现在以下几点:

1. 资本配置

母公司或其他子公司为了实现从某一子公司吸收或转移资本,可以通过转移价格将其所赚的利润调回母公司或其他子公司。如果母公司要从某国转出资本,母公司可以提高卖给该国子公司产品的价格;反之,母公司也可以通过压低价格的方式来为子公司提供资本。同样,资本的这种配置方式还可通过调节子公司卖给母公司的产品价格以及各子公司之间的交易来实现。

2. 降低税负

降低税负是跨国公司在制定转移价格时考虑的一个主要问题。跨国公司希望利用转移价格尽可能地减少或逃避有关东道国课征的税收(包括所得税和关税)。转移价格的所得税效应主要取决于各国的税率差别,跨国公司可利用转移价格把高税率国家(地区)子公司的利润转移到低税率国家(地区)的子公司,从而减少整个公司的纳税额。为降低所得税税负,跨国公司还可在避税港设立象征性的分支机构,有计划地利用转移价格,将各子公司的利润调入避税港，以逃避东道国的税收。

3. 调节利润水平

跨国公司根据经营需要，通过调高或调低转移价格来影响子公司的利润水平。如果某一子公司在当地获得较高的利润，这不但会引起东道国政府的注意或反感，也可能会导致更多的竞争对手进入同一市场，跨国公司可利用调整转移价格，降低利润的方法，掩盖该子公司获利的真实情况。又如，跨国公司为使其在某国的新建子公司在竞争中具有较高的资信水平，在东道国树立良好的形象，易于在当地出售股票与债券或谋取信贷，往往通过调整转移价格使该子公司显示出较高的利润率。

（三）对转移价格的管制

跨国公司按照内部转移价格进行公司内部交易，可能会减少某些相关国家的税收收入，因此很多国家对跨国公司内部转移价格制定了专门的措施进行管制。这些管制措施一般是根据某些办法确定跨国公司内部交易的公允价格，并使用公允价格衡量跨国公司是否进行了利润转移。公允价格的确定方法通常有如下三种：

1. 成本加成法

成本加成法（Cost-plus Method）以跨国公司内部交易的产品出售方的成本，加上合理的利润边际，作为衡量转移价格的标准。这种方法通常在跨国公司内部交易的产品接受方并不直接再出售产品的情况下使用。在实际使用中，成本加成法常会遇到以下几方面的困难：

（1）准确计算产品全部成本很困难；

（2）如果公司生产的不是单一产品，在几种产品之间准确分摊成本也存在一定困难；

（3）很难准确估计公司的利润边际是多少。

2. 市场价格法

市场价格法（Comparable Uncontrolled Price Method）是使用无关交易双方进行类似商品交易时的价格，或者称为独立的市场价格作为基准，判断跨国公司内部交易价格是否公平合理。从理论上讲，这种方法最简单，所确定的价格标准也最为合适。然而，在实际操作中也会遇到很多困难，产品标准化程度不高或者市场化程度不高的产品价格比较难找到可比产品。

3. 再销售法

再销售法（Resale Price Method）是以跨国公司最终对外销售产品时的价格为基础，扣除最终对外销售子公司的利润边际，来计算跨国公司内部的交易价格。但是，这种方法同成本加成法一样，很难确定利润边际是多少。

四、应收应付管理

（一）提前与延期结汇

跨国公司内部资本转移的一个重要原因是公司内部有商品的交换。母公司通过修改子公司间的信用期限以便提前与延迟结汇也是子公司间资本转移的一个重要手段。一般来说，提前结汇相当于把资本从买方子公司转移给了卖方子公司，而延迟结汇则相当于把资本从卖方子公司转移到买方子公司。从理论上讲，提前或延迟结汇可为跨国公司内部资本转移提供较大的灵活性。

（二）多边冲销与再开票中心

1. 多边冲销

多边冲销（Netting）是指多家子公司之间进行相互交易的账款抵销结算。多边抵销技术给跨国公司带来两方面的好处：

（1）收支冲销技术能降低资本的实际转移额。国际资本转移量的减少可以节省资本费用，包括外汇市场的买卖差价、资本转移过程中的机会成本损失以及银行收取的佣金等。

（2）由于冲销一般是以固定汇率在确定的日期统一进行的，因此就给跨国公司外汇风险管理和现金需求预测带来了更大的迫切性。

2. 再开票中心

许多建立冲销系统的跨国公司发现，成立再开票中心（Reinvoicing Center）来处理公司内部交易是非常有用的。再开票中心是公司的一个资本经营子公司，在各子公司之间进行商品交换时，生产型子公司把货物卖给再开票中心，后者再转售（一般以稍高的价格）给销售型子公司。但实际上货物是直接由卖方子公司运到买方子公司的，并未经过再开票中心，因此，再开票中心处理的是文件而不是实际货物。再开票中心一般设在低税率国家，即所谓避税港，该中心所获得的利润被课征较低的税率。

五、特许权使用费和管理费

特许权使用费和管理费作为一种资本内部转移方式，相对于转移价格和股利来说，对跨国公司更为有利。特许权使用费和管理费可以看作无形资产要素的转移价格，但无形资产要素与有形物质产品不同的是，它们往往没有相应的市场价格作参考，因此，跨国公司运用特许权使用费和管理费就更便于对付东道国税务机关的监督和检查。对于股利，当东道国的税率高于母国税率时，特许权使用费和管理费又有节税的好处。因为股利汇付必须在所得税缴纳之后，而各种费用却可以作为税基的减项在所得税之前扣除。

六、股利汇出

股利汇出是跨国公司的子公司向母公司转移资本最重要的手段。股利汇出通常占全部汇出资本的一半。跨国公司采取股利汇出方式汇出资本时，应着重考虑以下几个因素：

（一）税收因素

东道国和本土国的税法都影响着跨国公司的股利政策，在有效税率不同的情况下，改变各子公司的股利支付比例可以使跨国公司减轻其总的税负。

（二）外汇风险因素

如果可以预见汇率变动的趋势，跨国公司就能通过股利政策的调整将资本从弱币区转至强币区。当子公司所在国货币即将贬值时，增加股利汇付的数量可以减少当地的货币资产；反之，当子公司所在国货币即将升值时，则采用减少股利汇付数量和推迟股利发放时间的策略。

(三) 外汇管制因素

一般情况下，国际收支发生困难的国家会采取一定措施限制外资公司支付股利，如只允许按注册资本的一定百分比汇付股利等。为了降低外汇管制的危害，一些跨国公司采取相对稳定的股利汇付率，以表明股利支付是既定股利支付计划的一部分，而并非是对东道国货币的投机。即使股利不能汇出，也照常宣布分配，这样就可以建立一个将来放松或取消管制时汇出股利的基础。如果一国发生政局变动或外汇危机，母公司会要求子公司尽快转移剩余资本，这时一般都通过增加股利汇出实现资本转移。

(四) 筹资因素

在确定股利支付政策时还应考虑各子公司资本的机会成本和筹资能力。例如，一个必须借入资本的子公司通常较持有剩余资本的子公司具有更高的机会成本。也就是说，有些子公司拥有低成本筹资来源，而另一些子公司则只能按相对较高的利率借入资本。在一般情况下，母公司要给资本机会成本相对低的子公司确定一个较高的股利支付比例，同时只从借入成本较高或面临有利投资机会的子公司提取较少的股利。

第四节　国际直接投资管理

国际直接投资，是指跨国公司将其资本投放到母国之外，以获取收益的经济行为。跨国公司的跨国投资可依其是否拥有对企业的控制权与经营管理权而分为直接投资和间接投资两种基本方式。间接投资是指投资者在国际金融市场上购买外国公司的股票、债券等，其目的是获取证券投资的股息或债息。直接投资是指投资者在国外经营公司，并通过直接控制或参与其生产经营管理以获取利润的投资。直接投资通常涉及在外国建立新的生产基地，例如美国 GE (通用电气) 公司在中国上海建立新的生产基地 (Greenfield Investment)，也包括收购外国现有的企业，如中国联想集团收购了美国 IBM (国际商业机器公司) 个人笔记本业务。

一、国际直接投资的动机与方式

(一) 国际直接投资的动机

跨国公司进行对外直接投资的动机很多，不同公司的投资动机也各不相同。一般来说，跨国直接投资的动机通常有两点：

1. 获利动机

在竞争条件下，在国内投资使得企业只能获得正常收益。而各个国家的经济发展水平及市场发育程度是不同的，其在要素价格上也存在较大的差异，因此，跨国公司可以选择要素价格水平较低的国家和地区进行直接投资，以获得比国内更高的投资收益率。一些国家的电子企业向国外的转移，正是出于这个动机而进行的投资活动。

2. 分散和降低风险动机

投资组合原理表明，如果把各个彼此之间关系较小的投资项目组合起来，就能提高预期收益，降低投资风险。由于国内投资项目与国内一般经济情况关系密切，因此，本国经济情况对国内各个投资项目影响较大。

（二）国际直接投资的方式

国际直接投资的方式，主要包括合资（Joint Venture）经营、合作（Cooperation）经营、独资（Wholly Owned）经营、新建企业和收购现有企业五种。

1. 合资经营

合资经营是指由两个或两个以上属于不同国家和地区的公司或其他经济组织，经东道国政府的批准，在东道国设立的以合资方式组成的经济实体。当母公司拥有国外业务中50%以上的股份份额，就可以对其进行控制，这样的合资公司称为跨国公司母公司的国外子公司（Foreign Subsidiary）；如果母公司拥有国外业务，也就是合资公司不足50%的股权份额时，该合资公司称为跨国公司母公司的国外成员公司（Foreign Affiliate）。

2. 合作经营

合作经营是指国外企业依据东道国有关法律，与东道国企业共同签订合作经营合同而在东道国境内设立的合作经济组织。合作经营企业双方的责、权、利都是由双方签订的合同加以规定的，合作经营企业的管理可以由合作双方派出代表组成联合管理机构，也可以委托一方或聘请第三方进行管理。

3. 独资经营

独资经营是指由某一外国投资者依据东道国法律，在东道国境内设立的全部资本为外国投资者所有并独立经营的企业。许多国家都对外国投资者在该国投资、设立独资企业进行一些限制，比如，军事、通信等行业一般不允许外国投资者独资经营。一般而言，发展中国家限制条件较多，发达国家限制条件较少。

4. 新建企业

新建企业的投资方式是由投资者独立自主经营、独立承担风险的一种国际直接投资方式，其投资过程包括选址、建设厂房、购买安装设备，一直到雇佣工人进行生产。

5. 收购

收购现有企业是指跨国公司在东道国购买现有企业的产权。它是国际直接投资的主要进入方式。

二、国际投资环境分析

（一）国外直接投资的风险

国际投资中不可避免地存在着风险，只不过风险大小不同而已。在作出投资决策时，首先要对风险因素进行分析，以便于国际投资者作出较为明智的决策。国际投资所面临的风险主要有两类：政治风险和经济风险。

1. 政治风险

政治风险主要是指国际经济活动中因政治因素导致经济损失的风险，主要包括国有化、战争和转换风险。

（1）国有化风险。在国际经济中，国有化就是将外国投资及资产没收归东道国所有，受到国有化伤害的跨国公司往往得不到补偿。

（2）战争风险。战争风险包括内战、边境战争、骚乱以及与政治因素有关的恐怖事件所导致的风险。这类事件带有突发性，难以预测，而且其带来的破坏，可以波及国内外许多公司。公司因战争、骚乱等蒙受的经济损失，一般都无法得到补偿。

（3）转移风险。转移风险是指东道国政府通过外汇管制等措施，使跨国公司无法将其投资所得利润、资本等汇回本国或转移到其他国家。此外，东道国还可以采取大幅度调整汇率的办法，人为地使本币非正常贬值，达到减少外国投资者正当利益的目的，这种汇率波动不同于因国际收支不平衡发生的汇率风险，而是旨在剥夺投资者的收益，限制资本外流，因而也是一种政治风险。

（4）其他风险。如有些国家的政府规定外国投资者在环境保护和社会福利项目上的投资，外国投资企业在各种岗位上雇用东道国居民的比率最低，还要支付较高的税率、较高的工资率等，使外国投资企业在竞争中处于不利地位。

分析跨国投资的政治风险，就是对上述各方面进行预测、了解和研究，根据政治风险的大小，将各个国家进行分类。如果某一国家被列为风险极大这一类，无论预期收益多高，也不能进行投资。

2. 经济风险

跨国公司面临的经济风险主要是指宏观经济风险，如汇率变动、利率变动、通货膨胀、贸易条件变化等引起的风险。对跨国公司而言，所有这些风险既是遭受损失的原因，也是获得收益的条件。

除此之外，各国的文化教育、自然资源、风土人情、地理位置的差异也会增加国外投资的难度，并且制约和影响着对外投资项目的选择、效益的评价。因此，研究和评价国际投资环境是跨国公司财务管理人员面临的一个重要课题。

（二）国际投资环境分析法

评价国际投资环境的方法有许多，这里只简单介绍冷热国对比分析法和投资环境评分分析法两种。

1. 冷热国对比分析法

冷热国对比分析法是由美国学者伊尔·A·利特法克和彼得·班廷在他们撰写的《国际企业准备工作的一个概念性结构》中提出的。他们通过对美国、加拿大等国大批工商界人士进行调查和对大量资料进行综合分析后，认为对于有利投资活动的因素，可称为热因素，反之称为冷因素。该方法把一国投资环境的好坏归结为以下因素：政治稳定性、市场机会、经济发展和成就、文化一元化、法令阻碍、实质阻碍（指一国的自然条件、气候等）、地理及文化差距。根据上述七个因素进行分析，一国投资环境好，即为热国，反之，则为冷国。

2. 投资环境评分分析法

对国际投资环境的冷热分析，主要是从宏观因素进行的，对于干扰国际投资环境的微观因素较少考虑。为此，美国学者罗伯特·斯托色夫提出了投资环境评分分析法，作为投资环境的评价标准。这种分析法从东道国政府对外国投资者的限制和鼓励政策着眼，具体分析了影响投资环境的八大因素及若干子因素，并根据各子因素对投资环境的有利程度给予评分。评分标准是按八大因素各自在投资环境中的作用大小确定的，根据这种方法评分，总分越高，投资环境越好。外国投资者可以很容易地对不同的投资环境进行合理评估，择优选择。这八大因素是资本抽回程度、外商股权所占份额、对外商的管制程度、货币稳定性、政治稳定性、给予关税保护的意愿、当地资本可供程度、近五年的通货膨胀率。

三、跨国直接投资资本预算

（一）评价方法

跨国直接投资资本预算使用与国内项目资本预算相同的评价指标，分为非折现指标和折现指标，非折现指标包括会计报酬率、回收期，折现指标包括净现值、内部收益率和现值指数等。这些指标在项目评价中各有不同的特点，适用于不同的情况。无论如何，净现值在所有评价指标中是最科学的，反映了项目上马后给公司价值带来的增加值。另外，净现值、内部收益率和现值指数三种指标都涉及现金流估计，计算方式有一定的共性。计算出项目的净现值后，内部收益率和现值指数很容易计算出来。因此，一般以净现值指标为优选指标。

与国内投资项目一样，跨国投资项目资本预算是通过净现值方法对项目进行决策，首先，需要估计项目的现金流量与体现现金流风险的资本成本，然后计算出项目的净现值。

确定国外投资项目的净现值，一般有两种方法：第一种方法是以子公司所在国货币估计现金流量，并按计划汇率换算成母公司所在国货币，然后按母公司所在国货币的资本成本折现，从而得出以母公司所在国货币表示的投资净现值；第二种方法是为了避免外汇汇率预测，跨国公司完全以子公司所在国货币计算净现值，然后按现行汇率将计算结果换算成母公司所在国货币。

（二）跨国直接投资项目分析

1. 现金流量分析应注意的问题

从方法论上讲，国外投资现金流量分析与国内投资现金流量分析并无差别，但国外投资面临的实际情况更为复杂。在分析时，应注意以下几个问题：

（1）由于跨国公司对外直接投资后形成了分处两个国家中的不同经济实体，国外投资项目可能会对母公司的其他业务产生影响，还会受到外汇管制及税收等的影响，这样，母公司的现金流量和国外投资项目的现金流量就会不一样。两种不同的现金流量因其国别不同，性质也不同，因此投放在项目上的现金流量与流向母公司的现金流量必须严加区分。

（2）在分析时要充分认识各国在税收体系、金融机构、外汇管制、会计准则以及金融资产流动的限制等方面对现金流量的影响。

（3）汇率、利率变化、通货膨胀率变化不仅会改变国外投资项目的竞争地位，还会改变母公司与子公司之间现金流量的价值，因此，在投资分析中应给予充分的重视。跨国资本市场之间的隔离，既可以创造财务利得的机会，也可能引起财务成本的增加，因此在分析时要注意研究投资项目的筹资结构及其变化对现金流量的影响。

（4）在跨国投资中，政治风险的高低会使对外投资的价值发生很大变化。

2. 母公司现金流量分析

对国外投资项目的评价不但应从投资项目本身进行评价，还要站在母公司的立场上评价该项目，在评价时应考虑以下几个问题：净现金流量从子公司转换到母公司的可能性、子公司所在国有关汇兑资本方面的税收规定、两国外汇汇率变化等。从母公司角度进行分析，分析其现金流入量主要来自子公司的净现金流量、许可证收入、管理费收入等，现金流出量主要是从子公司获得股利收入而应向本国政府缴纳的各种税款等。现金流入量减现金流出量的净现金流量是母公司可以运用的净收益。据此可按最低收益率计算母公司进行国外投资的净现值和内部收益率。

3. 跨国投资风险调整方法

国外投资风险的调整与一般投资项目风险调整的方法基本相同，可采用的方法有缩短投资回收期、提高折现率、调整现金流量等。例如，如果预计投资回收可能会受到东道国外汇管制的限制，跨国母公司可以将正常的折现率 10% 提高到 12%，或者把原定的 5 年回收期缩短到 3 年。又如，为防止投资风险，可从每年的现金流量中提取一笔保险金用于政治和经济风险的保险。保险金可以用于向保险公司购买保险，也可用于其他避险方式的费用，如为了防止汇率变动的损失，可以在远期外汇市场套期保值。

四、跨国并购

跨国并购（Cross-Border Mergers and Acquisitions）也是国外直接投资的一种形式。在跨国公司进行对外直接投资中，既可以直接在国外建立一个新的生产企业，也可以通过跨国并购，购买一个现有的外国企业。并购包括合并与收购，合并一般在两家势均力敌的公司间进行。在跨国公司对外直接投资中谈到的跨国并购，更多地指跨国收购。

跨国并购行为的动机有企业内部的，主要是开拓市场需要、获得产权资产、通过合作提高效率、扩大规模、多样化经营以分散风险以及出于财务或个人原因；也有外部原因，即由于技术变化引起的研发成本上升风险提高、需要分担高新技术领域的巨额投资成本和研发开支、投资东道国广泛采取的取消限制和投资自由化政策以及资本市场的变化等。

作为一项跨国直接投资，跨国并购的目标仍然是公司价值最大化。但是，跨国并购也有可能损害公司价值，而且跨国并购可能面临着并购后整合的困难。并购与很多财务决策一样，是一个权衡利弊的过程。

第五节 国际筹资管理

与国内企业相比，国际企业由于其跨国经营的业务需要，经常跨越国界在国际金融市场上筹措资金，因而有更广泛的资金来源、更多样的筹资方式。

一、跨国公司长期筹资

跨国公司的长期资本可以采取跨国权益筹资、国际信贷、国际债券筹资等方式。

（一）跨国权益筹资

所谓跨国权益筹资，是指跨国公司通过发行国际股票，即在国际金融市场或国外金融市场上以发行股票的方式筹集的权益性资本，只要能够满足各国市场上市要求，大部分股票交易所都允许外国公司发行股票，例如纽约、伦敦、东京、法兰克福、巴黎、多伦多等。我国公司目前接触比较多的市场是纽约、中国香港、新加坡。我国公司在中国香港地区发行的 H 股、在纽约发行的 N 股、在新加坡发行的 S 股等，都是国际股票。每一个市场对于接受公司上市都有具体规定，可以查阅各个交易所的网站。

跨国公司进行跨国权益筹资的主要动因有以下几点：

1. 规避筹资风险

跨国权益筹资，可以使公司进入分散化的股权市场，规避当一个市场状况不好时筹资可能出现的困难。

2. 扩大资本来源

跨国权益筹资，不仅可以筹集更多的资本量，而且可以筹集所需要的外币资本。

3. 扩大知名度

国际金融市场有着广泛的投资者基础，在国际市场上进行跨国权益筹资，能够获得投资者的关注，扩大公司在国际市场的知名度。

当然，进行跨国权益融资，必须遵守国际惯例，遵守有关国家的金融法规，因此，发行程序比较复杂，发行费用也比较高。

（二）国际信贷

国际信贷是指一国借款人在国际金融市场上向外国金融机构借入货币资金的一种信用活动。国际信贷是国际间资本流动和转移的表现，反映了国际借贷资本的流动，是国际经济活动的一个重要方面。

1. 国际信贷按贷款的期限分有短期贷款（1年以内）和中长期贷款（1年以上）

中长期贷款金额大、时间长、银行风险较大，因而，借贷双方要签订贷款协议，对贷款的有关事项加以详细规定。另外，借入中长期贷款一般要提供担保财产。

2. 国际信贷按其贷款方式分为独家银行信贷与银团信贷

独家银行信贷又称为双边中期信贷，贷款金额最多为1亿美元。银团信贷又称为辛迪加贷款，它是由一家贷款银行牵头，由该国的或几国的多家贷款银行参加，联合起来组成贷款银行集团，按照同一条件共同对另一国的政府、银行及企业提供的长期巨额贷款。银团信贷期限一般为5~10年，贷款金额为1亿~5亿美元，有的甚至高达10亿美元。目前，国际中长期巨额贷款一般都采用银团信贷方式，以便分散风险，共享利润。

（三）国际债券筹资

国际债券是指各种国际机构、各国政府及企事业法人，按照一定的程序在国际金融市场上以外国货币为面值发行的债券。国际债券大致可分为外国债券（Foreign Bonds）、欧洲债券（European Bonds）和全球债券（Global Bonds）。

1. 外国债券

外国债券是指在发行者所在国家以外的国家发行的，以发行地所在国的货币标明面值的债券。其中，比较著名的有扬基债券（Yankee Bonds）、武士债券（Samurai Bonds）和龙债券（Dragon Bonds）。

扬基债券是指在美国债券市场上发行的外国债券，即美国以外的政府、金融机构、工商企业和国际组织在美国国内市场发行的、以美元为计值货币的债券。

武士债券是指在日本债券市场上发行的外国债券，即日本以外的政府、金融机构、工商企业和国际组织在日本国内市场发行的、以日元为计值货币的债券。武士债券均为无担保发行，典型期限为3~10年，一般在东京证券交易所交易。

龙债券是指以非日元的亚洲国家或地区货币发行的外国债券。龙债券是东亚经济迅速发展的产物，从 1992 年起，龙债券得到了迅速发展。龙债券在亚洲地区（中国香港或新加坡）挂牌上市，其典型偿还期限为 3~8 年。龙债券对发行人的资信要求较高，一般为政府及相关机构。

外国债券相对于本国国内发行的债券而言，要求有较严格的信息披露标准，并会面临更严格的限制。结果是，欧洲债券市场的增长大大快于外国债券市场。

2. 欧洲债券

欧洲债券是指一国政府、金融机构、工商企业或国际组织，在国外债券市场上以第三国货币为面值发行的债券。在这里，"欧洲"不再是一个表示地理位置的概念，而是意味着境外的意思。欧洲债券的发行人为一个国家，在另一个国家发行，债券面值使用的是第三个国家的货币或综合货币单位（如特别提款权）。目前，欧洲债券选用最多的是美元。

3. 全球债券

全球债券是 20 世纪 80 年代末产生的新型金融工具，是指在世界各地的金融中心同步发行，具有高度流动性的国际债券。世界银行在 1999 年首次发行了这种债券，并一直在该领域占主导地位。全球债券的发行面值主要使用美元、日元等。

二、国际贸易筹资

国际贸易筹资是最传统的外汇资金融通渠道，该融资的具体方式很多，如进出口押汇、打包贷款、票据贴现、应收账款保理和福费廷等。

（一）进出口押汇

进出口押汇（Bill Purchased）是银行向出口商提供资金的一种方法，由出口方银行和进口方银行共同组织。进出口商进行交易时，出口商将汇票以及提单、报单和发票等全套货运单据向银行抵押，借取汇票金额一定百分比的资金。由银行凭全部货运单据向进口商收回货款的本息。在汇票由受票人偿付后，银行留下预付的金额，加上利息和托收费，其余的贷记给出口商。进出口押汇按承做主体的不同分为进口押汇和出口押汇，前者是指进口方银行所承做的押汇，后者是指出口方银行所承做的押汇。

（二）打包贷款

打包贷款（Packing Credit）又称为出口信用证抵押贷款，是指出口商用收到的正本信用证作为还款凭据和抵押品向银行申请的一种装船前融资。银行向出口商提供的这种短期贸易贷款是支持出口商按期履行合同义务和出运货物。由于早先该贷款用于解决包装货物之需，故俗称打包贷款。从形式上看，打包贷款的抵押品是正本信用证，而实质上是处在打包中的待装船出运的货物。

（三）票据贴现

在进出口贸易中，很多情况下使用远期汇票的付款方式。如果远期汇票得到银行的承兑，出口商可以通过出售银行承兑汇票进行融资。如果远期汇票没有得到银行承兑，出口商仍然可以利用远期汇票进行融资，即汇票贴现。

汇票贴现是指出口商将汇票交给愿意接受的银行或者其他金融机构，得到汇票面额与利息和其他成本之差额。汇票贴现有追索性贴现，也有非追索性贴现。所谓追索性贴现，指贴现汇票后，如果汇票到期不能兑现，贴现银行有权向出口商索赔。非追索权贴现，指贴现汇票后，如果汇票到期不能兑现，贴现银行无权向出口商索赔，也就相当于汇票卖断给贴现银行。

（四）应收账款保理

应收账款保理是指出口商出售货物获得应收账款而不是现金后，将应收账款转让给应收账款保理商（Factor）。保理商一般为商业银行或其他金融机构的分支机构，应收账款保理商持有应收账款，而出口商获得现金收入。出口商所获得的现金收入等于应收账款面额与贴现利息和应收账款保理费之差。应收账款售让通常是无追索性的，即出口商将应收账款出售给保理商后，不再承担任何出口商不能到期付款的风险，而是由保理商承担这种风险。

保理商为了避免代理风险，接受应收账款保理业务时，一般是接受一个公司的全部应收账款，而不是一部分，以免出口商有选择地出售应收账款，将风险大的应收账款出售给保理商，风险小的不出售，加大保理商的风险。

（五）福费廷

福费廷是一种类似于保理的无追索权应收账款售让业务。所不同的是，福费廷常用于中期资本性商品买卖所形成的应收账款。买方在购买资本性商品时，通常需要一段时间、一定数额的融资，有时长达 3~7 年。在购买商品时，进口商开出以出口商为受益人的本票（Promissory Notes），出口商即可以将本票出售给福费廷商（Forfeiter）。与保理商一样，福费廷商一般也是商业银行或其他金融机构的分支机构。由于福费廷业务涉及的应收账款数额较大、时间较长，福费廷代理商不像保理商那样容易分散风险，因此在福费廷业务中通常要求进口商银行提供付款担保或者开立的信用证为质押。也正是福费廷业务的这种担保或者质押特性，使其获得了快速发展，尤其在欧洲。福费廷所涉及的金额通常超过 50 万美元，贴现率一般等于标价货币市场利率加上 1.25%。当数额过大时，通常由几家银行形成一个辛迪加（Syndicate），共同承担一项业务。

本章小结

国际财务管理是财务管理的逻辑扩展，它是按照国际惯例和国际经济法的规定，围绕着跨国公司超越国界的财务活动进行管理的一种工作。国际财务管理的目标是跨国公司通过科学、合理地组织财务管理活动，促使资源在世界范围内最优配置，资本在世界市场上自由流动，追求最大的增值，以实现企业价值最大化和取得最佳经济效益。

外汇风险管理，是指采用各种有效规避汇率风险的手段对以外币计价的债权、债务与资产等的管理。外汇风险包括交易风险、经济风险和折算风险，这三种风险对公司来说，重要性程度是不同的。一般来说，经济风险比交易风险和折算风险更重要，而折算风险与交易风险是一次性的。

跨国公司内部资本转移是指通过对跨国公司的资本资源进行有效配置，以实现公司价值最大化。跨国公司内部资本转移的形式通常有内部贷款、转移价格、应收应付管理、特许权使用费和管理费、股利汇出等。

跨国直接投资资本预算使用与国内项目资本预算相同的评价指标，分为非折现指标和折现指标，非折现指标包括会计报酬率、回收期，折现指标包括净现值、内部收益率和现值指数等。其中，净现值在所有评价指标中是最科学的，反映了项目上马后给公司价值带来的增加值，一般以净现值指标为优选指标。国外投资项目的评价不但应从投资项目本身进行评价，还要站在母公司的立场上进行评价。

国际企业由于其跨国经营的业务需要，经常跨越国界在国际金融市场上筹措资金，因而有更广泛的资金来源、更多样的筹资方式。跨国公司的长期资本可以采取跨国权益筹资、国际信贷、国际债券筹资等方式。国际贸易筹资是最传统的外汇资金融通渠道，该融资的具体方式很多，如进出口押汇、打包贷款、票据贴现、应收账款保理和福费廷等。

精选案例分析

案例：

延期到货 30 天损失 30 万美元

2016 年 10 月，我国某进出口公司代理客户进口比利时纺织机械设备一套，合同约定：设备总价为 99 248 540 比利时法郎，价格条件为 FOB Antwerp（安特卫普，比利时一城市），支付方式为 100%信用证，最迟装运期为 2017 年 4 月 25 日。

2017 年元月，中方开出 100%合同金额的不可撤销信用证，信用证有效期为 2017 年 5 月 5 日。开证金额是由用户向银行申请相应的美元贷款 276 万元（开证日汇率美元对比利时法郎为 1∶36）。

2017 年 3 月初，卖方提出延期交货请求，我方用户口头同意卖方请求：延期 31 天交货。我进出口公司对此默认，但未做书面合同修改文件。3 月底，我进出口公司根据用户要求对信用证作了相应修改：最迟装运期改为 2017 年 5 月 26 日；信用证有效期展至 2017 年 6 月 21 日。

时至 4 月下旬，比利时法郎汇率发生波动，4 月 25 日为 1∶37（USD/BFR），随后一路上扬。5 月 21 日货物装运，5 月 26 日卖方交单议付，同日汇率涨为 1∶32。在此期间，我进出口公司多次建议客户做套期保值，并与银行联系做好了相应准备。但客户却一直抱侥幸心理，期望比利时法郎能够下跌，故未接受进出口公司的建议。卖方交单后：经我方审核无误，单证严格相符，无拒付理由，于是我进出口公司于 6 月 3 日通知银行承付并告知客户准备接货，客户却通知银行停止付款。因该笔货款是开证行贷款，开证时作为押金划入客户的外汇押金账户，故我进出口公司承付不能兑现。后议付行及卖方不断向我方催付，7 月中旬，卖方派员与我方洽谈，经反复协商，我方不得不同意承付了信用证金额，支出 310 余万美元。同时我进出口公司根据合同向卖方提出延迟交货罚金要求，金额为 BFR1 984 970（按每 7 天罚金 0.5%合同额计），约合 62 000 美元（汇率为 1∶32）。最终卖方仅同意提供价值 3 万美元的零配件作为补偿。

此合同中方直接经济损失约 31 万美元，开证行及进出口公司的信誉也受到严重损害。

（案例来源：https：//www.docin.com/p-1557253629.html 整理而成）

讨论：

1. 分析在此案例中中方在规避汇率风险方面有哪些失误？

2. 在交易过程中,有无降低损失的挽救措施?

实务演练

一、思考与回答

1. 外汇风险的概念、外汇风险管理的目标、外汇风险的类型各是什么?
2. 企业选择交易计价货币时应坚持什么原则?
3. 运用不同的折算方法,为什么资产负债表会产生各不相同的计算结果?折算损益大不相同的原因是什么?
4. 经济风险管理的目标是什么?如何规避经济风险?
5. 对母公司现金流量进行分析应注意的问题有哪些?
6. 跨国公司内部资金转移的类型、跨国公司内部资金转移的限制因素、跨国公司内部资金转移的套利效应各是什么?
7. 跨国公司内部资金转移的形式有哪些?

二、搜集与整理

1. 搜集与整理你感兴趣的大型跨国公司和全球500强公司。
2. 查找并分析中信泰富外汇风险管理案例。

自测与练习

一、单项选择题

1. 国际财务管理的目标是( )。
   A. 跨国公司整体价值最大化   B. 各个独立子公司价值最大化
   C. 跨国公司整体利润最大化   D. 各个独立子公司利润最大化
2. 我国外币报表折算采用的方法是( )。
   A. 流动/非流动折算法   B. 货币/非货币折算法
   C. 时态法   D. 现行汇率法
3. 2005年4月30日,中国某外贸公司向美国出口一批机电产品,价值1 150万元人民币,要求4个月后用人民币结算,当时市场汇率为1美元兑换8.27元人民币。我国于2005年7月21日实行外汇体制改革,中国人民银行发出公告,宣布2005年7月21日19时,美元对人民币交易价格调整为1美元兑8.11元人民币,那么( )。
   A. 中国企业承担外汇风险,是经济风险
   B. 中国企业承担外汇风险,是交易风险
   C. 美国企业承担外汇风险,是经济风险
   D. 美国企业承担外汇风险,是交易风险

二、多项选择题

1. 国外直接投资除存在与国内企业相同的风险外,还面临( )。
   A. 政治风险   B. 战争风险   C. 转换风险   D. 宏观经济风险
2. 跨国公司资金转移的限制因素有( )。
   A. 政治因素   B. 法律限制   C. 交易成本   D. 流动性限制

3. 转移价格的作用有(　　)。
A. 降低资本成本　　　B. 资金保值　　　C. 资金配置　　　D. 降低税负
4. 外汇风险中经济风险的管理措施通常包括(　　)。
A. 生产多角化　　　　　　　　　　　B. 融资多角化
C. 销售多角化　　　　　　　　　　　D. 远期市场套期保值

三、判断题

1. 在三种外汇风险类型中，按其影响的重要性不同，排序依次为经济风险、交易风险和折算风险。　　　　　　　　　　　　　　　　　　　　　　　　　　　　(　　)
2. 根据影响投资环境的宏观因素的分析，一国投资环境好，即为热国，反之，则为冷国。
　　　　　　　　　　　　　　　　　　　　　　　　　　　　　　　　　　(　　)
3. 对国外投资项目只需从投资项目本身进行评价，不需要站在母公司的立场上进行评价。
　　　　　　　　　　　　　　　　　　　　　　　　　　　　　　　　　　(　　)
4. 跨国公司内部资金转移的税赋套利效应会在将利润从低税国家的子公司转移到高税国家的子公司时产生。　　　　　　　　　　　　　　　　　　　　　　　　(　　)
5. 将利润从那些处于应税国家的子公司转移到处于亏损状态的子公司时，跨国公司可减轻其税负。　　　　　　　　　　　　　　　　　　　　　　　　　　　　(　　)

参考文献

[1] 王化成. 高级财务管理（第4版）[M]. 北京：中国人民大学出版社，2017.
[2] 陆正飞，朱凯，童盼. 高级财务管理（第3版）[M]. 北京：北京大学出版社，2018.
[3] 刘淑莲，任翠玉. 高级财务管理（第3版）[M]. 沈阳：东北财经大学出版社，2020.
[4] 吴世农，吴育辉. CEO财务分析与决策（第2版）[M]. 北京：北京大学出版社，2013.
[5] 尤金·F·布里格姆. 财务管理（第14版）[M]. 北京：机械工业出版社，2018.
[6] 中国注册会计师协会. 财务成本管理[M]. 北京：中国财政经济出版社，2020.
[7] 曾蔚. 高级财务管理（第2版）[M]. 北京：清华大学出版社，2018.
[8] 魏永宏. 高级财务管理[M]. 北京：电子工业出版社，2018.
[9] 加布里埃尔·哈瓦维尼. 高级经理财务管理[M]. 北京：机械工业出版社，2017.
[10] 戴娟萍. 高级财务管理（第2版）[M]. 上海：复旦大学出版社，2019.
[11] 徐鹿，葛东霞. 高级财务管理（第3版）[M]. 北京：科学出版社，2018.
[12] 汤谷良，王佩. 高级财务管理（第2版）[M]. 北京：清华大学出版社，2018.
[13] 郝以雪. 高级财务管理[M]. 成都：西南财经大学出版社，2017.
[14] 裘益政，柴斌锋. 高级财务管理[M]. 上海：立信出版社，2020.
[15] 阮萍. 高级财务管理[M]. 成都：西南财经大学出版社，2019.
[16] 韩林静，崔海红. 高级财务管理[M]. 北京：清华大学出版社，2017.
[17] 张绪军. 高级财务管理[M]. 北京：人民邮电出版社，2017.
[18] 理查德·布雷利，斯图尔特·迈尔斯，艾伦·马库斯. 财务管理基础（第8版）[M]. 北京：中国人民大学出版社，2018.